# 国際関係論の生成と展開

● 日本の先達との対話

Non-Western International Relations:
A Dialogue with Japanese IR Predecessors

初瀬龍平
Ryuhei Hatsuse

戸田真紀子
Makiko Toda

松田 哲
Satoru Matsuda

市川ひろみ
Hiromi Ichikawa

編

ナカニシヤ出版

# まえがき

　本書では、日本における国際関係論（国際政治学を含む）の先達の業績を取り上げて、検証していくことにしたい。これは、先達との一種の対話となる。先達たちは、その時代を生きてこられた。そこにはその時代に働く思考と思想の磁場があり、それに対して彼らは、優れた感性をもって知的に闘い、研究成果を強い息吹として世に問うてきた。この営みを支えていたのは、知的情熱や社会的使命感、あるいは人間愛であったろう。このように、先達は時代と対話していた。私たちはその対話を追体験することで、先達との対話に進むことができる。本書では、先達の個人が理論的思索や研究成果を通して、その時点で社会や世界とどのように対話していたかを問うてみたい。

　戦後日本の思考・思想の磁場を支配したのは、軍国主義日本への反省、平和主義への目覚め、米国の政治的文化的ヘゲモニー、それから東西冷戦（米ソ間・米中間）への対応であった。戦後直後に学窓に戻った先達も、冷戦時代に研究を始めた先達も、平和の問題をそれぞれの立場から真剣に考え、国際関係の研究に取り組んできた。

　本書で、国際関係論の先達としてどなたを取り上げるかについては、その研究対象もしくは研究の内発性・土着性・自立性という視点を重視した。

　ここで、内発性とは「外から来たものではなく、地域や個人の内側から発する特性」、土着性は「地域や個人に当初からあった特性」、さらに自立性は「自発性と自力性によって、外から来るものに過度に影響されない特性」であり、このうち内発性と土着性が思想として内的基盤となり、これに本人の自立性を加えて、行動・活動（政策、評論、運動）として外的に表現されると考える。

　このような条件を備えた国際関係論の先達は数多くおられるが、本書では、原則としてすでに故人になっておられる方を中心に、約20人に絞らせていただいた。そのために、国際文化、多文化主義、人間の安全保障などで、先

まえがき

達にふさわしい方々が現役でご活躍の場合には、割愛せざるをえなかった。しかし、これ以外にも、本書の絞り方に問題があるかもしれない。ここで一つ弁明をしておくと、研究グループの構成が科学研究費・基盤研究（C）（研究課題番号 24530185）にもとづいていたので、予算規模の限界もあって、関西圏の研究者を中心としてグループを組まざるをえなかった。そのためメンバーの人数が制限され、その専門の幅も十分に広く取れず、本来取り上げるべき先達を取り上げられないことになった。このことでは、読者の皆さまから叱責を受けそうであるが、伏してお許しを乞うておきたい。

　最後に本書の作成に至るまでの本研究と、本書の作成過程で、多くの研究者からご助言、ご指導をいただいたことについて、ここにお礼の言葉を申し述べたい。とりわけ、平井友義先生（大阪市立大学名誉教授・広島市立大学名誉教授）、毛里和子先生（早稲田大学名誉教授）、菅英輝先生（九州大学名誉教授・京都外国語大学客員教授）、中村研一先生（北海道大学名誉教授）には、本書に掲載された座談会に遠路遙々ご参加いただき、活発なご議論を通じて、本書の硬い議論を分かりやすい言葉で補足してくださった。あらためて、感謝の言葉を申し添えておきたい。さらに中村先生からは本書Ⅰ-1-1の玉稿、毛里先生からは本書Ⅱ-4の玉稿を特別にご寄稿いただいた。本当に感謝、感激している。

編著者を代表して
初 瀬 龍 平

# 目　　次

まえがき　　*i*

総　論 …………………………………………初瀬龍平　*3*

## 第Ⅰ部　国際政治学
【Ⅰ-1　国際政治学――権力政治をめぐる】
 1　坂本義和――修行時代……………………………中村研一　*37*
 2　高坂正堯――多様性と限界性の国際政治学 …………岸野浩一　*54*
 3　永井陽之助――理解・配慮・反社会工学の政治学 ……佐藤史郎　*65*
 4　鴨　武彦――冷戦をのりこえるリアリズムを求めて ……宮下　豊　*75*
 5　神川彦松――独自の国際政治学の体系化を目指して …上野友也　*87*

【Ⅰ-2　政治外交史】
 1　細谷千博――実証的外交史研究の先駆者 ……………林　忠行　*98*
 2　斎藤　眞――「アメリカ史の文脈」……………………菅　英輝　*111*
 3　溪内　謙――溪内政治史学の源泉 ……………………野田岳人　*126*
 4　高橋　進――「外交と内政の相互連関」から「外交空間」論へ
  ……………………………………………………妹尾哲志　*137*

## 第Ⅱ部　国際関係論
【Ⅱ-1　国際関係論――権力政治を超える志向】
 1　川田　侃――植民政策学から国際関係論・国際政治経済学・平和学へ
  ……………………………………………………松田　哲　*151*
 2　木戸　蓊――社会主義国際政治論と権力政治の克服 ……定形　衛　*165*
 3　馬場伸也――アイデンティティ研究と国際関係論 …戸田真紀子　*178*

目　次

【Ⅱ-2　平和研究と政治学】
　　1　関　寛治──日本の平和研究の制度化 …………………杉浦功一　*193*
　　2　高畠通敏──平和研究としての「市民政治学」………市川ひろみ　*206*
　　3　高柳先男──平和研究とパワー・ポリティクス ………佐々木寛　*219*

【Ⅱ-3　内発的発展論】
　　1　鶴見和子──個から社会を変革するための内発的発展論
　　　　…………………………………………………………柄谷利恵子　*232*
　　2　村井吉敬──小さな民から考える開発とオルタナティブ
　　　　………………………………………………………………堀　芳枝　*245*
　　3　玉野井芳郎──エコロジーと地域主義 ………………山口治男　*257*
　　4　宮里政玄──アメリカの対沖政策決定過程の分析……池尾靖志　*269*

【Ⅱ-4　国際関係論と地域研究】
　　1　地域研究と国際関係学の緊張──中国研究から ……毛里和子　*280*

## 第Ⅲ部　新しい挑戦

【Ⅲ-1　地域研究の萌芽】
　　1　アフリカ研究──「過去」と「未来」をつなぐ ………杉木明子　*295*
　　2　中東イスラーム研究──断絶か継承か ………………森田豊子　*305*
　　3　中央アジア研究──松田壽男を中心として …………中村友一　*315*

【Ⅲ-2　新たな課題】
　　1　西田幾多郎──非西洋型国際関係理論の魅力と危険性
　　　　………………………………………………………………清水耕介　*325*
　　2　ジェンダー研究──日本の国際関係論における受容と展開
　　　　………………………………………………………………和田賢治　*335*

座談会　日本における国際関係論の発展とその課題
　　　　　…………………平井友義・毛里和子・菅 英輝・中村研一　*343*

あとがき　*377*
索引〔人名／事項〕　*379*

# 国際関係論の生成と展開
## 日本の先達との対話

# 総　論

初 瀬 龍 平

## 第1節　はじめに

　1945年8月14日に、日本は連合国に対してポツダム宣言の受諾を通告し、これによって、アジア太平洋戦争で連合国に降伏し、軍国主義の植民地帝国・近代日本は消滅することになった。翌15日に、昭和天皇はラジオ放送を通じて、国民にポツダム宣言受諾と敗戦の事実を伝えた。ここに戦争は、日本の敗戦で終結した。その後、日本の国家と国民は、民主主義と平和国家へと転換を迫られることになった。

　戦争体験は人さまざまであり、軍隊体験、戦場体験、沖縄戦、空襲体験、原爆体験、戦時下の生活、疎開体験、学徒動員、家族の死亡、あるいは軍国主義教育、非合理的精神主義の氾濫や、植民地生活、戦時社会、稀には獄中体験もあった。これに、引き揚げ体験、空腹体験、買い出し体験など、戦後初期の生活体験も加えてよかろう。体験で意味をもつのは直接の体験だけでない。追憶としての体験、あるいは知識としての体験もある。

　吉沢久子（生活評論家、1918年〜）は、東京大空襲（1945年3月）に遭ったが、「あの戦争の時代を生きてきたからこそ私は、どんな事情があっても、戦争はいやだといい、してはならないと思う。戦争は私たちのごくふつうの生活の中にある、ささやかなしあわせを奪ってしまうからだ」と述べる（吉

沢 2015, 214頁)。戦争はこりごりだという感情が、戦後の平和主義の原点にあった。

　一部の知識人や社会運動家にとって、戦後日本は、これまでの自己の価値体系の正しさを再確認し、それを証明する機会の到来を意味した。戦前からの平和主義者、自由主義者、社会主義者、マルクス主義者には、自己の信条と価値体系を守るために、生活や学問の自由、表現や身体の自由、あるいは職場を奪われた者たちがいた。彼らにとって、敗戦は、思想的には原点への回帰の機会であった。学界、言論界で、平和主義、自由主義、社会主義、マルクス主義が復権し、大東亜戦争という用語は追放された。大衆運動、労働運動の背景にも、社会主義、マルクス主義の普及があった。

　戦後初期の日本で、平和や民主主義、自由主義は米国の占領政策の方針であった。しかし東西冷戦が本格化すると、米国の対日政策は「逆コース」（1947年以降）に入り、朝鮮戦争の勃発（1950年6月）とともに、その傾向はいっそう強まった。そのとき、マルクス主義者、共産主義者は敵視され、社会主義者は右派が優遇され（左派は排除され）、保守的な自由主義者が尊重された。米国の日本政治・文化への影響力は、引き続き、日本国内が親米と反米、多数講和（片面講和）と全面講和、日米安保の賛成と反対に分かれる起点となった。しかし、反米的立場の人々にも、民主主義、自由主義という欧米の価値観は広く受け入れられていた。

　冷戦は、アジアでは国共内戦（1946～49年）、新中国の成立（1949年）、朝鮮戦争、ベトナム戦争（1964～75年）、中国の核実験（1964年）などとなって現れた。このような影響のもとで、日本でも、平和憲法下での再軍備問題、講和問題（1950～52年）、安保闘争（1960年）や、対中国政策での国内対立、原水禁運動の分裂（1961～65年）、国民の反核感情、それと矛盾する米核戦略・核の傘への反発、あるいはベトナム反戦運動などが起こり、そこでは平和の理念と国際政治の現実が軋み合い、イデオロギー過剰の時代となっていた。他方で、この間に、日本は経済大国として復活し、これに対して小国論やミドル・パワー論も提起された。1970年代以降には、市民運動としての平和運動も目立つようになり、南北問題の解決に向けてのNGO活動が活発

化し始めた。

　先達の諸氏は、何らかの意味で理想と現実のズレに苦悩し、リアリズム、国際政治経済学、従属論、行動科学、社会心理学、平和研究、社会運動などに新しい理論を求めて、内外の学界を渉猟し、あるいは毛沢東の新中国、ネルーやチトーの中立・非同盟、ヨーロッパ統合などの、国際関係の新しい現実に希望の星を見出そうとした。マルクス主義者は、社会主義国家間の国際政治がきわめて権力政治である現実に、苦悩することになった。

　以上は、国際関係論の先達が生きてきた時代である。このうち、1945年8月15日に高校生（旧制）以上であった方々は、上記の戦争体験のいずれかを直接に経験していた。この方々を第一世代とすれば、第二世代となるのは、同じときに小中学生以下であった方々である。彼らは1950～60年代に、研究を始めた。彼らにとって、戦争体験は、むしろ戦後初期の生活体験、あるいは追憶としての体験、知識としての体験であった。表0-1「年代と戦後体験の意味」に示されるように、先達を生年で並べてみると、戦前・戦中体験の内容が異なり、戦後体験の内容は少しずつずれている[1]。

## 第2節　戦後日本の知的環境

### 米国の政治的文化的ヘゲモニー

　戦後が戦前と決定的に異なっていたのは、米国の影響力が日本の政治、経済、社会、文化に浸透したことである（吉見 2007）。それは、冷戦の始まる前から占領政策を通じて進められ、さらに1947年以降には、冷戦が本格化するなかで日本を自由主義陣営に抱え込む政策として展開された。

　米国の政治的ヘゲモニーをめぐって、日本国内では親米的世論と反米的世論の対立が生まれた。しかし個別の政策では、親米派がすべて米国の政策を支持していたのではない。国共内戦で中国共産党が勝利したとき、米中間の対立は冷戦としての対決となり、日本政府は米国の要請を受け入れて台湾の国民党政府を承認することになったが、国民の間では保革を超えて北京政府承認論は弱まらなかった[2]。

総　　論

表 0-1　年代と戦後体験の意味

| | | 戦前・戦中 | 1940 年代 | | 1950 年代 |
|---|---|---|---|---|---|
| | | | 敗戦時 | 後半 | 前半 |
| | | | | 第 1 の戦後 | |
| | 国内体制 | 軍国主義、治安維持法、翼賛体制、非合理主義 | | 対日占領、民主化、平和憲法、象徴天皇制、2・1ゼネスト中止 | 逆コース、血のメーデー、レッドパージ、講和問題 |
| | 世界状況 | 連合国対枢軸国 | ヤルタ体制 | 冷戦開始、脱植民地化時代へ | サンフランシスコ体制 |
| | 対米関係 | 対米開戦、日米戦争 | 敗戦 | 対日占領、西側陣営 | 平和条約、日米安保条約 |
| | アジア・アフリカ | 日中戦争、アジア太平洋戦争（「大東亜共栄圏」） | 「敗戦」 | インド独立、中国革命 | 朝鮮戦争、平和五原則 |
| | 社会主義国 | 日ソ中立条約 | ソ連参戦 | | スターリン批判 |
| | 国民経済 | 戦時経済 | 国力疲弊 | 対日占領、近代化 | 朝鮮戦争特需 |
| | 核文明 | 原爆作製の試み・挫折 | 原爆投下 | ソ連核実験 | 核戦争の危機、第五福竜丸事件、原水禁運動 |
| 西田幾多郎 | 1870-1945 | 1928 年京都大学退職 | 逝去 | | |
| 神川彦松 | 1889-1988 | 東京大学教授 | 56 歳 | 公職追放 | ○ |
| 前芝確三 | 1902-1969 | 毎日新聞、ハルビン・モスクワ・上海、軍務 | 43 歳 | ○ | ○ |
| 松田壽男 | 1903-1982 | 京城帝大教授、陸軍教授 | 42 歳 | ○ | ○ |
| 具島兼三郎 | 1905-2004 | 満鉄調査部、関東軍憲兵隊 2 年半拘禁、保釈 | 40 歳 | 戦う平和論者 | ○ |
| 江口朴郎 | 1911-1989 | 外務省嘱託、姫路高校教授 | 34 歳 | 世界史／アジア | ○ |
| 田畑茂二郎 | 1911-2001 | 京都大学助教授・教授 | 34 歳 | ○ | 人権と国際法 |
| 玉野井芳郎 | 1918-1985 | 東北大学講師 | 27 歳 | ○ | ○ |
| 鶴見和子 | 1918-2006 | 米国留学、交換帰国船 | 27 歳 | 思想の科学 | 生活記 |
| 内山正熊 | 1918-2011 | 慶應大学助手 | 27 歳 | ○ | 国際政治学序説 |
| 細谷千博 | 1920-2011 | 結核 | 25 歳 | ○ | ○ |
| 斎藤眞 | 1921-2008 | 海軍主計、西部ニューギニア派遣 | 24 歳 | ○ | ○ |
| 渓内謙 | 1923-2004 | 舞鶴海兵団主計 | 22 歳 | 復学・大学生 | ○ |
| 永井陽之助 | 1924-2008 | 1945 年旧制二高卒 | 21 歳 | 大学生 | ○ |
| 川田侃 | 1925-2008 | 兵士体験 | 20 歳 | 復学・大学生 | ○ |
| 関寛治 | 1927-1997 | 旧制高校生 | 18 歳 | 大学生 | ○ |
| 坂本義和 | 1927-2014 | 旧制高校生 | 18 歳 | 大学生 | ○ |
| 蝋山道雄 | 1928-2009 | 旧制中学生 | 17 歳 | 大学生 | ○ |
| 木戸蓊 | 1932-2000 | 中学生 | 13 歳 | 中高生 | 大学生 |
| 高畠通敏 | 1933-2004 | 小学生 | 12 歳 | 中高生 | 大学生 |
| 高坂正堯 | 1934-1996 | 小学生 | 11 歳 | 中高生 | 大学生 |
| 馬場伸也 | 1937-1989 | 小学生 | 8 歳 | 小学生 | 中高生 |
| 高柳先男 | 1937-1999 | 小学生 | 8 歳 | 小学生 | 中高生 |
| 鴨武彦 | 1942-1996 | 幼児 | 3 歳 | 幼児 | 小学生 |
| 村井吉敬 | 1943-2013 | 幼児 | 2 歳 | 幼児 | 小学生 |
| 高橋進 | 1949-2010 | | 誕生前 | 誕生 | 幼児 |

総　論

|  | 1960年代 | | 1970年代 | 1980年代 | 冷戦後 |
|---|---|---|---|---|---|
| 後半 | 前半 | 後半 | | | |
| | 第2の戦後 | | | | |
| 55年体制成立、大衆社会 | 安保闘争 | 市民運動、ベ平連 | | NGO活動 | 55年体制崩壊、ウルトラナショナリズム |
| | 南北問題、非同盟運動 | | 従属論 | 国際的相互依存（論） | グローバル・ガヴァナンス |
| | | ベトナム戦争 | 沖縄返還、ベトナム戦争 | | 日米安保再定義 |
| バンドン会議、大躍進 | アフリカの年 | 文革、ベトナム戦争、中ソ紛争 | ベトナム戦争、文革、日中国交回復、NICs | 中国改革開放、東南アジア反日デモ、NIES | 中国・インド経済 |
| ハンガリー事件 | 中ソ対立 | チェコ事件 | | ポーランド連帯 | ソ連崩壊・分解、東欧革命、市場経済 |
| 近代化論、水俣病 | 所得倍増計画、日本文化論 | 公害訴訟、ベトナム特需 | ベトナム特需、ODA | 経済大国、ODA大国 | 新自由主義 |
| | キューバ危機、核相互抑止、中国核実験 | 日本・核武装検討、核の傘の選択 | NPT体制 | チェルノブイリ事故 | 印パ核実験、北朝鮮核開発、福島原発事故 |
| ○ | ○ | ○ | ○ | ○ | |
| 国際政治学大綱 | ○ | ○ | | | |
| | ○ | ○ | ○ | ○ | ○ |
| ○ | ○ | ○ | ○ | ○ | |
| ○ | ○ | ○ | ○ | ○ | ○ |
| ○ | ○ | ○ | エコロジー経済 | | |
| 録運動 | 米国留学 | ○ | ○ | 内発的発展論 | ○ |
| シベリア出兵 | ○ | ○ | ○ | ○ | ○ |
| ○ | アメリカ外交 | ○ | ○ | ○ | |
| ○ | ○ | ○ | ○ | ○ | 上からの革命 |
| ○ | ○ | 平和の代償 | 冷戦の起源 | ○ | ○ |
| 国際関係概論 | ○ | ○ | ○ | 国際政治経済学 | ○ |
| ○ | ○ | 国際体系論 | ○ | ○ | ○ |
| 中立日本防衛構想 | ○ | 核時代の国際政治 | ○ | ○ | ○ |
| ○ | ○ | 日本核武装反対 | 日中国交回復 | ○ | ○ |
| ○ | ○ | ○ | バルカン現代史 | 東欧政治・国関 | ○ |
| ○ | ○ | ベ平連 | ○ | ○ | ○ |
| ○ | 現実主義平和論 | 海洋国家日本構想 | ○ | ○ | ○ |
| 大学生 | ○ | ○ | ○ | アイデンティティ | ○ |
| 大学生 | ○ | ○ | ○ | ○ | 戦争／平和学 |
| 中高生 | 大学生 | ○ | ○ | 国際統合理論 | ○ |
| 中高生 | 大学生 | ○ | ○ | エビと日本人 | ○ |
| 小学生 | 中高生 | 大学生 | ○ | ○ | 国際政治史理論 |

出所）筆者作成。

総　　論

　朝鮮半島では、北朝鮮軍の南進によって朝鮮戦争が勃発し、まず米国、ついで新中国がこれに軍事介入して、アジアでの冷戦は悲惨な戦争（1953年7月停戦）となった。日本国内では、憲法の平和主義にもかかわらず、警察予備隊が1950年8月に創設され、のちの自衛隊の前身となった。1951年9月8日に、サンフランシスコ平和条約が締結された直後に、日米安保条約が締結された。それ以降、日米安保体制の肯定派が親米派となり、その批判側は反米派となる傾向が、ずっと続いてきた。

　ベトナム戦争（1965～75年）については、冷戦の視点に立つ米国からすれば、ベトナム民族の民族独立闘争は、共産主義の浸透（ドミノ倒し）であり、それを阻止すること（ベトナム戦争への介入）は、米国の政治・軍事的課題となっていた。日本では、政府は米国のベトナム戦争を支持した。しかし、国民の間で、ベトナム反戦の気運・運動は無視できないものとなっていた。

　米国の文化的ヘゲモニーは、日本国内で強力であった。反米的立場の人々にも、自由主義、民主主義など欧米の価値観は広く受け入れられていた。国際関係論や国際政治学では、戦後から今日に至るまで、米国文献の引用や参照が目立っている。米国は日本国内でアメリカ研究の普及に精力を注ぎ、また自然科学、社会科学、人文科学全般にわたって、日本の大学院生や研究者の米国留学を支援してきた。しかし、米国の文化的ヘゲモニーを受け入れた人々にも、その政治的ヘゲモニーを拒否する人は少なくない。二つのヘゲモニーの間では、長期的にみれば、文化的ヘゲモニー（ソフト・パワー）が政治的ヘゲモニーを支えてきた（松田 2015。アメリカ研究の先達斎藤眞［1921～2008年］については本書Ⅰ-2-2参照）。

**科学的精神と方法**

　日本は対米戦争で、圧倒的に物量と科学力で勝る米国に対して、非合理的な精神主義・軍国主義をもって立ち向かい、完全に敗北した。戦後日本は、この反省のうえに科学の復興をめざすことになった。社会科学でも、科学的精神と方法が追究された。その一つが、戦後に復権したマルクス主義であり、もう一つが1950年代に米国から導入された行動科学である。

総　　論

　マルクス主義は「空想から科学へ」(エンゲルス、1880 年) を標榜し、弁証法的唯物論、史的唯物論、歴史の法則を提唱した。たとえば、マルクス主義の国際政治学を探究していた前芝確三 (1902〜1969 年) は「さまざまの国際政治の動きをつらぬく法則の存在を最もはっきりと認めているマルクス主義の理論」について「マルクス主義はすでに、国際政治現象をふくむ歴史的・社会的諸現象をつらぬく一般的な法則の体系を一応みつけだし、それを定立している」と述べていた (前芝 1967, 251 頁)。それは、社会現象に自然現象と同じように法則性を見出せるというマルクス主義の信念にもとづいていた。

　行動科学は、国際関係論・国際政治学に、計量分析、内容分析、数理モデル、システム論、ゲーム理論、政策決定過程モデル、シミュレーションなどを適用するものであり、変数 (独立変数、従属変数)、および変数間の明確な規定、研究手続きの厳格性を特徴とするもので、いわば自然科学的手法の社会科学への適用であった。1950 年代から 60 年代にかけて、米国発の理論と手法が日本に導入された。たとえば、M・カプランの国際システム論 (Kaplan 1957)、L・リチャードソンの軍拡モデルの方程式 (Richardson 1960)、R・スナイダーの政策決定過程分析モデル (Snyder 1962)、K・ボールディングの軍事力の効用曲線 (Boulding 1962)、A・ラパポートのゲーム理論 (Rapaport 1964)、同じく T・シェリングのゲーム理論 (Schelling 1960)、H・ゲッコウのゲーミング・シミュレーション (Guetzkow *et al*. eds. 1963) などである。日本では、このうちリチャードソン、ボールディング、ラパポート、ゲッコウの研究は、平和研究と親和性をもち、カプラン、シェリングの研究は戦略論と親和性をもつことになった。とりわけ、本書で取り上げる国際関係論の先達のうち、関寛治 (1927〜1997 年) は平和研究の立場から、もっとも積極的に行動科学の研究方法を活用した (Ⅱ-2-1 参照)。また、坂本義和、永井陽之助、高畠通敏、高柳先男も、一定の関心を寄せていた。ちなみに、国際政治学で内容分析を初期に試みたのは、当時の若手研究者の岡部達味、武者小路公秀であった (岡部 1971；武者小路 1972)。

総論

## 第3節　国際関係論の誕生

国際関係の研究については、日本では、第二次世界大戦以前から、国際法、外交史、植民政策論があったし、国際政治学は形成されつつあった。そこに、戦後に国際関係論が加わった。それは、米国の International Relations が導入されたものである。その背景には、戦前の軍国主義を反省して、平和国家日本をめざす戦後の学問的風潮があった。国際関係論は、新制の東京大学の発足（1949年）にともない、戦前までの学問体系に収まりきれない研究・教育領域として、文化人類学、科学哲学などともに教養学部の専門課程（3～4年生）におかれた。

**矢内原忠雄**

矢内原忠雄（1893～1961年）は、東京帝国大学経済学部で植民政策講座の教授であったが、反軍・反戦思想のために、1937年12月（日中戦争の起こった年）に大学から追放された（形の上では任意退職）。彼は8年間の空白期間をおいて、戦後の1945年11月に同職に復帰、1949年5月に教養学部長に就任、1951年12月に総長に選出された。1945年12月就任の前任者南原繁につづく、自由主義者の総長であった。

矢内原はホブソン流の帝国主義論を好み、マルクス主義者ではなかった。彼は熱心なキリスト教徒であった。彼は、前任の南原総長のもとで、新生東大で新学部（教養学部）構想を進め、国際関係論講座を開設し、短期間これを担当した。その後、この講座に江口朴郎教授を就任させ、川田侃（ホブソン著、矢内原訳『帝国主義論』岩波書店を下訳）を助手に採用した（鴨下・木畑・池田・川中子 2011, 105頁）。

**川　田　侃**

日本で初めての「国際関係論」のテキストとなったのは、川田侃著『国際関係概論』（川田 1958）である。川田侃（1925～2008年）は、当時、東大教

総　論

養学部の新鋭の助教授であった。彼は、国際関係論講座を担うために、1955年6月から57年7月に米国のハーバード大学に派遣された。その目的は「国際関係論の教育・研究の方法をいわば"輸入"してくる」（川田 1996, 332頁）ことであった。その成果が『国際関係概論』である。この本は20刷以上版を重ねた。

　川田は、東大で矢内原忠雄の後継者にあたる。その専門は、政治学ではなく経済学である。戦前の植民政策論は、戦後に国際経済論と呼ばれることになったが、国際関係論との関連でいえば、川田の専門は国際政治経済学と呼ばれる領域である。

　川田は、国際関係論に惹きつけられた動機について、「東京帝国大学経済学部に入った昭和一九年の秋は、客観的にはもう日本の敗戦は決定的になっていた。学窓から直接に士官へ進む道（特別幹部候補生）を拒んだ満一九歳の私にもやがて召集令状が舞い込み、翌昭和二〇年（終戦の年）の四月「北支派遣軍二等兵」として中国の青島郊外の某砲兵部隊に編入された。私はそこで事実上の盗賊の一団になり下がった日本軍の兵士たちの悪行のかずかずを目撃して、戦争と平和の問題が一個の人間にとって実に重大な問題であることに遅ればせながらようやく心底から気づいたのである。やがて私の心を深く国際問題の研究に駆り立てるようになった強い動機の一つは、疑いもなくこうした若い頃のささやかな戦争体験にもとづいている」（川田 1996, 331頁）。「私の国際関係論は初めから平和研究、平和学を指向していたように思われる。そして、やはりそれに私の戦争体験と矢内原先生による感化が強くはたらいている」（川田 1996, 334頁）。彼は、「日本平和研究懇談会」（Japan Peace Research Group）の設立（1966年）や、日本平和学会の会長など、日本の平和研究、平和学を牽引した（Ⅱ-1-1参照）。

## 江口朴郎

　東大で当初国際関係論を牽引したのは、教授の江口朴郎（1911～1989年）である。その専門は、外交史、国際政治史であった。彼は戦時中、旧制・姫路高校の教授（1941～47年）を務めていたが、学生に日本の敗戦を予言する

発言をしており、兵役に就く学生には「必ず生きて帰って来なさいよ」「こんな戦争で死んだらいけませんよ」を餞の言葉としていた。敗戦の日に、江口は、学生一同に向けて「これからは、日本や中国を中心とするアジアが世界の歴史の中で注目される時代が必ず来るであろう」(旧制姫路高校江口朴郎先生追悼文集刊行委員会編 1990, 116, 146頁) と話しかけた。その後東大の「国際政治史」の講義などで彼は、「国際的契機」を考えること、「民衆の立場」で考えること、「アジアのナショナリズム (民族的解放)」を評価することを強調した (百瀬 1993, 12, 16頁;江口 1954, 189頁)。江口は「柔軟なマルクシスト」(和田春樹) であった (江口 1974a, 230頁)。

現実の国際関係で中心となってきたのは、国家対国家の関係である。この国家間関係は一般に外交政策として勢力均衡の政治や軍事となり、勢力均衡はしばしば戦争への道となる。江口によると、「平和の問題は一般に、最も直接には国家間の問題としてとらえられ、……国家の政策の相互関係という見地から問題にされるのが普通である。いわば政治の問題は、国際関係の場の問題となるや、一足飛びに民衆の具体的利益から離れて、抽象的な国家間の勢力均衡の問題に置き替えられがちである。しかし、一面において、平和への要求は個々の具体的な民衆の切実な要求である」(江口 1958, 195頁)。同じことが、約30年後に「依然としてパワー・ポリティクスが意味を持つ現実の国際関係の中で、人民的連帯はどのように回復され、維持されるべきかという問題」として表現される (江口 1986, 129頁)。ここで「階級や民族の問題を含めた (新しい) 人民的な「連帯」という観点」(江口 1986, 3頁) を強調していた。

彼は、国際関係で「民族」の可能性に期待を寄せていた。彼は「平和への希求というようなものも、具体的に、特に主体的には、民族的要求として表現されている」と述べた (江口 1954, 176頁)。また「諸民族のナショナリズムの間には、他から抑圧されず、また他を侵略もしない自由平等な国際的連帯性を考えること」が「平和を維持する最も確実な手段である」と述べていた (江口 1954, 173-174頁)。

彼は、戦後のアジアの国際関係のなかに、日本の新しい行き場を探すこと

を提唱した。たしかに、1940年代後半から50年代前半には、インドの独立（1947年）、新中国の成立（1949年）、中印間の平和五原則（1954年）、アジア・アフリカ29カ国のバンドン会議（1955年）など、アジア諸民族の解放と連帯の気運が盛り上がっていた。彼は、インド、中国などのナショナリズムと協調することで、戦前日本の軍国主義的なナショナリズムを克服できると考えた。しかし「アジアに対して日本が近代史に占めて来た地位への反省が必要であって、われわれがアジアの一角に占めている事実や、人種的文化的近親性を挙げることのみによってアジアの立場に立って発言する資格があると主張することは危険である」との但し書きがついていた（江口 1975, 126頁）。彼の考えはアジア主義ともいえた（Gayle 2011, pp. 289-293）。

彼は、国際関係について、「国家理性一般ではなくて、具体的な人の利益」を問題とすべきであり、「国家は全体としてむしろ国民の利益に従属」すべきものと考え（江口 1958, 206頁）、また「近代世界で通用していた国際政治の論理が、ますますあらゆる地域でそこに生きる「人間」の問題として問い直されている」と考えていた（江口 1986, 147頁）。国際関係論が勢力均衡論になることに対して、江口は、「人間」「人」を重視する立場から、現実的には「民衆」や「人民」の連帯に期待し、さらに日本を含むアジアのナショナリズムの可能性を信じていたもの、と思われる。このように、「民族として現れる民衆の主体的な意識の問題」を重視する彼の視点は、1980年代に注目される「アイデンティティの問題」を先取りしていた（斉藤 1998, 181頁）。

彼の考えでは、反資本主義、反帝国主義のプロレタリアートが個別のナショナリズムを超え、国際的連帯を求めることによって、ブルジョア民族主義のもつ反動性から人々を守ることができる。さらに、社会主義の民族主義によって、権力政治と勢力均衡は否定されるはずであった。しかし、ハンガリー事件（1956年）によって、社会主義と民族主義の関係を考え直すという難問が突きつけられた。

彼は「国際政治の世界に、今なおこのような権力政治が存在し、流血の惨を見ていることは、遺憾とすべきことであり、ソ連の政策の責任、ないしは

総　　論

失敗を認めなければならない」「最近の諸事実はたしかに本質的には、ハンガリー人の民族的自覚の新しい高まりを示している」と明言しながらも、他方で「一般に現在ナショナリズムといわれるものはより客観的には諸民族の共存の方向を目指しており、また民族運動の方向が、……実質的な民族利益を目指すという……打算的な方向に向いている。その点では、ハンガリーの動き、そしてまた、反乱軍といわれる側の民衆指導の方向は、……建設的でない方向を示す事実が少なくないように思われる」と指摘し、「このようにいえば、いかにもハンガリー人の切実な民族的要求をおさえ、ソ連のいわゆる、パワー・ポリティクスを是認するかのようであるが、実際には問題は世界のあらゆる地域で諸民族が、自分自身の問題を具体的現実の中で、どう冷静に判断し、現実に自分たちの体制を形づくっているかにかかっている。……ハンガリー自身が与えられた条件の中で、どう問題を処理していくかにかかっている」(江口 1974b, 120頁) と、判断していた。しかし、全体的にみて、そのソ連批判の歯切れは良くない。

　このように、江口は、国家間関係と、そのもとでの人びとの平和との矛盾という、国際関係論のもっとも基礎的で、もっとも難しい問題を原理的に考察していた。そこで得た答えの一つは、戦後のアジア諸民族の独立と、民衆／人民レベルでの国際的連帯への期待であった。もう一つは、社会主義国での民族主義への期待であった。

　現実の展開は、アジア各地で中印国境紛争 (1962年)、権威主義体制／開発独裁 (シンガポール、台湾、韓国、マレーシアなど)、中越戦争 (1979年)、カンボジア内戦 (1970〜91年) などとなった。他方で、社会主義国間の権力政治は、たとえばハンガリー事件で明らかになった。民族問題は国内的に強圧的政権下で押さえこまれていたのではないか。冷戦終結後にソ連や東欧の旧社会主義国で多発した民族紛争で明らかになったように、社会主義的民族への期待は幻想であった。

総　論

## 第 4 節　国際政治学の展開――1950〜60 年代

　ここでは、戦後直後に活動を始めた研究者のうちから、戦中に投獄された経験のあるリベラル左派・具島兼三郎（ぐしまけんざぶろう）（1905〜2004 年）、戦中にジャーナリストとして中国や東欧、ソ連で戦争を実見したマルキスト・前芝確三（まえしばかくぞう）、戦中に静かに研究生活に入っていた若手の自由主義者・内山正熊（うちやままさくま）（1918〜2011 年）をみておきたい。彼らの研究には、戦中・戦後の時代と個人の思想が交錯していた。

### 具島兼三郎

　具島兼三郎は 1928 年に九州帝国大学を卒業後、九大助手、同志社大学助教授としてファシズムの研究をしていたが、京大の滝川事件（1933 年）の余波を受けて、1937 年に同志社を辞め、その後満鉄調査部で調査、研究にあたった。その間、彼は、1939〜40 年に論文で日独伊三国同盟に反対し、独ソ戦（1941 年 7 月開始）について、満鉄幹部の秘密会議で、ドイツ敗北の見通しを述べた。この関連で、彼は反戦論者として、1942 年 9 月に満州国治安維持法の違反容疑で関東軍憲兵隊に拘禁され、2 年半の間劣悪な監獄に投獄された。戦後、彼は、1948 年に九州大学法学部教授に就任した（具島 1948；谷川・岡本・安部・徳本 1976）。

　彼は、戦後に研究以外に学外の講演活動などに積極的であったが、「その根底には、やはりあの戦争へのにがい反省があります。社会や国の政治が間違った方向へ行くのを、一個のインテリがおしとどめるということはできることではありません。いくら自分一人が良心的であっても、それだけでは実際にはなんの力にもならないのです。このことを私は身をもって痛感しました。学問と大衆とが結びつくことによって、はじめて社会的な力となるのだということです」。彼が大衆として期待したのは「生産機構をにぎっている労働者」であった（谷川・岡本・安部・徳本 1976, 36 頁）。

　彼は、戦後のアジアについて、中国を筆頭として「外国帝国主義に対して

毅然たる態度をとり」「かつて権威の前にひれ伏したアジアの各地は、今や昂然と胸を張って権威に立ち向かおうとしている。……今日のアジアは古い制度を惜し気もなく破壊し、伝統よりも革命を、迷信よりも科学をえらびつつある……アジアの運命がアジア以外のものの手によって決定された時代は終りを告げようとしている」と述べていた（具島 1953, 4 頁）

この状況に対して、ソ連は、「アジアの内部に芽生えた革命の新芽」「アジアの人民勢力」を丹念に育てようとしているが、米国は、「政治的独立の形式」だけを与え、植民地ブルジョアジーや地主、封建領主などに妥協の手を差し伸べて、「植民地の実質を保持する方法」をとっていると、彼はみていた（具島 1953, 167, 191 頁）。

1960 年代に彼は「現代は世界の力関係が戦争勢力にとって不利に、平和勢力にとって有利に、変わりつつある時代である。それ自体平和の体制である社会主義は、いまや世界的な体制」となっている、とみていた。その根拠とされたのは、帝国主義の戦争政策の物質的基盤であった植民地が全面的に崩壊したこと、および、戦争で戦場に駆り出される労働者の反対だけでなく、核兵器に反対する平和運動が大衆運動となっていることであった（具島 1965, 195 頁）。

彼は、このように理念としての社会主義体制、社会主義的国際関係、社会主義国の対外援助などを評価していたが、現実には、スターリン批判（1956年）を受け入れ、ソ連の大国主義と東欧諸国の追随主義に疑念を提起し、中国の自力での核実験と「反帝国主義のための核戦力」への期待を表明していた（具島 1965, 51, 110, 114, 117, 184 頁）。

核戦争については、彼は、それは国家の自殺行為となり、人類文明の破滅を招くおそれがあるとの見通しをもっていた。この関連で、平和運動の高まりが、ベルリンやベトナムで核戦争の阻止に役立っていること、さらに現代の中立国家は、戦争と平和の問題で、戦争防止のために積極的に行動している、との見解を表明していた（具島 1965, 63, 66, 279 頁）。具島は、原子力の平和利用に期待していた。それは、社会主義国でこそ、軍事利用を止めて、平和利用を推進できるとの見通しからであった（具島 1957）。

総　論

## 前芝確三

　前芝確三は、戦後の 1949 年から立命館大学法学部教授を務めた。戦前の前芝は、毎日新聞社の記者であり、ハルビン支局長、東欧特派員、モスクワ特派員などとして、第一次上海事変（1932 年）、独ソ不可侵条約締結（1939 年 8 月）、独ソ開戦（1941 年 6 月）を現地で体験した。1944 年初めからは、予備役将校から支那派遣軍総司令部にいわば志願して召集され、敵国情報の収集、整理などの任務に当たった。上海事変では「戦争のむごたらしさ、むなしさ」を実感した（前芝・奈良本 1968, 81 頁）。ワルシャワで独ソ不可侵条約の成立とポーランドやフランスの共産党の混乱を目の当たりにして、マルクス・レーニン主義のイデオロギーと、ソ連政府の対外政策とを混同してはならないことを実地で学んだ（前芝・奈良本 1968, 186 頁）。短波放送などで海外の情報を得られる前芝は、ヒットラー・ドイツの必敗論を私的に披瀝していた（前芝・奈良本 1968, 269 頁）。

　ポツダム宣言（7 月 26 日）については、彼は短波放送でキャッチしていたが、「その全文を読んだとき、私は、ほんとういって、ホッとしましたね。もしも連合国があの宣言どおり、敗れたあとの日本を処理してくれるなら、日本は……せまいながらも小じんまりした民主的な豊かな国、国民全体にとって戦前よりもはるかに住みよい国になる可能性があると思ったからです。この宣言は、敗戦の暗さのかなたにボッと明るい灯をともしてくれたという感じでした」（前芝・奈良本 1968, 313 頁）。戦後の前芝は、講和問題で全面講和と中立不可侵を主張する平和問題談話会の声明（1950 年 1 月）や、同じく安保改定に反対する平和問題談話会の声明（1959 年 12 月）に、京都側から末川博（民法学、立命館大学総長）、田畑忍（憲法学、同志社大学教授）などとともに参加した（『世界』1985）。

　彼は、マルクス主義で国際政治学を体系化しようとした。その理解によれば、政治は経済の集中的表現であるが、経済には資本主義と社会主義の基本的経済法則がある。資本主義では最大限利潤の法則と経済の軍事化が進む。これに対して、社会主義では戦争の経済的基礎をまったく清算したはずであるが、現実には共産党・政府の政策の誤り、官僚主義、個人崇拝、国民の前

時代的意識などがあり、対外関係でもハンガリー事件のように、大国による小国への強権的支配が目立っている（前芝 1959, 394-399 頁；前芝 1967, 251 頁）。

　彼の考察によれば、資本主義と社会主義の両体制の間で、何らかの意味で勢力均衡が企てられており、その意味では勢力均衡や国家的利益は必要な概念となっている。また、社会主義的な国際政治でも、解放戦争や、侵略戦争への対抗などで、徹頭徹尾平和的であることはできない（前芝 1959, 408, 414 頁）。

　核戦争については、前芝は、「人類みな殺し戦争」となると予測していた（前芝 1959, 298 頁）。米国については、全面的な核戦争を準備しながら、その全面核戦争を避けるという名目で、同時に限定核戦争の態勢を整えており、この準備が全面核戦争につながるというジレンマに直面している、と判断していた（前芝 1959, 369-370 頁）。中国の最初の原爆実験（1964 年）については、「アメリカの軍事的脅威を感じている」ので、「それ相応の理由がある」と好意的であった（前芝 1967, 241 頁）。原子力の平和利用については、「人類の幸福の増進に大きな貢献」が期待できるものとみていた（前芝 1959, 296 頁）。

## 内 山 正 熊

　内山正熊は、慶應義塾大学法学部助手のとき、敗戦の日を迎え、翌1946年4月に助教授に昇格した。内山は24歳のとき徴兵検査で不合格となり、兵役に就くことはなかった。[4]

　日本の敗戦について、内山は「戦争の結果は誤れる国家中心主義を徹底的に反省せしめ、その不可なることを骨の髄まで知らしめた。我々は敗戦という実に大きな犠牲を払うことによって、始めて真に国家の生き方を知り国際政治に目を開くことが出来たのである」（内山 1952, 4-5 頁）と総括する。さらに彼は「敗戦の結果、帝国領土、植民地を一切奪われ、今や文字通り狭小な領土に圧縮された我が国は、……国内資源、国内市場の開発、文化教育科学の涵養向上によって国内再組織を遂行し、社会主義的改革を実践すること

なくしては真の再建はあり得ない……。自ら戦争を放棄し、帝国主義的進路を完封された我国は……帝国主義的発展の実りなき跡を顧みて……あくまで平和国家として国民主義の限界を踏み越えるべきではないのである」との決意を表明していた（内山 1952, 189頁）。

　彼が期待したのは、政治的国民主義であり、彼が恐れたのは、それが経済的国民主義となり、帝国主義に変質、堕落することであった。彼が注目したのは、ホブソン流の社会改良主義であった。これを彼は社会主義と呼んでいたが、社会主義が国内市場を拡張するから、対外的に強制的に輸出する必要がなくなる、という説明は、ホブソンの帝国主義の議論を彷彿させるものである。彼の議論では、「社会主義を通らずして、国際平和はあり得ない」となっていたが、そこでの社会主義は「イギリス型国民主義」であり、それは「経済的に最も新しい社会主義的国民主義の典型」であった。彼は、中国の新民主主義を評価するものの、レーニンのソビエト社会主義には懐疑的であった（内山 1952, 144, 152, 156, 186, 213頁）。

　核兵器については、彼は、ひとたび世界大戦になると、原子爆弾などの新しい兵器によって、交戦国だけでなく、全人類が絶滅すると警告していた（内山 1952, 17頁）。1960年代に彼は、原水爆とミサイルの破壊力をもって敵方の攻撃を抑制するといわれる「抑制力」(deterrence) について、「逆に味方をも滅ぼす可能性」があり、「一発の弾からICBMにいたる全面破壊力を誘発する」ことも起こりうるので、「恐怖の均衡」はきわめて「不安定な均衡」であって、当面の最大の危機に対しては「原水爆をふやすよりも慎重賢明な外交の方が遙かにすぐれた防衛となる」と説いていた（内山 1965, 105頁）。

　日本としては、米国の核基地であることは、ソ連からの核攻撃を呼ぶことになる。米ソ対立のなかにあって、「中立こそは日本の安全を防衛し、極東の平和を維持し、ひいては米ソ対立緊張の緩和に貢献する」というのが、内山の主張であった。彼の考えでは、平和国家こそが被爆国日本にふさわしい外交方針であった（内山 1965, 130, 147, 185頁）。なお、原子力については、建設的に使う可能性を説いていた（内山 1952, 49頁）。

総　　論

## 第5節　国際政治学の展開——1960〜80年代

　ここでは、1960年代以降の代表的な国際政治学者として、坂本義和（1927〜2014年）、高坂正堯（1934〜1996年）、永井陽之助（1924〜2008年）に注目する。この三人は、本書では先達として取り上げているので、細かい議論は各論に譲ることにする（Ⅰ-1-1、2、3参照）。ここでは、勢力均衡、リアリズム、現実主義、理想主義などの理論的概念・枠組みとの関連で、彼らの議論をみておきたい。あわせて、リベラルの現実主義者・蠟山道雄（ろうやまみちお）（1928〜2009年）にも注目したい。本書では蠟山を先達として取り上げていないが、戦後日本における現実主義を考えるには、蠟山の思考・思想をみておくことが必要である。

**坂本義和と高坂正堯**
　一般に、坂本義和は理想主義者、高坂正堯は現実主義者と考えられている。坂本は、1959年の論文「中立国家日本の防衛構想」で、日米同盟のもとでは、米ソ間の全面核戦争だけでなく、戦術核兵器による局地戦争でも、「日本のすみずみまでが放射能に汚染される」ことを警告し、また、日米同盟論と非武装中立論にかわる第三の道として、中立的な諸国の部隊からなる国連警察軍の日本駐留と、警察予備隊程度に縮小した自衛隊を国連警察軍の補助部隊として参加させることを説いた（坂本 1990, 19-23, 27, 30頁）。これに対して、高坂は論文「現実主義者の平和論」（1963年）で、坂本の議論は核兵器による全面戦争か、戦術核兵器による局地戦争のみを想定しており、在来兵器によって侵略を防御する可能性を無視していること、および日米安保条約が極東で勢力均衡を成立させ、それによって戦争を防止していることを無視していると指摘し、理想主義者は「目的と手段との間の生き生きした会話」を欠如していると批判した（高坂 1965, 4-5, 11頁）。
　勢力均衡について、高坂は、近現代の国際関係で「勢力均衡の存在しないところに平和はなかった」（高坂 1965, 3頁）と言い切り、これに対して、

坂本は、「力の均衡が平和を保持する」とか「核均衡が平和を保っている」といった主張に疑義を提起していた。両者の相違は明確である。しかし、両者を理想主義と現実主義の対立のみによってとらえることはできない。たとえば高坂は、1963年に現実主義者として、極東の緊張緩和方策として、「中共」との国交の正常化、朝鮮半島における兵力凍結にもとづく兵力削減、日本の非核武装宣言、および極東における兵力引き離し（少なくとも、日本からの米軍の漸次的撤退）（高坂 1965, 17-19頁）を提案していた。しかし、そこでは「目的と手段との関係」は、彼自身に跳ね返ってきている（豊下 2001, 14頁）。この意味では、その緊張緩和方策の提案は、理想主義者の議論ということになる。

坂本は、米国の国際政治学者H・J・モーゲンソーと親交関係にあり、両人は「気質と思想音域」で「ウマが合った」（I-1-1参照）。1960～70年代の日本の学界では、モーゲンソーは国益と権力政治の提唱者とみられていたが、実際にはベトナム戦争に反対し、核兵器に反対し、慎慮（prudence）の必要を説いていた。モーゲンソーを理想主義者と見ることはできない。しかし、モーゲンソーは、国際政治が国家間の権力政治であることを確認しながら、国際関係の平和を追求していた（初瀬 1993）。彼をリアリストと呼ぶなら、坂本もリアリストということになる。高坂も永井もリアリストということになる。そもそも「現実主義者」という用語は、当時の論壇で平和主義者に対して高坂や永井などが自称し、他称された呼び方であり、日本で固有の用語であった（村田 2009）。

戦後の日本は、米国の政治的文化的ヘゲモニーのもとにあった。外交面で米国のヘゲモニーは、日米安保体制となって現れていた。このもとでは、親米で日米安保に賛成するのが現実主義、これに反対するのが理想主義ということになる。日本の現実主義者には、日米安保体制を受け入れる以外の選択肢は、あまり考えられなかったのかも知れない。しかし、坂本のようなリアリストの立場に立つと、この選択肢自体が問題となった。

坂本は、4歳のときに第一次上海事変で歩哨兵が砲撃で一瞬の間に消えてしまった衝撃的体験を忘れなかった。彼はまた、戦中と終戦の断絶において

総論

国家からの「棄民体験」をすることで、国家権力や支配層に一定の不信感を抱き、距離を保つようになっていた。彼は全面講和論を支持した。坂本には、ヒロシマの被爆体験を研究の原点に据える「ヒロシマ・リアリズム」の志向がみられた（I-1-1 参照）。

　高坂のほうは、年齢的に戦争の原体験をもたなかった。彼は戦後の日本人について「日本人は戦争を道義的に否定してしまったため、戦争に迷い込むようになった原因を考えてみようとしなかった」（高坂 1968, 47 頁）とみていた。その彼は、『宰相吉田茂』で戦後の吉田外交（親米、軽武装、経済中心、日米安保）を「商人的な国際政治観」として高く評価した（高坂 1968, 19 頁）が、これは、のちに学界で「吉田ドクトリン」と呼ばれることになった（添谷 2008）。1960 年の安保闘争については、高坂は、岸首相の強行採決に抗議した世論の存在は「大きなデモの危険にもかかわらず、日本の民主主義に貢献した」と微妙な評価をしていた（高坂 1968, 148 頁）。

## 永井陽之助と蠟山道雄

　永井陽之助は、高坂正堯と並ぶ現実主義の論客であった。永井は「吉田ドクトリンは永遠なり」と言い切り（永井 1985, 47 頁）、これを戦後日本外交の「密教」から「顕教」に高めた高坂の業績を評価していた（永井 1967, 180 頁）。

　ここでは、もう一人の現実主義者蠟山道雄と並べて、永井の思考と思想をみておきたい。永井と蠟山は、1968 年に内閣調査室の依頼（秘密）で、日本の核武装の可能性と現実性を検討し、それに否定的な報告書（非公開）を作成した人物である（黒崎 2015）。永井は現実主義者として、1980 年代に米国レーガン大統領の SDI 構想に反対した。その反対は、MAD（核の第二攻撃力による相互確証破壊）の効果を前提としての議論であったが、永井は、米ソの核戦略の三つの目標（①全面核戦争の抑止、②戦争の限定化、戦争損害・被害の限定化、③勝利）を論理的に融和しないとみており（永井 1967, 143 頁）、恐怖と絶望からの先制攻撃の可能性はゼロではないと考えていた（永井 1985, 217 頁）。彼の求めた解決策は、米ソの核兵器共同管理の枠内で抑止と

拘束のはたらく「多角的な力の均衡体系」を維持し、それを通じて「恐怖の均衡」を「慎慮の均衡」に転化させることであった（永井 1967, 189 頁）。

永井の国際政治の議論で特徴的なことは、「米国を敵にまわしてはならない」（永井 1967, 119 頁）ことを所与の条件として、外交政策と国際環境との間の相互作用を重視していることである。当時の冷戦下で、彼は、自らを政治的リアリストと規定して、非武装中立（理想主義者）だけでなく、軍事的リアリスト、日本型ゴーリスト、保守的な官僚、自民党右派などを批判していた。彼からすれば、政治的リアリストは、信頼醸成、軍備管理、相互軍縮、対外援助、文化交流、外交、情報などを重視する点で、対米軍事協力に傾く軍事的リアリストとは異なる国際環境の形成をめざすものであった（永井 1985, 18, 26 頁）。

彼の日本外交のヴィジョンは、「価値の多元的な国際秩序の創造」と「永続的な平和を確保しうる強力な国際的安全共同体の形成」に参加することであり、それに至るまでの間は「アジアにおける米ソ中三国の力の均衡（平和共存の前提条件）」のうえに、「日本の安全を保障し、できる限り狭義の国防費を節約し、それを挙げて、ヒューマンな、民主的社会主義社会の創造に振り向けること」であった。ここで「民主的社会主義社会」といわれているのは、「マルクスが描いたように、人間が人間らしい生きがいを見出し、自己実現の可能性を発現しうるような社会、……民主的な規律と秩序をもった新しい社会」を意味していた（永井 1967, 104 頁）。

中国問題に関しては、永井は、中国を含めた多角的な「力の均衡」体系をアジアで形成するために、国連加盟、軍縮会議参加など、中国を国際社会に開いていくのが、日本の使命であると説いていた（永井 1973, 81 頁）。それは、中国侵略への贖罪意識よりも、権力政治の発想にもとづくものであった（永井 1967, 112 頁）。ベトナム問題に関しては、永井は、ベトナム戦争について、米国の介入は失敗だとみていた。彼は 1968 年には、米国の北爆停止、民族解放戦線の承認、連合政権の形成、米軍の漸次撤退、および南北統一と非同盟化を呼びかけていた（永井 1973, 80 頁）。

次に蠟山道雄であるが、蠟山は 1941 年に中学 1 年生であり、戦中期に「軍

総　　論

人勅論」「戦陣訓」の軍国主義教育を受けた。戦後に彼は、日本の政治指導者が戦争の末期に、ポツダム宣言の受諾をめぐって、受諾派と徹底抗戦派が対立したまま、7月26日から8月14日までの17日間、無為に時間を費やし、8月6日までに受諾をしていたら起こらなかったはずの、広島・長崎への原爆投下、ソ連の参戦、在満日本人の苦難、将兵のシベリア抑留などを招いた政治責任をきびしく問うていた（蠟山 2006a）。

彼は、自らを「平和主義者」でも、「進歩主義者」でも、「理想主義者」でもなく、「現実主義者」だと規定していた。しかし、彼は「現実主義者」即「戦争肯定論者」という図式を否定し、たとえば、「現実主義国際政治学の泰斗」のモーゲンソーが、朝鮮戦争やベトナム戦争に反対していたことを例に挙げた。彼の理解では、「現実主義とは、現実の細かい変化をも見逃さず、自己の立場を調整しながら変化に対応して行く立場」である（蠟山 2006b, 3頁）。それは、リベラルの現実主義といえるものであった。

彼は、冷戦期の米ソ間で、お互いに「"理性的に"自己の行動を抑制する、「相互自己抑止」」がはたらいたとみていた（蠟山 2007, 5頁）。彼が警告していたのは、米国が限定戦争のなかで、小型化された戦術核兵器を使うことで、地理的限界と物理的限界が曖昧になって、全面的核戦争にエスカレートする危険であり、また戦術核兵器は作戦上通常兵器と混在して使えないことであった（蠟山 1970, 91-92頁）。このように、彼は戦術核兵器の危険を説いていたのが、特徴的であった。また、「日本人が体験した原爆の恐ろしさこそは、（かえって）核兵器の持つ「抑止力」を機能させる重要な要素である」という「安全保障のジレンマ」について、彼は注意を喚起して、「「体験」を強調するやり方に、もう一工夫必要ではないか」という願望を表明していた（蠟山 2007, 3頁）。

日本の対外政策について、1971年に蠟山は、日本外交の基本的パターンの中核は、「まことに変則的に緊密な日米関係」であって、外交・安全保障政策で「日本の全面的対米依存」となり、日本から「外交的自主性」が奪われている、と述べていた。日本の指導者層には、「日本の国家利益とは、米国の政治的利益に反するような行動をとらないことだとする思考様式」が定

着し、「日本の外交政策は日米間の摩擦の調整のみに向けられて」いると批判していた（蠟山 1971, 71, 72, 77 頁）。その代表例は、国連における中国の代表権問題であって、日本が米国に追随して、重要事項方式の提案国となっていることであった。しかし、アジアにおける日中間の利害対立を避けるために、日本は中華人民共和国を緊急に承認すべきである、というのが彼の主張であり、彼自らも日中国交回復の政治的動きに関与した。

蠟山はまた、ベトナムにおける米国の北爆に反対し、日米安保条約についても、「何が日本の戦略的要請に合致し、何が危険をもたらすかをはっきりと区別し、後者を可能なかぎり匡正して行くための努力」を力説していたが、日米安保条約の廃棄には反対であった（蠟山 1968, 66 頁）。彼の議論の核心には、日本の国家利益の重視があった。そういう点で、彼は、たしかにリアリストであった。しかし、その国家利益の判断には、そのリベラリズムが大きく関係していたと思われる。戦争末期日本の政治指導者への彼の批判は、現実主義とは何かを考え直す契機を与えてくれる。

## 第6節　国際関係論の展開――1970～80年代

1960 年代から、日本の経済成長が始まり、次第に経済大国化していくなかで、専守防衛・経済成長の外交政策は「吉田ドクトリン」として定式化され、平和憲法と日米安保体制の結合は、「九条＝安保体制」として展開されることになった（酒井 1991）。

1960～80 年代に日本社会で、南北問題への関心が高まった。岩波新書の黒沼ユリ子（バイオリニスト）著『メキシコからの手紙――インディヘナのなかで考えたこと』(1980 年)、鶴見良行（評論家）著『バナナと日本人――フィリピン農園と食卓のあいだ』(1982 年)、村井吉敬著『エビと日本人』(1988 年) は、ベストセラーになった。

国際関係論の研究では、「権力政治を超えて」、「近代化論を超えて」、「国境を超えて」への志向が目立つようになっていた。

「権力政治を超えて」志向は、国家間政治に対する批判的研究として表れ

総　　論

た。たとえば、高柳先男（1937〜1999 年）は「政治的リアリズム」にもとづく「平和理論」を探究した（Ⅱ-2-3 参照）。鴨武彦（1942〜1996 年）は、リアリズム批判、国際統合、相互依存の研究に、権力政治を越える方向性を模索した（Ⅰ-1-4 参照）。国家内の権力政治については、とくに社会主義国家の権力構造への批判的研究が目立つようになってきた。たとえば、東欧研究の木戸蓊（1932〜2000 年）や、ソ連研究の渓内謙（1923〜2004 年）の研究である（Ⅱ-1-2、Ⅰ-2-3 参照）。

　「近代化論を超えて」志向は、戦後日本で社会的目標であった西欧型近代化論への反省と批判の視線となっていた。そのうち、「内発的発展論」は鶴見和子（1918〜2006 年）を中心として、研究が進められた。「地域主義」は経済学者の玉野井芳郎（1918〜1985 年）によって、提唱された。さらに、村井吉敬（1943〜2013 年）の東南アジア研究と日本 ODA 批判も、この系列の研究といえよう（Ⅱ-3-1、2、3 参照）。

　「国境を超えて」志向は、地域統合や、当時トランスナショナル関係と呼ばれていたもの（その後のグローバル化とかグローバリズム）を指す。その先鞭をつけたのは、関寛治の『地球政治学の構想』（関 1977）である。トランスナショナリズムは、NGO 活動とその支援となって表れた。その理論的支柱となったのは、馬場伸也（1937〜1989 年）の『アイデンティティの国際政治学』（馬場 1980）である（Ⅱ-2-1、Ⅱ-1-3 参照）。

　これら以外に、経済大国日本に対して、「小日本主義」のすすめがなされたし（川田 1972）、「ミドル・パワー」論も提唱されていた（馬場編 1988）。多文化主義（multiculturalism）がオーストラリア、カナダをモデルとして、日本に導入されたのは、その頃であった（初瀬編 1996）。国際人権の思想が社会的に普及し始めたのも、その頃である。国際人権の考えは、戦後いち早く、国際法学者の田畑茂二郎（1911〜2001 年）が提唱したものである（田畑 1988）。

　以上を全体的に含む形で展開されたのが、1970 年代前半に始まった日本の平和研究である。日本平和学会（1973 年設立）の活動には、上述の関、川田、田畑、馬場、高柳、村井、鶴見、坂本、鴨、高橋進（1949〜2010 年）などが、積極的に参加していた。政治学者の高畠通敏（1933〜2004 年）も日本

の平和研究に貢献していた。彼は、1960〜70年代のベ平連など、市民運動を推進しており、「市民政治学」の確立をめざしていた（Ⅱ-2-2参照）。

## 第7節　政治外交史の展開——1950年代から

　戦後日本での歴史研究では、帝国主義論的説明や階級の視点、あるいは大衆運動史や民衆生活史が強調されていた。この傾向に対して、政策決定過程の研究が米国から導入され、一次史料（主に、公開された政府資料）にもとづく実証的研究の方法が、日本に定着した。

　外交史・国際政治史で、最初に実証的研究で、政策決定過程を扱ったのは、細谷千博（1920〜2011年）の『シベリア出兵の史的研究』（1955年）である。細谷は、生涯にわたって、戦間期の日本外交、日米関係史、日英関係史などに多くの研究業績を残した。ここでは、彼が1960年代半ばから川田、石田雄（政治学）、関、坂本、武者小路などとともに、日本平和研究懇談会の主要メンバーであったこと、また平和の問題へ強い関心を持ち続けたことを確認しておきたい（Ⅰ-2-1参照）。

　斎藤眞は、代表的なアメリカ研究者であった。その研究は、原典を大切にする、実証的なものであった。しかし、戦後日本でのアメリカ研究の背景には、米国の政治的文化的ヘゲモニーがあった。このことに対しては、彼は「リベラル・リアリスト」的観点をとり、日本外交の現状についても「日米関係即国際関係」に批判的であった（Ⅰ-2-2参照）。

　渓内謙は、アーカイヴ（公文書）資料が閉ざされていたなかで、入手しうる限りの公刊資料（新聞、雑誌等）を利用して、1920年代末のソ連の農業集団化について、権力と農民の視点から分析した。それはソ連の権力構造（党＝国家体制）の解明を目指すものであった（Ⅰ-2-3参照）。

　高橋進は、ドイツを中心とするヨーロッパ国際政治史の研究者であった。彼は、最後の著書『国際政治史の理論』（高橋 2008）で、権威主義体制、開発独裁、非公式の帝国などを取り上げて、権力を相対化してとらえる議論を展開していた。また彼は、日本の自治体外交など、国家外交以外の市民的国

総　　論

際交流にも目を向けていた（Ⅰ-2-4 参照）。
　政策決定過程の研究は、その研究対象の性格からして、権力の歴史となりがちである。この罠について、四人の先達は十分に意識していたと思われる。

## 第 8 節　本書の構成

　ここで、本書の構成を説明しておく。本書は、第Ⅰ部「国際政治学」、第Ⅱ部「国際関係論」、第Ⅲ部「新しい挑戦」の 3 部から構成されている。日本の国際関係論の土着性、内発性、自立性を問うという本書の問題意識からすれば、第Ⅰ部と第Ⅱ部の順番が逆に思われるかもしれない。しかし、国際政治がもつ権力政治を問うことなしに、権力政治を超えようとする国際関係論の志向を論じることはできない。したがって、本書は、第Ⅰ部「国際政治学」から始まる。
　第Ⅰ部は、1「国際政治学——権力政治をめぐる」と、2「政治外交史」に分かれている。Ⅰ-1 では、先達として坂本義和、高坂正堯、永井陽之助、鴨武彦、神川彦松（1889～1988 年）を取り上げるが、このうち、神川は戦前からの国際政治学者であった（Ⅰ-1-5 参照）。Ⅰ-2 では、細谷千博、斎藤眞、渓内謙、高橋進を取り上げる。
　第Ⅱ部は、1「国際関係論——権力政治を超える志向」、2「平和研究と政治学」、3「内発的発展論」、4「国際関係論と地域研究」に分かれている。Ⅱ-1 では、先達として川田侃、木戸蓊、馬場伸也を取り上げるが、彼らに共通する点は、それぞれの批判的な立場から権力政治を越える方向・方策を模索、探究していることである。Ⅱ-2 では、関寛治、高畠通敏、高柳先男を取り上げるが、彼らに共通するのは、それぞれの視点から政治学の研究を平和研究に結びつけていることである。Ⅱ-3 は、「内発的発展論」として、鶴見和子、村井吉敬、玉野井芳郎（経済学）、宮里政玄（1931 年～）を取り上げる。ここで宮里の国際関係論を取り上げるのは、沖縄の国際関係論の起源が本土と異なっていたことを示すためである。Ⅱ-4 は、地域研究と国際関係論の緊張関係について、現代中国研究の第一人者（毛里和子）に検証、解

説していただいたものである。

　第Ⅲ部は、1「地域研究の萌芽」と、2「新たな課題」に分かれている。Ⅲ-1では、アフリカ研究と中東イスラーム研究を取り上げる。いずれも戦後の新しい研究分野なので、先達を絞り込むことは避けた。この他、中央アジア研究を取り上げるが、この分野は戦前からあることはあったが、戦後に新しい地域研究の分野として確立したわけでもない。本書では、松田壽男（1903-1982年）という先達を発掘した。Ⅲ-2は、非西洋型国際関係理論、およびジェンダーという新しい研究ジャンルを取り上げている。前者については、先達として京都学派の西田幾多郎（1870〜1945年）が選ばれている。後者については、日本の国際関係論ではまだ受容・形成の段階なので、研究動向の紹介にとどめてある。

　最後の座談会は、国際関係論・国際政治学に造詣が深く、また学界の動向を知悉している四名に自由闊達に話し合っていただいた記録である。

## 第9節　国際関係研究と国際関係論

　最後に、国際関係研究全体のなかで現況の国際関係論の位置づけをしておくと、国際関係論の対象領域は、図0-1「国際関係論」のように整理される。この図で、点線の枠内が国際関係論の領域である。その領域は、大きく分けると、「国際「関係」の研究」と、国際関係の「基礎単位」としての諸国・諸地域の「地域の研究」に二分される。

　「国際関係の研究」には、①国際政治、それと関連する外交・安全保障・戦争・平和、外交史（もしくは国際政治史・国際関係史）という国家間関係、②国際機構・地域統合という超国家的存在、③国際政治経済もしくは世界経済（一時期まで南北問題）、④国際社会、トランスナショナルな関係・グローバル化、具体的には人の国際移動、国際文化、多文化主義、ジェンダー、地球環境、人間の安全保障、平和構築などの研究が含まれる（○括弧内の数字は図に対応、以下同様）。

　「地域の研究」には、⑤地域研究だけでなく、⑥近現代史と⑦途上国研究

総　論

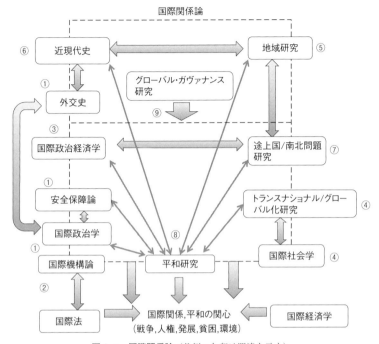

図 0-1　国際関係論（凡例：矢印は関連を示す）

が加わる。「地域の研究」は、「国際関係の研究」とも密接につながっている。すなわち、⑥近現代史は①外交史と重なり合い、⑦途上国研究は③国際政治経済学と相互連関する。

　以上のほかに、⑧平和研究が、とくに平和価値を志向するものとして、国際関係研究の重要な一部となっている。また近年では、⑨グローバル・ガヴァナンス研究が、地球資源や人間・人類の生存など世界的課題について、国境・国籍を超え、官民の区別を超える取り組みを取り上げている。

## 第10節　結びにかえて

　これまでの主な論点を整理すると、次の5点となる。
　第一に、先達たちは、現実の権力政治をめぐって、これをどのように超え

るか、あるいはどこに平和への道を求めるかについて、真摯に探究を続けてきた。

第二に、アジア太平洋戦争での戦争体験が、第一世代だけでなく、第二世代の先達にも、研究の方向性などで影響を及ぼしてきた。

第三に、戦後日本における米国の政治的文化的ヘゲモニーが、日本の国際関係論に強い影響を与えている。そのことが日本のリアリストの議論の幅を窮屈にしたのでないか。

第四に、社会主義国における権力政治の問題は、冷戦期にも現実の展開のなかに見えており、マルクス主義者の先達たちは、これに苦悩してきたが、1980年代にはイデオロギーの呪縛から解放されるようになっている。

第五に、1970～80年代頃から、先達たちは、国際関係を動かす力として、相互依存、トランスナショナルな思想（のちのグローバリズム）や、市民のNGO活動に注目してきた。

注
1） 第三世代は、冷戦終結後の1990年代以降に研究活動を始めた年齢層である。
2） 米国は、この代償として日本の東南アジアへの経済進出を認めることで、経済大国化の基盤形成を助けることになった。
3） 日本ではじめて「国際関係論」を書題に入れたテキストは、斉藤編1966である。本書の先達・木戸蓊は、その執筆者の一人である。
4） 内山正熊の経歴については、慶應義塾名誉教授・田中俊郎先生からご教示を頂いた。

**参考文献**
内山正熊　1952『国際政治学序説』三和書房。
──────1965『現代外交論』有信堂。
江口朴郎　1954『帝国主義と民族』東京大学出版会。
──────1958『歴史の現段階』東京大学出版会。
──────1974a『江口朴郎著作集』第1巻、青木書店。
──────1974b『江口朴郎著作集』第3巻、青木書店。
──────1975『江口朴郎著作集』第4巻、青木書店。
──────1986『世界史の現段階と日本』岩波書店。
岡部達味　1971『現代中国の対外政策』東京大学出版会。
川田侃　1958『国際関係概論』東京大学出版会。
──────1972『「小日本主義」のすすめ──平和のための経済学』ダイヤモンド社。

総　　論

―――　1996『川田侃・国際学Ⅰ――国際関係研究』東京書籍。
鴨下重彦・木畑洋一・池田信雄・川中子義勝編　2011『矢内原忠雄』東京大学出版会。
旧制姫路高校江口朴郎先生追悼文集刊行委員会編　1990『それでも地球は動く』旧制姫路高校江口朴郎先生追悼文集刊行委員会。
具島兼三郎　1948『戦う平和論者』大雅堂。
―――　1953『激変するアジア』岩波書店。
―――　1957「原子力と戦争と平和――原子力の平和利用を拒むもの」『国際政治』1号。
―――　1965『現代の国際政治』岩波書店。
黒崎輝　2015「日本核武装研究（1968年）とは何だったか――米国政府の分析との比較の視点から」『国際政治』第182号。
高坂正堯　1965『海洋国家日本の構想』中央公論社。
―――　1968『宰相吉田茂』中央公論社。
―――　1975『地球的視野で生きる《日本浮上論》』実業之日本社。
斉藤孝　1998『同時代史断片』彩流社。
斉藤孝編　1966『国際関係論入門』有斐閣。
酒井哲哉　1991「「九条＝安保体制」の終焉――戦後日本外交と政党政治」『国際問題』3月号。
坂本義和　1990『地球時代の国際政治』岩波書店。
『世界』　1985「戦後平和論の源流――平和問題談話会を中心に」『世界』臨時増刊、第477号。
関寛治　1977『地球政治学の構想』日本経済新聞社。
添谷芳秀　2008「吉田路線と吉田ドクトリン――序に代えて」『国際政治』第151号。
高橋進　2008『国際政治史の理論』岩波書店。
谷川栄彦・岡本宏・安部博純・徳本正彦編　1976『具島兼三郎先生古希記念論文集　反戦・反ファッシズムの五十年』非売品。
田畑茂二郎　1988『国際化時代の人権問題』岩波書店。
豊下楢彦　2001「「現実主義」というヘゲモニー」『立命館大学人文科学研究所紀要』第78号。
永井陽之助　1967『平和の代償』中央公論社。
―――　1973『多極世界の構造』中央公論社。
―――　1985『現代と戦略』文藝春秋。
初瀬龍平　1993『国際政治学――理論の射程』同文舘。
初瀬龍平編　1996『エスニシティと多文化主義』同文舘。
馬場伸也　1980『アイデンティティの国際政治学』東京大学出版会。
馬場伸也編　1988『ミドル・パワーの外交――自立と従属の葛藤』日本評論社。
細谷千博　1955『シベリア出兵の史的研究』有斐閣。
前芝確三　1959『国際政治学大綱』法律文化社。
―――　1967『国際政治入門』法律文化社。
前芝確三・奈良本辰也　1968『体験的昭和史』雄渾社。

松田武　2015『対米依存の起源——アメリカのソフト・パワー戦略』岩波書店。
武者小路公秀　1972『行動科学と国際政治』東京大学出版会。
村田晃嗣　2009「リアリズム——その日本的特徴」日本国際政治学会編『日本の国際政治 1——学としての国際政治』有斐閣。
百瀬宏　1993『国際関係学』東京大学出版会。
吉沢久子　2015『吉沢久子、27歳の空襲日記』文藝春秋。
吉見俊哉　2007『親米と反米——戦後日本の政治的無意識』岩波書店。
蠟山道雄　1968「核戦略の意義と日本の将来」『中央公論』3月号。
――――　1971「なぜ中国を承認すべきか」『中央公論』2月号。
――――　2006a「靖国問題と戦争責任——国際政治と歴史の視点から」中野晃一・上智大学21世紀COEプログラム編『ヤスクニとむきあう』めこん。
――――　2006b「首相の靖国参拝と戦争責任問題」メールマガジン『オルタ』第33号。
――――　2007「日本における安全保障議論——その特徴と問題点」メールマガジン『オルタ』第44号。
蠟山道雄編　1970『核時代と国際政治』朝日新聞社。

Boulding, Kenneth 1962 *Conflict and Defense*, Harper.
Gayle, Curtis Anderson 2003 *Marxist History and Postwar Japanese Nationalism*, Routledge Curzon.
――――2011 "Eguchi Bokurō : "Asia in World History," 1953" in Sven Saaler and Christopher W. A. Szpilman eds. *Pan-Asianism : A Documentary History, Volume 2 : 1920-Present*, Rowman and Littlefield.
Guetzkow, Harold *et.al*. eds. 1963 *Simulation in International Relations*, Prentice-Hall.
Kaplan, Morton 1957 *System and Process in International Politics*, John Wiley and Sons.
Rapaport, Anatol 1964 *Strategy and Conscience*, Harper & Row.
Richardson, Lewis Fry 1960 *Statistics of Deadly Quarrels*, Boxwood Press.
Snyder, Richard C. 1962 *Foreign Policy Decision-Making*, Free Press of Glencoe.
Schelling, Thomas 1960 *The Strategy of Conflict*, Harvard University Press.
Waltz, Kenneth N. 1979 *Theory of International Politics*, MxGraw-Hill.

# 第Ⅰ部　国際政治学

## 【Ⅰ-1　国際政治学——権力政治をめぐる】
## 1　坂本義和
### 修行時代

中村研一

　坂本義和(さかもとよしかず)（1927年9月16日〜2014年10月2日）は、日本の国際政治学の創始者の一人。東京大学法学部の常設科目・国際政治の最初の専任担当者（1958〜88年）。小論は彼の誕生から修行時代までに絞り、学問的な自己規定を焦点とする。彼の600余の論考が「国際政治の日本型トラディション」を成す点は、『坂本義和集』（坂本 2004bcdef）の解題と『権力政治を超える道』（坂本 2015a）の解説を、著作目録は（坂本 2015b, 1-27頁）を、年譜は『人間と国家』下巻（坂本 2011下, 9-14頁）を参照されたい。

### 第1節　トランスナショナルなアイデンティティ

　坂本はアメリカ・ロスアンジェルスに生まれた。祖母と伯父の一家が福島（現在のいわき市）から移民し、その家で生まれ、日本国籍だけでなく、出生地主義による米国国籍もあった。そして生後半年で中国・上海に移り、そこで9年近く育った（日本に移り住むのは1936年9月）。
　彼の父母は、ともに熱心なクリスチャンで、10年余の米国留学を体験し、米国で出会い結婚した。父・義孝は上海に置かれた東亜同文書院を卒業後、米国に留学して「日本の労働運動」を研究した。後に同書院の教授となり、上海日本人のYMCA理事長も務めた。中国人への共感で知られ、また日本は「満州事変以前に戻れ」という主張で知られていた。母・太代子（旧姓長

谷川）は「日本で、女性差別に納得できずに渡米し、米国で人種差別の雰囲気に反対した⁵⁾」志の強い女性で、上海のYWCAで活動し、戦時の日本でも白眼視に抗して洋装で通した。父は、反帝国主義に決起した義和団になぞらえ、またパシフィストの母は平和に役立つようにと、第三子を義和と名づけた。家には英米人、中国人の学生が友人として始終出入していた。宗教的にはキリスト教徒的で、政治的にはウィルソン型自由主義的を体現したと表現できる家庭環境に育った。1931年、太平洋問題調査会に出席するため上海に来た新渡戸稲造を、両親に連れられ訪ねた幼い坂本義和は、新渡戸の「大きくなったら何になりたいか」の問いに、「鷲になりたいです」と答えた、という（坂本 2011 上，45，20 頁）。

　しかるに父母の願いとは反対に、日本国家は中国と戦争をはじめた。1932年（第一次）上海事変の時、麻疹にかかっていた坂本は、通院途中の街路で、銃声・砲声の聞こえると母と一緒に煉瓦作りの外壁にへばりつき、銃声が鎮まると走った。そして病院では多数の日本の負傷兵を目撃し「お母さん」という瀕死のうめきを聞いた。また、彼の家の前には日本兵が歩哨に立っていたが、至近で迫撃弾が爆発し、直前にはたしかにいた「兵士の姿は一瞬にして消えていました。それまで人の立っていた場所にもう人間はいなかった」（坂本 2011 上，22-24 頁）。戦争の災禍は、幼い（4 歳）坂本の記憶に傷を刻印した。

　11 歳で日本に移った坂本は、東京で日米戦争を体験する。日米開戦の 1941年 12 月 8 日、「勝った」と沸き立つ学校（東京高等師範学校附属中学）で、一人浮かない顔をした坂本（中学 2 年）は、級友から「アメリカに、許婚がいるんじゃないか」と言われている。この「敵国」米国は、自身が生まれ、父方の祖母・伯父が移民した国であった。敗戦後、日本を占領した米軍には、大学在学中に徴兵され、GI として来日した二人の米国国籍の従兄弟が含まれている。親族が日米に分かれて戦争した状況を「国家に引き裂かれる思いを体験した」と述べている（坂本 2011 上，45-47 頁）。

　坂本はシカゴ大学留学（1955 年）の前に、米国籍を放棄する。その際、中学 2 年の 1941 年暮、上海で目撃した流浪するユダヤ人たちの姿を思い起こ

し、「「ストイトレス（無国籍）」の人間もいれば、「二重国籍」の者もいることを考えると「国籍」というものについて複雑な違和感を抱かざるを得ませんでした」と回想している（坂本 2011 上，122 頁）。こうした時代体験は、後に坂本が、「人間としての（肯定的 positive）アイデンティティ——つまりナショナリズムのようにネガティブな、他者との壁をつくるアイデンティティではなく——を加えるべきだと主張し」（坂本 2011，78 頁）て、代表作「グローバル・アイデンティティをめざして」（坂本 2015a）などを書く淵源の一つとなる。

## 第 2 節　学徒の時代体験——われ自己決定する、ゆえにわれあり

　坂本は 1944 年第一高等学校に入学した。その一高は 45 年 5 月 25 日空襲で焼夷弾を浴び、講堂・曖鳴堂が燃え落ちた。また、校長・安倍能成の自宅も全焼し、安倍の積み重なった蔵書が「そのままの形で灰になっていた。それをちょっと触ると、粉になって崩れていくのを見た時にも、文化の瓦解を痛感した」。また反軍を強く表明していた元寮委員長が召集されて一高正門を出て戦地に赴いた。坂本は「いずれは自分の番が来るという、死刑執行を待つ囚人のような思いを消すことができませんでした」（坂本 2011 上，68-73 頁）、「本土決戦に備えて、敵の戦車に体当たりして自爆・玉砕する覚悟をした」（坂本 2015b，228 頁）とも回想する。

　坂本は「子どもの時、洗礼を受けさせられていた」。そして、死ぬ覚悟をして思考停止したことを、戦中の日本のクリスチャンの変質と自身の信仰の弱さを重ね合わせて次のように述べる。「二つの J（Jesus と Japan）」を内村鑑三とその弟子たちは、矛盾なく両立するとしていた。しかし、戦時中、「ジャパンを上に置いて、ジーザスをその下に置くという行動を見て、私は、裏切られた気持ちでした。しかし、かといって、「私はジーザスを上に置くクリスチャンだ」と言いきれるかというと、そこまでの自信があるわけではない。……最後は「日本のために」死ななければならない運命は動かし難いものでした。「神に従うのだから、この戦争には行かない」と言えるかというと、

それはできない。……自分も戦争に行くことを前提にして、どういう死に方をするかを考えるのに精一杯でした。ですから、自分の信仰とは一体何だったのか、自分で疑わざるを得なくなり、私は事実上、棄教者になっていたのです」（坂本 2011 上，85-86 頁）。

坂本は兵役に先立つ簡閲検査を受けたが、19歳に達する1ヵ月前日本は敗戦する。そして飢えと病気に苦しみ、1年休学し、一生続く病を背負った。戦前・戦後のもたらした断絶と虚脱を、後に坂本は「棄民体験」と呼ぶ。「終戦によって〔戦中に覚悟した〕私の死は無意味な捨石でしかありえなかったことを知ったのです。そして終戦後に……空き地を耕し、にわか農民として自力で生きるしかない時期がありました。……そこに生まれたのは、国家権力に対する、また虚妄の神話を操作して民を欺いてきた支配層に対する、私の骨の髄までしみた不信です」（坂本 2015b，228 頁）。

「事実上、棄教し」かつ、国家から「棄民」された時代体験の傷は深い。暗い時代の一高で二つ隣の席で共にフランス語を学んだ原口統三（『二十歳のエチュード』の著者・1946年入水自殺）の「「ここは自分の居場所ではない」という目」を、「私たちがその当時追求していたものを、最も純粋な形で表現していた」と坂本は回想する（坂本 2011 上，63 頁）。原口の目をそう見た坂本自身の目を、一高の寮室の後輩・津島雄二（大蔵省・衆議院議員）は「ベッドの上でやせた坂本義和が正座し、非常に大きな目を見開いた姿は恐ろしかった」と述べた[7]。

坂本は自身を終生「学徒」と呼び続ける。死すべき運命を国に負わされた若者の脆さ、戦争の美学に圧倒される知的な非力さ、空腹のなか「生きるために食べ、食べるために生きる」みじめさ、そして、学半ばで死んでいった友への鎮魂が「学徒」に込められている。坂本の回想録（坂本 2011）は「ある政治学徒の回想」を、また、研究の画期をなす論文「平和の研究」（坂本 2015a）は「一学徒の自省」を副題としている。

革命的な社会変動と時流に流される思想的な弱さとがつくりだす意味の崩壊のなかで、傷ついた坂本は戦後急に台頭した新しい思潮に乗ることを拒否し、ひたすら読書した。「読書とは対話であり……大思想家、大学者、大文

豪でも、いわば敬称抜きで、対等に語りかけることができる」と言い、「旧制高校での、友だちとの読書と討論の共有は、自分の思想形成にとって実にいい経験だった」と回想する。一高の「定形性をもった読書のメニュー」は「戦中はドイツ観念論や実存主義など……戦後にはマルクス主義が重きをなす」が、坂本はニーチェを独語で読み、やがて「生きるに値する思想」を古典に発見する。戦中では「勤労動員の合間に読み継いだ」というカント・天野貞祐訳『純粋理性批判』であり、そして戦後「「懐疑」が底流にある古典」のパスカル『パンセ』（前田陽一に学ぶ）、デカルト『方法序説』（森有正に学ぶ）を仏語で読む。とくにパスカルに深く影響された（坂本 2015b, 304-308 頁）。

　〈棄民〉と〈棄教〉に抗する読書から「たどりついたもう一つの結論は、自分がどう生き、どう死ぬかは、国家ではなく自分が決めるという、生と死の自己決定の決意でした」（坂本 2015b, 229 頁）と言う。「生と死を決める」は国でも神でもない自分自身である。この命題は、デカルト〈われ考える、ゆえにわれあり〉の坂本版〈われ自己決定する、ゆえにわれあり〉と表現できよう。そして『パンセ』の「神の存在は証明できない。神の存在は、それに賭けること以外にない」という趣旨を引用しつつ、「戦後、お前はどうして生きてこられたのか」と問われれば、平和という「新しい生き方の意味の探求に賭けてきたからだと思うのです」（坂本 2011 上, 87-88 頁、強調中村）と述べている。坂本は戦後「私は、宗教的信仰を持っている人間ではない」（坂本 2015b, 349 頁）と自己規定している。そして戦中に「二つのJを矛盾なく調和させ」ることで大勢の学徒を戦地に送った日本のクリスチャンの姿勢を批判し、「なぜ戦うべきでないか」を、超越者を指定しない「平和の政治学」として考え続けた。後に「諸国民というものは、狼であるかもしれないし、狼でないかもしれないが、しかし狼でないという側に賭けるという行為を誰かがまずはじめない限り、みんなが狼になってしまう」（坂本 2015a, 146-147 頁、強調中村）と述べた。これを坂本の終生の諸国民観と見ることができる。

　坂本は、言葉による意味創出に存在の確かさを賭けた。その賭けは、半世

紀間を経て完成させた「国際政治における反革命思想——エドモンド・バーク」（坂本 2004a）から、人間が国内政治のみならず国際政治も自己決定する政治体（civic state transnational）の構想（坂本 2015b, 117-129 頁）まで、深く染み渡っている。

## 第3節　丸山眞男の発見——知識人像と醒めた規範的リアリズム

　20歳になった坂本は一高の1947年後期、丸山眞男の特別講義「政治学」[9]に強い衝撃を受ける。戦中期、むき出しの暴力による外面からの強制を嫌というほど体験した坂本は、被支配者の内面に正統性を受け入れさせる諸相が権力を構成するという丸山の言葉から、自身の内面を発見する。「自分のアイデンティティを模索して悪戦苦闘し……哲学を支えとして内面的に取り組んでいながら、なにか生産的でない袋小路に突き当たった閉塞感をいだいていた」という坂本は、「内面的な問題が、社会と歴史の相のもとに、社会科学的な思想分析の対象となりうる……自分の内面を歴史的社会のなかで客観化することで、かえって自由な思考の展望が生まれる」という「重大発見」をした。丸山の「姿勢と方法」から「生きるに値する思想」への展望が開け、「こういうことができるのなら、文学部ではなく、法学部に行こうと決心した」（坂本 2015b, 252-253 頁）。

　20代前半の政治学の修行時代を坂本は丸山の影響下で過ごす。1948 年以降、東京大学法学部の丸山ゼミに属し、学生としてヘーゲル『歴史哲学講義』の「東洋的世界」、ルカーチ『歴史と階級意識』を、そして丸山の許しで東大法学部の研究奨励生（1951～54 年）となった後、マンハイム『イデオロギーとユートピア』を学ぶ。とくに課題とした「考えることを考える」に関して、「主体を客観化して現実としての主体を認識するということは、その反面で現実における主体の自律性を認識すること」を学ぶ（坂本 2015b, 253 頁、強調原文）。

　坂本が大学3年の1950年、朝鮮戦争が勃発した。この対立の極点で、丸山は同年末平和問題談話会「三たび平和について」[10]の第一・二章を書き、大

【Ⅰ-1　国際政治学——権力政治をめぐる】1　坂本義和

きな政治的影響を与えた。丸山は「思考方法が平和の問題に重大な関係を持つこと」から説き起こし、理想主義とリアリズムの対立について、この双方とも「きわめて複合的な矛盾した要素をはらみつつ動いている世界政治の現実の認識」は、「その錯綜した動向のなかのある動向を伸張させることに、意識的に力を籍しているという意味」で「意欲を含んだ認識なのである」と述べる（強調原文）。丸山は1960年安保の際にも、市民として行動責任を果たす一方、大学の講義・ゼミにおいては原理的に思考する禁欲した学究として立ち現れ続ける。この丸山の姿から、坂本は、「学徒としての禁欲と、市民としての行動責任の受諾との緊張——それが知識人の在り方であること」と「最も原理的であることが、最も強い現状批判の力をもつこと」（坂本 2015b, 259頁）を二重に学ぶ。坂本は1959年、代替的な安全保障構想「中立日本の防衛構想」（坂本 2015a）を書いて以降、「発言者」と自己規定し、安江良介ら「編集者」の政治的効果に関する判断と役割分業した（坂本 1967a, 409頁）。そして、現実政治の動向にレレバントな領域に限定した学問的認識を、時事評論の形で書き続ける知識人のパブリックな責任を引き受ける。坂本が丸山から学び発展させたのは、思想史だけでも、ユートピア的な思考だけでもない。〈学究としてリアルな認識を、市民的な自律性と選択を介して、理想主義に結びつける知識人のエートス〉であった。

　坂本は「中立日本の防衛構想」を書いた際、「最も原理的であることが、最も強い現状批判の力をもつこと」の難しさを痛感し、「核時代には、理想主義こそ現実主義であると、言い切るのは苦しかった」という丸山の「三たび平和について」を書いた際の言葉を引用する（坂本 2011上, 160頁）。そして1970年代中葉「三たび平和について」の丸山の執筆部分を英訳し[11]、それを国際会議で「戦後日本における未来予測」として研究の対象とした。その特徴を「歴史的現実についての想像力」と「国際政治の現実における主体の自律的な選択と未来形成の視点」（強調原文）とに立脚した「未来構想」として取り出している。そう解釈した丸山の知的営為を坂本は「その後、いろいろな模索を重ねた私の思考の基本をなしてきた」と述べている。これと並行して坂本は「世界秩序の未来を構想する」「平和研究における規範的方

第 I 部　国際政治学

法」(坂本 2015b) を発表して方法的に丸山から独立したが、その一方で丸山から継承した基本的な思考様式を「醒めた規範的リアリズム」と定義している (坂本 2015b, 254-255 頁)。

## 第 4 節　ヒロシマ・リアリズム

　18 歳の坂本は、1945 年 8 月 8 日頃、広島の原爆投下を、勤労動員先の東京・渋谷の工場で「新型爆弾」として初めて聞き知った (坂本 2015b, 332 頁)。ただし、このときには「原爆はまだ具体的イメージにはなっていなかった。それがのっぴきならない迫真力をもって迫ってきたのは、かなり後のことであった。とりわけ長田新編『原爆の子』(岩波書店、1951 年) を読んだときの衝撃が大きかった。人類の最高の知性が生みだした科学技術が、人間を大量に動物的状態につき落とすという矛盾に対する違和感にたえられぬ思いだった」(坂本 1967b) と述べる。『アサヒグラフ』52 年 8 月 15 日号が初めて被爆映像を公刊し国民的衝撃を与え、さらに 54 年には第五福竜丸被爆事件が続く。被爆して黒焦げになり、また核の大火のなかを彷徨い「水ヲクダサイ」と言う人々が、核文明によって深く傷ついた体験の記憶・回想を、坂本は「未来を開示する体験に根ざした「未来の記憶」に基づく思想」と呼ぶ (坂本 2015b, 255 頁)。

　1957 年、フランスの田舎で農夫に「どこから来たか」と問われた坂本が「日本からです」と答えると、「ああ、ヒロシマの国だね」と言った。その言葉が心に残った。「そうだ、ぼくは「ヒロシマの国」の人間なのだ」(坂本 2015b, 4 頁) また「国際緊張が高まるごとに、ヒロシマの日に自分が立帰るような気がする。だから私にとって原爆の日は八月六日に限らない。ヒロシマは過去でなく、未来戦争の問題なのだ」(坂本 1967b) と「未来を開示する体験」について述べている。そして「想像を超える残虐な現実についてのありのままの記録」を回想し「人間をかえせ」と叫ぶ知性を「ヒロシマ・リアリズム」と呼び、1999 年には『日本原爆論大系』全 7 巻を庄野直美と共同で監修している。

これらを坂本は「核時代」という時代認識に結晶させ、その危機を回避する意欲を含んだ枠組みに発展させた。「世界の心ある科学者や政治家、また被爆意識を共有する日本国民に、兵器の革命的変化と、主権国家時代の終焉とを痛感させた。さらに50年代半ば以降の水爆の破壊力の実験によって、人類共滅の終末観が生み出された。本来、戦争の手段である兵器が、戦争の一切の政治目的を無意味にしてしまったという、戦争観の革命である」（坂本 2007, 258頁）。そして、1966年に坂本は「これからも自分の研究の根源に「ヒロシマ」をすえて行きたいと思う」（坂本 2015b, 332頁）と自己定義する。翌67年には、彼の最初の論文集を『核時代の国際政治』（82年の新版も同様）と題した。また、しばしば8月6日に広島を訪れ、1982年6月25日の第二回国連軍縮総会には、国際平和研究学会（IPRA）を代表し国連に核軍縮を提言する（坂本 2015a）。

## 第5節　岡義武——モラリストの歴史理論

　20代前半は、坂本にとって自らの体験を対象化するための思想的な修行時代であった。その5年間、国際政治学の理論形成が米欧ではじまっていたことを坂本は知ってはいたが、それを専攻する意志をもたなかった。それに対し20代後半の5年間は、国際政治学の修行時代であった。坂本は研究室の先輩・福田歓一との議論のなかで、戦争を経た人間というものが持つ問題意識というものを正面から取り上げるのは、思想史というよりは「国際政治学の領域なのではないか」と福田に言われ、「私は国際政治学という分野があることを、初めて知りました」と証言する（坂本 2011上, 120頁）。この転機は1952年末から53年前半にかけて訪れた。その間坂本は思想史と国際政治とをどう連続させるかに苦闘し、福田・岩永健吉郎・宮田光男ら先・同輩から学び、国際政治に向けて意識的に軸を移動させて、最終的にエドモンド・バークの研究に焦点を絞る。

　坂本を国際政治学へと導いた契機は岡義武の影響が大きい。坂本は一高在学当時、岡の特別講義「政治史」を聴き、岡『独逸デモクラシーの悲劇』を

読み、戦前・戦後に不動の姿勢を貫いた岡の「鋭い人間洞察」に感銘を受け、「内政と外交の区分などを超えて「政治」に自在に切り込むモラリストの眼」を感じた。また、岡が同一年に3科目（「ヨーロッパ政治史」、「日本政治外交史」、「外交史」）を講義し、浩瀚な通史テキストを刊行・改訂する「学殖の深さに脱帽」していた（岡 2009, 379, 377 頁）。その岡は病気療養で休んだ丸山にかわり坂本の研究奨励生の指導教官となった。坂本が Alfred Coban, *National Self-determination* を書評したのを聴いた岡は「面白そうだ」と励まし、坂本がバーク研究をする一つの契機をつくった（坂本 2011 上, 108-109 頁）。

また E・H・カー『危機の二十年』に関し、岡は「あの本はリアリズムだと言われるが、よく読むとそうでない面がある」と指摘し、坂本は共感した。坂本の初期の論考にはカーからの引用が多い。カーは歴史的文脈に応じユートピアニズムを批判し、リアリズムも批判するが、その特徴は 1920 年代のウィルソン主義的なリベラリズムの国際政治観からの転換を、思想次元に掘り下げた点にある。『西欧を衝くソ連』に共感し、『ボルシェヴィク・レヴォリューション』の「実に入念な資料渉猟に圧倒され」、「彼なりの内在的解釈が底通している」点に感銘を受ける。「最も惹かれたのは、『マルクス』『バグーニン』『ドストエフスキー』などに表れた人間に対する洞察力で、そういう人間観が基礎にあって彼の国際政治観がある」と述べる（坂本 2011 上, 108 頁）。さらに冷戦終結後に坂本はアメリカの「リアリスト」理論家が「冷戦が終わりうるもの、終わらせうるものであるという考え自体が意識から脱落し、しかもその脱落を意識しないまでになった」点を批判し、その「認識論的欠陥」を「非歴史性」に由来すると指摘した。その「非歴史性」の対極にあったカーを「歴史的リアリズム」と形容して、高く評価している（坂本 2015a, 291, 369 頁）。

坂本は、岡のなかに「国際政治の構造の歴史的変化」を認識する歴史理論を発見した。彼は、岡『国際政治史』（1955 年）を解説し、同書が在来の外交史の枠組を超えて、内政と外交の間の相互関連性を前提に「国内政治体制の変化を軸に国際政治史の変動をとらえるという……アプローチの独創性という点で……国際的にみても先駆的な業績であった」（岡 2009, 381 頁）と

評価する。坂本は「シカゴに留学中、モーゲンソー教授に執拗に異論を述べては「両者自説を譲らず」で終わるという経験を重ねたが」、それは「岡先生が、不肖の弟子〔坂本を指す〕を通じてモーゲンソー教授と論争と親交を重ねたということになろうか」と述べる。坂本は、岡の「内政と外交の間の相互関連性」に関する理論枠組に依拠して、モーゲンソーの「国内体制の在り方や変革と国際政治とを全く切り離して、後者を「権力闘争」とだけ見る……一面性」（坂本 2011 上，131 頁）に論争を挑んだのである。岡の歴史理論は、坂本を媒介に、モーゲンソーとの論争を耐え抜く強靭さを証明した（岡 2009, 388 頁）。

坂本は、近代史の始点であるフランス革命に思想・政治の両面で反旗を翻したエドモンド・バークが、ヨーロッパの国際変動をどう受け止めていたかを、最初の研究対象として選択した。以後彼は、19 世紀ではメッテルニヒ、20 世紀では後述するモーゲンソー、G・ケナン、D・ベルなどの保守主義的側面を好んで考察対象に選んだ。彼は、保守主義者の知性と聡明さに敬意をはらい、その感性を尊重した。その一方、保守主義者と対論することにより、「それとの対位で、自分が立っている地点と、自分の思考の在り方とを、歴史的に位置づけるために必要だと考えた」（坂本 2004a, v 頁）と述べ、「批判的」という意味を「「否定的」とは違うのであって、思想の優れた面と誤った面とを指摘し、その両面な内在的結びつきを有機的に解明する」ことと述べている（坂本 2011 上，116 頁）。こうした対象と方法は、坂本の学的成熟を示している。

坂本のバーク論文を読んだ岡は、1954 年坂本を東大法学部教授会に推薦し、坂本は初めて「国際政治」を専担する助教授となった。そして同年、「戦争」、「コミンテルン」（坂本 2004b）、「レゾン・デタ」（坂本 2004a）を書き、翌 55 年バーク論文を刊行しはじめる（完成は半世紀後の 2004 年）。これらは《思想＝歴史》の国際政治と特徴づけられるが、それは彼の修行時代に「両先生〔丸山と岡〕の接点にいた」（坂本 2011 上，110 頁）ことの影響が大きい。

第 I 部　国際政治学

## 第 6 節　ハンス・モーゲンソーへの共鳴

　坂本は、1955 年から 56 年にかけてシカゴ大に留学した。シカゴ大は当時 L・シュトラウス・D・イーストンらの教授陣を擁していた。その講義のうち坂本が衝撃を受けたのは、Q・ライトの「国際法」の判例研究であり、教授が事前に解をもたず、学生の討議が解を形成する教育方式であった。またニュールンベルグ裁判に関わったライトの「コンセンサスによって国際法が形成される」という見方も新鮮に感じたという。その他は「20 世紀のバルカン史」担当の W・マックニールの「スケールの大きさ」（坂本 2011 上, 127, 132 頁）。その反面坂本は「シカゴ政治学の伝統」に驚きや水準の高さを感じていない。

　D・イーストンの講義「システマティックな政治理論」を坂本は「既存のアメリカ政治学を「システム理論」を使って批判する点では、鮮やか」と評した。その一方、イーストンのもう一つの講義「19 世紀の政治理論」は「歴史感覚のないのに失望した」と評する。またイーストンが後に提唱する「ポスト行動主義」には共感している（坂本 2011 上, 127-129 頁；下, 73 頁）。イーストンらによる政治学の科学主義化に対して坂本は両義的に判断している。この両義性は、1960 年代に出会うゲームの理論家 A・ラパポートらに対しても同様である。

　坂本は後に「1930 年代に入り、国際連盟の無力さが露呈されるとともに、国際規範や国際機構ではなく、国際的な力関係に着目する必要が痛感され、国際政治 international politics という概念が学問的に確立されるようになった。その嚆矢は F・L・シューマンの『国際政治』1933 であった」（坂本 1984, 753 頁）と学説史を要約する。ただし留学前に読んだ同書から、学ぶべき理論的骨格を見出していない。シカゴで聴いたシューマン『アメリカの外交政策』も「レトリックが多くて内容は期待はずれ」（坂本 2011 上, 133-134 頁）と評した。

　そのなかでハンス・モーゲンソーは例外的であり、坂本の第三の恩師とな

る。坂本は、55年のシカゴ到着後「レゾン・デタ」（坂本 2004a）を敷衍したペーパーを読んでもらい、56年1月の学期にモーゲンソーの *Politics among Nations* 2版をテキストにした講義に出席した。それはシラバスも文献リストもなく、質問には「私の本を読め」とのみ答える古風な授業であった。坂本は、その講義がナショナル・インタレストの存在を自明の前提とする点に異論を唱え[14]、講義中「膨張政策・現状維持政策以外に縮小政策という第三カテゴリーから説明すべき植民地放棄の事例がある」と質問をした。そして、研究室を訪れて上述の「内政と外交の相関性」を主張したが、ともに譲らない平行線であった。ただし坂本がエッセーを提出しておくと、モーゲンソーは目線と微笑を送って共感を示し、坂本はモーゲンソーに自身と似た気質と思想音域（坂本は「ウマが合った」と表現している）を感じた。やがて学生対教員以上の交友関係になり、モーゲンソーは、坂本の結婚式には父代わりの祝辞を述べ、式後に私宅でパーティーを開き、知人に坂本を紹介し、60年代には二度日本の坂本を訪問した。坂本は、モーゲンソーを恩師として意見と判断を信頼し、「温かいシニシズム」を愛し、72～74年の米滞在時に再三モーゲンソーを訪問している（坂本 2011上下）。

　モーゲンソーから坂本は狭義の国際政治を超えた発見をした。第一はモーゲンソーに、米国で興隆する科学主義的合理性を近代の出発点に遡って批判する思想的大知識人を見た。坂本がシカゴ大留学前に愛読し、「レゾン・デタ」の文献に選んだのは *Scientific Man vs. Power Politics*, 1946であった。政治の問題が科学的に解決可能であるという合理性への信仰が、西欧的伝統に流れる「政治的なるもの」を思考次元で窒息させ、知性の全般的決壊（general decay）をもたらすとモーゲンソーは分析する。これを坂本は西欧近代に対する懐疑として共感し続けた。こうした坂本の懐疑は、デカルトとベーコンとに対する批判的考察「近代としての核時代」に影を落としている。

　第二に「*Politics among Nations* は国際政治を権力政治という視点から……明快な体系的一貫性をもって理論化した功績は大きい」と言う（坂本 1985, 900頁）。カーは国際政治を権力（power）と道義（morality）の二元対立として描き、ワイトは三つのトラディションの相克と描いた。モーゲン

ソーは諸国民間における政治的なるものを権力政治（power politics）に凝縮して一元化した。体系化の半面、理論のダイナミズムは減じ、イデオロギー政治の側面や内政と外交が相関する点を切り落としたが、坂本は「モーゲンソーのように権力の均衡理論に偏しつつもとにかく理論的な筋金を通した立場の著作が、その理論への賛否は別として、要するに一つのチャレンジとして……教科書に採用される事実」（坂本 1958）を重視した。後に坂本は、モーゲンソー的な国際政治観を下位範疇と位置付け、その上位範疇として「世界政治 world politics という枠組みを措定し、その一つの側面として国際政治つまり国家間政治の力学をとらえるというアプローチの有効性が高まっている」（坂本 1984：坂本 2015b）と述べた。坂本による「世界政治」の理論構築はモーゲンソーに対する学的な独立宣言と読むこともできよう。

　第三に、モーゲンソーに二つのアメリカ観を発見する。一つ目は、科学主義合理性がより純粋な形で、ウィルソン型国際秩序観や戦後アメリカの冷戦観に現れるという批判である。ここから坂本は *Politics among Nations* にアメリカ批判の機能を発見し、「当時、アメリカに支配的であった反共十字軍発想を批判し、権力政治的アプローチは、イデオロギー的対立にもかかわらず、外交的な妥協と共存を可能にすることを論証するためであった。その意味で彼はアメリカの非合理的な外交に異議申立てを行った」（坂本 1985, 900頁）と評する。二つ目は「個人が自発的に選んだ目的の共通性だけを社会の唯一の統合原理としているが……「アメリカ国民に共有の価値体系の中で永久不変の側面はただ一つ……内容が何であるべきかを決定する機会をめざして万人が平等の条件で競争する自由をもっているという点だけ」〔モーゲンソーの引用〕で……実体的内容が欠如している」ため、「社会は根源的に動的な性格を持ち……価値の内容について新しい歴史的段階に相応した再解釈が行われる」という文明批評である（坂本 2015b, 334-335 頁）。これは坂本のアメリカ観と共鳴している。

　第四に、坂本は「〔モーゲンソーの〕視点自体はヨーロッパでは常識に属する」（坂本 1985, 900頁）と述べる。ただし坂本の「ヨーロッパの常識」観は、モーゲンソーとの交友を通じて、地平を大きく開かれる。第一に、モーゲン

【I-1　国際政治学――権力政治をめぐる】1　坂本義和

ソーが、法曹資格をもってドイツとスイスで法実務に携わり、教授資格論文『規範の現実性』をH・ケルゼンに評価され、K・シュミットと抗争し、H・アレントと50年代初頭以降交友し、坂本の結婚式後のパーティーにユダヤ教のラビを招く、彼の出自と人的ネットワークから構成されていることを、坂本は発見する。第二に57年夏・秋には、モーゲンソーとロックフェラー財団のケネス・トンプソンに紹介された、欧州の人々と対話し、ロンドン・スクール・オブ・エコノミクスでマーティン・ワイトを聴講すること等から、坂本の「ヨーロッパの常識」観はより深められる。

　以上に要約した生まれ・育ちのトランスナショナル性、「学徒」の時代体験、そして、丸山・岡・モーゲンソーの三人の師のもとでの修行体験から、その後の坂本義和の国際政治思想の土台が形成された、と表現できよう。

注
1）小論は中村研一「解説」(坂本2015a)を発展させたため、記述の一部が重なる。重複を許された岩波書店編集部に感謝する。
2）ロスアンジェルス市西20街2167番地。
3）上海の居所は①東亜同文書院内、②虹口北四川路（現在の四川北路）・阿瑞里、③狄思威路 Dixwell Road。
4）石田卓生「東亜同文書院とキリスト教――キリスト教信者坂本義孝の書院精神」『中国21』Vol.28、2007年12月、193-213頁。
5）引用は坂本2011上、16頁。母太代子の主張は長谷川太代子「日常生活の一班（其一）」『在米婦人の友米化運動号』大正8年（1919年）7月（2巻7号）46-50頁を参照。
6）文四（英仏語）に入学。仏語が第二外国語であったことは、哲学（デカルト・パスカルら）・文学（ミュッセ・ルナンら）の読書に影響する。弁論部・北寮15番に入寮。弁論部は坂本にとって論敵を論理破綻に追い込む雄弁と言語による意味創出との訓練場であった。中・高・大学を共にした親友・大野正男（弁護士、最高裁判事）との論争、同室者であった李徳純の交流、他旧制高校との弁論大会から形成された交友（安東仁兵衛ら）の源としても弁論部は重要である。
7）坂本喜久子氏のご教示による（2014年12月13日）。
8）坂本義和が1968年に書いた「「戦後日本思想体系」の刊行によせて」筑摩書房の広告パンフレットの言葉。
9）丸山真男「旧制第一高等学校における政治学講義草稿（一部法制経済）」『丸山真男記念比較思想研究センター報告』第6号（2011年3月）。丸山が政治学を理論的に体系化する試み。

10) 『世界』1950 年 12 月号。
11) Peace Issues Discussion Group,"On Peace-1950", in *Peace Research in Japan 1976*, The Japan Peace Research Group, Tokyo, 1977.
12) 1965 年度の坂本の国際政治の講義を書き取った学生のノートは次の様に記す。「基本的 approach の転換としてあらわれてきた時代思想の変化を思想の歴史の次元にまで掘り下げて、国際政治における morality と power との二元論的緊張という角度から戦間期の国際政治へのアプローチの根本問題を扱った歴史家として Carr, E.H. があげられる」(坂本 1965, 14 頁)。
13) 南原繁は、国際政治学講座の担当者と小野塚喜平次より想定されて 1921 年 5 月東京帝国大学法学部助教授に任用され、21 年 8 月～24 年 7 月に英独仏三国に留学する。そして帰国後の 24 年 11 月より特別講義「国際政治学序説」を行った(内容は「カントに於ける国際政治の理念」1927 年。後に「カントに於ける世界秩序の理念」と改題され『国家と宗教』1942 年に収録)が、国際政治学講座の設置は「時期尚早」を判断し、政治学史を専担することとなる。坂本は、東大法学部助教授に任用された直後、この経緯を岡義武より初めて教えられて、国際政治学の前任の専担者でありえたかもしれない南原を訪ねている。また坂本は 2009 年、深い信仰をもったキリスト者・南原繁の時流に押し流されることのない求道的な厳粛さに敬意をはらいつつ、「なぜ戦うべきではないか」の思想の根拠に関して南原の「二つの J」を矛盾なく調和させる「理念の問題性」(とくに学徒出陣に際して南原が良心的兵役拒否の思想を否定したこと)を指摘し、南原の「真理立国」に坂本自身の「真理超国」の概念を対置している(坂本 2015b, 282-299 頁)。
14) 坂本義和に対する中村研一・遠藤誠治のインタビュー(2008 年 10 月 16 日、於岩波書店)。
15) ワイトは LSE で『International Institutions』と『International Theory』を担当した。後者はワイトが 56～57 年シカゴ大学滞在中にノートを作り、国際政治思想を三つの traditions に類型化した「英国学派」の起源となる講義。坂本はモーゲンソーからワイトを紹介され、ロンドンで後者を聴講したものと推定する。坂本は、ワイトが引照する政治思想史・国際法思想史の奥行きと人文的な語彙に共感している(坂本 2011 上, 144-145 頁)。

## 参考文献
坂本義和　1958「書評――川田侃『国際関係論概論』」『東京大学新聞』1958 年 11 月 5 日。
─── 1965 坂本先生『国際政治 (1)』昭和 40 年 12 月刊、東大出版会教材部、ガリ版刷り。
─── 1967a『核時代の国際政治』岩波書店。
─── 1967b「私の中のヒロシマ」『週刊朝日』1967 年 8 月 11 日。
─── 1984「国際政治」『世界大百科事典 5 巻』平凡社。
─── 1985「モーゲンソー」『世界大百科事典 14 巻』平凡社。
─── 2004 abcdef『坂本義和集　1～6 巻』岩波書店。
─── 2007「核時代」『朝日用語集知恵蔵 2007』朝日新聞社。

——— 2009「解説」岡義武『国際政治史』岩波書店。
——— 2011『人間と国家　上・下——ある政治学徒の回想』岩波書店。
——— 2015a『権力政治を超える道』岩波書店。
——— 2015b『平和研究の未来責任』岩波書店。

第 I 部　国際政治学

## 【I-1　国際政治学——権力政治をめぐる】
## 2　高坂正堯
### 多様性と限界性の国際政治学

岸野浩一

### 第 1 節　戦後日本における国際政治学の「現実主義者」

**「現実主義者」としての高坂正堯**

　高坂正堯（こうさかまさたか）（1934～1996年）は、戦後日本を代表する国際政治学者であり、今日もなお、学界の内外において広く知られている「現実主義者」である。冷戦期の1963年、『中央公論』誌上で「現実主義者の平和論」を発表し、自らを「現実主義者」と規定して論壇に登場した後、テレビを含む各種メディアにおいて評論・言論活動を展開した高坂は、1960年代から90年代の論壇における最も著名な人物の一人でもあった。

　近年、先達である高坂の「現実主義」についての再評価が進められており、国際政治学における「古典的リアリズム」や「英国学派」などの立場との影響関係や距離が論じられている（土山 2013；村田 2009）。また、戦後日本の平和をめぐる坂本義和と高坂正堯の論争にも再び注目が集まるなど（苅部 2012；細谷 2012；酒井 2013ほか）、高坂に関する研究や言及が2010年代の現在も止むことはない[1]。戦後日本における「現実主義」とは何であるのかを考えるとき、高坂は今もなお参照すべき基点であり続けているのである。

## 1960年代の冷戦と多極化のなかで

　高坂は、数多の論文・著書を遺したほか、多彩かつ膨大な評論・講演・教育などの活動を行っている。それらのすべてに検討を加え、彼の研究業績と言論活動の全体像を明らかにすることは容易ではなく、限られた紙幅において、高坂が取り組んだ戦後日本の様々な問題を網羅して議論することは不可能である。そのため本章では、近年の先行研究と同様に、高坂が提起した「現実主義」とその含意とは何かを主たる問題関心とし、1960年代に著された彼の主要著作（章末参照）をテクストとして取り上げて考察する。

　60年代は周知のとおり、国内では日米安全保障条約の改定があり、国際的には核戦争の恐怖が最高潮に達したキューバ危機や、フランスと中国の核実験などが発生し、「冷戦」と核の時代であると同時に、米ソの二極体制に仏中が挑戦する「多極化」への試みがみられた時代であった。当時、論壇に登場した高坂は、これらの歴史的事象を受けて、「現実主義」の視点から国際政治を見つめ議論したのである。

　以下では、高坂の略歴を追ったうえで、高坂の「現実主義」とはいかなる立場であって、彼の「現実主義」的思考の特徴とは何かを順次検討する。

## 政治学者としての原点

　1934年、高坂正堯は京都学派を代表する哲学者・高坂正顕を父として、京都市で生まれた。彼は第二次大戦の期間中、小学生として京都で過ごしており、京都・間人（たいざ）に疎開していた際に終戦を迎える。玉音放送を聴いた高坂は、家族宛の手紙に「大へんくやしい事です」「せいぜい勉強して真に何も彼も強く偉い日本を作りあげようと思います」と記したとされる（中西 2012,12頁）。後に高坂は、戦争はなくとも日本が「広い意味で、国際社会の中でまた負けるということはあり得る」として、「日本をもう一遍負けないようにすること」が自らの使命であると語っている。敗戦体験から生じた上記の意志は、彼にとって絶えず一貫したものであったといえよう。

　戦後、高坂は京都の新制中学・高校で生徒会書記を経験し、これが政治学を専攻する最初の動機になったという。大学受験の際、父に薦められたバー

カーの『イギリスの政治思想の歴史』を読み、イギリス政治に関心を抱くようになったが、哲学や思想については、父が哲学者であったため「共感的反感あるいは反感的共感があった」と後に述懐している[4]。

53年4月に京都大学法学部へ入学した高坂は、国際法学者の田岡良一と政治学者の猪木正道の指導を受け、57年に同大を卒業、助手として採用される。高坂は助手論文のテーマとして「ウィーン体制」論を選んだが、彼の問題設定には、戦後日本の講和問題と中立論および集団安全保障体制をめぐる、当時の〈横田喜三郎＝田岡良一〉論争が影響していた可能性がある（中西 2012, 5頁；酒井 2013, 286-288頁）。論争のなかで田岡は、冷戦下での東西の対抗同盟の結成により「世界は国際連盟以前の状態に再び戻った」と論じた（酒井 2013, 287頁）。現代の国際政治を考察するため、高坂は田岡の認識を継承して、集団安保体制以前の、勢力均衡概念にもとづく19世紀欧州の国際体制を研究したものと考えられる。以後、高坂は18・19世紀欧州で議論された勢力均衡を分析概念として多用することになる。

**国際政治学者としての活躍**

高坂は59年に助教授へ昇進後、60年から62年にかけてハーバード大学へ客員研究員として留学する。そこで入江昭や丸山眞男と会い意見を交わし（中西 2006, 4頁）、異なる立場の論者とも対話が可能であるとの心証をもったとされる（大嶽 1999, 76頁）。帰国後の63年1月、『中央公論』編集者の粕谷一希の勧めにより、「現実主義者の平和論」を同誌に発表する。現実主義の立場を公言した同論は、戦後日本の論壇に衝撃を与えたものとして、今日まで読み継がれている。65年には、同論を収めた単著『海洋国家日本の構想』が出版される。同書の表題論文では、日本文明を「極西」「飛び離れた西」「東洋の離れ座敷」と位置づけたうえで、イギリスの歴史を範とした通商国民と海洋国家の構想を提起している。

上記の構想によって戦後日本の進むべき針路を示した高坂は、64年から67年にかけて吉田茂論を発表して（『宰相 吉田茂』）、吉田の「商人的国際政治観」を提起・評価した。当該論説は、当時の吉田茂への評価を逆転させるこ

とになり、現在に至るまでの吉田に対する評価の礎となった。そして66年には、近代以後の歴史と思想をふまえて現代国際政治の見方を論じた『国際政治——恐怖と希望』を刊行する。発刊から半世紀以上経ったいまも、同書は国際政治学の入門書として読まれている。

67年に佐藤内閣の「沖縄返還と基地問題研究会」で委員を務めた高坂は、71年に京大教授となった後、歴代内閣の私的諮問機関で委員や座長などを務め、現実政治にも関与していくようになる。78年には、近代ヨーロッパ外交史論をまとめた『古典外交の成熟と崩壊』を刊行し、同書で彼は第13回吉野作造賞を受賞する。そして、96年に急逝する直前まで、高坂は時々の日本が抱える諸問題を憂慮し議論を展開し続けたのである。

彼の主な業績は、『高坂正堯著作集』（全8巻、都市出版、1998～2000年）に収められている。主たる著書は継続的に出版されているため容易に入手でき、（本章の著者のように）高坂の存在を没後に知った世代も、彼の論考に接しふれることができる。その意味で高坂は、現在も生き続けているといえよう。

## 第2節　「現実主義」とは何か

### 「権力政治」の観点から考える戦後日本の平和

63年の「現実主義者の平和論」（高坂 2008 所収）において、高坂は当時の日本における加藤周一や坂本義和らの中立論を批判した。坂本らは、日米安保と自衛隊による安全保障政策は米ソの核戦争に日本を巻き込むことになりむしろ危険を誘発するとして、日本の非武装中立化を主張していた（坂本 1959=2004b）。対する高坂は、主に二つの点から中立論を批判する（高坂 2008, 6-8頁）。第一は中立論者が、在来兵器の武装が侵略に対する盾の役割を果たしうることを見逃している点である。第二は、日本の中立化は、米軍が沖縄の基地を失って朝鮮で孤立し、朝鮮半島における軍事力の均衡が破れることを帰結させてしまう点である。坂本らがこれらの点を見逃した理由として、「現代の悪魔である核兵器の問題を重要視するあまり、現代国際政治における多様な力の役割を理解していないこと」「権力政治の理解不十分」を、高

坂は挙げている。

## 高坂における「現実主義」

だが高坂は同時に、理想主義とされる中立論が「外交における理念の重要性を強調し、それによって、価値の問題を国際政治に導入した」点で、外交論議に寄与していると評価する（高坂 2008, 9頁）。しかし、理念・理想の実現という目的とそれを達成するための手段との間の「生き生きとした会話の欠如」が「理想主義者の最大の欠陥」であるとして（高坂 2008, 16頁）、自らは「現実主義者」の立場を採る。高坂は、次のように「現実主義」を定義する。

> 現実主義とは理想主義と同じく一つの思考法であり、その特徴として、権力として定義された利益の概念を指標とすること、社会・歴史・政治について、それに内在する不可知なものを承認し、簡単な図式でもって置き換えないこと、そして、目的と手段との間の相互関連性を認め、この両者の間の生き生きとした会話を重要視することを説くものなのである。（高坂 2008, 22頁）

上記の「現実主義」の立場から、中立論を唱える理想主義者と合致しうる「極東の緊張緩和」の目的を達するための手段として、彼は第一に「中共〔中国共産党政権〕との国交正常化」[5]を挙げる。なぜなら、「七億の人口を持ち、日本に近く存在する中共の存在を無視することは、権力として定義された利益の概念を指標とする現実主義の自殺とも言える」（高坂 2008, 22-23頁）からである（中国の存在の重要性は他の論説でも繰り返し指摘されている）。続けて複数の緊張緩和の手段を提案するなかで（高坂 2008, 23-25頁）、高坂は「日本から米軍を次第に撤退させて、日本が戦争に巻き込まれる率を減少させる必要がある」と述べ、その場合、「日本と米国の友好関係をいかなる形で続けるのかを検討しなければならない」[6]と論じる。

## 「理想主義者」との対話を求めて

かくして自らを「現実主義者」と規定した高坂は、「理想主義者」との接点を探り、両者の対話、とくに坂本義和との対話を試みた（中西 2008, 8 頁）。しかし、その対話は公の場では実現しなかった。後に坂本は、「私が断ったのは『中央公論』の仲介」であり、その理由は、60 年の『中央公論』皇室謝罪公告や 61 年末の『思想の科学』「天皇制特集号」の破棄事件に見られる、中央公論の「言論の自己規制と右旋回」があったためであると回顧している（坂本 2011, 191-192 頁；大嶽 1999, 90-91 頁）。よって、坂本には「高坂氏個人との面談を拒む理由などなかった」（坂本 2011, 192 頁）ため、坂本の研究室を訪問した高坂と、坂本は 3 時間近く議論したが、二人の話は噛み合わなかったという（粕谷 2014, 298 頁；中西 2008, 9 頁）。議論の詳細は不明であるが、坂本は高坂について、「空襲を免れた京都育ちのせいもあるかもしれませんが、話していて、この人は「戦争の傷」を骨身にしみて経験していないという印象を禁じえませんでした」（坂本 2011, 192 頁）と語っている。坂本と高坂の戦争体験の決定的な相違が、両者の継続した対話を困難にしたのかもしれない。

## 「現実」とは何か

なお、坂本を、彼が師事した H・モーゲンソーらの「リアリスト」の伝統に位置づけることは可能であろう（石田 2014）。実際に坂本は、「日本で言う「現実主義」は「リアリズム」と同じではない」と思うと述べて、日本の「理想主義」はリアリズムのなかに含まれるとしている（坂本 2011, 192 頁）。「現実主義」は国家という抽象的な実体の視点に立つが、「理想主義」は身体をもった市民の視点で最悪の事態を具体的にとらえる立場であって、後者は、原爆被害などの戦争の「現実」を自分が焼き殺される側の立場から見て抗議し平和を追求する点で異なる。このように坂本は論じている（193-194 頁）。

何を「現実」として重視し問題としているのかを問うことで、各論者の異同が示されるとすれば、高坂にとっては何が「現実」であったのか。それは、先の引用部に見出されるように、第一には「権力」の存在であった。そうで

あるからこそ、権力政治の実態や勢力均衡の原則が現代でも果たしている役割に注視すべきだと、彼は指摘したのである。

## 第3節　多元化する権力と権力政治

**核の時代における「権力」**

　権力の現実を重要視した高坂は、現代の国際関係における権力政治について、どのように認識し分析したのか。まず、高坂において権力とは、「人の、他の人の心と行動に対する支配の力」(高坂 2008, 215 頁) を意味しており、それは決して軍事力や暴力に限られるものではない。『海洋国家』の各論説で彼は、核兵器が登場した現代世界では、核の使用に対する世論の反対と他国からの報復の恐れとから、核は「使えない兵器」となり (高坂 2008, 171-172 頁)、かえって核を含む「軍事力」の政治的影響力が低下していることを指摘する。

**「権力」と「権力政治」の多様性**

　そのうえで彼は、E・H・カーの『危機の二十年』におけるパワーの三類型を参照して (高坂 2008, 83 頁)、「軍事力」の影響力は相対的に低下しているがそれのもつ意味を無視してはならないことや、現代の国際政治における権力闘争のなかで「経済力」と「世論を支配する力」とがもつ意味が強くなりつつあることを強調する (高坂 2008, 84-107 頁)。第二次大戦後、経済圏がより拡大し国家間の相互依存関係が強まったことで、「経済力」がもつ国際政治上の意味が強化され、また各国政治の大衆化によって、国家が大衆を動員するための「世論を支配する力」も以前に増して重要となってきたとされる。その結果、現代では「経済関係、世論、道義、そして平和運動さえもが、権力政治の一側面となってしまった」(高坂 2008, 107 頁) のである。

　「あらゆるところへしみわたった」権力政治は、しかしながら、実はそのなかに「権力政治を超克する動因を秘めている」(同上)。すなわち、「経済圏の拡大は、より公正な国際秩序に向う指向性を持っている」し、「国力を

確立させるためには、福祉国家を作らなくてはならない」。そして、「世論の支持を得るためには、軍備縮小に努力しなくてはならない」ためである[10]。そのため、軍事・経済・世論などに関する「いくつかの相矛盾する考慮の対話の結果としてしか平和を獲得することができない」ことになる（同上）。

**現代世界における「権力政治」の多元化**

　以上の視点より高坂は、フランスと中国が核兵器を保有するようになった同時代の状況に対して、以下の見解を示す。第一に、軍事面で「米ソに依存する必要性がなくなった」結果、仏中両国に「独自の行動をとりやすくさせる」可能性はあるが、「経済的相互依存の関係が濃くなっている」ために、完全な行動の自由が与えられるかどうかは疑わしい（高坂 2008, 164-165 頁）。第二に、「非核保有国との関係」では、仏中両国が核の心理的効果を「外交目的に使うことも不可能ではない」が、核使用は現実に困難である以上、非核保有国側の理性的かつ賢明な対処によりその効果は打ち消される（同上）。こうした点に関して高坂は、「中国の強い自己主張に対して、日本はいかにして自己を主張すべきかという問題を考えるとき、つねに留意すべき」だと論ずる（高坂 2008, 164 頁）。そして、「現在ほど力の概念があいまいなときは少ない」のであって、「実に国際関係の多元化とは力の多元化であると定義することができるかもしれない」（高坂 2008, 167 頁）と、彼は述べるのである。

## 第4節　国際政治における「多様性と限界性」

**「権力」と「正義」の複数性**

　権力の性質と権力政治の領域の多元化を論じる高坂は、『国際政治——恐怖と希望』（高坂 1966）のなかで、その議論をより一般化して展開した。同書では「国際社会について考えるとき、まずなによりも重要な事実は、そこにいくつもの常識があるということなのである。さまざまな言語の存在はその一つの現われ」（高坂 1966, 19 頁）であるとされる。「国際社会には複数個

の力が並立しているだけではなく、そこには複数個の価値体系すなわち複数個の正義が並立している」(高坂 1966, 129 頁) ため、「ある国が正しいと思うことは、他の国から見れば誤っているということは、けっしてまれではないのである。そこにも緊張と対立がおこる可能性がある」(高坂 1966, 19 頁) と、彼は指摘する。

### 「権力」の限界性

権力・利害・価値や正義の複数性を前提とする高坂は、ゆえに世界の統一化による平和は困難であり、諸国は他の支配を排するために力をもたざるをえないが、しかしその力は「限界性」を有するものでなければならないことを、以下のように論ずる。

> 平和な国家は、その独立を守るだけの力を持っていなくてはならないが、その軍備によって国家が軍国主義化されていてはならないし、その軍備を十分に規制することができなくてはならない。経済的に言えば、他国に支配されざるをえない国家も、他国を支配しなければならない国家も、ともに平和な国家ではない。そして、国家の権力は制約されていなければならず、言論の自由の欠如、多数の専制、ある理念への狂信などは、国家権力の制約をいちじるしく困難にするものとしてしりぞけられなくてはならない。(高坂 1966, 191 頁)

高坂は、自らの「現実主義」についても、それが「力の必要性とともにその恐ろしさを認識する立場」(高坂 2008, 253 頁) であるとして、権力の必要とともにその「限界性」を強調する思考法として描き出す。そして、「この二つの極の間の釣合いをとることこそ、現実主義のもっともむつかしい課題かもしれない」(同上) と記すのである。

### 「多様性」と「限界性」の現実主義

本章の検討をまとめよう。高坂にとって、われわれが直面する「現実」は、

【Ⅰ-1　国際政治学——権力政治をめぐる】2　高坂正堯

まず何よりも人々が互いに互いを支配しようとする「権力」の遍在であった。また現実には、軍事力・経済力など様々な種類の権力があり、しかもその影響力の強弱は状況変化により相対的に変動する。そして、複数の権力が遍在していることの基底には、複数の常識の存在、すなわち人々や集団間の「多様性」の現実がある。国際社会における「多様性」を無視して自らの正義や主張を普遍化しようとするとき、他者の反発が生じ対立は激化する[11]。そこで平和を追求するためには、自らの権力や正義には「限界性」があることを理解し、軍事のみならず経済関係や国際世論など多様な領域において、相互に矛盾し相反する立場の間の対話を続けなければならない[12]。高坂の「現実主義」とは、単に権力の要素を強調するのみに止まるものではなく、権力と正義の「限界性」を認め、人々の「多様性」を重んじ、現に在るそれぞれの立場を無視・蹂躙することなく尊重しようとする思考と一体であったのである。

注
1）高坂に関する近時の研究や評価として、『高坂正堯著作集』各巻の解説や、『外交フォーラム』2010年2月号（都市出版）の特集「高坂正堯がのこした教訓」、五百旗頭真・中西寛編『高坂正堯と戦後日本』（中央公論新社、2016年）などを参照のこと。
2）高坂の略歴については、『高坂正堯著作集　第八巻』付録「高坂正堯教授略年譜」を参照した。
3）「日本の宿命を見つめた眼（1982年）」『高坂正堯著作集　第八巻』429頁。
4）前掲、428-429頁。
5）台湾の地位については、台湾に対する主権を日本が放棄した以上、日本はなんら発言権をもたないことを指摘する（「中国問題とはなにか」高坂 2008, 134-135頁）。
6）日本が米国との軍事的結びつきを大幅に弱めつつ、一定程度の結びつきを維持することで、日本の安全保障にとって肝要な「相手の意図を動かす外交能力」を取り戻すことが可能となるとされる（高坂 2008, 241頁）。
7）なお、坂本は65年発表の論考（坂本 1965=2004a）で、勢力均衡概念を重視する高坂の議論に実質的な批判を加えている。
8）権力は、「拘束力をともなって人の行動を動かす力」（高坂 2006, 236頁）とも定義される。
9）高坂は、60年代中盤の国内政治に関しても、権力のなかに占める「暴力」の比重が低下していることを指摘しており、この現象を「暴力準備率の低下」と呼んだ（高坂 2006, 236頁）。
10）国際的な世論の形成に関しては、「人道主義こそ、その可能性のある唯一の力」であるとも述べられている（高坂 2008, 77頁）。

11) 彼はまた、近代ヨーロッパの勢力均衡論のなかで、「勢力均衡原則をおこない、弁護したものは、悲劇が特定の利益から生ずるのではなくて、過度の自己正当化と道徳的唯我論から生ずることを知っていた点で道徳的であった」（高坂 2012, 51 頁）とも論じている。
12) 自他の「多様性」を認知し自らの認識や見解の「限界性」を理解するからこそ、対話が常に必要となる。「対話は、自らが誤っているかもしれないという認識、知的謙虚さなしには成立しない」（大嶽 1999, 74 頁）のであり、ここに高坂の知的誠実性が見出されよう。

## 参考文献

高坂正堯　1966『国際政治——恐怖と希望』中央公論社＝中央公論新社。
───　2006『宰相　吉田茂』中央公論新社。
───　2008『海洋国家日本の構想』中央公論新社。
───　2012『古典外交の成熟と崩壊　Ⅰ・Ⅱ』中央公論新社。

石田淳　2014「動く標的——慎慮するリアリズムの歴史的文脈」『国際政治』第 175 号。
大嶽秀夫　1999「保守外交の再評価——高坂正堯」『高度成長期の政治学』東京大学出版会。
粕谷一希　2014『忘れえぬ人びと　（粕谷一希随想集　第Ⅰ巻）』藤原書店。
苅部直　2012「未完の対論——坂本義和・高坂正堯論争を読む」飯尾潤・苅部直・牧原出編『政治を生きる——歴史と現代の透視図』中央公論新社。
酒井哲哉　2013「戦後の思想空間と国際政治論」酒井哲哉編『日本の外交　第 3 巻　外交思想』岩波書店。
坂本義和　1959=2004b「中立日本の防衛構想——日米安保体制に代るもの」藤原帰一・大串和雄・遠藤誠治・石田淳編『坂本義和集 3　戦後外交の原点』岩波書店。
───　1965=2004a「「力の均衡」の虚構——ひとつの「現実主義」批判」藤原帰一・大串和雄・遠藤誠治・石田淳編『坂本義和集 2　冷戦と戦争』岩波書店。
───　2011『人間と国家——ある政治学徒の回想（下）』岩波書店。
土山實男　2013「国際政治理論から見た日本のリアリスト——永井陽之助、高坂正堯、そして若泉敬」『国際政治』172 号。
中西寛　2006「『宰相　吉田茂』の魅力」高坂『宰相　吉田茂』。
───　2008「解説　時代を超えて生きる戦後論壇の金字塔」高坂『海洋国家日本の構想』。
───　2010「「現実主義」的国際分析が必要な秋」『外交フォーラム』2010 年 2 月号。
───　2012「解説　高坂国際政治学を凝縮した古典外交論の彫琢」高坂『古典外交の成熟と崩壊Ⅰ』。
細谷雄一　2012『国際秩序——18 世紀ヨーロッパから 21 世紀アジアへ』中央公論新社。
村田晃嗣　2009「リアリズム——その日本的特徴」日本国際政治学会編『日本の国際政治学 1「学としての国際政治」』有斐閣。

【Ⅰ-1 国際政治学——権力政治をめぐる】
# 3 永井陽之助
## 理解・配慮・反社会工学の政治学

佐藤史郎

> 政治（politics）は、暴力の世界における自由人の最後の言葉なのである。
> （永井 1984, 2頁）

## はじめに

永井陽之助（1924～2008年）は、戦後日本における現実主義者の代表格の一人である。永井は、1960年代から『中央公論』などの論壇を通じて、冷戦期の日本外交に携わる実務家や研究者などに大きな影響を与えた。冷戦期の論壇では、日米安全保障条約と核抑止をめぐって二つの立場があった。両者を肯定する「現実主義」と両者を否定する「理想主義」である。この「現実主義 vs. 理想主義」という二項対立の図式は、いまも多くの実務家や研究者などの認識の土壌に深く根をおろしているかもしれないが、それはともかく、この図式にしたがえば、永井はまぎれもなく現実主義であった。永井は、日米安全保障条約を日本外交の軸足に置くべきという考えをもっていたからであり、また核抑止を肯定していたからである。

ところが1980年代に、永井は理想主義系とされた『朝日ジャーナル』のなかで、米国の戦略防衛構想（Strategic Defense Initiative：SDI）を批判した。永井は、SDIを批判したことで、現実主義から理想主義へと立場をかえたのであろうか。否、永井の現実主義が「ひときわ冴え渡った」とき、それは「SDI

に対し懐疑論をしめされたとき」（土山 2000, 41 頁）であった。すなわち、永井は現実主義であったからこそ、SDI を批判したのである。はたして永井は、現実主義者として、どのような理由で、SDI を批判したのであろうか。

　永井政治学については優れた研究がある。たとえば、土山實男の論考（土山 2000）は、永井政治学を考えるうえで検討すべき点を教えてくれる。また、酒井哲哉（酒井 2014）は、政治学者としての永井陽之助と、国際政治学者としての永井陽之助について、戦後思想史の文脈から考察している。そして、永井政治学のエッセンスについては、中本義彦が「永井は、人間が直面する正義と秩序、自立と依存のジレンマを直視し、それに折り合いをつけていく「わざ」を何よりも重んじた」（中本 2009, 206 頁）と指摘している。加えて、高橋良輔は「冷徹な認識と湧き上がるような情念、人間の実存の普遍性と社会心理の相対性との二重螺旋こそ、永井政治学の DNA である」（高橋 2016, 148 頁）と指摘する。本章は、先行研究を踏まえつつ、「理解・配慮・反社会工学」をキーワードに永井政治学のエッセンスを再確認することから始める。つぎに、永井による SDI 批判論とその論理を明らかにする。これらの作業を通して、永井政治学がもつ現代へのメッセージを考えてみたい。

## 第 1 節　永井の略歴と主要業績

**略歴と主要業績**

　永井は、1924 年に東京に生まれ、福島県で育ち、仙台市の旧制二高に進学した。台湾から復員したのち、東京大学法学部政治学科に入学し、丸山眞男のもとで政治学を学んだ。卒業後、政治学原論を担当していた堀豊彦のもとで助手となり、北海道大学法経学部講師・同大学法学部助教授・教授、東京工業大学工学部教授[1]・青山学院大学国際政治経済学部教授を歴任した。このあいだ、ハーバード大学客員教授として二度訪米している。永井は渡米した際、日本が「愚者の楽園」（永井 1967a, 221 頁）であることを実感し、「米国で学んだ大きな教訓は、平和のとき、戦争を研究し、戦争のとき、平和を説くのが真の知識人の任務である、ということであった」（永井 1967a, 222

頁）と米国での経験を振り返っている。

　永井は、日本政治学会、日本国際政治学会、アメリカ学会、日本社会心理学会、国際関係学会（ISA）、英国国際関係学会（BISA）に所属した。日本国際政治学会では理事長（1984〜86年）を務めている。2008年、永井は84歳で、その生涯を閉じた。

　永井は、1965年6月の『中央公論』で掲載された「日本外交における拘束と選択」（永井 1967a 所収）の論考で、1967年に「吉野作造賞」を受賞した。1979年には、『冷戦の起源——戦後アジアの国際環境』（永井 1978）により「手島記念研究賞」を受賞した。同書のなかで冷戦を「交渉不可能性の相互認識にたった非軍事的単独行動の応酬」（永井 1978, 9頁）と定義したことは有名である。そのほか、1984年に『現代と戦略』（文藝春秋、1985年）で「文藝春秋読者賞」を受賞した。

　また、上述した本のほかに、『政治意識の研究』（永井 1971）、『柔構造社会と暴力』（中央公論社、1971年）、『多極世界の構造』（中央公論社、1973年）、『時間の政治学』（中央公論社、1979年）の単著を世に送り出している。編著には『政治的人間』（平凡社、1967年）と『二十世紀の遺産』（文藝春秋、1985年）があり、共編著には『日米経済関係の政治的構造』（日本国際問題研究所、1972年。神谷不二との共編）、『秩序と混沌——冷戦後の世界』（人間の科学社、1993年。土山實男との共編）などがある。

　永井は、ユダヤ問題の「社会心理学的背景」（永井 1985f, 31頁）に関心があったため、東京大学法学部での助手時代から大衆社会論に親しむようになり、その影響で、H・D・ラズウエルの『権力と人間』（東京創元社、1954年）を翻訳している。また、D・リースマンの『政治について』（みすず書房、1968年）なども翻訳している。永井にとってリースマンは大きな存在であったのだろう。永井はつぎのように回想している。「想えば、私が一九五〇年代初め、『孤独なる群衆』の原著を手にしたのは、北海道大学に赴任してまもないころであった。現代の大衆社会の政治意識や行動様式の研究をこころざして以来、本書ほど、それによって自分の進むべき学問・研究の方向が定まったといって過言ではないほどの知的衝撃を受けたものはなく、いわば一つの

啓示のようなものであった[2]」(永井 1982, 155 頁)。

**政治学者から国際政治学者へ**

　永井は、政治意識、とりわけ政治的無関心（アパシー）と無規範的な状態（アノミー）に強い関心をもっていた。にもかかわらず、永井の最初の単著は国際政治に関する論文集であった。『平和の代償』（永井 1967a）である。永井は、同書の「あとがき」で「大学の研究室に残って以来、もっぱら政治意識や政治行動の研究に従事してきた私が、専門外の国際政治の領域で、最初の単行本を出すという奇妙なめぐりあわせになってしまった」（永井 1967a, 219 頁）と述べている。また、『政治意識の研究』のなかでは、「国際政治が専門のように思われているが、この論文集の公刊を機会に、はやく元の古巣に戻り、本腰を入れて日本の国内政治の動態分析〔政党、圧力団体、世論、政治意識といった政治過程における集団の分析〕にとりくみたいと思っている」（永井 1971, 353 頁）とも述べている。

　永井が「国際政治の問題をもっと本格的に研究しなければならないと痛感した直接の動機は、在米中、キューバ危機に直面したときの衝撃によるもの」（永井 1967a, 219 頁）であった。永井は、1962 年のキューバ危機に「熱核戦争の深淵を垣間見た」のと同時に、「自分の無知を恥じた」一方で、「日本から来る新聞や雑誌を読むと、何か火星人からの通信を読むような印象」を強くもったのであった（永井 1967a, 220-221 頁）。永井は「政治学の関心を国内問題から国際問題へとむけざるをえなかった」（永井 1985a, 17 頁）のである。

## 第 2 節　永井政治学のエッセンス

　永井は、経済学、社会学、社会心理学、精神医学、物理学への学問的関心ももっていた。その知識の豊富さゆえに、政治問題に対する彼の知見や見解は、多くの人びとを惹きつけた。とはいえ、政治学という知の基底があったからこそ、人びとは永井のもつ知見や見解の深淵に魅了されたのである。永

井政治学のエッセンスとは、いかなるものであったのか。

### 「人間関係への深い理解と配慮」の重視

　『現代政治学入門』は、永井政治学のエッセンスを抽出するうえで必要不可欠な文献の一つである。彼はつぎのように指摘する。「政治問題の出発点は、人間存在の地底からわき出る「紛争」であって、もともと技術的・経済的合理性の尺度で処理するのに適さない領域に属する。それは、分析と予測より、**人間関係への深い理解と配慮をなによりも要求する**」（永井 1984, 4頁、強調は引用者）。すなわち、政治の問題は、人間が存在しているからこそ生じるのであり、それゆえに、「人間関係への深い理解と配慮をなによりも要求する」のである。永井にとって政治とは人間であり、政治学とは人間の学であったのだ。実際に永井は、別の本のなかで、「政治学とは、要するに人間の学であり、自己認識の学にほかならないことをさとった」（永井 1985f, 32頁）と述べている。

　永井は、人間の意識それ自体にも関心を抱いていた。であるからこそ、永井は坂口安吾の『堕落論』を高く評価しているのである。永井は、「人間が変わったのではない。人間は元来そういうものであり、変わったのは世相の上皮だけのことだ」（坂口 2014, 106頁）という文章と、「戦争に負けたから堕ちるのではないのだ。人間だから堕ちるのであり、生きているから堕ちるだけだ」（坂口 2014, 118頁）という文章に、日本人の意識におけるリアリティーを見いだした。「安吾のことばは、すでに戦時体制のなかで庶民が生きるために育んでいた実感と知恵そのものにほかならなかった」（永井 1967b, 21頁）のである。

### 社会工学的アプローチへの批判

　永井政治学のエッセンスには「人間関係への深い理解と配慮」という点があった。それだけではない。永井政治学のエッセンスには「反社会工学」という点もみられるのだ。永井は「現代の科学技術を社会問題の解決に適用しようとする「社会工学」の考え方」を批判する（永井 1984, 2-5頁）。永井は、

第Ⅰ部　国際政治学

東京工業大学での最終講義において、以下のように述べている。「すなわち、社会・政治問題に、工学的アプローチを導入し、人間を相手に、「政治的解決」ではなく、「技術的解決」を求めるところから、二十世紀の栄光と悲惨がはじまった。たしかに物的環境を相手に、橋を架け、建物をたてるときなら、青写真や設計図にあわない、邪魔な障害物は、ダイナマイトで破壊できる。だが、人間環境にたいして、この種の工学的アプローチで「技術的解決」をはかろうとすると、どうなるか」（永井 1985f, 51 頁）。

　このように永井は、政治や社会の問題解決方法として、社会工学的にアプローチすることを批判した。このエッセンスは、「人間関係への深い理解と配慮」を重視するというエッセンスがあってこそ、はじめて存在したといえる。社会工学的アプローチは、「人間関係への深い理解と配慮」を踏まえずに、政治や社会の問題を解決しようとするからだ。[3]

## 第 3 節　SDI 批判論

　1983 年、米国のロナルド・レーガン大統領は、いわゆる「スターウォーズ演説」において、「核兵器を無力化し、時代遅れのものとする」ために、SDI の研究開発を打ち出した。SDI とは、レーザーや粒子ビームを利用する指向性エネルギー兵器などを用いて、核兵器を搭載したミサイルを迎撃し破壊する、という構想である。

　このような状況のもと、1985 年 3 月に永井は、『朝日ジャーナル』で SDI 批判論を発表した。この SDI 批判論は、永井が現実主義とみなされていたがゆえに、当時の論壇に議論を引き起こした。永井自身は、「私のような一介の政治学徒の SDI 反対論が、日ごろから抑止反対の立場をとっている『朝日新聞』の一枚看板の週刊誌『朝日ジャーナル』の巻頭に載ったというだけで、その"魂胆"やいかにといって、大さわぎをする国である」（永井 1985c, 13-14 頁）と、当時の状況を語っている。

　これまでみてきたように、永井政治学のエッセンスとは、「人間関係への深い理解と配慮」を重視し、それゆえに社会工学にもとづく解決アプローチ

を批判する、というものである。すなわち、「理解・配慮・反社会工学」というエッセンスである。はたして永井は、彼の政治学のエッセンスを用いて、SDIをどのように批判したのだろうか。[4]

## 「人間関係への深い理解と配慮」の欠如

　永井は、技術論、費用論、戦略論の三つの視点から、とりわけ戦略論の視点から、SDIへの批判を試みている（永井 1985e, 21頁）。永井にとって、SDIの問題は「人間対人間」の問題、すなわち「第一義的に政治的、戦略的問題」であり、「ソ連という相手方の反応、出方、対応」を踏まえることが重要であった（永井 1986, 19頁）。ここに、「人間関係への深い理解と配慮」という永井政治学のエッセンスがみられる。

　そして、永井は、米国がソ連への深い理解と配慮を軽視したことから、米国のSDI構想をつぎのように批判した。「米国は、それ〔核攻撃〕をいかにして防御するか（「抑止」か「防御か」）を考慮するだけでいいと無意識のうちに想定している。つまり、ユニラテラリズム（一方的な単独主義）なのだ。アメリカにとって「防衛」と考えることがソ連や西側諸国の目にどう映ずるか、の観点を全く欠いている」（永井 1985b, 11頁）。永井にとってSDIは、「相互抑止を無力化するうえ、危機を不安定化し、大規模通常戦争や、核先制攻撃を誘発する」（永井 1985c, 17頁）という危険な結果をもたらしうるのであった。[5]

　ここで看過してはならないことは、核抑止が機能しうると永井が考えていた、という点である（ただし、永井は核抑止が常に機能するとは考えていなかった）。さらに永井は、「「抑止にかわるもの」がないがゆえに、MAD〔相互確証破壊〕という状態を所与の前提として、戦略的安定性を実現し、米ソ間の軍備管理交渉をすすめる戦略を考えるほかない」（永井 1986, 26頁）とも考えていたのであった。それゆえ、永井はつぎのように述べる。「核時代においては、「水晶球効果」[6]によって、成功の確率は不確実であるのに、失敗による結果の確実性が百パーセント、予見可能になった。戦争を回避する根本前提は、この「水晶球」をくもらせる一切の措置を排除することにある。AMB

制限条約は、その一歩であった」(永井 1986, 11 頁)。このように、永井は、核抑止が機能しうると考えていたために、MAD を不安定化させる SDI を批判したのであった。永井は核抑止を肯定していたからこそ、SDI を批判したのである。永井は、SDI を批判したものの、核抑止の機能を肯定していたという意味で、現実主義者であったのだ。

**社会工学的アプローチへの批判**

　永井が SDI を批判したもう一つの根拠は、SDI の推進者が「核問題の政治的解決ではなく、その技術的解決を確信し、一種のユートピア的社会工学思想の確信者」(永井 1985b, 12 頁) であったからというものである。すなわち、SDI 批判において、「反社会工学」という永井政治学のエッセンスがみられるのである。永井は指摘する。「要するに、SDI (または BMD) 推進者の根本哲学は、核問題にたいして政治的解決ではなく、その技術的解決に関心をもち、ソ連の反応や出方にいろいろ左右される軍備管理交渉のもつ複雑性にたえきれず、問題を一方的に、かつ抜本的に解決したいと考える点で、典型的な問題の「最終的解決」思想の好例といえよう」(永井 1985b, 7 頁)。それゆえに永井は、「そのユートピア的社会工学思考、フロンティア精神、モラリズム、単独主義などの点で、SDI はアメリカニズムの結晶」(永井 1985c, 17 頁) もしくは「アメリカニズムの権化のようなものである」(永井 1985d, 35 頁) と痛烈に批判を加えたのであった。

　以上のように、永井の SDI 批判論には、「理解・配慮・反社会工学」という彼の政治学のエッセンスがしっかりと組み込まれているのである。

# おわりに

　最後に、永井政治学がもつ現代へのメッセージを考えてみたい。永井にとって大切なことは、「理解・配慮・反社会工学」という彼の政治学のエッセンスを用いて、政治や社会の問題を深く考察する、という点にあった。とすれば、永井は、自らの主張が現実主義もしくは理想主義であると周りからみな

されることに、さほど関心がなかったのではないだろうか。なぜなら、永井政治学のエッセンスから導き出される主張は、現実主義のそれと同じときもあれば、理想主義のそれと同じときもあるからである。

いいかえれば、永井には「理解・配慮・反社会工学」という政治学の知の基盤があったからこそ、「現実主義 vs. 理想主義」という単純な二項対立の図式から、彼は知識人として自立していたのである。粕谷一希はつぎのように指摘する。「永井氏は早くから、知識人の役割を、主体的浮動層として定義し、自立した知識人として自由な批判精神に生きることを主張されていた。時に左を批判し、時に右を批判することは、こうした自由で自立した立場からできることである。それは体制・反体制といった硬直的枠組で捉えることはできない」（粕谷 1985, 621 頁）。

「自立した知識人」である永井にとって、ある一つの主張が現実主義か理想主義かと問うことは、表層のレベルにすぎない。これこそが、永井政治学と SDI 批判論から読み取れる現代へのメッセージではないだろうか。

注
1）東京工業大学では「政治学」（学部）や「政策決定論」（大学院）などの科目を担当した。
2）永井はリースマンの『孤独なる群衆』を「現代社会における新しい『君主論』」として位置づけていた。その理由については、永井 1985f, 41-43 頁を参照のこと。
3）加えて、永井は社会工学的アプローチと権力の結びつきの危うさに注意を喚起している（永井 1967b, 7 頁）。
4）土山は「永井が SDI 批判で平和主義派と共同戦線を組んだように見えたかもしれないが、彼の戦略論が当時（そして今日でも）どれくらい理解されたかには疑問が残る」（土山 2013, 120 頁）と述べている。
5）永井への批判として、SDI は危機を不安定化させるのではなく、むしろその安定化に資する、という主張があった。これに対して永井は、そのような主張はソ連の立場を考慮していない、と反論している。詳細については、永井 1985d, 29-33 頁を参照のこと。
6）ロマ人（いわゆるジプシー）は水晶球を使って未来を予測する。核兵器の文脈でいう「水晶球効果」とは、「もし相手国に核攻撃を行えば、その報復措置として自国も核攻撃を受ける」との未来予測の結果、お互いが核攻撃を回避する、という効果を意味する。

第 I 部　国際政治学

**参考文献**

永井陽之助　1967a『平和の代償』中央公論社。
─────　1967b「解説　政治的人間」永井陽之助編『政治的人間』平凡社。
─────　1971『政治意識の研究』岩波書店。
─────　1978『冷戦の起源──戦後アジアの国際環境』中央公論社。
─────　1982「解説　リースマン教授と『二十世紀と私』」D・リースマン『二十世紀と私』永井陽之助訳、〈中公新書〉、中央公論社。
─────　1984「政治学とは何か」篠原一・永井陽之助編『現代政治学入門〔第 2 版〕』有斐閣。
─────　1985a『現代と戦略』文藝春秋。
─────　1985b「SDI の政治学」『朝日ジャーナル』3 月号。
─────　1985c「「SDI の傘」に隠された危険な意図」『エコノミスト』6 月号。
─────　1985d「SDI 教の正統と異端」『諸君！』第 17 巻第 7 号。
─────　1985e「SDI とアジアの安全保障──望まれる「MAD の政治化」」『アジア時報』第 16 巻第 10 号。
─────　1985f「二十世紀と共に生きて」永井陽之助編『二十世紀の遺産』文藝春秋。
─────　1986「宇宙のノモス──戦後平和と戦略防御」『国際政治』日本国際政治学会創立 30 周年記念号。

粕谷一希　1985「永井政治学の思想的性格」永井陽之助編『二十世紀の遺産』文藝春秋。
酒井哲哉　2014「永井陽之助と戦後政治学」『国際政治』第 175 号。
坂口安吾　2014『堕落論』（改版 7 版）〈角川文庫〉角川書店。
髙橋良輔　2016「国際政治思想研究の所作と射程──永井政治学のフィネスとエートス」『国際政治』第 184 号。
土山實男　2000「永井政治学の偉業を称えて──リアリズム国際政治学の本質」『青山国際政経論集』第 50 号（永井陽之助教授退任記念号）。
─────　2013「国際政治理論から見たリアリスト」『国際政治』第 172 号。
中本義彦　2009「論争家としての永井陽之助──政治的リアリストの立場と現実」『中央公論』6 月号。

## 【Ⅰ-1　国際政治学——権力政治をめぐる】
## 4　鴨 武彦
### 冷戦をのりこえるリアリズムを求めて

宮下　豊

**鴨武彦の略歴と本章の概要**

　本章は、1970年代から90年代前半にかけて学界と論壇で活動した鴨武彦（1942～1996年）を扱う。鴨は1942年に東京で生まれ、66年に早稲田大学政治経済学部を卒業し、同大大学院在学中の70年にフルブライト奨学生としてイェール大学に留学し、ブルース・ラセットの下で学んだ（77年にPh.D授与）。帰国後は早稲田大学講師、助教授、教授を経て、89年に坂本義和の後任として東京大学法学部の国際政治担当教授に就任した。91年には、著書『国際安全保障の構想』によって第12回石橋湛山賞を受賞している。さらに、94年には（財）日本国際政治学会の理事長に就任するとともに、同学会の40周年記念事業であるInternational Studies Associationとの合同国際会議の準備に奔走した。その最中に体調を崩したことにより、96年12月に逝去した。

　鴨が一貫して取り組んだのは、「どうすれば、世界政治をパワー・ポリティクスからの脱却へと方向付けられるのかという問題であった」（田中 1997, 152頁）。この取り組みは国際政治学研究ではリアリズムに対する批判に結実しているため、本章はこのリアリズム批判に焦点を当てることとする。以下では、まず学問的業績を検討し、鴨が統合論、トランスナショナル関係論、相

互依存論を権力政治の克服という関心から受容・発展させたことを確認する。そのうえで鴨のリアリズム批判が、単に国際政治学の理論としてのリアリズムに対する批判に汲み尽くせるものではなく、現実を変革あるいは改良しようとしない態度、すなわち「既成事実への屈服」に対する批判として理解される必要があることを指摘する。最後に、こうしたリアリズム批判が当時の日本外交・安保政策に対する批判においてどのように展開されたかを確認する。

## 第 1 節　鴨の学問的業績

**鴨が取り組んだ研究課題**

　国際政治学における鴨の研究課題は、大学院時代の国際統合論から始まり、その後トランスナショナル関係論と相互依存論に転じた。これらの理論はいずれも当時アメリカで提起され流行していたものである。国際統合論は 50 年代末から提起されたが、現実のヨーロッパ統合が行き詰まったことで、60 年代末には失速状況に陥った。その後、超国家組織や国境を越えた民間団体の関係が政府間関係に対して及ぼすインパクトに焦点を当てるトランスナショナル関係論が、つづいて国境を越えたモノ、カネ、人の交流の増大がもたらす政治的帰結を主題とする相互依存論が提起された。おりしもデタントと多極化により米ソ間の政治的軍事的な対立が後退したことと、ブレトンウッズ体制の動揺、石油ショック、南北問題の浮上といった国際経済問題が政治問題化したことを受けて、70 年代はこれらの理論研究が活況を呈した。その意味では、鴨が主題としたのはどれも当時流行していた理論であった。

**鴨の国際統合研究**

　しかし、鴨がこれらの理論を単に流行しているという理由で研究課題に選んだと考えることは誤りである。というのは、鴨はこれらの理論を国家間の権力政治を克服するという彼自身の関心・視点に即して摂取し発展させることを意識していたからである。実際、国際統合論の研究で鴨は統合の「意義」

を一貫してその「平和志向性」に求めていた。大学院時代の論文のなかで鴨は次のように述べている。「国際レヴェルでの統合の意義は、国際関係の多くの緊張および国家間の紛争の主たる原因が諸国家の併存状況に基因することを認識して、国際政治の基本的秩序ともいうべき国家体系を変更・廃棄することにあると考えられる。そこに、世界平和への新たな活路が見出されるのではなかろうか」(鴨 1985, 25頁)。

さらに、国際統合論の代表的なアプローチである新機能主義と交流主義にかわる新しいアプローチとして、鴨が提起した「行動主義アプローチ」においても権力政治の克服への関心を読み取ることができる(鴨の行動主義アプローチは行動論政治学と同一ではない)。新機能主義は経済などの非政治的領域で始まった統合が、政治的領域へと直線的に「波及(spill-over)」し、最終的に政治統合に至るという「機能的スピルオーヴァーの自動性」の仮説を骨子とするものであったが、この仮説を鴨はヨーロッパ統合の実際と論理的整合性の観点から批判する。また、国境を越えた相互交流の増大により当該諸国家の人々の間に、その他の国家の人々とは異なる信頼感(「われわれ意識」)が芽生え、それが「安全保障共同体」につながるというカール・ドイッチュの交流主義に対しても、鴨は統合に際して顕在化する「シリアスな対立・混乱」を考慮していないため「あまりにもアイディアリスティック」であると指摘する。

これに対して、統合過程において各国家が実際にとる行動様式に着目する鴨の「行動主義アプローチ」は、その過程で国家間の利害対立が生起することを前提としたうえで、この利害対立が単に非暴力的に解消されるだけの「紛争統御行動」よりも、そうした対立が当事国での明白な合意によって解消される「紛争解消行動」が顕著に認められるならば、政治統合を実現し得ると想定する(鴨 1985, 第2章)。ここにも、権力政治からの脱却という視点が徹底されていることが明らかだろう。

**鴨の相互依存研究**

こうした権力政治の克服への関心は、70年代半ばに取り組みはじめた相

互依存論の研究にも妥当する。鴨が相互依存論の先行研究として参照しているのは、ロバート・コヘインとジョゼフ・ナイの『パワーと相互依存』（1977年）やスタンレー・ホフマンの著作等であるが、これらは経済的相互依存の昂進が権力政治からの脱却に結びつく可能性を考察していない。つまり、これらの先行研究では、実際の国際政治における権力政治の領域と相互依存の領域との「棲み分け」が自明のものであることが想定されているのである[1]。

　これに対して鴨は、次のように相互依存が国家間の権力政治そのものを改変させる可能性を当初から論じていた。「相互依存アプローチ」は「大国支配と脅迫の論理」という「現状を改変していく分析志向をその底流にもっている。ここにまさに、相互依存アプローチの新しさとユニークさとがみられよう」（鴨 1978, 20-21頁）。この「分析志向」を鴨は、国家間の相互作用の増大という「量的特質」が「新たに質的特質に転化・発展する政治力学過程」としての「相互依存の力学」と定義する。この「質的特質」とは、「国家間の行動ルールの創造とか政治的枠組の改変」（鴨 1979, 54頁）や、「統合に向けたルール・オブ・ゲームズの変更や「共通の安全保障」、「囚人のジレンマ」からの脱却といった国際政治の枠組みの変革」である（鴨 1990, 113頁）。つまり、鴨は相互作用の増大という「量的特質」が、国家間の行動ルールの変革という「質的特質」を媒介して権力政治から脱却する可能性を内包していると考えるのである。もちろん、ヨーロッパ諸国の政治行動と経済的相互依存との関連性をデータで検証した鴨は、こうした「質的特質」への転化が相互作用の増大から自然に生ずるという楽観論に与しない。実際、鴨は相互依存が先進国間での対立・紛争を激化させる可能性や南北間の「非対称構造」を高めることを指摘している。「量的特質」が望ましい「質的特質」に「転化」するには、結局のところ、行動ルールを変革しようとする「政治の意思」が各国の「指導者や市民」にあることが必要であると鴨は考えていたと思われる（鴨 1983, 67頁）。

## 「ニュー・パラダイム」へ

　鴨がこうした「質的特質」を論ずるに際して、彼自身の行動主義アプロー

チを援用して統合論と相互依存論とを接合しようとしている点が注目される
べきであろう。実際、『国際安全保障の構想』においても鴨は、「国際政治の
新たな「分析の枠組み」」あるいは「ニュー・パラダイム」として、国際統
合の「行動主義アプローチ」の視点と相互依存の視点とがともに必要である
ことを論じている（鴨 1990, 106-107頁）。80年代には国際統合論がすでに
下火であったことに照らすならば、鴨は国際政治の理論を単に流行している
という理由で摂取し、また流行遅れという理由で廃棄したのではなく、権力
政治を克服するという彼自身の関心に徹頭徹尾忠実であり続けたといえるだ
ろう。

## 第2節　リアリズム批判

### リアリズムと国際政治の実際との乖離

　アメリカの国際関係論におけるトランスナショナル関係論や相互依存論の
台頭と受容は、リアリズム（権力政治論、勢力均衡論）が時代遅れであると
いう認識と表裏一体であった。すなわち、リアリズムは、国家が主要な行為
主体であり、各国は単一の意思を持った政治単位として行動し、その主要な
行動原理は軍事的安全保障と勢力均衡であると想定するものであったために、
国際経済問題が政治問題化する時代においては時代遅れであると受けとめら
れていた。鴨もこうしたリアリズム批判を共有していた。「国際関係におけ
る緊張および紛争状況を行動与件とし、しかも「勢力均衡」や「同盟・反同
盟」に集約的に表現される軍事的な脅しの体系の正統性にふだんに照明を当
てる」「権力政治の方法論」（鴨 1978, 20頁）は、「今日の国際関係の多層化
現象の中でその有効性を問われつつある」（鴨 1985, 159頁）。

### なぜリアリズムは規範的にも批判されねばならないか？

　しかし、鴨のリアリズム批判を単にこうした時代遅れという点だけで理解
することは画竜点睛を欠くに等しい。というのは、鴨によれば、リアリズム
は「大国支配と脅迫の論理」という「国際政治の現状を肯定する傾向」があっ

第Ⅰ部　国際政治学

て、「改変していく分析志向」を持たないために（鴨 1978, 20 頁）、「分析概念」としてだけでなく、「規範概念」としても批判されねばならないからである（鴨 1982, 43 頁）。つまり、たとえリアリズムの想定が時代遅れでなかったとしても（すなわち、権力政治が現実であっても）、この「「脅しの体系」にもとづくパワー・ポリティクスの実態を改善し、解決しようとする考え方や態度が根本的に欠けている」限りで是認するに等しいために、リアリズムは規範的にも批判されねばならないのである（鴨 1993, 84 頁）。

　とはいえ、権力政治を変革するというビジョンは、現実的基盤を欠くならば単なる絵空事にすぎない。しかし、鴨は当時の権力政治である冷戦をのりこえる「ダイナミズム」がとくに 60 年代から現れつつあると考えていた。しかも、この「ダイナミズム」は歴史的に繰り返されてきた「国家間の力関係の変化」＝多極化のみに汲み尽くせるものではない。鴨によれば、この多極化の「副産物」には「冷戦構造の崩壊化過程」も含まれるのであり、後者の具体的な現れが「相互依存の力学」が着目する国家の行動ルールの変化であるとする（鴨 1979, 48 頁；鴨 1990, 157-158 頁）。つまり、冷戦構造そのものを解体する趨勢が、国家の行動ルールの変化としてすでに顕在化していると考えていた。したがって、鴨において、こうした顕在化しつつある国家間の新しい行動ルールに焦点を当ててその重要性を論ずる「ニュー・パラダイム」は、冷戦構造を解体させるビジョンとして現実的基盤をもつものであった。

　これに対して、このような行動ルールの変化にもかかわらず、リアリズムを維持し続けることは、冷戦の永続化に寄与することを意味する。鴨がリアリズムを批判するおそらく最大の理由はこの点に求められる。このように権力政治の変容の視点を欠くがゆえに、権力政治を永続化させるものであるとする観点からのリアリズム批判は、「力の均衡」を重視する古典的リアリズムに向けられている。さらに、80 年代に覇権安定論が提起されると、鴨は、覇権安定論は覇権国の支配と覇権戦争の発生を肯定・正当化するものであり、「〔覇権安定型の「パワー・ポリティクス」のダイナミックス〕」に代わるより良き国際秩序を模索しようとしない」ものとして批判している[2]（鴨 1990, 第 2

章；鴨 1993, 第2章)。

## 「既成事実への屈服」としてのリアリズム

　こうした政治的機能の観点からの鴨のリアリズム批判は、彼自身が参照しているロバート・コックスの論文によって普及することになった「問題解決理論」と「批判理論」の区別と重なることは否定できない（Cox 1981)。しかし、このコックス論文よりも以前にリアリズム批判が認められることに照らせば、鴨のリアリズム批判はむしろ丸山眞男の『現代政治の思想と行動』の影響を受けたものと推測することができるだろう。たとえば、理論の政治的機能の問題は、認識主体と認識対象の相互規定関係という観点に立って、「学者が政治的現実についてなんらかの理論を構成すること自体が一つの政治的実践にほかならぬ」と述べている同書所収の論説「科学としての政治学」と重なる（丸山 1964, 356頁）。

　リアリズム批判も、丸山が同じく論説「『現実』主義の陥穽」等のなかで日本人の思考様式として指摘した、現実を「既成事実」に等しいものと考えることで（「既成事実への屈服」)、現実の「日々造られて行く」面を無視すること、またさまざまな動向から構成される矛盾錯綜した現実のなかで、その時々の支配権力が選択する一つの側面だけを現実として理解する傾向の指摘と合致するだろう（丸山 1964, 172-175頁）。実際、鴨は学生時代に、丸山の『現代政治の思想と行動』に接して「感動していた」ことを述懐している（鴨 1993, 214頁）。このようにリアリズムを「既成事実への屈服」に等しいものとする観点からの批判は、次節でとりあげる日本の外交および現実主義者・ナショナリストに対する批判において一層明確に読み取ることができる。

## 第3節　日本におけるリアリズム批判

### 軍事安全保障問題への視点

　70年代末以降、鴨は雑誌や新聞に時事評論を多数発表するようになった。とくに国際問題の主題として80年代はレーガン政権の戦略防衛構想（SDI）

等の核戦略、米ソ間の軍拡競争や軍縮交渉といった軍事安全保障問題が多いことが目を惹くが、これは鴨が次の一文で述べているように統合の「裏面」を研究することが必要であるという認識に発するものであった。「……国際政治の常態であり続けてきた軍事力による「強制性」の手段や契機をいかにして任意や合意による「非強制性」の政治過程に変えることができるのか、私は、この論点を非常に重視してきた。そのためには、統合の対極的な位置にある軍事領域を研究し、それを国際統合理論研究に是非とも応用したいという考えを長く持ち続けてきた」（鴨 1985, vi 頁）。

**「冷戦的外交体質」から脱却する必要性**

しかし、鴨のリアリズム批判がもっとも直截に表明されているのは、日本外交・安保政策を主題とする論説である。これらの論説の基調は、米ソデタント・多極体制への移行、冷戦体制から相互依存体制やトランスナショナルな関係の台頭という国際政治の構造変容の重要性をまず指摘し、そのうえで「冷戦的外交体質」を抜け切れていない日本外交の路線転換を説くものであった。この路線転換とは、「超大国外交ゲームの中での戦略駒としての役割」の放棄、「韓国条項」（日本が韓国の安全に責任をもつとする1969年11月の佐藤・ニクソン共同声明で表明された佐藤首相の発言）にみられるような朝鮮半島の分断に対する関与の解消、日米安保体制の段階的な解消と東アジアにおける将来的な「不戦共同体」＝「国際安全保障体制」の創設であった。さらに、「勢力均衡型の従来の認識と行動様式を根本的に改め」て、第一次防衛力整備計画から増大している防衛費を縮小することを求めた（鴨 1982, 31-33 頁）。

しかし、当時の政府与党は防衛力を拡大し続けた。76年に防衛計画の大綱を決定し、さらに78年には日米防衛協力のための指針の策定により、日米防衛協力が文字通り現実化するための道筋が整備された。また、ソ連のアフガニスタン侵攻（79年12月）後は、カーター政権の要請を受ける形で防衛力強化が進められるとともに、防衛費の対GNP比1％枠の撤廃や、武器輸出三原則を見直す必要性が公然と論じられるようになった。鴨はこうした動きをそれまでの「平和路線」からの一大転換であるとして批判した。注目

【Ⅰ-1　国際政治学——権力政治をめぐる】4　鴨　武彦

されるのは、米ソ間の緊張の増大、米国からの「安保ただ乗り」批判、さらに朝鮮半島有事の想定等が根拠のないものであることを逐一明らかにしたうえで、むしろこうした国外の動向をいわば奇貨として、世界第2位の経済力に見合った規模に軍備を増強しようとする「政財界主導型の軍事的ナショナリスト」こそが、日本にとっての「潜在的脅威」であると主張していることである（鴨 1982, 第3部）。

　鴨は彼らが日本の核武装と軍事大国化を目指していると論じているが、これは74年4月のインタビューで岸信介が、「日本がアメリカの核のカサの下にあり続けようとしても、アメリカがどの程度信頼できるものか。日本はいずれアメリカの核のカサから離れ、自ら核武装すべきである」と鴨に語ったことが念頭にあったと思われる（鴨 1997, 3頁；鴨 1995, 77頁）。そのために鴨は日本の防衛力と対米防衛協力を強化する路線を、将来的な核兵器保有のための環境整備として受けとめた。しかし、こうした軍拡路線は「国際政治の構造変化が地球的規模で進展しつつあるなか」「すでに破綻した」「冷戦型の戦略思考」のうえでしか成り立たない「成算の立たない古い論理」であるだけでなく、自滅につながる〈いつか来た道〉でもあった（鴨 1982, 193頁）。「もしこの転換の試みがなされなければ、日本外交は、国際政治の変革の潮流を吸収・消化できず、その力学の錯誤を深めてゆき、ふたたび自壊の運命を歩むことになるにちがいない」（鴨 1982, 30-31頁）。

**「帰納的平和論」**

　鴨は80年代の日本に求められるのは、こうした「軍拡の思想」ではなく「平和の思想」であり、「軍事安全保障」ではなく「平和保障」であるとして、自衛隊の軍縮および日米安保の解消・中立化を実行することにより「軍縮の行動モデル」を世界に向けて提示することを説いている。これを鴨は「帰納的平和論」と名づけるとともに、日本国憲法を根拠として軍縮を推進する「演繹的平和論」と対比している（鴨 1982, x頁；鴨ほか 1982, 102頁）。つまり、日本の軍縮を抽象的な原理原則ではなく、現実の国際政治の構造変容によって根拠づけることに鴨はこだわった。この点に、「抽象的な自衛隊の違憲論

議か……自衛力の細かな技術論」に批判の焦点を当てていたために軍拡路線に対する有効な批判となり得ていない野党勢力から鴨自身が一線を画そうとしていたことのみならず、「既成事実への屈服」ではなく、むしろ実際に現われつつある「冷戦構造の崩壊化」をふまえて、日本が冷戦の終結に向けて主体的に取り組むべきであるという鴨のビジョンをも認めることができるだろう（鴨 1982, 187 頁）。

**日本のリアリスト批判**

　この点は、さらに日本のリアリストに対する批判においても読み取ることができる。後年の鴨はリアリズムのすべてを批判するのではなく、ベトナム戦争を批判し、「バランス感覚を含む思想の余裕がみられる」ハンス・モーゲンソー、カーター政権の国務長官であり、アメリカが軍事力によって国外の諸問題を対処することの誤りを説いたサイラス・ヴァンス、レーガン政権の軍拡政策とソ連認識を批判したジョージ・ケナンの三人を「真のリアリズム」として高く評価している。鴨によれば、彼らによる批判は、「現実との厳しい緊張を保ち、かつリベラリズムやアイディアリズムとの厳しい対話をかさねてきたがゆえに可能になったのだと私は考える」（鴨 1993, 111-114 頁）。

　これに対して、「日本のリアリスト」は「現状を肯定・追認する傾向が強い」。すなわち、「世界の米ソを軸とする「力の体系」やそれに伴う核戦略および軍拡競争をある種、動かしがたい与件と考える傾向がある。そこには、自分たちが主体的に責任をもってかかわらなくとも、あるがままの「核均衡」や核抑止をそのまま受け入れてしまう弱さ、安易さがあったのではなかろうか」（鴨 1993, 105-106 頁）。しかし、「批判精神のもとに現実に挑戦し、現実そのものを変える積極的な発想や政策」を欠いた「現状主義は真のリアリズムとは別物であるはずである」（鴨 1993, 225-226 頁）。こうした日本のリアリストに対して、鴨は「特定の集団の利益を代弁するイデオロギーに堕することなく、あくまでも批判精神を貫いた政治思想としてのリアリズムを磨くこと」、つまり権力政治を「改善し変革しようとする情熱や政策の姿勢」をもつことを求めた（鴨 1993, 114, 106 頁）。このように鴨は日本のリアリ

ストに対して権力政治を変革していく思想を備えることを説いたのである。

## 第4節　何のための国際関係論か？

　鴨のリアリズム批判は、理論としてのリアリズムに対する批判に矮小化できるものではない。現実＝権力政治を変革あるいは改良しようとする視点をもたず、結果として現実を維持することに寄与するものが、鴨からみれば批判されるべきリアリズムなのである。したがって、理論としてのリアリズムにたとえ否定的であっても、国際関係の現象・事件の記述や説明、科学的な理論やモデルの構築、実証研究、データ分析などが、現実を変革する視点をもたないまま自己目的としてなされている場合は、現実の維持に貢献している限りでリアリズムにほかならない。鴨はこのような研究に対して、権力政治の克服や平和的秩序の創出のために国際関係論のなしうる貢献を自ら放棄しているのではないかと疑問を投ずるのではなかろうか。また、日本外交に関しても、近年の中国や北朝鮮の行動を根拠として日本が「普通の国」となることを正当化する路線に対して、日本は「あたりまえの大国」になるべきではないと繰り返し警告していた鴨は厳しい批判を向けると思われる。鴨からすれば、アジアの国際環境の緊張緩和に向けた取り組みこそが、何よりもまず講ずるべき政策的対応なのである。こうした鴨のメッセージをどのように活かしていくことができるか。これは国際関係論を学ぶ者すべてに課せられた課題であろう。

**注**
1) 権力政治と相互依存の「棲み分け」を指摘したものとして、藤原 1991。
2) 鴨は覇権安定論を「ネオ・リアリズム」と呼び、ケネス・ウォルツを「力の均衡」を重視しているために古典的リアリズムに分類している。このようなネオ・リアリズム理解は80年代の日本の学界において一般的なものであった。この点について、神谷1992。

**参考文献**
鴨武彦　1978「国際政治経済学の方法論」日本国際政治学会編『国際政治』第60号。

第Ⅰ部　国際政治学

─── 1979「相互依存の政治学」鴨武彦・山本吉宣編『相互依存の国際政治学』有信堂。
─── 1982『軍縮と平和への構想』日本評論社。
─── 1983「核戦略論の政策的破綻」『世界』第 456 号。
─── 1985『国際統合論理論の研究』早稲田大学出版部。
─── 1988『変革の時代の外交と内政』成文堂。
─── 1990『国際安全保障の構想』岩波書店。
─── 1993『世界政治をどう見るか』〈岩波新書〉、岩波書店。
─── 1995「私にとっての「戦後 50 年」」『潮』第 437 号。
─── 1997 田中孝彦訳「グローバリズム・リージョナリズム・ナショナリズム」日本国際政治学会編『国際政治』第 114 号。
鴨武彦ほか　1982「日米関係と日本の選択肢」『世界』第 434 号。

神谷万丈　1992「ネオ・リアリズム国際政治理論」『防衛大学校紀要　社会科学分冊』第 65 号。
田中孝彦　1997「「パワーポリティクス」からの脱却を求めて」『世界』第 643 号。
藤原帰一　1991「権力政治と相互依存」『思想』第 803 号。
丸山眞男　1964『現代政治の思想と行動』増補版、未来社。

Cox, Robert W. 1981 "Social Forces, States and World Orders," *Millennium*, Vol.10, No.2.

【Ⅰ-1　国際政治学——権力政治をめぐる】
# 5　神川彦松
## 独自の国際政治学の体系化を目指して

上野友也

## はじめに

　神川彦松（1889～1988年）は、第一次世界大戦期から国際政治学の構築をめざした研究者の一人であり、第二次世界大戦後には、日本国際政治学会初代理事長（1956～68年）、日本国際問題研究所初代所長（1959～68年）に就任して、日本の国際政治学の発展に寄与した人物の一人である。本章では、神川がどのような国際政治学を模索し、構築しようとしたのかを明らかにすることによって、現実主義と理想主義の二つの潮流をどのように認識していたのかを解明することにしたい。

## 第1節　神川の政治思想——略歴と主要な研究業績を通じて[1]

　神川は、立作太郎が担当していた外交史講座を引き継いで東京帝国大学助教授に就任し、1923年に教授に昇任した。初期の代表的な著書は、世界平和主義、世界連帯主義、国際連盟に関する著作である『国際連盟政策論』（神川 1927）である。これは、後述することになるが、神川国際政治学において、国際政治政策学に位置づけられるものである。
　1931年9月、満洲事変が勃発し、神川は満洲事変の解決の糸口を帝国主

義的解決、民族主義的解決によるのではなく、国際主義的解決に求めた。具体的には、国際連盟規約にもとづいて満洲国を委任統治する案と、国際連盟の保障のもとで永久中立国にする案を提唱している（神川 1931, 11-13 頁；神川 1932a, 110-111 頁）。日本が、このような国際主義的政策を追求し、満洲国を併合しないのであれば、日本の大陸政策と国際政策は矛盾せず、国際連盟から脱退する必然性はないと国際連盟脱退論を批判している（神川 1932b, 20 頁）。

1933 年 3 月、日本が国際連盟を脱退することになり、神川は、極東地域における新たな地域秩序を構想することになった。それが東亜連盟論である。神川は、国際連盟を脱退した日本に残された道を三つ挙げている（神川 1933a, 90 頁）。第一は、極東モンロー主義・亜細亜モンロー主義である。第二は、汎大陸主義にもとづく大亜細亜連合である。第三が、東亜連盟論である。第一の極東モンロー主義は、アメリカのモンロー主義政策を模したものであり、第二の大亜細亜連合は、アメリカ大陸諸国が共有する汎米主義に対照されるものである。神川は、アジアにおいては民族主義と帝国主義の戦いが苛烈であり、大亜細亜連合を実現させるのは現実的ではなく、最も現実的な選択肢が東亜連盟であると論じている（神川 1933a, 99-100 頁；神川 1933b, 11-12 頁）。それは、日本、中国、満洲の 3 カ国を中心とする極東の平和のための地域機構である（神川 1933b, 11-12 頁）。

1938 年 11 月、近衛文麿首相が新東亜秩序に関する声明を発表し、日本の対外政策の課題に新東亜の建設が浮上した。1939 年 9 月、第二次世界大戦が勃発し、国際秩序が激動している最中に、神川が執筆した論考が「新東亜建設の条件」である。神川は、新東亜秩序を建設するためには、欧米帝国主義とソ連共産主義という二つの旧体制をアジアから追撃するべきであると主張している（神川 1940a, 10-11 頁）。さらに、新東亜秩序を構築するためには、王道や神道にもとづくイデオロギーによってアジアを統一し、日本が中心となって「東亜保全主義（東亜モンロー主義）」を打ち立て、欧米列強の干渉を排除するだけでなく、日本が指導してアジア諸国の協同をもたらす「東亜大陸主義（東亜連帯主義）」を構築する必要性を説いた[2]（神川 1940a, 22-23

頁：神川 1940b, 41-45 頁)。

　さらに、神川は、東亜協同体が共通の地理的環境、自然的連帯性、文化的連帯性によって構成される協同体であり、その政治的組織として東亜連盟が建設されるべきであると主張した。しかも、東亜連盟の指導国は、白人帝国主義に抵抗できる軍事力を保持する日本のみであると強調した(神川 1940c, 7 頁)。このようにして、神川は主権の平等を否定し、日本の指導にもとづいた東亜協同体と東亜連盟の建設を力説するようになる。

　1943 年 1 月、大東亜会議が開催され、大東亜共同宣言が発表された。神川は、以下のように述べている。「大東亜共同宣言こそは、ただ東亜外交史上においてものみならず、世界外交史上にも特筆大書さるべき劃期的大宣言であるというべきである。それは大東亜に響き渡るルネッサンスの暁鐘であるとともに、全世界に一転機を齎すところの一大号砲であるというべきだ」(神川 1944, 72 頁)。このように東亜協同体の建設に傾倒していった神川は、戦後になって公職を追放されることになった。

　神川は、公職追放の期間に、東京帝国大学で講義していた国際政治史の研究成果を『近代国際政治史（上・中・下）』(神川 1948；1949；1950a) にまとめ、その功績に対して日本学士院賞が授与されている。1950 年には、国際政治学の体系書である『国際政治学概論』(神川 1950b) を刊行し、神川国際政治学の全貌を明らかにしている。これに関しては、第 3 節で検討する。

　神川は、日本の主権回復前後から、日本の独自外交、自主防衛、自主憲法を求めて発言し、その論稿は『日本外交の再出発』(神川 1960)、『日本政治の再出発』(神川 1961)、『日本の新しいイメージ』(神川 1963) にまとめられた。

　1952 年 4 月、対日講和条約、日米安保条約、日米行政協定の三条約が同時に発効し、神川は、この三条約に対して痛切な批判を加えている。「この三条約発効の結果、軍事的に見れば、わが国は全土を挙げてアメリカの植民地(コロニー)になったのである。軍事的には、日本の全土はアメリカの基地であって、軍事的に言えば、まだ日本というものは全くなく、地図上には存在しないのだ。すでに軍事的に全く他国の植民地たる地位に陥っている国が、国際政治上、

真実の自主・独立を享有するなどということはドダイ考えられないことだ」（神川 1952, 72 頁）。

　それゆえ、神川は、日本が国際政治において地位を得るために、アメリカ軍の撤退と日本の自主防衛を主張することになった。「アメリカ軍をわが国から撤退させるための前提要件は、いうまでもなくわが国が国力相互の自衛軍備をもつことであらねばならない」（神川 1953, 70 頁）。さらに、神川は、日本が核拡散防止条約を批准することに反対し、日本の核武装の可能性を否定しなかった。「自らの核兵器保有の権利を捨ててこの条約に調印せんとするがごときは、自らの国家及び民族の自主独立を永遠に放棄しようとするものであって、われわれ国際政治の学徒として断じて承認することはできないのである」（神川 1968, 20 頁）。

　また、神川は、連合国の統治下に成立をみた日本国憲法にも批判を加え、その改正を要求した。神川は、日本国憲法がいわば恒久法として成立したのに対して、ドイツのボン基本法が占領時の臨時法として制定されたことを指摘し、日本国憲法が非民主的な過程によって誕生したことを批判している（神川 1961, 1-4 頁）。そこで、神川は、日本国民による自主憲法の試案を作成するために有識者と憲法研究会を結成し、1955 年に『日本国自主憲法試案』を出版した（憲法研究会 1955；神川 1961, 5 頁）。

　神川は、戦後になって日本の独自外交、自主防衛、自主憲法を主張するだけでなく、戦前の歴史観を一貫して堅持している人物であった。神川は、戦後の論稿のなかで、以下のように述べている。「わが国は大東亜戦争中、いわゆる「八紘一宇主義」を唱えて、世界の誤解と非難を招いた。が、「八紘一宇」という言葉自体は、まことに立派な言葉であり解釈のいかんによっては、非難の余地なき理念となりうることは公平な人士の認めるところである」（神川 1957b, 9 頁）。当時の世相では忌避されていた「大東亜戦争」という表現ばかりか、アジア・太平洋戦争における侵略を正当化してきた理念である「八紘一宇」を称揚さえしていた。

　さらに、神川は、戦後の論文のなかで、アジア・太平洋戦争を侵略戦争ではなく、アジア解放のための戦争であったという歴史観を披露している。「わ

が国は「アジヤ人のためのアジヤ」を唱道し、英・米・ソの「植民主義」、「帝国主義」の抑圧からアジヤ諸民族を解放しようと念願してこの三大帝国と決戦したのだ」(神川 1957c, 21頁)。それにもかかわらず、神川は韓国併合をこのように評価するのである。「「日韓併合条約」を結んでいよいよ朝鮮を併合した。これは千百年来の懸案を徹底的に解決したものであって、実にわが国外交史上最大事件の一つである」(神川 1957c, 14頁)。

　これまで、神川による研究書、研究論文、時事論文などを手がかりにして、神川の政治思想を明らかにしてきた。しかし、神川国際政治学の概説書である『国際政治学概論』は考察してこなかった。このことは、多くの先行研究においても同様であった[3]。以下、この概説書を中心にして、神川がどのように国際政治学の研究を構想し、展開したのかを考察する。それにより、神川の現実主義と理想主義に対する見方も明らかにしていきたい。

## 第2節　日本における国際政治学の登場

　神川によれば、政治学などの社会科学は起源がヨーロッパにあり、数世紀を経て発展してきた学問領域であるために、日本には「既製品」として輸入され、模倣されるにすぎなかった。一方、国際政治学は、第一次世界大戦期に登場した新しい学問領域であるために、欧米と同時に日本においても誕生し、発展することになった (神川 1965, 39-40頁；1967a, 23頁)。日本における国際政治学の創生期を担った神川は、以下のように当時を回顧している。「第一次大戦勃発の頃には、まだ世界のどこにもそんなものは存在していなかったのである。したがって我が国の学徒も、世界の同じ分野の学者たちと同時に、この学問の開拓に乗り出し、対等の立場で、この学問の開拓と樹立に努力することができたのである。……この学問の新分野では、日本の学徒も比較的容易に、この学問の日本学派をうちたてることができたわけである」(神川 1965, 40頁)。

## 第3節　国際政治学の体系化をめざして

　神川は、東京帝国大学において外交史講座を担当し、外交史の研究を進めていくなかで、外交史という歴史科学に対応する社会科学が存在しないことに疑問をもったという（神川 1966, 4-6 頁）。神川は、このような疑問を抱くことによって、外交史を国際政治史に転換させ、国際政治史に対応する社会科学である国際政治学の構築を目指すことになった（神川 1966, 11 頁）。

　それでは、国際政治学と国際政治史が一対であるという神川の着想はどこで得られたものであるか。神川が着目したのは、新カント主義バーデン学派の方法論であった。その代表的な論者は、ヴィルヘルム・ヴィンデルバント（Wilhelm Windelband）とハインリヒ・リッケルト（Heinrich Rickert）である（神川 1966, 32 頁）。

　リッケルトによれば、学問は、哲学と科学に分類することができる（リッケルト 1927, 259-260 頁）。前者に関して、国際政治に適用した場合、「国際政治哲学」が成立することになる。具体的には、世界正義や世界平和などの多くのイデーやユートピアに関する思想や構想が課題となる。これらの研究から、「国際政治哲学史」も生み出されることになる（神川 1967b, 26-27 頁）。

　後者に関しては、先験科学と経験科学に分類することができるが、とくに国際政治学において重要な学問領域は、経験科学の領域である。リッケルトによれば、経験科学は、自然科学と文化科学に分類できる。この区別は対象による区別ではなく、方法による区別である。ここでいう自然科学とは、自然を対象とする科学というよりは、研究の対象を観察者の価値を通さずに研究する科学を意味し、文化科学とは、研究の対象を観察者の価値を通して研究する科学を意味する（リッケルト 1939, 47-49 頁；神川 1967b, 16-18 頁）。

　次に、神川は、リッケルトの理論に修正を加えて、文化科学を社会科学と歴史科学に分類する。社会科学とは、研究の対象に普遍的で法則的な性質を求める学問であり、歴史科学とは、研究の対象に個別的で特殊的な性質を求める学問とする（リッケルト 1939, 104 頁；神川 1967b, 38 頁）。この区分に

応じて、国際政治学の一分野に「国際政治科学」と「国際政治史学」が置かれることになる。ここに来て、神川が両者を一対のものとしてみなした理由が分かるであろう。

さらに、神川は、リッケルトが指摘しなかった科学の領域を提示する。それが、実践科学である（神川 1967b, 42 頁）。文化科学において実践科学は、政策学と呼ばれており、神川は国際政治学の一分野として「国際政治政策学」を置いている（神川 1967b, 46 頁）。「国際政治政策学」とは、具体的には、以下のように説明されている。「国際政治哲学の教える政治理念・原理、特に国際政治科学および国際政治史学の提供する経験的政治法則・理論および記述の知識を応用して、世界永久平和および世界連帯を基調とする理想的国際社会を実現するための正しき方策・手段を探究する実践科学である」（神川 1967a, 40 頁）。

また、リッケルトが言及せず、神川が指摘したのは動態科学の存在である。これに対応する国際政治学の一分野として「国際政治弁証法論」が置かれている。「国際政治弁証法論」は、その進歩や発展の経路や系列を考察するものであり、人類史の発展に関する研究を意味する（神川 1967b, 47-48 頁）。

このような神川国際政治学の体系は、『国際政治学概論』第一篇において説明されている。第二篇では、「国際政治科学」としての民族主義、帝国主義、勢力均衡の理論が述べられているが、これは『近代国際政治史』のなかで、三つの系譜の歴史が描かれていることに符合している（神川 1966, 16 頁）。第三篇では、「国際政治政策学」に該当する『国際連盟政策論』を発展させた世界平和主義・世界連帯主義について記述され、第四篇では、「国際政治弁証法論」が試みられている。このように神川は、現実主義や理想主義の二元論を超えた独自の国際政治学の体系を構築していたのである。

## 第4節　カーとモーゲンソーに対する批判

このように神川国際政治学の特徴は、国際政治の方法論にもとづいた体系化にある。このような神川国際政治学の体系を踏まえて、神川が、現実主義

者のE・H・カーやハンス・モーゲンソーに対して、どのような評価を下していたのかを考えてみることにしたい。

　カーとモーゲンソーが問題にしたのは、国際政治の方法論ではなく存在論であった。具体的には、国際政治には権力闘争と国際協調の側面があり、それぞれを代弁するリアリズムとユートピアニズムという立場があるということである。神川もまた、このような国際政治の二面性を否定していない。

　しかし、神川は、その二面性を総合して、国際政治学を構築するカーの方法論には懐疑的である。これに関して、神川は、カーを以下のように批判している。「ただ彼（カー）は、右の所論から一歩進んで、政治学の課題はそのイデオロギー的ユートピアとその権力的リアリティーを統合するにあり、政治学の方法はユートピアニズムとリアリズムを綜合するにあるというように考えているらしいのは、政治学方法論としては、正鵠をえているとは思われないのである」（神川 1965, 49頁）。

　神川国際政治学の体系によれば、ユートピアニズムは「国際政治哲学／国際政治哲学史」や「国際政治政策学」に属し、リアリズムは「国際政治科学／国際政治史学」に属するものであり（神川 1965, 44-45頁）、両者の方法論はまったく別のものであることから、カーが主張するように両者を総合することはできないのである。また、神川は、カーと同様にモーゲンソーに対しても、国際政治学の方法論の曖昧さを指摘し、その体系が不十分であると批判している。「E・H・カー、ハンス・モルゲンソーという英米国際政治学の代表者が、国際政治学の方法論的立場を確立していないのに対応して、この二人とも、ともに、まだ各自の国際政治学の体系を確立していないのである」（神川 1965, 50頁）。

## 第5節　論稿「戦争のリアリティーと平和のユートピア」

　最後に、神川が戦争と平和の問題をどのように考えていたのかを見ることで、神川国際政治学の体系を具体的に考察し、神川が現実主義と理想主義の潮流をどのように解釈していたのかを明らかにしたい。ここでは、日本国際

政治学会紀要『国際政治』の最初の論文として掲載された「戦争のリアリティーと平和のユートピア」(神川 1957a, 1-18頁) を取り上げることにする。

　神川によれば、「国際政治科学」の研究、すなわち、国際政治の理論と歴史からすれば、国際政治は戦争の歴史であり、近い将来も戦争の脅威から世界は逃れられないと考える。他方において、「国際政治哲学」の研究からすれば、人類の歴史は、太古の時代から今日に至るまで、戦争のない永遠の平和を欣求してきた歴史であったと指摘する。サン・ピエールの『永久平和案』、ルソーの『平和論』、カントの『永遠平和論』は、その具体的な例である (神川 1957a, 14頁)。

　神川によれば、「国際政治政策学」の研究を通じて、初めて戦争のない国際社会を探究することが可能になる。それは、「国際政治政策学」が、「国際政治科学」と「国際政治哲学」をつなぐものであるからである。神川の言葉を引用すると、「「国際政治政策論」の課題は、いかにして、「正しい平和」を実現するべきか、いかにして「正しい連帯」を実現するべきかにあるのである」(神川 1957a, 15-16頁)。神川によれば、平和は、ただ戦争のない状態を意味するものではなく、正しい平和と正しい連帯に基礎づけられるものでなければならない。「理想的な国際政治社会なるものは、「世界平和主義」と「世界連帯主義」という二つの根本原理の上に建設されるものである。この二つの原理に立脚する国際政治社会を実現することこそ、人類の窮極の目標であらねばならない」(神川 1957a, 16頁)。

　しかし、「国際政治政策学」は、架空的・主観的構想にとどまるものであるから、神川は、このようなユートピアニズムに釘を刺すことを忘れない。「理想的な国際政治社会の構想こそは、「危機の時代」に生きるわれわれ現代人の切実きわまる要求ではある。が、それはどこまでも、理念的な未来図であり、ユートピヤ的な構想であることを忘れてはならない」。しかしながら、神川は、論文を以下のように締めくくるのである。「しかし人間は、この理想郷に到達すべく、持続的に、不断に、忍耐づよく、ファウスト的な努力を試み、一歩一歩これに接近するように努めなければならない。これが人間の運命である」(神川 1957a, 18頁)。

## おわりに

これまで神川が独自の国際政治学を体系化し、現実主義と理想主義の潮流をどのように考えていたのかを見てきた。神川国際政治学の体系において、ユートピアニズムに該当する「国際政治哲学」と「国際政治政策学」、リアリズムに該当する「国際政治科学」は、いずれも国際政治学の重要な一部と考えられている。「国際政治哲学」によって理想が構築され、「国際政治科学」によって現実が分析され、その成果にもとづいて、現実を理想に近づけるための実践が、「国際政治政策学」において考えられるのである。そのような意味において、神川は、英米の国際政治学とは異なる独自の国際政治学の体系を構築し、現実主義と理想主義の関係を明らかにしているのである。

注
1) 1954年までの略歴と研究業績は、以下の文献を参考にした。植田 1956, 605-618頁；神川 1968b, 587-594頁；神川 1969, 476-505頁。
2) 春名展生は、国際社会の階層性を是認する連帯主義の思想が神川の研究に通底していたと述べている（春名 2008, 17-22頁）。
3) 神川の現実主義については、以下の研究がある（二宮 1964, 118頁；永井 1997, 205-234頁；永井 2003, 265-289頁）。これらの研究を含め、春名の研究（春名 2015）においても、新カント主義にもとづく神川国際政治学の体系について触れられていない。

**参考文献**
神川彦松 1927『国際連盟政策論』政治教育協会。
――― 1931「満洲問題の国際政治学的考察」『外交時報』第60巻第2号。
――― 1932a「満洲委任統治論」『国家学会雑誌』第46巻第4号。
――― 1932b「連盟脱退論を排す」『国際知識』第12巻第5号。
――― 1933a「亜細亜連合か極東連盟か」『国家学会雑誌』第47巻第7号。
――― 1933b「極東連盟との実現性を論ず」『外交時報』第67巻第3号。
――― 1940a「新東亜建設の諸条件」『支那』第31巻第1号。
――― 1940b「東亜に於ける旧体制と新体制」『国際法外交雑誌』第39巻第4号。
――― 1940c「東亜連盟総論」『外交時報』第95巻第4号。
――― 1944「大東亜会議と大東亜共同宣言」『国際法外交雑誌』第43巻第1号。
――― 1948『近代国際政治史（上）（中）』實業之日本社。

【Ⅰ-1　国際政治学——権力政治をめぐる】5　神川彦松

─── 1949『近代国際政治史（下）第一分冊』實業之日本社。
─── 1950a『近代国際政治史（下）第二分冊』實業之日本社。
─── 1950b『国際政治学概論』勁草書房。
─── 1952「半独立日本の外交」『改造』第33巻第8号。
─── 1953「新日本外交の前途」『実業之日本』第56巻第1号。
─── 1957a「戦争のリアリティーと平和のユートピア——戦争と平和の研究序説」『国際政治』第1巻第1号。
─── 1957b「日本外交へのプロレゴメナ——わが対外政策の分析、批判および構想」『国際政治』第1巻第2号。
─── 1957c「近代国際政治史における日本——近代日本外交史へのプロレゴメナ」『国際政治』第1巻第3号。
─── 1960『日本外交の再出発——祖国の自由と独立のために』鹿島研究所。
─── 1961『日本政治の再出発——祖国の自由と民主化のために』鹿島研究所。
─── 1965「国際政治学の課題と現状」『東洋学術研究』第4巻第5号。
─── 1966「外交史学から国際政治史学へ」『国士舘大学政経論叢』第5巻。
─── 1967a「わが国際政治学の生立ちについて」『日本学士院紀要』第25巻第1号。
─── 1967b「学問方法論について」『国士舘大学創立五十年記念論文集』。
─── 1968a「核拡散防止条約の将来とわが新核国策の樹立——わが国がこの条約に賛成し調印することには不賛成だ」『民族と政治』1968年7号。
─── 1968b『神川彦松全集（第5巻）』勁草書房。
─── 1969『神川彦松全集（第6巻）』勁草書房。

植田捷雄　1956『神川先生還暦記念　近代日本外交史の研究』有斐閣。
憲法研究会　1955『日本国自主憲法試案』勁草書房。
春名展生　2008「「大東亜共栄圏」の記憶が戒めるもの——神川彦松の諸説を通して再考する」『大阪経済法科大学アジア太平洋研究センター年報』第5号。
春名展生　2015『人口・資源・領土——近代日本の外交思想と国際政治学』千倉書房。
永井馨　1997「神川彦松の権力政治思想形成に関する一考察」『大東文化法政論集』第5巻。
─── 2003「リアリズム国際政治論と神川彦松の権力政治思想——モーゲンソー・カー・神川彦松の理論の比較を中心に」『大東文化法政論集』第11巻。
二宮三郎　1964「戦後日本における国際政治学の動向——現代国際政治の基本的問題」『国際政治』第25号。
保阪正康　2007『50年前の憲法大論争』講談社。
リッケルト　1927 山内得立訳『認識の対象』岩波書店。
─── 1939 佐竹哲雄・豊川昇訳『文化科学と自然科学』岩波書店。

【I-2　政治外交史】
# 1　細谷千博
## 実証的外交史研究の先駆者

林　忠行

## 第1節　略　　歴

　細谷千博（1920〜2011年）は、本書での分類にしたがえば、先達の第一世代に属している。大正生まれで、太平洋戦争勃発時は21歳の大学生であった。病のために徴兵は免れたが、同世代の多くの友人と弟を戦争で失った。1950年代に研究者として活動を始め、2011年に91歳で生涯を閉じるまでの間、日本外交史、日米関係史、日英関係史などの分野で多くの研究業績を残し、国内のみならず、国際的な枠組みでの共同研究を組織し、日本国際政治学会で理事長を務めるなど学界でも主導的な役割を果たした。また、一橋大学と国際大学で教鞭をとり、多くの研究者を養成した。

　まずは、その履歴を概観しておこう[1]。細谷は、1920（大正9）年4月1日に東京牛込で生まれた。1937年に東京府立第四中学校、1940年に第一高等学校文科甲類を卒業して、同年東京帝国大学法学部政治学科に進んだ。外交官志望で、在学中にその試験を受け、「あとは英会話の試験さえ受ければ夢が叶うところ」であった。戦局の厳しさが増す中、細谷たちの学年は1942年9月に繰り上げで卒業することになり、その年の3月に徴兵検査が実施された。そこで結核であることがわかり、徴兵は免れることができたが、同時に外交官になるという夢は潰えることになった。

その後 1 年半ほど入院してから母方の田舎に疎開し、そこでの療養生活が始まった。しかし、1945 年初めに、大学だけは卒業しようと東京に戻ったが、同年 5 月の空襲で家が焼失した。細谷はこの時期の一連の大空襲を現場で体験した。そのときの焼け跡の凄惨な様子については、井出孫六との対談で語っている。また 1944 年末ないし翌年初めにフィリピンに送られた弟は帰ってこなかったが、その最後の様子は不明のままであるという。

　終戦直後、1945 年 9 月末日をもって、大学は一定数の単位を取得している学生を卒業させるという措置をとったが、それによって細谷も大学を卒業することになった。「何となくすっきりしない気持ちで」過ごしていた細谷は、1946 年 4 月に大学院に進学した。大学院では国際法を専攻した。指導教員は安井郁であったが、安井は 1948 年に公職追放となり、東京大学を去った。行き場を失った細谷に研究継続の道を開いたのは東京商科大学（現一橋大学）教授の大平善梧であった。1949 年に細谷は一橋大学の特別研究生となり、1951 年に同助手、翌 1952 年には専任講師、1956 年に助教授、1962 年に教授となり、1983 年に一橋大学を定年退職した。同年、国際大学に副学長兼教授として迎えられ、1996 年までそこで教授として教鞭をとった。

　学界では、1956 年の日本国際政治学会の創設に加わり、1976 年から 80 年までその理事長を務めた。1984 年から 86 年までは EU 学会の理事長も務めている。また、外務公務員採用上級試験委員（1969〜83 年）、『日本外交文書』編纂委員会委員長（1970〜2009 年）、国立公文書館アジア歴史資料センター諮問委員長（2001〜09 年）などを歴任した。またその永年の功績に対して、1985 年に紫綬褒章、1991 年に勲二等旭日重光章が授与され、1994 年から学士院会員、1995 年からは英国学士院客員会員に選ばれている。

## 第 2 節　学問の軌跡

**シベリア出兵史**

　次に、細谷の学問の軌跡を概観する。ただし、出版されたその著作の数は膨大であり、またそのカバーしている範囲もかなり広いため、その内容を簡

潔に整理することは容易でない。本章の著者は、シベリア出兵に関わる研究で細谷とかろうじて接点をもつが、細谷の研究領域の大部分については門外漢である。以下の整理は、そのような門下生の一人の目から見た細谷の研究の概観ということになる。

　細谷が学界で注目されたのは1955年に出版された『シベリア出兵の史的研究』（細谷 1955。以下では『史的研究』とする）であった。細谷はこの作品を「処女作」であると述べているので、自らも学問の起点と見なしている。ただし、この著作以前に「一八九八年の英独同盟問題」（上）・（下）という論文を1951年の『国際法外交雑誌』（第50巻3号、5号）に掲載している。

　すでに述べたように細谷は大学院で国際法を専攻していた。しかし、一橋大学では大平の求めによって外交史を研究することになった。一橋大学の特別研究生から助手になる時期の細谷はなおその研究の方向が定まらない時代であり、それまで専攻していた国際法との接点を探りながら外交史を学びはじめたという。この時代の模索の一つがこの1951年の論文であった。細谷は大学院時代にハンス・モーゲンソーの *Politics among Nations* を読んでいた。また1952年に専任講師となった細谷は教養部でゼミを担当することになるが、このときにはE・H・カーの『危機の二十年』を取り上げたという。このような形で英米の国際政治学、とくに現実主義的な分析方法などを吸収しつつ、学問的な立ち位置を探していたのであろう。

　そのような細谷に転機をもたらすのは朝鮮戦争であった。緊迫した雰囲気のなかで、細谷は冷戦の起源に関心を寄せるようになり、また「干渉」という問題にも目を向け始め、1918年に始まるシベリア出兵に注目するようになった。1951年に信夫清三郎の『大正政治史』が、また1953年には井上清の『日本の軍国主義』が出版されているが、そこではシベリア出兵にかなりの紙幅が割かれていた。細谷はこの二つの研究にも触発されていた。そして決定的であったのは、外務省図書館でシベリア出兵に関する膨大な記録（外務省記録「露国革命一件」）と出会ったことであった。

　すでに専任講師となっていた細谷は週1日だけ大学に出勤し、教養部でのゼミを担当したが、それを除く毎日はこの外務省図書室に籠もり、出兵関係

の史料を読み続け、1954年の一夏に『史的研究』を「一気呵成」に書き上げ、それは翌 1955年7月に出版された。この作品は、ロシアでの 1917年11月の革命勃発から翌 1918年8月の日米の出兵に至る時期の、日本政府の政策決定と日米両国間の外交交渉の過程を外交文書や関係者の個人文書などの一次史料にもとづいて克明にたどるもので、その手法は当時としては画期的なものであった。[5]

対ソ干渉戦争史については、1956年にジョージ・ケナンによる当該時期の米ソ関係を扱った *Soviet-American Relations : 1917-1920* の第1巻が、翌年にはその第2巻に加えて、ベティ・ミラー・アンターバーガーの *America's Siberian Expedition : 1918-1920* とジェイムス・モーレーの *The Japanese Thrust into Siberia : 1918* が相次いで出版されることになるが、細谷の作品はそれらに先立っていたことになる。

細谷は 1955年4月から 1957年10月までロックフェラー財団フェローとしておもに米国に滞在し、対ソ干渉戦争期の史料を渉猟し、またケナンをはじめとする米国の研究者や、たまたま米国滞在中であったカーなどとの交流を育むことになった。帰国後に米国で集めた史料を活用しつつ、シベリア出兵にかかわるいくつかの論文を発表し、それらは 1972年に出版された『ロシア革命と日本』に収められた。

細谷は『史的研究』が 1976年に復刻されたさいに、その「序言」で「ともかく、シベリア出兵の全史の執筆完成をライフ・ワークとしてはたしたいとの夢は未だに持ち続けている」と記しているが、それは果たされずに終わった。

**両大戦間期外交史**

細谷は冷戦の起源への関心からシベリア出兵史研究に着手したが、作品として世に出た『史的研究』は、むしろ太平洋戦争へと至る日米対立の起点を描き出すことになった。その後、次第に細谷の関心は戦間期日本外交史と日米関係史に向けられていった。それらの研究では、「太平洋戦争がなぜ起こらねばならなかったのか」、「それを回避することは不可能であったのか」と

いう細谷の終生の問いがより明瞭に打ち出されることになる。

　1959年5月、日本国際政治学会のなかに「太平洋戦争開戦外交史並に原因・責任論の研究に関する特別研究部」が設置された。当時の理事長、神川彦松の提唱によるもので、実務は田中直吉、角田順、内山正熊、細谷千博の4人の委員が担うことになり、委員長は角田が務めた。ただし、それぞれの事情で田中と内山は委員を辞したので、実際には角田と細谷の二人がこの共同研究の組織者であった。この研究部には十数名の研究者が参加し、最終的には1962〜63年に『太平洋戦争への道』全7巻および別巻資料編が朝日新聞社から出版された。なお、新装版が1987〜88年に出版されている。[6]

　この研究部の発足にあたって、上記4名の委員の連名で「「太平洋戦争開戦外交史」についてのわれわれの立場」という文書が発表されているが、そこでは「事実を軽視し事実から遊離しがちなイデオロギー的史観や、開戦以前の旧態依然としたる独善論や、釈明的な自己弁護の氾濫」の一方で、「根本史料に厳密に立脚するところの一貫した史的叙述――古典的な意味における外交史――は未だ現れるに至らなかった」と述べ、「実証的な史的叙述」を目指すことが謳われていた。この「イデオロギー的史観」にはマルクス主義的な史観だけでなく、「共同謀議」を前提とする東京裁判での史観も含まれている。細谷自身はその第5巻に「三国同盟と日ソ中立条約」を執筆している。

　この研究の出版は、実証的な方法で試みられた太平洋戦争前史の大規模な共同研究であり、日本の外交史研究の画期と見なすことができよう。もちろん、この研究に対してさまざまな批判もなされた。そのうち最もまとまったものとしては、『歴史学研究』第289号（1964年）での、今井清一他によるものであり、そこでは、日本の帝国主義の「従属的側面」、中国の民族解放運動、ソ連の社会主義建設などの意義が軽視され、さらには本書の内容が対外関係に議論を限定しているために「戦争肯定論」に傾く危険があると批判している。他方、たとえば日本研究を専門とする米国人研究者からは、日本での新しい実証的な外交史の誕生として高い評価を受け、モーリーはこの論文集のなかから5巻の英語版選集を編集し、それは1974〜94年にコロンビ

ア大学出版から刊行された。細谷の論文は三国同盟と日ソ中立条約の二つに分割されて、英語版の第1巻と第3巻に訳出された。[7]

この『太平洋戦争への道』以後も、細谷は幅広く戦間期の日本外交、日米関係史、日英関係史にかかわる多くの論考を発表したが、それらのおもなものは『両大戦間の日本外交』に再掲されている。細谷が戦間期の日本外交全体を簡潔に論じたものとしては、一般向けの『日本外交の軌跡』の第1部があるが、それを除くと戦間期外交史を一冊の単行本として書き下ろしで出版することはなかったので、この『大戦間期の日本外交』という論文集はそれを補うものと位置づけることができる。

## 共同研究

細谷は、『太平洋戦争への道』という企画に参加することによって、その研究の視野を戦間期に広げると同時に、共同研究の組織者という立場にも立ち、それは生涯を通じて継続することになった。

この共同研究の組織化と国際化という点について、もう少しここで述べておこう。細谷は、1971～72年に斎藤眞、今井清一、蠟山道雄とともに、編者として『日米関係史　開戦に至る十年（一九三一－四一年）』全4巻（東京大学出版会）を出版している。これは1969年7月に河口湖で開かれた「日米関係史会議」にもとづく日米共同研究の成果であった。細谷はその第1巻に「外務省と駐米大使館」という論文を寄せている。[8]これによって、細谷はその共同研究の枠を国際レベルに広げたといえる。この共編著は1972年度の第1回吉田茂賞と第26回毎日出版文化賞特別賞を受賞した。[9]

国際共同研究の組織者としては、1979年夏にロンドンで開催された日英の研究者による会議を基礎に細谷編で『日英関係史　一九一七－一九四九』（東京大学出版会、1982年）が出版されており、細谷自身は「日本の英米観と戦間期の東アジア」を執筆している。また、太平洋戦争開戦50周年にあたる1991年11月に米、英、露、独、中、フィリピンなどの研究者を集めた山中湖会議での共同討論の内容は、細谷に加えて本間長世、入江昭、波多野澄雄編で『太平洋戦争』（東京大学出版会、1993年）として出版されている。さ

らにこのような国際的な共同研究の成果としては、イアン・ニッシュとの共同監修で『日英交流史1600〜2000』全5巻（2000年）や、入江昭、大芝亮との共編で出版された『記憶としてのパールハーバー』（ミネルヴァ書房、2004年）などがある。

**冷戦期研究**

　細谷個人としての研究は、1970年代に入ると再び転機を迎えた。太平洋戦争を視野に入れた戦間期研究から戦後の冷戦期研究へと視野が広げられるからである。1970年代は、冷戦の開始から一定の時間が経過し、一次史料によるその起源をめぐる研究の環境が整い始めた時期といえる。そのような時期に、科学研究費補助金の「特定研究」として冷戦期の国際関係研究をおもな目的とする「国際環境に関する基礎的研究」（総括班代表：永井陽之助、1973〜75年度）が始まり、それに細谷も参加することになった。この共同研究の成果は中央公論社の『叢書国際環境』というモノグラフのシリーズとして1978年から順次、出版された。細谷の『サンフランシスコ講和への道』は予定より遅れ、その6冊目として1984年に出版されている。この著作は、米英の外交文書、とくにこの時期に「30年ルール」で利用可能となった英国の政府文書を活用して対日講話をめぐる日米交渉とその背景にあった連合国間外交を描き出した。この著作は1984年度の第14回吉田茂賞と第38回毎日出版文化賞を得ている[10]。

**理論への関心**

　細谷は、『太平洋戦争への道』の出版後、1962年8月から63年10月まで再度ロックフェラー財団フェローとして米国に滞在したが、そのときは「ノースウエスタン大学を拠点として、国際政治の理論の摂取につとめた」という[11]。もともと、細谷の外交史研究は対外政策決定論との親和性があり、研究動向はフォローしていた。また次第にその外交史の叙述のなかにもその影響が現れるようになる。たとえば1978年に発表された「ワシントン体制の特質と変容」という論文には明示的ではないが、システム論的な枠組みが持ち込ま

れているし、『サンフランシスコ講和への道』ではその叙述のなかに「官僚政治モデル」が意識されている。さらに1977年に発表された「対外政策決定過程における日米の特質」（細谷千博・斎藤真編『ワシントン体制と日米関係』東京大学出版会、1978年）という論文ではより明示的に理論志向が示されている。また1970年代から80年代にかけては欧州統合にかかわるテーマも扱っており、その時々の時事的な問題に沿った論考も折に触れて総合雑誌に執筆し、それは1979年に刊行された『日本外交の座標』にまとめられている。これらについては紙幅の制約からこれ以上は踏み込まないことにする。

## 第3節　業績の評価と位置づけ

### 実証的外交史研究の確立

　細谷の研究の第一の貢献は、これまでにも繰り返し指摘されていることではあるが、外交文書を中心とする政府文書、関係者たちの個人文書や回顧録などの一次史料に依拠して、日本の対外政策決定過程や外交交渉の過程を手堅く描き出すという手法をいちはやく確立し、またそのような実証研究を現役研究者として長期にわたって自ら継続したことことにある。『史的研究』はそのような研究の嚆矢であった。あえていえば、学生時代に歴史学や政治学の分野で研究者となるための訓練を受けていなかったこともあり、研究の起点にあった細谷は予見をもたずに史料に対峙し、史料に歴史を語らせるという手法をとることができたと思われる。また、そのような細谷の研究は英米の実証的な外交史研究と波長が合い、そこで細谷の研究は受け入れられることになった。

　また、マルチ・アーカイヴァルな研究手法についても細谷は先達の一人といえる。『史的研究』においても、日本の外交史料を中心としつつも、その時点で利用可能であった米国の刊行外交史料を参照しつつクロス・アーカイヴァルな手法を使っているが、この点については米国や英国の未刊行史料を渉猟した後の研究ではより意識的になされている。このマルチ・アーカイヴァルな分析が可能な分野では、それぞれの政府内の複数の主体が外交の場

で交錯するダイナミックなドラマを描き出すことに成功している。これは、両大戦間期に関する研究を経て戦後のサンフランシスコ講和についての研究に至るまで貫かれている。これらの事柄は、現在の外交史分析においてはすでに常識となっているが、細谷はこれらの手法のわが国における定着について、先駆的な役割を果たしたといえる。またそのような視点から細谷の仕事をふり返ると、『サンフランシスコ講和への道』は細谷の研究の集大成ということもできる。

　細谷の作品はそれぞれの領域の後続研究で参照されているが、それは史料面での手堅さによる。シベリア出兵については、2003 年に井竿富雄の『初期シベリア出兵の研究──「新しき救世軍」構想の登場と展開』（九州大学出版会）が出版されたが、井竿は、『史的研究』について、「シベリア出兵の最終決定段階における、政策決定者のやり取りに関して、これを超える著作は現れにくい」と述べている。それゆえに『史的研究』は今なお需要があり、1976 年の新泉社からの復刻に続いて、2005 年には岩波現代文庫での復刻版が出ている。

　細谷の研究の主軸は日本外交史、日米関係史、日英関係史ということになる。しかし、シベリア出兵、日独伊三国同盟、日ソ中立条約などの内容はロシア／ソ連ないしドイツを相手とする問題であった。おそらく細谷の研究におけるロシア史／ソ連史およびドイツ史研究そのものでの貢献は大きなものとはいえない。しかし、そのそれぞれの時点で利用可能な日本側の史料に依拠して、日本の政策決定や交渉過程を詳細にたどった細谷の仕事は、少なくとも日本のロシア史やドイツ史の研究者にかなりの刺激をあたえた。もちろんその刺激は肯定的な反応だけでなく、批判的な反応も含まれる。しかし、いずれにせよ、後進の研究に重要な手がかりや基礎を提供することになったといえる。たとえば、ロシア史の原暉之による『シベリア出兵──革命と干渉　1917～1922』（筑摩書房、1989 年）やドイツ史の三宅正樹による『日独伊三国同盟の研究』（南窓社、1975 年）などの大著はそのような例といえる。

　細谷が国際共同研究の組織者として日本の外交史研究の国際化に貢献したことはすでに触れたとおりである。それらの国際共同研究の成果は英語でも

出版されたので、日本のオリジナルな研究が直接、外国人の研究に取り込まれる契機をつくった。細谷自身の研究としては、1958年に『史的研究』の内容を要約・改訂した英語論文を、また1960年にはそれに関連する日本側の史料の英訳を発表している[12]。その後も英語での論文執筆は継続し、合計で36本の英語論文を刊行している。ほぼ、細谷の日本語での外交史研究は英語でもたどれる。また、近年においては、リポジトリの利用で細谷の古い英語論文は世界中で閲覧可能であるため、今なお細谷の研究は外国人の関連研究のなかで繰り返し引用されている。日本外交史研究はもとより「内発性」の高い分野であるが、細谷はそれを英語で発信することで、外交史の国際的なネットワークのなかに自らの研究を組み込むことに成功したといえる。日本の史料に依拠した日本に関する研究を英語で発信するということにおいても細谷は先達であり、その後の世代で細谷に追いついているものはそれほど多くはないといえる。

**細谷の視線**

　最後に、細谷の歴史を見る立ち位置と視線とについて述べてみることにする。

　細谷の主要な研究は、徹底して政府文書に依拠し、強いていえばその範囲のなかでほとんどの歴史は語られている。読者は、外務省や軍部、内閣といった場や外交交渉の会議の場に立ち会っているかのような臨場感あふれる叙述に導かれるが、それ以外の場所、たとえば米騒動、戦場、全面講和を求めるデモなどの現場そのものからは遠いところで物語は進行することになる。それらの騒音や砲声は物語の場には間接的にしか響かない。好みの問題ともいえるが、そうした意味で細谷の仕事は狭義の外交史に徹している。それは、読者によっては物足りなさを感じることになろう。巨視的な歴史の大局を論じることよりも、むしろ個々の外交交渉の微視的な分析に細谷はこだわったからである。細谷は日本の「帝国主義」や中国大陸での「膨張政策」に繰り返し触れており、それらが日本を破局に導いた要因と見なしているが、それらを分析の中心におくことはなかった。

細谷の歴史叙述のもう一つの特徴として、つねに「実際とは異なる別な道が可能であった」という前提で語られていることが挙げられる。とくに太平洋戦争前史ではそれが顕著である。細谷は、巨視的に見ると、日米の武力衝突が「政治指導者の叡智」や「政策の手直し」では避けがたく見え、「戦争の深淵を直前にした平和の努力など、激流に棹さす小舟のごときものであったともいえる」と述べつつも、「微視的に分析してみるとき、一九三〇年代になり、満州事変、日中戦争を経過しても、日米両国にとって破局回避への途は最後まで残されていたようにも見える」とする。1941年秋の暫定協定案で「日米間に仮の和解が成立し、三ヶ月の時を稼げば、その後のヨーロッパ戦争を中心とする情勢の変化で、あるいは日本政府は戦争の決断をなしえなかったのではないかなどということは囈言〔うわごと〕以外の何ものでもないのかも知れない」と述べつつも、その可能性に細谷はこだわる。それは、「仮に夢想であったとしても、戦争で同世代の多くを失い、東京大空襲の惨状を目の当たりにし、またアジアの多くの人びとにあたえた被害を知っている人間としては、夢を追い、そして戦争回避の可能性が極小であったとしてもわずかな可能性にすがりつきたいのは自然の情の発露というものであろう」と述べている。

多少なりと未刊行の政府文書を扱ったことのある者なら知っていることであるが、膨大な記録の海の中を泳ぎながら、そこで溺れずに物語を紡ぐのには、高いレベルの実務の知識や史料の取り扱いの習熟が必要となる。細谷の作品はそのような知識や習熟のうえにあり、外交史を志す者であれば、その作品から今なお多くを学ぶことができる。また、古い作品でも今なお参照が可能なのである。そうした意味で細谷は外交史のプロフェショナルであった。また、おそらくは外交官を志す者にとっても細谷の著作は有益であり、また細谷自身もそういった読者をつねに想定していたのではないかと思われる。

上で示した細谷の研究の概観では触れていないが、細谷は繰り返し外交官個人の評伝を書いている。その対象となったのは、牧野伸顕、吉田茂、松岡洋右、佐藤尚武、ジョージ・サンソム、ロバート・クレーギーなどである。そのうち「ジョージ・サンソムと敗戦日本──一《知日派》外交官の軌跡」

【I-2 政治外交史】 1 細谷千博

(『中央公論』1975年9月号)は第11回吉野作造賞を、「外交官吉田茂の夢と挫折」(『中央公論』1977年8月号)は第8回吉田茂賞を受賞している。

　これらの作品群をまとめて読むと、戦争の悲劇はあくまで人間の手によるものであるという細谷の理解があり、それゆえに外交官の認識と行動を問題とし、その責任を問い、ときには失敗に終わった戦争回避の努力を歴史に刻んで、その労を讃えた。そこには、細谷の戦争体験だけでなく、外交官を志しながら病で挫折した経歴も反映されていると思われる。細谷は、大学で外交史、国際関係論などの授業を続けただけでなく、外交官試験や外交文書編纂にかかわり続けたが、そうした意味で細谷にとって「外交官」は終生、「他者」ではなかったように思える。

注
1) 細谷の経歴については『著作集』第1巻所収の「略歴」、波多野澄雄によるインタビュー「シベリア出兵研究の今日的意味――『シベリア出兵の史的研究』の思い出」、井出孫六との対談「戦争を記憶するということ、歴史を記録するということ」などを参照。
2) その著作の包括的なリストは『著作集』第1巻、第2巻のそれぞれに所収。
3) なお、細谷の門下生である大芝亮と佐々木卓也の両氏には本章の草稿を読んでいただき、貴重な指摘をいくつかいただいた。ここに記して感謝の意を表したい。
4) アメリカ外交史を専門とする佐々木卓也は、本章の草稿へのコメントで、『史的研究』執筆に先立つ1951年春に刊行されたケナンの *American Diplomacy: 1900-1950* が細谷の歴史観や研究手法に影響を与えたのではないかと推測している。過去50年のアメリカ外交の誤りを摘出し、他に政策上の代替があったのではないかというケナンの問題提起と共通するものが『史的研究』にうかがわれるからである。
5) その評価については、同書の復刻版(新泉社、1976年)に寄せられた和田春樹による詳細な解説がある。同書の執筆時には、たとえば参謀本部『西比利亜出兵史』が利用可能でなかったことや、いくつかの利用可能であった文献が参照されていないこと、実際の出兵から撤退に至る戦争の過程が書かれていないことなどの問題があったが、それらは後の論文で補われた。同時代の書評としては、石井金一郎(『歴史学研究』第189号、1955年)、石田栄雄(『国際法外交雑誌』第55巻第1号、1956年)、林茂(『国家学会雑誌』70巻第7号、1956年)によるものがある。いずれも、一次史料による分析を高く評価しつつも、著者の問題意識が明瞭でないことや、不用意に用いられた「進歩的ブルジョワジー」といった概念について批判がなされている。
6) その出版までの経緯については、大畑篤四郎「日本国際政治学会三〇年の歩み」『国際政治』日本国際政治学会創設三〇周年記念号(1986年)188-192頁による。またそこには神川彦松理事長の「太平洋戦争開戦外交史並に原因・責任論の研究に関する特

別研究部設立趣意書」および、田中直吉、角田順、内山正熊、細谷千博連名の「「太平洋戦争開戦外交史」についてのわれわれの立場」という文書も再掲されている。
7) James Morley ed., *Deterrent Diplomacy: Japan, Germany, and the USSR, 1935-1940: Selected Translations from Taiheiyō sensō e no michi, kaisengaikōshi*, Columbia University Press, 1976; James Morley ed., *The China Quagmire: Japan's Expansion on the Asian Continent, 1933-1941: Selected Translations from Taiheiyō sensō e no michi, kaisengaikōshi*, Columbia University Press, 1983.
8) この論文は『著作集』第 1 巻に再掲されている。
9) この論文集についての本間長世の書評は『史学雑誌』81 編 11 号に掲載されている。また、同書の再刊についての加藤陽子のエッセー、「『日米関係史 開戦に至る十年』を読み直す」(2005 年 8 月 30 日)も参照〈http://www.utp.or.jp/todai-club/2005/08/30/oaeueaeoeaieeeciaiyiicuoaeessaeie/〉。
10) 書評としては渡辺昭夫(『国際法外交雑誌』第 84 巻第 5 号、1985 年)と李鍾元(『国家学会雑誌』第 99 巻第 7・8 号、1986 年)によるものがある。
11) 『両大戦間期の日本外交』の「あとがき」。
12) "Origin of the Siberian Intervention, 1917-1918," *The Annals of the Hitotsubashi Academy*, 9-1, 1958〈https://hermes-ir.lib.hit-u.ac.jp/rs/handle/10086/10561〉; "Japanese Documents on the Siberian Intervention, 1917-1922 Part 1, November, 1917-January, 1919," *Hitotsubashi Journal of Law and Politics*, 1, 1960〈https://hermes-ir.lib.hit-u.ac.jp/rs/handle/10086/8262〉

**参考文献**
細谷千博 1955『シベリア出兵の史的研究』有斐閣(1976 年に新泉社『名著の復興』叢書第 17 巻として、2005 年に岩波現代文庫で復刻)。
——— 1962『三国同盟・日ソ中立条約』〈太平洋戦争への道——開戦外交史 第 5 巻〉朝日新聞社。
——— 1972『ロシア革命と日本』原書房。
——— 1979『日本外交の座標』中央公論社。
——— 1984『サンフランシスコ講和への道』中央公論社。
——— 1988『両大戦間の日本外交——一九一四-一九四五』岩波書店。
——— 1993『日本外交の軌跡』日本放送出版協会。
——— 2012a『歴史の中の日本外交——細谷千博著作集第 1 巻』細谷千博著作選集刊行委員会編、龍渓書社。
——— 2012b『国際政治の中の日本外交——細谷千博著作集第 2 巻』細谷千博著作選集刊行委員会編、龍渓書社。

【Ⅰ-2　政治外交史】
# 2　斎藤 眞
## 「アメリカ史の文脈」

菅 英輝

## 第1節　生い立ちと時代背景

**生い立ち**

斎藤 眞（さいとうまこと）（1921〜2008年）は1921年2月15日に東京で生まれ、37年3月に信濃町教会で受洗、私生活においては、熱心なキリスト教徒として教会での奉仕活動にも余念がなかった。40年4月東京帝国大学法学部政治学科に入学、42年9月に卒業すると同時に法学部助手に任命されるが、ただちに休職、海軍主計見習い尉官として入隊している。その後44年5月には自ら志願して西部ニューギニアのマノクワリに派遣され、そこで多くの仲間が死んでいくのを目の当たりにした。マノクワリでの悲惨な体験は、自分と立場を異にする見解にも耳を傾ける「寛容の精神」も含め、斎藤のその後の人生や研究者、教育者としての生き方に大きな影響を及ぼすことになったと考えられる（齋藤眞先生追悼集刊行委員会編 2011、油井大三郎「齋藤眞先生の思い出」、242-243頁、土井和代「齋藤眞先生のこと」、426頁）。

**恩師高木八尺とヘボン講座**

斎藤の恩師は高木八尺である。高木は1919年に東京大学法学部に設置された「米国憲法・歴史及外交」（「ヘボン講座」）が、23年8月に正式に発足

したのに伴い、24年4月からアメリカ政治外交史の講義を開始した。斎藤は高木の後継者として、59年4月からヘボン講座を担当、65年4月に「アメリカ政治外交史講座」と改称されたが、その後も81年4月に定年退職するまで、同講座を担当した。

ヘボン講座は、日露戦争後に悪化する日米関係を憂慮したニューヨークのチェース・ナショナル銀行総裁だったバートン・ヘボンが、日米相互理解の促進を願って資金を寄付して開設されたという経緯もあり、日米関係をよくするという使命を担っていた。ヘボン講座の目的は、「デモクラシーの発達を中心とする米国史の研究」とうたわれており、高木自身も、米国の経験に学ぶことは日本にとって有益だとの考えのもとに、デモクラシーの発達に貢献したのは何かという問題関心から出発し、その答えをピューリタニズムとフロンティアの経験に求めた（有賀 2003, 126, 128 頁；斎藤 1959, 370, 374 頁）。

高木は、占領改革のもとで民主化が実現される環境が生まれたことを踏まえて、1947 年アメリカ学会の設立に尽力し、学会の中心的な活動として、『原典アメリカ史』全 6 巻の編集に取り組んだ。その中心メンバーは、戦後の米国研究の第一世代の人たちであり、彼らの多くは、直接、間接に高木に師事していた。第一巻は 1951 年に刊行され、別巻を 58 年に刊行して、この企画を完結させた。『原典アメリカ史』の編纂にさいしては、アメリカ文明の総合的研究をめざす（学際性、総合性）、原典資料にもとづく基礎的な作業の正確な把握、日本国民の間にデモクラシーの精神を内在化させるという課題への対応が重視された（斎藤 1959, 379 頁）。斎藤も若手研究者として、この事業に参加しており、米国研究の学際性、総合性、原典資料主義、日本の民主化への対応という特色を継承していくことになる。

## マッカーシズムの時代の在米研究

それ以上に斎藤の米国研究を特色づけることになったのは、1950 年から 53 年にかけての米国での在外研究であった。そこで斎藤はマッカーシズムが吹きあれる米国社会を目の当たりにする。51 年 7 月から 53 年 3 月までロック

フェラー財団研究員としてハーバード大学大学院で研究生活を送り、この間『アメリカ自由主義の伝統』の著者ルイス・ハーツに代表される「コンセンサス史学」の影響を受けた。コンセンサス史学は、集団や個人の違いを超えた幅広い思想的合意（自由の観念）の存在を強調する点に特長がある。

　斎藤は、体制の継続性、価値観の共有を強調する「コンセンサス史学」の影響を受けたと自ら語っている。それは、彼が米国史理解の前提として、体制の継続性を重視している点に認められる。だが同時に斎藤は、コンセンサス史学が、米国的特質の普遍性を強調するあまり、社会的変化や歴史的変化を軽視する傾向には批判的であった。自由が統合の象徴となることで、自由の実体が失われ、逆に米国社会が異質なものを排除するという逆説が生まれることにも注目した。それゆえ、斎藤は、自由主義の伝統という観点だけでなく、多民族社会米国の「統合」という観点をそれに対置し、「自由と統合」の葛藤という独自の枠組みを導入することによって、米国社会の対立や矛盾も視野に入れ、米国史の光と影の双方をバランスよくとらえる視点を獲得する。

　その他、斎藤は、アメリカ学会の全国的なネットワークの拡大、米国研究の国際化（研究者の海外学会への派遣、英文ジャーナルの発行）など、アメリカ学会の組織的拡大と発展、研究者育成などでも多大な貢献が認められるが、本章では、研究の分野での貢献に焦点を当てることにする。

　以下においては、斎藤眞の米国史理解の枠組みの特長を整理すると同時に、彼の日米関係についての見方を紹介することを通して、そこから、われわれが何を学びとることができるかを考えてみたい。

## 第2節　アメリカ政治外交史の分析視角と認識枠組み
　　　　――「アメリカ史の文脈」と「自由と統合」の論理

**四つのキー概念**

　斎藤眞の米国史理解の前提として、四つのキー概念（時間軸、空間軸、風土、人間）がある。

第一は、時間軸と体制の継続という視点である。斎藤は、米国が欧州史におけるような体制の変化を経験しておらず一つの体制のみを体験してきた点に注目する。この点に、コンセンサス史学の影響を認めることができる。
　この体制の継続と価値観の連続性ゆえに、米国社会では自由主義が絶対化されるという逆説を生みやすいという問題が生じる。先述したように、斎藤はマッカーシズムの時代に米国で研究生活を送っているが、自由と民主主義の国であれほどまでに非寛容な社会に米国が落ち込んだ理由をどのように説明するかは、彼にとっても重要な関心事であった。斎藤は、米国社会がときとして極端に非寛容になる背景には、自由主義の伝統が時として絶対化されることがあるからだと捉える。
　体制の継続性と価値の連続性という視点はまた、「アメリカ史の文脈」という彼独自の米国史研究の分析視角を生み出した。米国の場合、アメリカ革命期、あるいはそれ以前の植民地時代を理解しないと分かりにくいというのが、斎藤の米国史理解の前提であった。彼がアメリカ独立革命の研究に長年取り組んできた理由もそこにある。
　第二に、空間軸という視点である。米国は大西洋という広大な空間で欧州と隔絶されていることにより、欧州で展開される権力政治に巻き込まれることなく「無料の安全」を享受することができた。その一方で、米国は広大な土地と自然に恵まれ、西への膨張を続ける過程で、欧州との対比による自己像を形成してきた。ヨーロッパ文明対アメリカ文明、欧州は君主制、常備軍、公定教会、不平等、圧政、腐敗を意味し、米国は共和政、民兵、信教の自由、平等、自由、有徳の代弁者という自己像を作り上げてきた。[1] 斎藤は米国史の理解には、両大陸を隔てる広大な大西洋の存在が、米国人のアイデンティティ形成に重要な役割を果たしたと洞察し、そのことがアメリカ外交の伝統の形成に果たした役割に注目する。
　第三に、斎藤は風土という視点を重視する。米国史における英国の影響は、人間、思想、制度の面で非常に大きなものがあるが、しかしこれらの要素は、米国の風土のなかでアメリカ化されたと考える。
　第四に、人間という視点である。斎藤は、米国における人種、エスニシティ

の多元性、多文化、アメリカ的信条（自由）が、統合の必要性を生み出すことに着目する。「自由と統合」という認識枠組を措定することで、斎藤は、自由の信条による国民統合の必要性が、米国社会に同化しない人びと（先住者）や異質なものを排除する傾向を生み出すことに注目する。また、自由が統合のシンボルとなることで自由の実体が失われる危険も指摘する。

## 「アメリカ史の文脈」とアメリカ外交の伝統

　以上四つのキーワードを軸に、斎藤は、「アメリカ史の文脈」という観点から米国史理解の必要性を説く。いわく、米国史における諸事件は、「アメリカ史全体の文脈の中においてこそ、よりよく理解される」（斎藤 1981, 285頁）。

　では、「アメリカ史の文脈」のなかで、アメリカ外交はどう理解されるべきなのだろうか。斎藤によると、「アメリカ外交の伝統」は、三つの論理構造から構成されているという。第一は、「孤立主義」の論理である。その本質は、行動の自由の確保、単独主義的行動という形をとる。米国の「孤立主義」は、大西洋によって欧州から隔絶されているという空間軸から説明される。また、この空間軸は、アメリカ大陸における広大なフロンティアの存在ゆえに、西への膨張と発展を可能にしたという観点から、アメリカ外交における第二の論理である、「膨張主義」、「帝国」としての特徴が摘出される。この点は、米国史の歴史叙述は、「同一の価値体系の空間的時間的拡大再生産」（斎藤 1975, iii頁）であるという斎藤の指摘に表れている。

　「アメリカ外交の伝統」の第三の論理は、「信条外交」である。アメリカ外交がイデオロギー外交という表現形態をとるのは、米国が自由、平等といった政治的信条にもとづいて建国されたからであり、米国社会の人種、エスニシティの多様性ゆえに国民統合の基盤を政治的信条に求めるからである。また、時間軸の脈絡で見たとき、アメリカ外交がイデオロギーで包装され、異質なものの排除という傾向を示すのは、この国が建国以来、一つの体制のみを体験してきたことと密接な関係がある。「信条外交」は、冷戦期には、戦後世界を、自由主義対共産主義の闘争だと捉えることによって、「自由主義

陣営」と「共産主義陣営」の二極世界として描き、中立主義や非同盟主義に対しても敵視する傾向を示した。

斎藤の場合、以上三つの論理構造に注目し、これらの論理と現実との乖離という観点からアメリカ外交史を理解し、記述する点に特徴がある。

後に斎藤は、転機というキーワードを導入し、アメリカ外交理解に新たな視点を加えている。転機という視点は、斎藤にとっては、「コンセンサス史学」批判という側面を有する。「コンセンサス史学」が米国的価値観や体制の継続性を強調しすぎるあまり、米国社会や米国を取り巻く国際環境を軽視する傾向があるのに対して、社会的変化や歴史的変化を踏まえた分析をする必要があることを示すものとして、転機という言葉は、斎藤眞のアメリカ外交史研究を理解するうえで重要である。

転機という観点が、斎藤のアメリカ外交史の分析に明確に現れるのは、ケネディ政権に関する外交論においてである。1962年頃から目立つようになった国際政治における多極世界の出現を踏まえ、米ソ対決に代わってソ連との平和共存の可能性を追求するような転換が、アメリカ外交に求められているとの認識が示されている。すなわち、斎藤は、「アメリカ外交の伝統」という「歴史的に規定された主観的状況」と「客観的状況」としての新たな国際政治状況との矛盾が顕在化していることに注目し、アメリカ外交が行き詰まりを見せている原因を、そのギャップの出現に求めている。それゆえ、ケネディ政権期の米国は、「アメリカ外交の論理的構造それ自体の全面的転換」が必要になってきているとの認識が示されている（斎藤 1962, 254頁）。

### リベラル・リアリスト的視座

ここで斎藤が言及する「アメリカ外交の論理構造」とは、彼が「アメリカ外交の伝統」として挙げた「孤立主義」の論理、「膨張主義」の論理、それに「信条外交」の論理の三つである。「孤立主義」は、アメリカ外交がしばしば、行動の自由の確保を優先することから、単独主義的な介入に陥る傾向を指し、国際協調路線を意味する「国際主義」に対置される。「膨張主義」とは、米国史が、広大なフロンティアの存在を前提として西部とカリブ海地

【I-2　政治外交史】2　斎藤　眞

域へと膨張し続けてきた歴史と帝国的膨張の論理を指し、その転換が求められるような現実が60年代初めに出現しつつあるという認識である。また、「信条外交」の論理とは、自由の国米国が、多民族社会の統合の基盤を自由に求めることによって生じる政治的信条による統合の論理である。斎藤は、この論理が「信条外交」という表現形態をとったさいに生まれる内外の矛盾に注目し、そうした価値観外交の転換が必要になってきていると主張する。

斎藤はまた、ケネディ外交の「脱イデオロギー化」に注目する（斎藤 1962, 221頁）。それは、ケネディ外交が、米国全能論を否定し米国の力の限界を認識することによって、外交交渉や妥協が可能となり、ソ連との平和共存が視野に入ってくることを評価するからであろう。斎藤は、「脱イデオロギー的、権力政治的志向」は、ヨーロッパ外交史の文脈のなかでは古典的な発想であるが、「アメリカ外交史の文脈」では新鮮な響きをもつと述べ（斎藤 1962, 202頁）、ケネディ政権の外交に期待した。

同様の観点から斎藤は、70年代の米国社会は「その価値体系の、外に空間的拡大の限界を体験し、内にその深刻なる亀裂を経験」していると観察する。そのうえで、建国200年を迎えた米国社会がようやく、「過去との断絶を意識し、過去が同時代史的にではなく、過去そのものとして意識されていく時期に入りつつあるのではなかろうか」（斎藤 1975, iii頁）と述べ、「環境と自己とについての冷静な状況認識」と、「その認識にもとづく自己転換」が必要になっている、と述べている（斎藤 1962, 254頁）。そうした状況認識から、斎藤は、ニクソン政権の外交にも注目した。彼は、ニクソン外交が、「権力政治の観点に徹することによって緊張緩和状況に転化させていったことはニクソン政権の大きな遺産だ」として、同政権の米中ソ「三極構造」の形成を評価する（斎藤 1995, 244頁）。

転機という視点を踏まえてアメリカ外交の転換の必要性を主張する議論は、その後も続く。斎藤はその後、1995年頃の米国が、体制の変容、空間的限界（外延的拡大の縮小・制約・限界の経験）、人種的亀裂、人種紛争に直面するなか、多元的世界にあって、「覇権国としてではなく、普通の大国の一つとして、いかに他国と協力して対外関係を処理してゆくか」（斎藤 1995, 16

頁) が問われている、と述べている。

斎藤眞の研究は、「アメリカ史の文脈」のなかにアメリカ外交の伝統をおくことによって、批判的、客観的にアメリカ外交を分析するというものである。しかも、アメリカ外交の伝統に見られる「信条外交」批判は、米国の自由主義的伝統を評価しながらも、自由主義的価値観が絶対視されることで生じるイデオロギー過剰の外交や異質なものを排除する外交を問題視するものであり、ケナンやモーゲンソーらリアリスト的観点との共通性を認めることができる。その意味で、斎藤のアメリカ外交理解は、リベラル・リアリスト的観点が濃厚であるといえる。

## 第3節　日米関係論——日米安保の時代

**外国研究としての米国研究**

斎藤眞の業績を振り返ると、同時代史的、時論的性格の強い作品のなかに、いまだに注目に値する洞察や分析がみられる。そこで、第3節では、斎藤が日米関係について執筆した評論で展開された見解について整理しておきたい。

斎藤は、外国研究としての米国研究を心がけ、日本人がなぜ米国を研究するのかをつねに意識していた。そのため、米国を研究対象とするにあたって、斎藤が米国と一定の距離を保っていたことに注目したい[2]。戦争を知らない世代の研究者のなかから、政治権力に接近し、政策提言を行うことを研究者の役割だと考える人たちが出現している現状に鑑みると、斎藤の世代の多くの研究者に見られる研究姿勢は、今や必ずしも自明ではなくなってきている。その意味で、斎藤の研究姿勢は、日本の立ち位置を意識して、米国との距離感をもちながら米国研究を志すという姿勢が、80年代以降、日本で弱まってきているのとは対照的である。外国研究としての米国研究という視座は、日米関係を見るまなざしに一定の客観性を付与するのを可能にしたと思われる。

斎藤はまた、自らも日米間の知的交流や文化交流に積極的に関わった。文化交流は「異質なものを異質なまま認め合う態度を涵養」するというのが彼

の考えであった。1964年4月に日米知的交流委員会委員に就任、67年11月には在日合衆国教育委員会（フルブライト委員会）日本側理事となり、72年12月まで委員を務めている。72年4月から82年3月まで日本学術振興会日米教育文化協力事業委員を務め、76年6月から国際文化会館評議員に就任し98年3月まで評議員として活動、77年1月から82年まで日米文化交流会議（カルコン）日本側委員として文化交流に尽力した。

　日米文化交流に積極的に関わった斎藤だが、文化交流の陥穽にも自覚的だった。61年6月の日米共同声明で文化交流の拡大のためにカルコンの設置がうたわれた際に、斉藤は、文化交流の目的が異質なものを認め合い相互理解を深めるということであるとするならば、「まず文化交流のおかれている政治的文脈を解体することが根本方針」だと述べている（斎藤 1962, 167頁）。ここで彼が念頭においている「政治的文脈」とは、60年安保改定の文脈のことであり、「安保条約という反共軍事同盟の文脈の中で行われる文化交流」の問題性の指摘である。斎藤は、「力関係の不均衡な国家間の軍事的結びつきの下においては、それは強大な国によるイデオロギー的同一化の機能」をもちやすいと考えており、「安保条約の補充的機能を孕む危険性」に自覚的であった（斎藤 1962, 161, 166頁）。

## アメリカ外交の論理と日米安保

　斎藤は1962年1月、『アメリカ外交の論理と現実』を刊行しているが、同書は56年から61年までの時期に執筆したエッセイ集で、著者自身の「あとがき」によると、「純粋に外交史的観点から書いたもの」は本書には含まれていないという（斎藤 1962, 253頁）。これらは時事的色彩の濃い評論であるが、「アメリカ外交の論理と現実」に向き合うなかで、日本の外交がどうあるべきかについての斎藤の考え方が示されている。斎藤がおかれていた当時の日本の時代状況が反映されているだけでなく、これらの評論で彼が指摘している日米関係や日本外交の諸問題は、戦後の日本外交が米国にどう向き合ってきたかを知るうえで、またどういう問題が現在にいたるまで積み残されているのかについて重要な示唆を与えてくれる。なかでも斎藤の日米安保

批判は、安倍晋三政権下で進行する日米安保論議に照らして示唆的である。

斎藤は60年安保の成立過程で岸信介内閣が警官隊を導入して強硬採決をしたことを、「新安保の当否を超えて、日本における議会制民主主義の危機」だと受け止め、新安保条約の「解消」、「白紙還元」を目指すべきだと主張した（斎藤 1962, 120, 131, 134頁）。強行採決を斎藤が問題にするのは、一つには、議会制民主主義の危機だと彼が受け止めたことにあるが、同時に現代民主政下における外交は「大衆の強力な支持」がなければ、「実質的な力をもたない」と考えていたことによる[3]（斎藤 1962, 112頁）。

それゆえ、斎藤は新安保条約に対して批判的であっただけでなく、法案の批准を拒否すべきだと論じた。そのさい、斎藤は締結と批准は別物だとして、批准に反対した。彼の論理は、批准拒否は強行採決によって「国内信義」を無視した岸政府の問題であり、岸政府の「国際信義」違反ではあっても、日本国民の米国民に対する「国際信義」違反には当たらないというものであった（斎藤 1962, 102頁）。政府と国民を峻別する観点から、斎藤はまた、1960年6月20日に予定されていたアイゼンハワー大統領の訪日にも反対した[4]。アイク訪日は「新安保テコ入れ」、「反共軍事体制の強化」を狙ったものであり、かつまた「民主主義の根本原理を踏みにじって国民の信用を失った日本の首相」を支援することになり、両首脳が会談することは、「日米修好百年の汚点」となると主張し、「新安保の白紙還元」を目指すべきだと論じた[5]（斎藤 1962, 120, 134頁）。

### 「日米関係即国際関係」批判

斎藤の新安保条約批判の背景には、上述のような民主主義の手続きを無視した岸内閣の政治手法に対する批判に加えて、当時の日米関係に横たわる広い文脈を踏まえた考察があった。斎藤は、この時期のワシントンの対日観が、日本を米国の裏庭だとみる「裏庭観」、「同調度百パーセントの日本」、「反共」日本、「親米」日本というイメージにもとづくものであることを問題視した。これは裏を返せば、日本の外交が対米追随外交だという批判でもある。斎藤は、51年に締結された旧安保条約に関しては、占領下で締結されたもので

やむをえなかったと考えたが、同時に日本は「半強制的に裏庭化」され、以降もその状態が続いていたものだと受け止めていた。したがって、新安保条約は「自主的に裏庭化を正式化した」ものだというのが斎藤の認識であった。斎藤は、「政治・軍事・経済・文化すべての点において、アメリカに完全にコミットすることが、日本の唯一の途であるといった意識が、戦後日本の支配層には支配的であった」（斎藤 1962, 140頁）と批判している[6]。

斎藤には、国際政治上の論理が、冷戦の論理から平和共存の論理に、「二つの世界」から多元的世界に移行しつつあるという情勢認識があった（斎藤 1962, 94頁）。新安保条約は「反共軍事体制の強化」をめざすものであるがゆえに、「古い冷戦の論理」、「二つの世界の幻想」に追随するものである。したがって、米国社会のなかに芽生えつつある新たな共存の論理、多元的世界の論理に主体的に関わり、それを促進させることこそが、「日米協力の正しいあり方」だと論じた。斎藤はそうした観点から、日本は「非軍事同盟化政策」を進めるべきだと考え、ネルーの外交に注目し、「インドの外交は、その困難な立場にもかかわらず、ついに米国をしてその中立主義を認めさせた」と高く評価している（斎藤 1962, 69-70頁）。

斎藤はまた、日本外交が対米二国間主義に傾斜しすぎていると考えており、欧州を引き合いに出し、英国などは、「アメリカとの関係だけで国際関係を見ていないで、もう少し広い国際関係の中で米英関係を見ている」と評している。斎藤は1992年の時点でも、「日米関係即国際関係という考え方が余りにも強い」と慨嘆し、安保改定当時そうした外交態度は「今よりももっと強かった」と回想している。そのうえで、「日本はもう少しアメリカからデタッチした方が、いろいろな意味でいいというのが、安保に対する私の態度の基本」だと述べている（五十嵐、阿部［聞き手］1992, 56-57, 98頁）。

## 第4節　斎藤眞後の米国研究──「アメリカとは何か」

### 新自由主義、グローバル化、二分化する米国社会

斎藤眞の主要な著作がカバーする米国史、アメリカ外交史の対象時期は、

1970年代半ばまでである。

　レーガン政権の出現に伴う新保守主義の台頭による「小さな政府」論（新自由主義）と米国の福祉国家体制の見直し、冷戦の終焉と米国政治における党派対立の深刻化、グローバル化が米国社会に与えた影響（貧富の格差の拡大と統合の揺らぎ）、9・11テロと対「テロ戦争」の衝撃にみられるように、冷戦後の米国社会は、斎藤が対象とした70年代半ばまでの米国社会とは大きく異なっている。

　なかでも顕著なのは、冷戦後の米国社会と政治の二分化傾向の深刻化である。この国内政治の二分化傾向は、80年代初頭の新保守主義の台頭により、米国の福祉国家体制の見直しが進み、冷戦後のグローバル化が米国社会における貧富の格差をさらに拡大したことの帰結である。その結果、米国社会の亀裂が大きくなり、統合の弱体化現象がみられ、斎藤が提示した「自由と統合」という視座の有効性が問われるようになっている。統合の弱体化傾向はまた、米国の対外行動に対する大きな制約となっている（菅 2008, 127-131頁：菅 2014, 49-54頁）。

　斎藤は、かつて「超党派外交の構造」というテーマを取り上げ、「アメリカ内政の超党派的政治体制」の存在を指摘した。外交の場合、その複雑性、遠隔性ゆえに、多元的利益調整のタテマエは機能しないため、「特殊利益をして自己の利益を米国伝来の価値体系の言葉で語ることによって」、「自己の利益を大衆の利益と同一のものとして売り込むことを容易にする」という。冷戦下で軍部が発言力を増大させ、この軍部が軍備拡張の受益者としてのビジネス（軍需産業、独占資本）と結びつき、人脈の交流・ネットワークが形成され、これが超党派外交の基盤となっていると見ていた（斎藤 1962, 197, 204, 211-212頁）。

　だが、ベトナム戦争をめぐる国内論争を契機に「冷戦コンセンサス」（対ソ「封じ込め」政策）が崩壊し、さらに冷戦後にソ連の脅威が消滅したことから、その後党派的な対立が激しくなり、現在では「アメリカ政治の超党派的体制」は機能しなくなりつつある。このため、かえってアメリカ例外主義のレトリックを強調せざるをえない局面が生じているように思われる。とこ

ろが、グローバル化の波は、米国も含め国民国家の枠組みを変容させ、「例外国家」としての米国像を維持することを困難にしている。斎藤は60年代初めに、米国は「その体制の有限性を認識することによって本当の意味でのアメリカ史の第一期を終え」、第二期を迎えていくだろうと述べた（斎藤 1962, 65, 74頁）。だが、国民国家体系が大きく変容するなかで、米国民は「自己の相対化」（斎藤眞）によってこれまで通り米国社会の統合を維持していくことができるのだろうか。

## 「自由と統合」の枠組みの揺らぎと「アメリカ史の原罪」

　外国研究としての米国研究という研究姿勢にみられるように、斎藤は米国に対して不即不離の態度を保持してきたが、同時に彼は「アメリカとは何か」という問題意識をいだきながら、対象に肉迫する強い情熱をもっていた。そこで彼が見出したものは、米国社会に「自由と統合」の二律背反的な力学が働いているということであったし、そうした認識枠組みを獲得することができたのは、彼が植民地時代や独立革命期に遡って「アメリカ史の文脈」のなかで米国を理解することの重要性に着眼したからである。斎藤の米国史理解の基本的認識枠組みが問われるような局面を迎えているとはいえ、そうした枠組みが有効性を失ったとまではいえないのが、今日の米国の現状ではないだろうか。

　斎藤はライフワークともいえる『アメリカ革命史研究』の執筆にあたって、それまで発表してきた論文において、奴隷制や先住民族など独立革命のさいに共和国から疎外された人々を取り上げていないという批判に応えることを意識したと語っているように、同書の第2章と7章で、共和国から排除された先住民、黒人奴隷、それに「政治の世界から」排除され、私的な家庭で「公徳心の守護者」としての役割を与えられた女性などを登場させている。アメリカ革命の論理の中に、「自由の大義」による自由の抑圧が存在したことを明らかにしている。とくに注目されるのは、先住民に関する章の標題が「先住民排除による空間の獲得——アメリカ史の原罪」となっている点だ。米国史の原点にそうした問題が内包されていることを念頭に米国史を理解するか

否かは、米国の見方に大きな違いを生み出すことになる。斎藤は自由が絶対化されることによって、逆説的に異質なものを排除する力学が米国社会に作動していることを喝破した。それゆえ、彼は、独立革命の再獲得（「自由と平等[7]」）の必要性を説く。すなわち、斎藤は、国際社会において「自由の象徴ではなく自由そのものの拡大再生産」に米国が貢献することができれば、米国はその普遍性を主張することが可能になるかもしれないと期待した（斎藤 1962, 74頁）。はたして現在の米国にそれが可能かどうかが、問われている。

**注**
1) 斎藤 1992, 第9章を参照されたい。
2) この点に関連して、斎藤は、アメリカ史を比較研究の立場から見ることが必要だと主張する（斎藤、嘉治編 1969, 259-260頁；斎藤編 1975, 9頁）。
3) 斎藤が新安保条約に批判的だったのは、岸首相の存在も影響していた。斎藤は、ドイツのアデナウアーは反共主義者だが、第二次世界大戦の当事者ではないと述べたうえで、岸の場合は、「戦争責任というのは当然ある」、その岸を首相に立てて、岸が「当事者となってアメリカにコミットするというのは、どう見てもおかしいという論理か心理がありますね」と語っている（五十嵐、阿部［聞き手］1992, 57頁）。
4) 政治学者石田雄は、斎藤らアメリカ研究者12人は、アイク訪日延期要請の声明を発表し、そのビラをアメリカ大使館周辺で配布したエピソードに言及している。「アメリカ観の羅針盤」（齋藤眞先生追悼集刊行委員会 2011, 41頁）。
5) 斎藤はまた、条約の中身についても、米軍の軍事行動の自由を認めたこと、「事前協議制度」が、条約本文ではなく、「第6条の実施に関する交換公文」の形式になったことを問題視した。また、日米共同声明のなかで、「米国政府は日本国政府の意思に反して行動する意図はない」としたことは、「日本がアメリカを信頼してくれ」といっているようなものだとして、これを批判した（斎藤 1962, 116頁）。
6) 斎藤は、オーラル・ヒストリーのなかで、60年安保がなぜ問題になるかというと、旧安保条約（や全面講和）は占領下にあったので仕方がないが、新安保は「むしろ日本が選択している」、「仕方がない選択とはちがう」、「一方の陣営にコミットすることを日本自ら選択した」と述べている（五十嵐、阿部［聞き手］1992, 57頁）。
7) 斎藤は1997年の論考のなかで、独立革命で唱えられた理念（平等、生命、自由、幸福を追求する権利）は「永遠の課題」であり、多民族社会米国を結合させる絆であるとしたうえで、これは斎藤自身の「アメリカに対する夢」、「いや願い」だと述べている（斎藤 1997下, 22-23頁）。

## 参考文献

斎藤眞　1959「高木八尺先生のアメリカ研究」斎藤眞編『現代アメリカの内政と外交』東京大学出版会。
───　1962『アメリカ外交の論理と現実』東京大学出版会。
───　1975『アメリカ政治外交史』東京大学出版会。
───　1981『アメリカ史の文脈』岩波書店。
───　1992『アメリカ革命史研究──自由と統合』東京大学出版会。
───　1995『アメリカとは何か』平凡社。
───　1997「アメリカ社会の多文化性とその統合」『UP』第291号（上）（下）。
斎藤眞編　1975『アメリカ学入門』（増補改訂版）、南雲堂。
斎藤眞・嘉治元郎編　1969『アメリカ研究入門』東京大学出版会。
齋藤眞・古矢旬　2012『アメリカ政治外交史』第二版、東京大学出版会。

有賀貞　2003「高木八尺におけるアメリカと日本」『キリスト教と諸学：論集』vol. 19。
菅英輝　2008「湾岸戦争からイラク戦争へ」菅英輝編『アメリカの戦争と世界秩序』法政大学出版局。
───　2014「米国外交における「ベトナム」の体験と記憶」『アメリカ史研究』第37号。
五十嵐武士・阿部齊［聞き手］　1992『斎藤眞先生に聞く』〈American Studies in Japan Oral History Series Vol. 28〉、東京大学アメリカ研究資料センター。
齋藤眞先生追悼集刊行委員会編　2011『こまが廻り出した』東京大学出版会。

Hartz, Louis 1955 *The Liberal Tradition in America*, New York: Harcourt Brace & Co.（『アメリカ自由主義の伝統』有賀貞訳、講談社学術文庫、1994年）

## 【Ⅰ-2　政治外交史】
# 3　溪内 謙
## 溪内政治史学の源泉

野田岳人

## 第1節　二人の恩師

### 第一の恩師、辻清明[1]

　溪内 謙(たにうちゆずる)（1923〜2004年）は1923年9月2日に朝鮮京城で生まれた。金沢で少年時代を過ごした後、1942年に旧制四高から東京大学法学部政治学科に進んだ。戦局の激しさが増すなかで、1943年に舞鶴海兵団に入り、海軍主計中尉となった。戦後になり、東京大学に復学、1947年には卒業と同時に大学院に進学した[2]。

　溪内の恩師の一人は指導教官の辻清明であった。溪内は大学から大学院を通じて、辻のもとで行政学を学んだ。辻は、日本の行政学の祖といわれる蠟山(ろうやま)政道を継承した、戦後の行政学の第一人者であった。溪内が最初の弟子として校正にも携わった、辻の『日本官僚制の研究』は、現代政治学の名著として、丸山眞男の『現代政治の思想と行動』と並び称されている（佐々木 1989, xiii頁）。辻は同書において日本の官僚制を行政学的な組織論や管理論にもとづく考察にとどめず、政治学的な権力論の文脈で把握しようと試みている（西尾 1989, 205頁）。辻自身、「行政を政治との関連で把握する視軸は、私の行政学研究のスタートの時点で、すでに芽生えていた」というとおり、辻行政学の特徴は、行政の政治的要因について注目し、政治の世界にも行政がある

とともに、「行政の世界にも政治がある」という視角から官僚制を分析するところにあった（辻 1983, 5, 8-9頁）。その後の「内閣制度」の歴史的研究において、辻は日本の行政の割拠性と政治の統合性との競争の模様を詳細に実証した。そこでは、行政を政治との関連で把握するという研究手法に、制度や実態における継続性と非継続性という歴史的な視点からの考察が加えられたのである（辻 1983, 5頁）。

　戦後の行政学の歩みで忘れてはならないのは地方自治研究が始められたことであった。戦後、農村や村落における選挙や町村合併などの実態調査が盛んに行われた。辻研究室でも阿利莫二ら渓内と同時期の門下生たちが共同研究に参加していた。その後の日本の行政学を担うことになるこれら若き研究者たちは、こうした実態調査から行政を理解するという態度を身につけていくのであった[3]。

　渓内が生涯をかけて取り組んだテーマは、1924年から30年のソ連農村における政治過程の研究であり、とりわけ、1928年初めから1929年秋までの「上からの革命」と称される農業集団化運動における権力と農民との関係を分析の対象にした実証的な研究であった。渓内は、1951年、名古屋大学法学部助教授に着任した。名古屋大学での担当は行政学であった。当時は、ソ連の地方行政や官僚制への関心をもっていたが、現状分析をするか、歴史的に検証するか、まだ決めかねていたと回想している（渓内 1995, 64頁）。

## 戦後のソ連研究とスターリン批判

　戦後のソ連研究は冷戦体制のもと、とりわけ米ソ両国において学問的自由の確保が難しい状況にあった。アメリカでは冷戦の始まりとともに全体主義論が認識枠組みとして支配的なモデルとなっていた。他方、ソ連では西側の全体主義論の対抗理論として正統主義史観が打ち出された。それは、1930年代半ばに形成されたスターリン主義[4]の制度原理と価値体系を、ロシア革命の理念を正統に継承する歴史像として、確定することで成立したものであった。1936年に制定されたソ連憲法はこの達成を法的に認証した文書であり、1938年に刊行されたソ連共産党史は、この歴史観を国家権力によって確定

した国定教科書となったため、これ以降、歴史家は現代史をこれに従って記述することを強制された（溪内 1995, 51-52, 55頁）。

　これら東西の研究動向に大きな影響を与えたのが、1956年の「スターリン批判」であった。「スターリン批判」とは、同年2月の第20回ソ連共産党大会でフルシチョフ第一書記が行った「個人崇拝とその結果について」という報告のことで、スターリンによる党規範の破壊と党に忠実であった幹部の粛清、1941年6月の独ソ戦開始期の外交・戦争指導の誤り、多くの無実の人々に対するテロル（大粛清）が事実として公表された。政権を掌握したフルシチョフによる改革は政治や経済、社会、文化全般に及んだ。スターリン時代の警察国家の恐怖からの解放もその一つであった。スターリン後の社会が、政治警察の改編により「テロルなき社会」へ移行するに伴って、スターリン体制を前提とした西側の全体主義論も修正を迫られることになった。その結果、西側の専門家の間では、次第にソ連・東欧各国固有の特徴に注目し、比較研究を試みようとする動きが徐々に現れてくる。他方、ソ連においても、溪内と同様、農業集団化を対象にした研究が1960年代に登場し始める。しかしながら、1965年に出版を予定されていた、ソ連科学アカデミーのダニーロフの編集する二巻本が発行取りやめとなり、ソ連においては、再び農業集団化研究は政府の統制下におかれるのであった。

## 第二の恩師、カー[6]

　溪内は、現代史におけるテーマについて個人的体験から生まれた関心を時代が提起している問題に通底させることで、テーマに普遍的な意味が付与できるという（溪内 1995, 119-120頁）。溪内自身、「スターリン批判」という体験がスターリン主義の歴史的研究というテーマを導き、時代が提起している問題、すなわち、マルクス主義の思想・理論の歴史的被制約性について検討することを自分のテーマに結びつけさせたと述べている（溪内 1995, 121-122頁）。しかしながら、「スターリン批判」の衝撃そのものが溪内を歴史研究に直接的に向かわせたかというと必ずしもそうではなく、その後訪れるハーヴァード大学でのカーとの出会いがその契機となるのである。

【I-2　政治外交史】3　溪内 謙

　溪内は1956年6月から57年5月まで米国ハーヴァード大学ロシア研究センターで在外研究を行った。カーはハーヴァード大学近くのブランダイス大学で講義をする一方、溪内と同じロシア研究センターでソヴィエト・ロシア史の第三部『一国社会主義』の準備をしていた。1年ほどを同じ研究室で過ごし、溪内はカーの歴史研究に惹かれていく。そして、溪内は1957年11月まで在外研究を延長し、イギリスに渡ってカーのもと、1920年代中頃のソ連の農村統治の実態に関する研究に没頭する。溪内にとってカーは、辻に続く第二の師となったのである。二人の友情はカーが亡くなる1982年まで続いた。溪内はカーのソ連研究における歴史的アプローチについて次のように言う。

> カー氏の歴史は、しばしば、豊富な史実の積み上げによって構成された、没価値的な「ファクトロジー」として評価されまた批判されてきたが、これは多分に誤解である。西側の没価値的な実証的ソ連研究、そして、ロシア革命への幻滅（中国文革への熱狂から個人的失意に至るまでの様々の動機からの）、理想に対するシニカルな態度、没思想的な実証主義への埋没という研究動向が、没価値性、没思想性の故に、その時々の西側の支配的ソ連観（それはカー氏の言うように、ソ連での出来事よりもむしろ西側の、たとえばレーガンの対ソ政策、態度により決定されてきた）の影響下に曝されてきたのとは対照的に氏が時流に左右されることなく強靱な歴史記述を展開できたのは、ひとえに・ロシア革命の意味への・不断の問いかけの故であった。（溪内 1983, 170頁、傍点引用者）

　カーが『ソヴィエト・ロシアの歴史』のなかで行ってきたのは、この「ロシア革命の意味への問いかけ」であり、正統か異端かなどという「政争」の次元を越えたロシア革命史像の追求であった（溪内 2004, 526-527頁）。
　1962年、溪内は初期の代表的著作である『ソビエト政治史——権力と農民』を発表する。同書において溪内は、「ソヴィエト史の研究者にとって必要なことは、既成の理論体系によって、ソヴィエト史についてのさまざまの

解釈を提示することではなくて、ソヴィエト史がその本質において、新しい特異な事象であることを認識し、そのことに立脚して、歴史の内在的究明を通じて妥当な理論、方法を構築することに努めることである」と自身の立場を明らかにした（溪内 1989, 2-3 頁）。

　数年遅れて、同書の中心的主題である「スホード（農村の集会）」に焦点を当てた英書『1920年代中葉、ロシアにおける農村の集会（*The Village Gathering in Russia in the Mid-1920s*）』がイギリスで出版される。溪内と同じくソヴィエト農村に関する研究に携わっていたメイル（Donald J. Male）は、「本書はロシアにおける農民階級の研究に関心をもつすべての人々に賞賛される先駆的な研究である。溪内のソヴィエト初期の地方政府に及ぶ広範な研究の成果が日本語でしか利用できないということは残念である」と高く評価した（Male 1970, 524 頁）。

## 第2節　スターリン主義研究

### スターリン政治体制の成立

　溪内は、1968年4月、名古屋大学法学部から東京大学法学部に転任した。1984年3月、東京大学を定年退官した後、1987年から89年には千葉大学法学部、1989年から90年には帝京大学文学部に勤務した。著作活動では、『スターリン政治体制の成立』（以下、『成立』）の執筆に専心して、1970年に第一部、1972年に第二部、1980年に第三部を刊行した。こうした学術書とは別に、これらの三部の簡単な終章のための予備作業として、1978年に『現代社会主義の省察』を出版した。同書は幅広く読者を得て、第32回毎日出版文化賞を受賞した。1986年には『成立』の締め括りとなる第四部が完成し、ついに全四部が完結した。ペレストロイカ期からソ連解体にかけて、一般読者向けに『現代社会主義を考える――ロシア革命から21世紀へ』、『現代史を学ぶ』を執筆した。そして、2004年には、遺著となった『上からの革命――スターリン主義の源流』を上梓した。同書は、『成立』の第一部から第三部までを簡潔にまとめ直したものであった。溪内は同書の脱稿数日後

に他界した。享年80歳であった。

　溪内が提示した最大の論点は、共同体としての「農村の一体性」という視座であろう。それは、農民の階層分化の存在を前提とする正統的ソ連政治史から見れば、きわめて重大な論点の提示であった。溪内は自らの主張を次のように敷衍している。「農民が党のさまざまの働きかけにも拘わらず、近代的な階級を統合単位としてではなく、共同体により統合された農民全体として行動したこと、党によって行われた階級的組織化への農民の順応は、大部分の場合、一時的な擬態ともいうべきものであって、外圧の消滅とともに旧態に服する性質のものであったことを、農民の行動によって確認しうる」（溪内 1970, 628頁）。溪内の最初の著作である『ソビエト政治史』の副題が「権力と農民」とされた所以である。当時の研究状況においては、それは、何よりもまず統一的な視座の提供という点において、まったく早熟な作品であった。

　溪内が最も力を注いだのは、1920年代末から30年代にかけての農村の情勢をスターリン体制の成立と関連づけて考察することであった。そのテーマは主として全権代表システムと「ウラル・シベリア方式」の二つであった。

　第一に、溪内は、その村ソヴィエト研究のなかで、村ソヴィエトが1920年代末に「機能不全」に陥った事実に逢着した。それは、地域の勤労者の権力機関として公式には位置づけられていたが、1920年代末の穀物調達キャンペーンやその他のキャンペーン、また、まもなく始まった全面的集団化のなかで、上部の党・ソヴィエト機関から派遣された全権代表の強権によって、実質的な独立性を喪失していった。この過程を明らかにすることによって、スターリン体制が「上からの革命」としての特質を獲得したと主張した。

　第二に、穀物調達において「ウラル・シベリア方式」が採用されたことが強調された。これはスホード（農村の集会）に権力が圧力をかけ、そのスホードの決議によって穀物の調達が遂行される方式であると把握された。溪内は、同時に、この「ウラル・シベリア方式」が、全面的集団化の場面においても適用されたと主張した。これによって、「ウラル・シベリア方式」と全権代表システムとが互いに作用し合って、農村に対する党の支配が貫徹する。こ

の両者の過程を描き出したのが、『スターリン政治体制の成立』全四部であった。

　この考察には、レーニン主義とスターリン主義との峻別という姿勢が反映している。しかし、溪内がスターリン体制の成立にとって不可欠の契機としてとらえる穀物調達の「ウラル・シベリア方式」は、戦時共産主義期の割り当て徴発と類似しており、これは、レーニン時代に採用されていたものである。同様に、全権代表のシステム自体も内戦期に起源をもっている。このような点を含めて、レーニン主義とスターリン主義とが原則的に相違しているという立場はあらためて議論されてよい課題であろう。

### 日本におけるスターリン主義研究の発展

　一般的に地域研究は本国の研究者がリードして進んでいくものである。それは、外国人研究者に比べて、本国の研究者のほうが言語の習得や文化・社会の理解において優位性があること、資料へのアクセスが容易であることなど、研究や調査のための環境が恵まれていることによるものである。しかしながら、ソ連というきわめて閉鎖的で、イデオロギー的偏向が強い国家において、農業集団化に関する研究は1960年代に止まってしまい、1980年代後半のペレストロイカまで停滞を余儀なくされた。こうした本国における研究成果を期待することができないなかで、学問的に孤立をしながらも、溪内は研究を続けてきたのである。

　しかし、このように世界的には逆風のなかにあったスターリン主義研究も、日本では次の世代の研究者の間に根を張っていくことになる。溪内の還暦記念論集『ソヴィエト政治秩序の形成過程』には、1920〜30年代のソ連、すなわちスターリン主義を対象にした論文13編が収録されている。溪内はその序文で、「総じて三〇年代ソ連の研究は、現代社会主義の誤りのない認識のために、より広くは現代社会主義体制全体の歴史的な質を確定するという困難な課題にとって、不可欠な認識上の作業なのである」とスターリン主義研究の意義を述べている（溪内 1984, vi頁）。本書に寄稿しているのは、石井規衛（ロシア近・現代史）、下斗米伸夫（ロシア現代政治・30年代政治史）、

富田武（ソ連政治史・コミンテルン史）、奥田央（ソ連農民史）、塩川伸明（ソ連社会政策史）、内田健二（ソ連政治史）、小田博（ソヴィエト法）、竹中浩（ロシア政治思想）であり、多くが溪内の直系・傍系の弟子であった。これらのうち、石井、内田、奥田、小田、塩川、下斗米が呼びかけを行い、1979年7月に「ソビエト史研究会」が発足した。溪内と荒田洋（ソ連経済史）が顧問格として関与し、例会を行い、1982年から論集を刊行した（富田 2014, 22-24頁）。

　溪内はその論集の第1集の「序」において、「アメリカを中心とする西側のソ連研究の主流が、予測と政策立案への寄与を目指した、現状分析的で理論志向が強い、という意味で非歴史的、反歴史的でさえあったことは否めない」と指摘し、「ソ連史の認識は、私のささやかな経験に徴しても、現代社会主義が当面している問題状況を見通すことのできるパラダイムの構築を直ちにもたらすとはいえないまでも、そのことに重要な寄与をなすということはできるといってよいであろう」と語り、日本におけるソ連史研究の優位性を示唆した（溪内・荒田　1982, v, ix頁）。

　日本のソ連研究におけるこうした歴史志向の強さはどこから来るのであろうか。封建制の伝統をもたないアメリカにおいて、戦時中に萌芽をもつ行動科学的方法が影響力を増大させ、理論研究を発展させていったのとは対照的に、日本のソ連研究者はより歴史的アプローチによる考察を深めていった。これは、日本の研究者が研究対象としてある社会を見るとき、そこに歴史的な前提を鋭く意識していたことによるものだろう。また、戦後の日本においてマルクス主義の伝統が強かったことも歴史志向を後押しした。日米の戦後の思想状況の違いを考慮すると、冷戦の過程で生み出され、アメリカにおいて確立していった全体主義という分析概念は、日本人研究者には馴染みにくいものだったというべきであろう。

## 第3節　おわりに

　本章では溪内政治史学の源泉を二人の恩師との関わりで論じてきた。一人

目の恩師である辻から受け継いだのは、「行政を見つめる目」であった。渓内は、大学の卒業後、行政学を志した動機として、戦時中の体験から官僚制に関心があったことを述懐している（渓内 1995, 63 頁）。渓内がソ連の官僚制を正面から扱った著作は数編にとどまっているが、渓内のスターリン政治体制研究において、「党組織の官僚化」が重要なテーマの一つとなっていることは疑うべくもないだろう。

その考察から提示されたのが、「党＝国家体制論」であった。渓内は、「上からの革命」による最も重要な政治的帰結は、党と党機関の自己同一化と党の国家化であるという。前者は、党の内部関係では、書記長を頂点とする党行政機構が、党大会や中央委員会、政治局等の権限を侵食し、絶対的な権力の集中が実現したことを指す。後者は、党機関が国家機関を直接支配し、その結果としてソヴィエト等の国家権力の意思決定が名目化すると同時に、党機関が権力の中枢となる党の「国家化」という党自体の変質が生じたことを意味した[7]（渓内 1978, 258-259 頁）。

二人目の恩師であるカーからは、史実を重視する研究手法を学んだ。渓内は、アーカイヴ（公文書）資料が閉ざされていたなかで、入手しうる限りの公刊資料（新聞、雑誌等）を徹底的に読み解き、史実を緻密かつ批判的に再構成した。遺著となった『上からの革命』には、1990 年代に公開が進んでいたアーカイヴ資料を利用した箇所もあり、同書の実証的な価値をより高めている。「歴史は第一次史料〔歴史を認識する素材〕に基づくべし」という金言に対し、渓内（1995, 183 頁）は、「ひらめきとか着想とかは、原史料との不断のねばりづよい対話のなかから獲得されてはじめて、即興的な思いつきに終わることなく、学問的創造の源になることができるでしょう」と語っている。

しかしながら、渓内の主著では、「党組織の官僚化」の考察は後景に退き、歴史的記述のなかに織り込まれている。そして、前面に出てくるのは、ソヴィエト農村における政治権力と農民との関係をめぐる記述である。奥田央（奥田 1989, 559 頁）が、「都会っ子ではなく、村社会が強固に息づいた地方に育った著者にとって、「村」と無縁な西側研究者に時に見られるようなエレガン

ト な共同体研究は不可能であったに違いない」と述べているように、溪内の農村での経験が、ソヴィエト農村における共同体のもつ一体性を、日本のそれと重ね合わせて考察することを可能にしたと言えるだろう。

＊本章の草稿に関しては、奥田央氏、塩川伸明氏、富田武氏から貴重なコメントを頂戴した。厚く御礼を申し上げたい。

注
1) 辻清明 (1913〜1991年)。1933年京都帝国大学文学部独逸文学科入学。翌年退学、東京帝国大学法学部政治学科入学。37年卒業、法学部助手。42年法学部助教授。51年教授。43年から行政学講座を担当。
2) 溪内の経歴については、塩川2004を参照。業績については、塩川伸明「故・溪内謙教授・年譜、著作一覧」〈http://www7b.biglobe.ne.jp/~shiokawa/works/taniuti.htm〉を参照した（2016年3月20日閲覧）。
3) 当時の状況が伝わってくるものとして、「座談会「戦後状況と行政研究」」がある（阿利・加藤・赤木ほか 1983, 267-302頁）。
4) 「スターリン主義」とはもともとトロツキーと彼の支持者がレーニン死後のスターリン指導下のソヴィエト体制を批判的に論ずるときに使用したもので、1956年のスターリン批判以降、ソ連では共産主義運動内部の正統主義に対する非難の意味が込められた党派性を帯びた体制や思想を指す用語として用いられてきた。また西側では秘密警察やプロパガンダ、政治的抑圧に特徴づけられた体制を示す用語として使用されてきた。1980年代後半、ペレストロイカの「歴史の見直し」により、「スターリン主義」そのものを歴史的事実として検証しようとする試みがソ連においても始まり、ようやく歴史的な認識用語として認められてきた（溪内 1988, 178-182頁）。
5) Viktor P. Danilov (1925〜2004年)。ソ連科学アカデミー・ソ連史研究所員。1920年代農民史および農業集団化の研究に従事。1969年以来、溪内と緊密な学問的友情を結んできた。
6) Edward H. Carr (1892〜1982年)。イギリスの歴史家。『ボリシェヴィキ革命』に始まる『ソヴェト・ロシアの歴史』全14巻はロシア革命からスターリン体制の成立までを扱っており、国際的にも評価が高い。また、『平和の条件』や『危機の二十年』を著し、国際政治学の分野でも影響を与えてきた。
7) これは「党＝国家体制論」と呼ばれ、ソヴィエト史を含むロシア史の分野で、党の国家化という事実を歴史的に位置づけるときの評価をめぐり、論争を引き起こした。党と国家の癒着の構造の成立を「上からの革命」期に求める見解と、ロシア革命直後の比較的早い時期に求める見解が鋭く対立したが、こうした議論はソ連政治史研究の重要な貢献となった。この論争の詳細については塩川 1993, 23-76頁を参照。

第Ⅰ部　国際政治学

**参考文献**

溪内謙　1970『スターリン政治体制の成立（第一部）』岩波書店。
―――　1978『現代社会主義の省察』〈岩波現代選書〉、岩波書店。
―――　1983「E・H・カーとロシア革命」『世界』1983 年 3 月号。
―――　1984『ソヴィエト政治秩序の形成過程――1920 年代から 1930 年代へ』岩波書店。
―――　1988『現代社会主義を考える――ロシア革命から 21 世紀へ』〈岩波新書〉岩波書店。
―――　1989『ソヴィエト政治史――権力と農民』（新版）、岩波書店。
―――　1995『現代史を学ぶ』〈岩波新書〉、岩波書店。
―――　2004『上からの革命――スターリン主義の源流』岩波書店。
Taniuchi, Yuzuru 1968, *The Village Gathering in Russia in the Mid-1920s*, Soviet and East European monographs no. 1, Birmingham: University of Birmingham.

阿利莫二・加藤一明・赤木須留喜・高木鉦作・君村昌　1983「座談会「戦後状況と行政研究」」『年報行政研究』17 号。
奥田央　1989「解説」溪内謙『ソヴィエト政治史――権力と農民』（新版）、岩波書店。
佐々木毅　1989『現代政治学の名著』〈中公新書〉、中央公論新社。
塩川伸明　1993「Ⅴ権力と共同体の接点――溪内謙『スターリン政治体制の成立』（全四部）をめぐって」『終焉の中のソ連史』〈朝日選書〉、朝日新聞出版。
―――　2004「溪内謙先生を悼む」『ロシア史研究』第 75 号。
溪内謙・荒田洋　1982『ネップからスターリン時代へ』（ソビエト史研究会報告第 1 集）木鐸社。
辻清明　1983「私の行政学」『年報行政研究』17 号。
富田武　2014「〔最終講義〕日本のソ連史研究と私」『成蹊法学』第 80 号。
西尾隆　1989「辻清明『日本官僚制の研究』」佐々木毅『現代政治学の名著』〈中公新書〉、中央公論新社。

Male, Donald J., 1970, "Reviewed Work: The Village Gathering in Russia in the Mid-1920's by Y. Taniuchi," *Soviet Studies*, Vol. 21, No. 4.

【I-2　政治外交史】
## 4　高橋 進
### 「外交と内政の相互連関」から「外交空間」論へ

妹尾哲志

## 第1節　「外交と内政の相互連関」の視角

　本章では、元東京大学法学部教授の高橋 進（たかはしすすむ）（1949〜2010年）の研究に注目して、戦後日本のヨーロッパ外交史研究におけるその含意を考察する。高橋の研究はヨーロッパ外交史にとどまらず、比較政治や理論研究、さらには平和研究など多岐にわたるが、ここでは主に1994年の論考で提示された「外交空間」論に焦点を当てる。高橋のヨーロッパ外交史研究における問題関心に「外交と内政の相互連関」を挙げることができるが、その研究成果の一端を示すのが「外交空間」論と考えられるからである。かつて岡義武も『国際政治史』でテーマとした「外交と内政の相互連関」の解明は、高橋によれば「外交史学上の古典的問題の一つ」であった（高橋 1983a, vii頁）[1]。

　高橋進は1949年1月に宮城県で生まれた。父は1989年から12年に渡り川崎市長を務めた高橋清である。都立日比谷高校、東京大学法学部を卒業後、1972年に法学部助手になった。1975年8月に助教授、1986年3月に教授に昇任し、2010年3月に逝去した。東京大学法学部では1978年夏学期から「国際政治史」の講義などを担当する一方、75年春に完成した助手論文をまとめ83年に刊行されたのが『ドイツ賠償問題の史的展開』（高橋 1983a）である。この著作は「外交と内政の相互連関」に注目するうえで初期の重要な研

究なのでまず見ていきたい。

## 第2節　ドイツ外交史研究から国内政治体制の分析へ

**外交史と国際政治理論からのアプローチ**

　本書は、第一次世界大戦後にワイマール共和国の外交指導者がどのような政治指導を発揮したのかについて、賠償問題という国際紛争を軸に検討する。第一に、1923年のルール紛争を中心に関係諸国間の外交交渉とドイツ国内の政治動向を実証し、賠償問題に取り組んだ主体（アクター）が当然と考えていた「語られざる諸前提」を抽出しようとした。第二に、「外交と内政の相互連関」に迫るために、国際政治学のアプローチである「連繋政治（Linkage Politics）」のモデルを用いた。高橋は、このモデルが「国際政治学上の一つのファッションにとどまらない意味を含んでいる」と指摘する（高橋 1983 a, 363頁）。

　このように本書では、「外交と内政の相互連関」に対して、外交史の手法とあわせて国際政治の理論的関心から接近した点が特徴的である。これは、ドイツ史研究者の中村幹雄の書評でも指摘されるように、歴史研究と理論研究を架橋する意欲的な試みといえよう（中村幹雄 1987）。そこでは「連繋政治」モデルについて、ドイツ史学界における「外政の優位」と「内政の優位」の論争との類似性が言及されている。日本のドイツ史研究でも「社会史」「社会構造史」が隆盛を見せるなかで、外交史と国際政治理論の架橋に取り組む背景には、後述する政治学的歴史分析への関心を見ることができる。

**権威主義体制と開発独裁**

　高橋はすでにワイマール共和国の崩壊とナチスの台頭をドイツ国内政治の観点から分析したカール・ディートリヒ・ブラッハーの『ドイツの独裁』の翻訳に取り組んでいたが（ブラッハー 1975）、政治体制研究に関連して「権威主義体制」を紹介したことが注目される（高橋 1977）。そこでは、権威主義体制下の反対派の解明を通じて、政治体制の変動の契機を見出せる着想を

【I-2 政治外交史】4　高橋 進

得たと高橋は後顧する（高橋 2008b, 246-247 頁）。さらに「開発独裁」に関する論考（高橋 1980）では、「開発政策の進展とともに政治社会が徐々に変化し、それが権威主義体制を弱体化ないしは行き詰まりに追い込むという、権威主義体制の背理」が強調された（高橋 2008b, 248 頁）。そこでは、たとえばスペインでは外圧が民主派への支援として作動した点に注意を促すなど「外交と内政の相互連関」を指摘する。

　こうした国内政治体制に関する研究は、東京大学法学部で指導を受けた篠原一の影響を受けていると考えられる。紙幅の都合上本章では詳細に立ち入れないが、「外交と内政の相互連関」の視座自体に、前出の岡や篠原の問題関心との深い関連が見られ、とりわけ「理論的」な歴史分析への関心は、多極共存型デモクラシーや政治学者スタイン・ロッカンの研究への注目にもあらわれている（Ex. 高橋 1984a, 135 頁, 注 21 ; 1989）。また 1980 年代の西欧社会における「脱物質主義」に見られる「政治文化」の変容を紹介するなど（高橋 1988）、国内政治の変質に関して政治学の理論的アプローチを援用して分析を試みた。

## 第3節　ドイツ社会民主党研究と権力政治への批判的アプローチ

**ドイツ社会民主党の外交政策の「転換」と日独比較**

　一方ドイツについて取り組まれたのが、ドイツ社会民主党（SPD）に関する研究である。1984 年の論考では、ドイツ連邦共和国（以下、西ドイツ）の初代首相コンラート・アデナウアーに対抗した野党 SPD のヨーロッパ統合への態度の背後にある「語られざる諸前提」の解明を試みた（高橋 1984b）。これは『ドイツ賠償問題の史的展開』で提示した視点と軌を一にし、さらには国内政治体制分析における反対派への着目と共通点を見出せる。加えて SPD という特定集団の「外交空間」（後述）の理解の重要性が強調され、また国際政治学者ロバート・ジャービスのパーセプションに関する研究に言及するなど理論的関心は失われていない（高橋 1984b, 121 頁, 注 7）。

　高橋は西ドイツの「政権交代」を導くうえで決定的であった SPD の外交

政策の「転換」に注目した（高橋 1986）。そして SPD が「転換」を通じて「政権交代」を果たし、西ドイツが積極的な東方政策を展開して国際政治で主体的に行動するうえで重要な役割を果たした点を高く評価する（高橋 1991a）。また篠原主催の連合政治に関する共同研究でも、第二次世界大戦後のオーストリアの「大連合」について連合理論を用いて分析するなど、「政権交代」への一貫した問題関心を看取できる（高橋 1984a）。その問題関心は、1990年代後半に相次いで「政権交代」を実現した西欧諸国の社会民主主義政党の紹介にも明らかである（高橋 2000a；2000b）。その背景に、自民党を軸とする日本政治を批判的に分析する意図があったことは想像に難くない。それは共編著『政権交代と民主主義』で自ら執筆した論考にもあらわれている（高橋 2008a）。そこでは戦前の日本の「政権交代」とあわせて、西ドイツにおける SPD の政権奪取も取り上げられている。

　こうした日独の「比較のパースペクティブ」には、中村研一が指摘するように「ドイツを原モデルとして、ドイツとの対比の上でメタモデル（高橋さん〔ママ〕は「前理論プレセオリー」と呼んでいた）を構成する」問題意識がうかがえる（中村研一 2010）。日独比較の共同研究では、「安保・自衛隊問題のイデオロギー化」に見られる日本社会党の「原則に固執する姿勢」を批判する一方で、SPD の国際情勢への「適応」に照射する（高橋・平島 1993）。高橋によれば、西ドイツは、SPD の外交政策の革新を通じた「政権交代」を経て、「「デモクラシー国家」としての国際的評価を受け、デモクラシーの国内的基盤を強化した」（高橋 1993, 456 頁）。このように「政権交代」に関する研究にもまた、「外交と内政の相互連関」の視角が通底しているのである。

**軍拡競争と南北問題**

　こうした SPD の外交政策の「転換」や「政権交代」に関する研究成果は、「権力政治の解明と克服」（中村研一 2010）に関する取り組みのなかに位置づけることもできよう。その権力政治への批判的視点は平和研究に関連する業績にも見出すことができる。高橋は 1970 年代から西ドイツの平和研究者

ディーター・ゼングハースの研究を翻訳し（ゼングハース 1976）、また戦後日本の平和論に関する論考を発表する一方（高橋・中村 1978）、先進国を中心とした軍拡メカニズムの外部効果が第三世界の軍拡に影響を与えている点を鋭く批判する（高橋 1983b）。

　この問題意識の背景には、1970年代末から1980年代前半に高まった米ソ間の緊張にともなう軍拡競争があった。とりわけソ連のアフガニスタン侵攻以後に見られた局地紛争のエスカレーションを理解する鍵となる、先進国と途上国の関係を体系的に把握するために、1880年代初頭の「帝国主義の時代」に関する研究も行っている（高橋 1982）。この時期の西欧と非西欧の「非対称紛争」と、いわゆる南北問題の類似性への着目は、大学で担当する「国際政治史」の講義をもとにした「帝国主義の政治理論」にまとめられた（高橋 1992a）。

## 権力政治の歴史的変容と冷戦崩壊

　高橋は自身の「権力政治」認識になによりも多くの影響を与えたのは坂本義和であると述べているが（高橋 1994a, 177頁, 注81）、「権力政治」への鋭い批判を提示した論考が坂本の還暦記念論文集に所収されている。そこでは、第一次世界大戦勃発の過程の分析を通じて、列強間のルールであった「勢力均衡」概念が、国家はパワーを極大化すべきという解釈を生む実体へと転換し「暴力」を道徳的に倫理化することで、遂には戦争こそが国際政治の規範となる点を批判的に分析している（高橋 1994a, 171頁）。

　このように「権力政治」の歴史的変容を明らかにした高橋にとって、冷戦の崩壊が与えたインパクトは大きかった（高橋 1991b；1992b；1999a）。高橋は、冷戦崩壊とともに脱イデオロギー化が進み過剰な軍備が削減され、また各国が外交力の向上を図るようになったと指摘し、「現代権力政治」が「終わりの始まり」に入ったと述べる。そして、EC（ヨーロッパ共同体）による「不戦共同体」づくりは「現代権力政治」を超える試みであり、「ヨーロッパ市民権」の導入など「国境を越えたデモクラシー」の模索を「国民国家」の時代の終わりの始まりと捉えるのである（高橋 1994b, 65頁；1992c）。

第Ⅰ部　国際政治学

## 第4節　「外交空間」論の射程

### 「普通の国家」論争と「外交空間」論

　冷戦が終わり国際政治や日本政治が新たな局面を迎えた1994年に刊行された『解体する現代権力政治』には、1992年4月から2年間担当した『朝日新聞』の論壇時評とドイツに関する論稿が収録されているが、日本における「普通の国」をめぐる論争を念頭に置きつつ、ドイツでの「普通の国家」論争の分析のために提示されたのが「外交空間」論である[3]。そこでまず高橋は、冷戦後のドイツのあり方について「意欲を含んだ認識」による一大論争が行われていることに注目する[4]。すなわち、東欧・旧ソ連の「存在感」が増すなど「基本的な地殻変動」が起き、ドイツ外交の基本路線に変化が見られるのである。その背景を探るために「問題の発見」という節が設けられており、そこに「語られざる諸前提」を検討する姿勢をあらためて確認できる。そして「拡大西ドイツ」としての統一ドイツの外交路線にあらわれる変化を「外交空間」の概念を用いて分析を試みる。

　この「外交空間」とは「外交政策ないしは外交問題に対する認識枠組・姿勢であり、それが歴史のなかで積み重なって基底的な引照枠組となり、ある特定時点での外交政策・外交問題に対する対応を方向づけるもの」で、次の三つから構成される。第一は「時間的次元」としての「歴史認識」である。第二は「空間的次元」としての「ヨーロッパ認識」である。そして第三は、この二つの次元を認識する主体である「実在」たる「ドイツ」である。これは「統一ドイツという国際政治の主体をどう理解するのか、それと同時にこの統一ドイツという主体が活動する国際政治の基本枠組をどう理解するのか」である。

　さらに三点目については、鋭く対立する二つの考えを検討する。一方は「権力政治」論であり、もう一方は「世界内政治」論である。前者によると、ドイツは「普通の国家」として「パワー」に見合ったより自主的な行動や国際的責任をとるべきとする。これを批判するのが後者であり、国際政治を国

【Ⅰ-2 政治外交史】4 高橋 進

家間関係としてみるだけでは不十分で、国家を超えた市民社会を基調とする「社会による世界」でドイツが積極的に活動すべきとする。具体的には、ECなどOECD諸国ではモノ、情報、制度のネットワークができており、勢力均衡政策に代わる民主化政策や、社会の各主体のトランスナショナルな関係を強化する「国際化政策」がなされるべきとする。

　以上の「外交空間」論とそこから敷衍される「世界内政政治」の射程は幅広い[5]。その狙いの一つは国家中心主義的な視角のもつ陥穽を避けることにある（網谷 1998）。とりわけトランスナショナルな関係への着目は、少し文脈は異なるが、国際政治史を国家間関係史で終わらせない意図からそこへ注目したロバート・コックスの研究との関連を見出せる（高橋 2008b, 249頁）。また非国家主体への視点は、神奈川県の「国際化」など自治体が推進する「民際外交」の研究にも通底する[6]（高橋他 1990；Takahashi 1992）。

**政治指導に関する問題意識**

　ただ「外交空間」論の多層性は、こうした国家中心主義的な見方の相対化のみにとどまらない。たとえば「世界内政政治」の紹介に際しても、「主権国家が時代錯誤になったとはいえない」ことや、「国家主体の政治」あるいは「権力政治」の危険性を見逃していない。そして「権力政治」論との対比とはいえ、「高度に単純化され」た論争が「外交政策の現実と乖離を深め」ることに警鐘を鳴らす。付言するとこの論考の最後では、日本の「外交空間」の揺らぎを認識する重要性が強調されており、ドイツの議論を通じて日本政治を診断する姿勢がここにもあらわれている[7]。

　とはいえ、この「外交空間」論においては、「外交と内政の相互連関」の観点から見ると、その射程の広さゆえに分析対象が拡散してしまう印象も拭えない。その後発表された研究業績を一瞥すると、一方で政治指導といったテーマに、他方でグローバル化やEUとの関連におけるガバナンスのあり方、政権交代などデモクラシーに関する論考などが注目される。後者に関連する政権交代への関心はすでに述べたが、前者の研究成果に東西ドイツ統一をめぐる外交指導を追跡した『歴史としてのドイツ統一』がある（高橋 1999b）。

こうした政治指導への関心は、「中核的執行集団」への注目や、外交の素養も強調したリーダーシップ論にも見ることができる（高橋 2000b，42 頁；小林・金編 2004，106 頁）。「外交空間」論の構成でも「時間的次元」と「空間的次元」を認識する主体に焦点を当てており、その主体の政治指導に関する問題意識が失われることはなかった。

## 第5節　「ヨーロッパ」外交史研究の展望

　高橋は 2008 年の著書『国際政治史の理論』の「まえがき」で、外交史学を前身とし国家間関係の歴史を扱っていた国際政治史が、「国家と国家の関係に国内体制が大きな影響を与えることが明らかになるにつれて、国内体制にも関心を向け、同時に国家間関係を国内体制間関係として把握する傾向が強まってきた」と述べる（高橋 2008b，iii-iv 頁）。そして「政治学などの理論」との「接点をどのように扱うのか」という課題を指摘し、有用と思われる政治学の理論として「権威主義体制」「開発独裁」「国家」「権力政治」「帝国主義」を取り上げたが、「外交と内政の相互連関」の視角からすると主に内政に関する理論が多くを占めていることに気づく。

　これに関連して高橋が今後のヨーロッパ外交史研究にどのような展望をもっていたのかは、川嶋周一の著作の書評にうかがうことができる（高橋 2007）。そこでは、条約成立のようなミクロの対象をまとめ、その一方で冷戦史の全体像も解明するミドル・レンジの方法に可能性を見出したうえで、この二つのアプローチを架橋する解釈史に注目する。ただやはり、全体要素の構造分析のために、国際政治学や比較政治学の成果や国内政治との関係を組み込む必要性を指摘するなど、内政に関する理論研究との関わりを意識する点で揺らぎがない。「ヨーロッパ」という空間の変化にともない、飛躍的な進展を遂げている統合史をはじめヨーロッパ外交史研究は新たな展開を見せているが、多様化するアプローチのなかでも外交史研究の重要性は失われておらず（遠藤 2011，10-11 頁）、「外交と内政の相互連関」の問題意識に立脚し、歴史と理論の架橋を試みた高橋の研究は多くの示唆を与えてくれる。[8]

【I-2 政治外交史】4　高橋 進

＊本章の草稿に関して中村研一先生、月村太郎先生、網谷龍介先生から貴重なコメントを頂戴した。厚く御礼申し上げたい。

注
1) 岡義武は「内政、外交の間にはいうまでもなく相互連関性がある」と述べる（坂本 2009）。
2) 1993年4月に他の8名の研究者と発表した「平和基本法」構想では、戦後保守政権による憲法理念の「なしくずし」を批判し、憲法に沿った自衛隊問題の解決を提唱した（古関他 1993）。高橋自身1990年代頃から社会党にブレーンとして協力し、また民主党の勉強会に参加するなどの関わりをもっていた。
3) 以下、高橋 1994b 所収の「「普通の国家」論争——ドイツの場合」から。
4) 中村研一はこの丸山眞男の「意欲を含んだ認識」を繰り返し強調するところに高橋の研究姿勢が体化されていると評する（中村 2010）。
5) そこに米ソ冷戦後の楽観主義が反映されていたとの指摘もある（今野 2015, vi 頁）。「世界内政政治」は文脈が異なるもののウルリッヒ・ベックも用いている（ベック 2014）。
6) 高橋は東京大学大学院法学政治学研究科付属の比較法政国際センターが開催する日英の若手研究者の育成や交流などを目的とするプロジェクト（Anglo-Japanese Academy (AJA)）の運営委員長を務めた。
7) 「「普通の国家」論争——ドイツの場合」は、初出の鴨編　1994 に所収の「ドイツ外交の現在——外交空間試論」から解題された。
8) なお本章脱稿後のため参照できなかったが、『思想』2016年7月号が高橋の追悼論文集として刊行された。

**参考文献**（紙幅の都合上副題を省略しているものもある）
高橋進　1977「権威主義体制の研究」『思想』第637号。
———　1980「開発独裁と政治体系危機」『世界』1980年2月号。
———　1982「危機の構図」『法学セミナー増刊　国際政治と日本の選択』日本評論社。
———　1983a『ドイツ賠償問題の史的展開——国際紛争および連繋政治の視角から』岩波書店。
———　1983b「世界軍事秩序論」日本平和学会編集委員会編『平和学』早稲田大学出版部。
———　1984a「大連合体制とデモクラシー」篠原一編『連合政治II』岩波書店。
———　1984b「ドイツ社会民主党とヨーロッパ——1945-1957年」『国際政治』第77号。
———　1986「ドイツ社会民主党と外交政策の「転換」（1955〜1961年）」『國家學會雑誌』第99巻第1・2号。
———　1988「西欧社会のゆくえ」馬場伸也編『講座政治学5　国際関係』三嶺書房。
———　1989「国家の生成と機能」宇波弘文編『岩波講座「転換期における人間5」』岩波書店。

第Ⅰ部　国際政治学

─────　1991a「西欧のデタント」犬童一男他編『戦後デモクラシーの変容』岩波書店。
─────　1991b「冷戦の崩壊」『平和研究』第 16 号。
─────　1992a「帝国主義の政治理論」大江志乃夫編『岩波講座「近代日本と植民地 1」』岩波書店。
─────　1992b「冷戦の終焉と国際政治の変化」山口定他編『市民自立の政治戦略』朝日新聞社。
─────　1992c「EC 統合と CSCE の国連化」山口他編、前掲書。
─────　1993「日本外交とドイツ外交」山口定、R・ルプレヒト編『歴史とアイデンティティ』思文閣出版。
─────　1994a「1914 年 7 月危機」坂本義和編『世界政治の構造変動　1　世界秩序』岩波書店。
─────　1994b『解体する現代権力政治』朝日新聞社。
─────　1999a「冷戦終焉の意味するもの」坂本義和編『核と人間 2　核を超える世界へ』岩波書店。
─────　1999b『歴史としてのドイツ統一』岩波書店。
─────　2000a『ヨーロッパ新潮流』お茶の水書房。
─────　2000b「政界再編の政治からイノベーションの政治へ」山口定・神野直彦編『2025 年日本の構想』岩波書店。
─────　2007「戦後ヨーロッパ外交研究の地平──川嶋周一著『独仏関係と戦後ヨーロッパ国際秩序──ドゴール外交とヨーロッパの構築　1958-1969』を読んで」『創文』第 499 号。
─────　2008a「政権交代の政治学」高橋進・安井宏樹編『政権交代と民主主義』東京大学出版会。
─────　2008b『国際政治史の理論』岩波書店。
高橋進他　1990『民際外交の挑戦』日本評論社。
高橋進・中村研一　1978「戦後日本の平和論」『世界』第 391 号。
高橋進・平島健司　1993「政権党か万年野党か」山口・ルプレヒト編、前掲書。

網谷龍介　1998「オーストリアの「外交空間」と EU」高田和夫編『国際関係論とは何か』法律文化社。
遠藤乾　2011「ヨーロッパ統合史のフロンティア」遠藤乾・板橋拓己編『複数のヨーロッパ』北海道大学出版会。
鴨武彦編　1994『世紀間の世界政治』第 5 巻、日本評論社。
古関彰一他　1993「共同提言「平和基本法」をつくろう」『世界』1993 年 4 月号。
小林良彰・金泰昌編　2004『リーダーシップから考える公共性』東京大学出版会。
今野元　2015『教皇ベネディクトゥス 16 世』東京大学出版会。
坂本義和　2009「解説」岡義武『国際政治史』岩波書店。
中村研一　2010「追悼　高橋進・元副会長」『日本平和学会ニューズレター』第 19 巻第 1 号。
中村幹雄　1987「高橋進著『ドイツ賠償問題の史的展開』」『社會經濟史學』第 52 巻第 6

号。

ゼンクハース、D　1976　高橋進・横田邦子訳「平和研究における構成問題について」『平和研究』第1号。

ブラッハー、K・D　1975　山口定・高橋進訳『ドイツの独裁』岩波書店。

ベック、ウルリッヒ　2014　川端健嗣他訳『世界内政のニュース』法政大学出版局。

Takahashi, Susumu 1992 "The Internationalisation of Kanagawa Prefecture," Michael Weiner and Glenn D. Hook eds. *The Internationalisation of Japan*, London : Routledge.

# 第Ⅱ部　国際関係論

## 【II-1　国際関係論――権力政治を超える志向】
# 1　川田 侃
## 植民政策学から国際関係論・国際政治経済学・平和学へ

松田 哲

## 第1節　本章の概要と川田の略歴

川田侃(かわたただし)（1925〜2008年。東京大学名誉教授、上智大学名誉教授、日本平和学会会長［1975〜77年］、日本国際政治学会理事長［1982〜84年］）は、日本における国際関係論の構築に携わった研究者の一人である。日本初の国際関係論の概説書となった川田の著作『国際関係概論』（川田 1958）は、国際関係論という学問分野の誕生時の息吹を感じさせる書として今なお評価が高い。他方で川田は、国際政治経済学や平和研究の研究者としても知られており、国際関係論以外の学問分野の名称で括られる研究者でもある。では、そのような多面性をもつ川田の研究に一貫して流れていたのは何だったのであろうか。本章では、川田本人の言葉にもとづきながら、川田の学問的営為を貫いて流れる問題意識を明らかにし、そこから今、何を学び取るべきなのかを考えてみたい。

以下、第2節では、川田の師・矢内原忠雄（1893〜1961年）の植民政策学（実質的植民論）の特徴を概観する。ここで矢内原の植民政策学に着目するのは、それが川田の国際関係論の前身とでもいうべきものだからであり、川田の国際関係論の特徴の源が矢内原の植民政策学に認められるからである。第3節では、『国際関係概論』をもとに、川田の国際関係論の特徴を明らか

にしたうえで、それが国際政治経済学とどのような関係にあるのかを明らかにする。第4節では、川田の平和研究について、平和への思いを支えていたものは何なのか、平和研究の方向性とその到達点は何だったのかを考える。最後の第5節では、川田の研究姿勢から学び取るべきものについて考える。

## 第2節　植民政策学から国際関係論へ

### 植民政策学から国際関係論へ——新渡戸・矢内原・川田

　植民政策学は、植民地の統治・経営についての諸政策を研究する学問である。1891年に札幌農学校が植民学講座を設置して以降、全国の教育機関に広まっていき、東京帝国大学（以下、東京大学）では1909年に、経済学部に植民政策講座が設置された。

　東京大学における植民政策論の初代担当者は、新渡戸稲造（1862〜1933年）であった。その新渡戸が国連事務次長に就任するために東京大学を退職した後を継いだのが、新渡戸の弟子・矢内原である（1920年）。川田は矢内原の弟子であるが、矢内原はいわゆる矢内原不敬事件[1]により、川田が東京大学に入学した1944年には東京大学にいなかった。その矢内原が東京大学に復帰したのは1945年12月のことであったから、川田が実際に矢内原の門下に入ったのは、川田が東京大学に復学した1946年以降のことになる。

　川田と矢内原が出会ったときには植民政策講座はGHQによって廃止されており、植民政策論は矢内原によって国際経済論という科目に変更されていた。その国際経済論を国際関係論に展開させていくのが矢内原であり、その後を継いで国際関係論をさらに発展させていくのが川田になる。

### 矢内原の植民政策学の特徴——国際関係論的発想の萌芽

　矢内原の植民政策学の特徴は、「統治者からみた統治政策としての植民政策」ではなく、「植民という社会現象」を実証的に分析しようとした点にある。すなわち、新たな土地に移住してきた社会群による社会経済的活動を解明しようとする「実質的植民論」である。

【Ⅱ-1　国際関係論——権力政治を超える志向】1　川田 侃

　矢内原は、植民という社会現象を分析する際の注意点について、『植民及植民政策』(1926年) で次のように述べている。「私は植民の本質をもって社会経済的活動にありとする以上、植民研究を以て国家学又は政治学の一分科たりとするを得ない。そは植民の本質にもとづく制約を加えられたる処の、経済学社会学政治学等の諸科学の特殊研究の綜合的一体である。植民研究は経済学社会学政治学の特殊部門であるが、その何れの一つを以ても尽くるものではない」(矢内原 1963a, 24-25頁、強調引用者)。つまり、どれか一つの学問分野の分析で済ませるのではなく、多様な分析視角にもとづき学際的に研究すべきであるというわけである。

　矢内原にとって植民地とは、「地球上各部分の政治及び経済の接触点であり、連鎖であり、国際的諸問題の重要なる中核」であり、「世界経済及び世界政治の発展」する場であった (矢内原 1963b, 141-142頁)。そのような場で社会群の移動により生じる接触を分析しようとする矢内原の植民政策学は、結果的には経済的・社会的・政治的相互作用の解明にまで及ぶものとなり、「現代風にいえば、ヒトの広域的・越境的移動に伴う相互作用の解明」(酒井 2007, 211頁) を意識した国際関係論へと展開しうるものであった。

　矢内原が東京大学復帰後に担当した講義には国際経済論、国際政治論、国際政治経済論などがあったが、東京大学総長に就任 (1951年末) する前に担当したのは国際関係論であった。それらの講義ノートを詳細に検討した今泉裕美子は、すべての講義に通底する矢内原の問題意識は、「(植民地を) ある国家の単なる政治、経済的な膨張地域としてではなく、世界の政治、経済の接点として位置づけることで、植民地をめぐる民族、国家の諸関係 (諸「帝国」間および帝国・植民地間の諸関係) をあぶり出すこと」であった[2] (今泉 1996, 146頁、強調引用者)。そして、植民政策学から国際関係論への展開について考えるときに重要になるのは、「帝国・植民地間の関係」だけでなく、「諸「帝国」間の関係」が分析対象になっていたことである。この点に着目しながら、植民政策学が国際関係論に展開しえた理由を考えてみよう。

### 植民政策学から国際関係論へ

　酒井哲哉は、経済学史の文脈で論じられることが多い植民政策学の歴史的展開を、国際現象をめぐる学知の系譜のなかに位置づけてとらえ直す必要性があることを指摘する。なぜなら植民政策学が、政治学・経済学・農政学等にまたがる複合的な性格をもっているからである（酒井 2007, 195 頁）。そこで酒井が着目するのが、帝国内（宗主国・植民地間）関係からなる「帝国秩序」、帝国間（宗主国間）関係からなる「国際秩序」である。

　植民政策学の分析対象は、帝国内関係からなる帝国秩序である。それゆえ矢内原の実質的植民論も、基本的には、帝国秩序内における社会群の移動によって生じる経済的・社会的・政治的相互作用を解明しようとするものであった。ところが国際連盟が成立すると、帝国間関係から生まれる国際秩序が分析されるようになっていき、「国際秩序」のもとで生じる経済的・社会的・政治的相互作用の解明がめざされるようになる。さらに事態が進んで植民地が独立主権国家になる時代を迎えると、帝国秩序そのものが消失し、「国際秩序」だけが残されることになる。そうなったときに矢内原の植民政策学は、「国際秩序」のもとで生じる多様な相互作用の解明を担う国際関係論に展開していくことになるのである。続いて、川田の国際関係論をみていくことにしよう。

## 第 3 節　川田侃の国際関係論と国際政治経済学

### 『国際関係概論』刊行まで

　川田は、1951 年 5 月に矢内原の勧めに従って東京大学教養学部教養学科の国際関係論分科の助手となり、翌 52 年 4 月からは専任講師となって「国際政治経済論」等の科目を担当した。国際政治経済論を担当するに当たって川田が考えたのは、「国際政治と国際経済の両者を学際的に総合するようないわゆる「国際関係論」的手法に接近する」（川田 2001, 41 頁）ことであった。国際政治経済学的な国際関係論の構想である。

　その後、川田は、1955 年 6 月から 57 年 7 月までハーヴァード大学に留学

し、民族主義論と帝国主義論を専門とするルパート・エマースンのもとで国際関係論の研究を行った。その頃のハーヴァード大学ではハンス・J・モーゲンソーがサマー・スクールで講義を行っており、川田はそれに欠かさずに出席していた。また、フレデリック・シューマンと研究会や食事で同席したことや、当時ハーヴァード・ロシア研究センターで研究を行っていたE・H・カーのもとを訪ねていったこともあった。川田自身は、「国際政治について造詣の深い三人の碩学にハーヴァード留学中に親しくお会いできたことは、私にとって誠に幸いであったというべきで、そのことはその後の私の国際関係論の学問遍歴に何かと強い影響を及ぼした」（川田 2001, 58頁）と述懐している。そしてそのような留学の成果をもとに1958年に刊行されたのが、『国際関係概論』であった。

## 『国際関係概論』にみる川田の国際関係論の特徴

『国際関係概論』は、「日本における独立した研究・教育分野としての国際関係論の成立を告げる記念碑的な作品」とも評される書物である（大畠 1996, 387-388頁）。川田は同書について、「その基軸を国際関係の行動主体としての民族国家に置き、国際関係研究の起源と発達、国際関係の生成と展開、国際関係の構造と動態、国際権力闘争の態様と性格、国際法・国際機構の性質・意義、国際平和思想の発達等々を私なりに体系立てて論述したもの」（川田 2001, 64頁）と説明しているが、川田の国際関係論の特徴は、次の2点に集約できるであろう。

第一に、「力のための闘争として規定される国際政治学」に対する批判意識の強さ、すなわち権力政治論批判である。第二に、分析対象領域を広く取るべきであるとの主張、すなわち学際性指向の強さである。以下、簡単にみておくことにしよう。

第一の「権力政治論批判」については以下の通りである。まず川田は、「第五章　国際闘争場裡における力」の「第一節　国際関係における力の意義」において、「国際関係が独立主権的な民族国家間の関係として、どうしても相互闘争的様相を帯びやすく、つねに不安定な動揺を続けてきたこと」は明

らかであり、「近代帝国主義運動にはじまる国際関係の歴史はこのような闘争的な諸面を如実に示したといえる。従って、このような現象面において国際関係をとらえるならば、多くの論者のいうように、それは確かに力のための闘争、あるいは力の闘争に終始したのであり、従って、それを以て権力政治と規定することもできるであろう」(川田 1958, 171頁) と述べ、国際政治が権力政治的側面を有するものであることに一定の理解を示す。ここで国際関係における力とは、川田によれば「究極のところ、軍事力、いいかえれば戦闘能力に帰せられうる」ものである (川田 1958, 171頁)。そのうえで川田は、権力政治に対する批判を次のように述べていく。たしかに、「力は国際関係を動かす一つの重要な要因として認められなければならないだろう」(川田 1958, 173頁)。しかし、「国際政治を力の均衡たらしめている多くの諸要因について子細に検討しようともせずに、力に決定的意義を認めることは、逆に諸民族間において力を適当に調整し均衡させることが、国際平和を維持しうる唯一の道であるという迷妄に陥り、ひいては、いわゆる勢力均衡の理論および実践を肯定する誤れる思考的源泉となるであろう」(川田 1958, 173頁)。そして、「いたずらに力を肯定し……力の均衡に立つ永続的平和を願うことは、夢想的であることにおいて、いわゆる「ユートピアニズム」となんら異なるところはないように思われる」という厳しい批判を加えるのである (川田 1958, 174-175頁)。

次に、第二の学際性指向についてであるが、これも権力政治論批判の文脈から引き出されてくる。川田は、「国際政治を含めて、・一・切・の・政・治・現・象・は・、経・済・的・・社・会・的・・文・化・的・・道・徳・的・諸・要・因・の・総・括・的・な・投・影・で・あ・る・か・ら・、政治現象を説明するに政治現象を以てしても、それを解明したことにはならないように思われる」と述べ、「人間の社会関係においては、純粋に協調的なものも働いており、一切を権力闘争に帰することは納得しがたい」(川田 1958, 110頁, 注5、強調引用者) との権力論批判を繰り広げる。権力政治論だけでは現実を十分に分析できないのだからこそ、「国際関係を力の闘争場裡たらしめている社会的・経済的その他の諸要因」に注意を払うことが必要だというのである (川田 1958, 110頁)。同様の主張は、最終章「むすびに代えて」では

次のようにまとめられている。「今日の国際対立の様相もしくは趨勢は現象的には権力闘争として現れているとはいえ……現代の国際対立はその根底において……相互に密接に絡み合う社会的・経済的その他の諸要因に深く由来するものといわなければならない」(川田 1958, 304 頁)。このような川田の主張の背後には、学際性を失ってはならないという、矢内原の実質的植民論と重なり合うような問題意識があるように思える。そして、そのような問題意識を共有する川田が学際性を保つために重視したのが、国際経済学の導入による国際政治経済学への接近である。

## 国際政治経済学への展開

川田の国際関係論構想のなかに国際政治と国際経済の双方が当初から存在していたことについてはすでにみた通りであるが、川田が国際政治経済学の名を冠した初の著作『国際関係の政治経済学』を著したのは1980年のことであった。

そこに示された川田の見解によれば、川田が経済問題を重視する理由は、「経済問題の無視ないし軽視は政治過程の分析を現実から遊離させ、『権力政治』を分析しようとする現実主義的アプローチを実際には非現実的なものとする恐れが濃厚にみられた」(川田 1980, 31 頁)からであった。『国際関係概論』で展開されていた権力政治論批判が、経済問題を捨象することの危険性に特化した形で繰り返されていることが分かる。さらに川田は、カーが『危機の二十年』において「政治から経済を分離することの誤謬」について注意するよう読者に繰り返し促していたことを引用しつつ、「国際関係論の研究者として避けなければならないことは、経済的諸問題の政治的過程への影響を限定的に考え、それを過小評価すること」(川田 1980, 31 頁)だと主張している。つまり、川田にとっての国際経済学の導入は、国際政治学的な分析だけに頼って現実味の乏しい分析になってしまうことを避けるための、方法論上の工夫でもあった。

そのように考える川田が国際政治経済学という名称を意識的に使いはじめたのは1970年代以降のことであるが、そこには国際政治経済学を立ち上げ

る必要性が1970年代になって急速に高まったという川田の現状認識があった（川田 1998, 4頁）。川田が好んで用いる、国際経済が国際政治の前面に躍り出るという意味での「国際経済の政治化」という状況の出現である。川田は、「こうした時代的風潮のなかで、政治経済学的接近法を国際関係に適用、もしくは重ね合わせ、それによって現代世界の包括的把握に迫ろうとした」のが国際政治経済学であるとし、その特徴として3点をあげる（川田 1998, 5頁）。第一に、各種要因を取り込んだ「学際的接近の必要性」である。第二に、ブレトン・ウッズ体制崩壊後の新しい国際経済体制を模索しようという「目的論的性格」と、それにともなう一種の「規範性」である。そして第三に、国際政治経済の全体像を一つのマクロなシステムとしてとらえようとする「マクロ志向性」である。このうち第一と第三の特徴は、すでに『国際関係概論』のなかで示されていた国際政治学的アプローチ（権力政治論）の狭隘さへの批判とも重なり合うものである。第二の特徴は川田の国際政治経済学にみられる規範的性格に関わるものであるが、この点については進藤榮一と西川潤の議論が参考になる。

　進藤によれば、国際政治経済学には二つのタイプがある（進藤 2001, 182-186頁）。第一のタイプは、「国際社会における経済的諸関係を射程に入れながらも、それら諸関係をあくまで主権国家の中心性を軸にした国際関係の中に収斂させ続け、国家中心仮定の枠を抜け出ること」のない国際政治経済学であり、最終的には「経済関係の政治過程論」と「経済関係の権力統治論」に行き着く。第二のタイプは、国際社会における経済的諸関係が「主権国家間秩序をどう融解させ変容させているのかという、いわば経済的諸関係と政治的諸関係の相克がつくる構造変容の動きに視座を当て」ようとする国際政治経済学であり、「主権国家の脱国家化の研究」と「市民社会の活動や南北関係の変化を通じた国際構造変動の研究」に到達する。そして進藤は、第二のタイプの代表的研究者として川田と西川潤の名をあげるのである（進藤 2001, 185頁, 図Ⅵ 3）。その西川は、川田の国際政治経済学には「川田の全学問営為を貫いている『道義』性の重視が……大きく現れて」おり、「小さき者・弱い者への優しい眼差しを見てとることができる」と評している（西

川 1998, 396 頁)。

　進藤と西川が指摘する川田の国際政治経済学の特徴は、たとえば川田がブレトン・ウッズ体制崩壊後の新しい国際経済秩序を論じる際に、ブレトン・ウッズ体制を批判する側に立つ国連貿易開発会議や新国際経済秩序の説明に多くの頁を費やしていることによく現れているといえる。貧困に苦しむ小さき者・弱い者が豊かに暮らせるような秩序を樹立せねばならないとの道義を重視する姿勢が、そのような論考の支えとなっているからである。そして、そのような川田の姿勢は、平和研究を重視する姿勢につながっていく。

## 第4節　平和研究への展開

### 国際関係研究の原点としての平和重視の姿勢

　川田の著作で論じられる国際関係論のテーマの一つに、国際関係研究の発達史がある。たとえば『国際関係概論』では、まず、第一次大戦後に発達した国際関係論が国際連盟の設立に刺激されてユートピアニズム的（理想主義的・人道主義的・道徳主義的）な色彩を帯びていたこと、次に、国際連盟の無力さが露呈するにつれて「国際協調」ではなく「力の政治」の分析に重きをおく現実主義的な国際関係論に変化していったことが説明される（川田 1958, 29-30 頁)。そこで紹介されるのが、現実主義的国際関係論の代表的学者モーゲンソーである（川田 1958, 44 頁)。その一方で川田は、「権力と道義のバランス」を重視すべきだと訴えるカーに言及し、「およそ健全な政治思想は、ユートピアとリアリティとの両者を要素として、その上に立てられなければならない」という文言を引いてモーゲンソーの主張とのバランスを取ろうとする（川田 1958, 36 頁)。

　ここにみられるような、リアリズムとユートピアニズムのバランスを重視する川田の姿勢は、川田の平和研究を支える考え方でもあった。川田は、「第一次大戦後の国際関係論の誕生の背景にあった平和確立への強い希求、すなわちそのあるべき理想主義的な本来の性格が形を変えてよみがえったもの」（川田 1980, 29 頁）が平和研究であり、「権力政治研究と平和研究はいわば

コインの表裏のような関係にある」(川田 1996, 6 頁) と述べている。平和研究に対するこのような評価こそは、リアリズムとユートピアニズムのせめぎ合いとして描かれる国際関係研究の発達史に関する川田の知見から導かれたものであろう。川田にとって平和研究とは、リアリズムに立脚する権力政治論とのバランスを取るうえでも欠かせないものなのであった。

　川田は、自身が平和研究に取り組むことになったきっかけとして、1965 年に開催された第 1 回国際平和研究学会 (IPRA) への参加と、「貧困と平和」を議題に開催された第 2 回 IPRA (1967 年) で平和不在状況 (peacelessness) と不良開発 (mal-development) という概念を知り衝撃を受けたことをあげることが多い。しかし、それはおそらく、川田が温め続けていた平和への思いを学問的なものとして位置づけ直すきっかけになっただけではないだろうか。川田の平和研究の原型は、川田の研究歴の初期段階ですでに形作られていたと考えられるからである。

### 戦争経験・従軍体験に由来する平和重視の姿勢（経験的裏付け）

　川田の平和研究は、学問的な裏付けによってだけではなく、戦争経験・従軍体験に由来する経験的な裏付けによっても支えられていた。

　川田が赤紙（召集令状）を受けて宇都宮連隊に入隊したのは、1945 年 3 月 12 日のことである。川田には特別幹部候補生（将校）への道も開かれていたが、「いわゆる「大東亜戦争」なるものに疑念が浮かび……将校などの指揮官だけにはなるべきではないと思った」(川田 2001, 28 頁) ので、赤紙による徴兵を選んだという。そして川田は、上野から宇都宮に向かう途上に目撃した東京大空襲（3 月 10 日）直後の「飢餓と恐怖と絶望のほかに何もないような焦熱地獄」(川田 1991, 90 頁) に戦争の無残さと無辜の民の苦しみが極まった感を覚え (川田 1991, 81 頁)、中国戦線の青島で目撃した「事実上の盗賊の一団になり下がった日本軍の兵士達の悪行の数々」に、「戦争と平和の問題が一個の人間にとって実に重大な問題であること」を気づかされたという (川田 1991, 284 頁)。

　川田はこれらの経験について、「こうした若い頃のささやかな戦争体験」

が「私の心を深く国際問題の研究に駆り立てるようになった」と述懐し（川田 1991, 284頁）、「私の国際関係論は、初めから平和研究、平和学を指向していたように思われる。そして、やはりそれに私の戦争体験と矢内原先生による感化が強く働いていることを、自覚しないわけにはいかないのである[4]」（川田 1991, 287頁）とまで述べている。つまり、自らの戦争体験に由来する「平和という価値を重視する姿勢」が、川田の平和研究の支えであるのはもちろんのこと、実は国際関係論の支えでもあったというわけである。

大畠英樹は、川田の研究が「強烈な平和志向性と現実政治にたいする仮借なき批判精神によって貫かれている」（大畠 1996, 389頁）と指摘しているが、それはまさに、川田の研究が戦争経験・従軍体験から学んだことに裏打ちされた強さを秘めているからであろう。

## 平和研究の対象と展開

川田が、IPRAで平和研究に出会った後に刊行した最初の著書は、『現代国際経済論』（川田 1967）である。その「あとがき」で川田は、この著作が平和を求める意識に貫かれていることを述べたうえで、自身の平和研究の方向性を明らかにしている。

川田は、『現代国際経済論』が「人類の各社会集団を平和的に統合しうるような諸条件を探求する」ものであり、「戦争の原因と平和の条件を直接に探求しようとするものではないけれども、平和を目標価値として設定し、それに方向付けられた研究」になっていると述べる（川田 1967, 393頁）。そのうえで川田は、「戦争の原因と平和の条件に関する研究は、大きくはあらゆる紛争に武力を使用しないための条件にかかわるものと、人類の各社会集団を平和的に統合してゆくための条件にかかわるものとに分かつことができ」るとし、前者については、先進国経済の軍事化の実態の解明や軍事経済の平和経済への転換の可能性の研究につながるものとされ（川田 1967, 395-396頁）、川田が『現代国際経済論』の続編として位置づける『軍事経済と平和研究』（川田 1969）に引き継がれた（川田 1969, 241頁）。また、後者については、途上国の経済開発問題や南北問題の解消の可能性の研究につながるも

のとされ、社会的・経済的諸関係の調和的発展のあり方を探求することが必要であり、社会経済構造の国内的改革や国際協力に関する研究が重要になるとされていた（川田 1967, 396頁）。

この後者の研究領域、いうなれば矢内原の植民政策学の現代版ともいえる途上国開発や南北問題に関する研究は、川田自身がライフ・ワークとして取り組んだものである。そして、それを川田は最終的に、地球環境問題や内発的発展に関する研究へと展開させていった。筆者にはこの内発的発展論こそが、川田にとっての重要な到達点であったように思える。内発的発展論は、不良開発や過剰開発（overdevelopment）と決別した持続可能な社会を実現しようとする社会変革の構想である（川田 1997, 347頁）。しかし、それだけでなく、権力政治論的国際関係論の母体ともなった西欧とは異なる発展経路を目指すことによって、「社会正義の実現をめざし、すべての人々に福祉と平和な人間らしい生活を保障」（川田 1988, 109頁）するような政治が可能となる社会へと向かう構想の端緒でもあったのではないかと思うからである。

## 第5節 おわりに

『国際関係概論』には、人間という存在に対する川田の信頼感が披瀝されている箇所がいくつかある。たとえば、「力の肯定の上に立つ首尾一貫した現実主義は、理性的人類社会の進歩を信じ、国際関係が究極的には一箇の実効ある世界秩序に到達することを信ずる人間精神にとっては、到底承服しがたいといわなければならない」（川田 1958, 46頁）。あるいは、「現実の国際関係において、平和の保障はない。しかし、人間の深い要求はたえず国際協調と平和とを求めている」（川田 1958, 274頁）といった部分である。これらの文章は、平和への志向性というものが人間の本性に根ざしていることを確信し、それを信頼しようではないかという川田の意思表明のように思える。

川田は『国際関係概論』のなかで、「今日の国際関係ほど「理想」と「現実」との甚しい乖離を示しているものはないだろう」（川田 1958, 300頁）とも述べている。しかし、そのような状況においても川田は、初期の国際関係

論にみられた「ユートピアニズム的な傾向」にも、あるいはその次に現れた「現実主義的な分析」にも耽溺することなく踏みとどまり、「人間に備わる平和への思い」を信頼しながらより精確に事実を把握するための「学際的な研究」に取り組もうとした。そのような川田から引き継ぐべきことは、平和への志向、人間への信頼、以上の二つに支えられたバランス感覚のある研究姿勢であろう。

注
1) 盧溝橋事件直後に発表した論文『国家の理想』(1937年)で日本の満州政策を批判したこと、同年の講演『神と国』で「日本の理想を生かす為に、一先ず此の国を葬って下さい」と発言したことが大学内外で攻撃の対象となり、矢内原が1937年に東京大学の辞職に追い込まれた事件。
2) 木畑は、「講義ノートに示された矢内原の国際関係論の構図は、日本で最も早い国際関係論教科書の一つ、矢内原の教え子である川田侃が著した『国際関係概論』に受け継がれたと考えられる」と述べている(木畑 2011, 106頁)。実際、『国際関係概論』では、矢内原の著作が注に多数あげられている。
3) 川田は、1964年に平和と軍縮の研究グループ(東京平和研究グループ)を組織したことがIPRA参加につながったとしている。1966年にはIPRA初代事務局長レーリンク(Bert V. A. Röling)の勧めにより日本平和研究懇談会を組織してその会長に就任し、日本平和学会設立(1973年)にも携わった。
4) 川田は、戦後の矢内原演習で矢内原が、「ここに集まっている者は誰もが戦争の苦しみに堪え、あるいは直接に戦争に参加したいわば戦争の経験者ばかりだ、お互いに戦争のもつ意味をよく考えながら勉強していこう」と言って参加者を励ましたことを回想している(川田 1963, 6頁)。

**参考文献**(川田の業績については、『国際学Ⅵ』に掲載されている主要業績一覧を参照)
川田侃　1958『国際関係概論』東京大学出版会。
―――　1963「戦後の矢内原演習」『矢内原忠雄全集　第五巻　月報9』岩波書店。
―――　1967『現代国際経済論』岩波書店。
―――　1969『軍事経済と平和研究』東京大学出版会。
―――　1980『国際関係の政治経済学』日本放送出版協会。
―――　1988『国際政治経済学をめざして』御茶の水書房。
―――　1991『国際政治経済を見る眼』東京書籍。
―――　1996『川田侃・国際学Ⅲ　平和研究』東京書籍。
―――　1997『川田侃・国際学Ⅳ　南北問題研究』東京書籍。
―――　1998『川田侃・国際学Ⅵ　国際政治経済研究』東京書籍。
―――　2001『春風・秋露　一学者の回想』東京書籍。

第Ⅱ部　国際関係論

今泉裕美子　1996「矢内原忠雄の国際関係研究と植民政策研究——講義ノートを読む」『国際関係学研究』（津田塾大学）、No.23。
大畠英樹　1996「解説」川田侃『川田侃・国際学Ⅰ　国際関係研究』東京書籍。
木畑洋一　2011「植民政策論・国際関係論」鴨下重彦他編『矢内原忠雄』東京大学出版会。
酒井哲哉　2007『近代日本の国際秩序論』岩波書店。
進藤榮一　2001『現代国際関係学　歴史・思想・理論』有斐閣。
西川潤　1998「解説」川田侃『川田侃・国際学Ⅵ　南北問題研究』東京書籍。
矢内原忠雄　1963a「植民及植民政策」『矢内原忠雄全集　第一巻』岩波書店。
———　1963b「世界経済発展過程としての植民史」『矢内原忠雄全集　第四巻』岩波書店。

【Ⅱ-1　国際関係論――権力政治を超える志向】
## 2　木戸 蓊
### 社会主義国際政治論と権力政治の克服

定形 衛

## 第1節　木戸の東欧研究とその分析視角

　木戸 蓊（きどしげる）（1932～2000年。神戸大学名誉教授、日本国際政治学会理事長92～94年）は、日本の東欧政治、バルカン政治研究のパイオニア的存在であり、ソ連（ロシア）と東欧諸国の国際関係史、社会主義、民族主義に焦点をあてた諸々の研究によって学界を牽引し、日本の東欧研究の発展に多大な貢献をなした。木戸を東欧研究へと導く契機となったのは、1956年10月のハンガリー事件の勃発であり、主著『バルカン現代史』の冒頭を次のように始めている。「筆者を東欧研究に導いたものは、研究生活を志してまもない1956年秋に発生したハンガリー動乱であった。民衆を命を賭した暴動に駆り立てたスターリン時代の"社会主義"とは何かという疑問は、スターリンによってブロックから追放され、それとはまったく異質のもう一つの"社会主義"を建設しつつあったユーゴスラヴィアに対する関心に自然に移っていった」（木戸1977a, 1頁）。

　ハンガリー事件は、複数社会主義の時代におけるハンガリーの社会主義国家の建設に対し、第二次世界大戦後も「革命の司令塔」意識を拭い切れないソ連が異議を唱え武力介入したもので、社会主義諸国はもとより国際共産主義運動、社会主義研究に大きな衝撃と動揺をもたらし、対立と分裂を引き起

第Ⅱ部　国際関係論

こしていった。このような時代背景のなかで、木戸はその研究の関心を、コミンフォルムから追放（1948年）後、内政・外交において「独自の社会主義建設」の道を歩むユーゴスラヴィアへと移し、その後、複数社会主義時代におけるソ連・東欧の国際関係、国際共産主義運動の推進、社会主義政治システムの閉塞性とその克服、中ソ論争やチェコ事件など、社会主義の原理や政策の批判、バルカンにおける社会主義と民族問題へと研究の射程をひろげ、歴史研究と現状分析に裏付けられた社会主義理論の再検討が展開されていった。この間、1961年9月から62年9月までユーゴスラヴィア国際政治経済研究所客員研究員として在外研究をおこなっている。

1985年に上梓された『社会主義に未来はあるか』において木戸は、ハンガリー事件の衝撃からその後、「社会主義に対する愛着や希望と、不信や懐疑とがコインの両面のように存在し、内部でせめぎ合ってきた」（木戸 1985a, 3頁）と告白し、「本書を「社会主義」告発の書としてではなく、「社会主義」に無限の愛着を抱くものの一種の悲鳴として受け取っていただければ幸いである。ただ、そのさい、社会科学者の端くれとして、「社会主義」を身勝手な幻想と混同することはくれぐれも避けたいと念じている」（木戸 1985a, 221頁）と述べる。ここには東欧社会主義の研究者としての葛藤と苦悩をにじませながらも、研究者として客観性を追究する責任と社会主義の理想の実現にむけた希望が吐露されている。

木戸は東欧政治を分析する前提として、この地域の①歴史的、文化的な多様性、②近代化における後進性、③列強の勢力圏抗争の草刈り場、という三つの点に着目し、また、近現代を通じて東欧史における連続面と断絶面からの分析を重視した（木戸 1990a, 10頁）。1870年代の「帝国主義の時代」、第一次世界大戦、そして第二次世界大戦後の冷戦、さらに冷戦終結後といった出来事を境に連続性と断絶性を見据え、「時代の方向性」を提示せんとしたのである。別言すれば、複雑、多様な東欧政治を分析するにあたって、「歴史研究」と「現状分析」を縦糸に、国際関係、社会主義、民族主義を横糸にして東欧政治史を織りなしたといえるだろう。

また、東欧政治を見つめる木戸の眼差しは、以下のような二元的な双方向

からの分析視角に支えられていた。すなわち、民衆と権力、抑圧と抵抗、理論と実態、建前と実際、連続と断絶、歴史と現状、多様性と一体性、分離と統合、遠心力と求心力、国際主義と民族主義、親和と憎悪、短中期的と長期的（分析視座）、といった視角である。世界史全体の変動、その歴史の現段階のなかで東欧をみつめ、また東欧諸小国と民衆を内外から脅かす権力への透徹した批判をおこない、地域としての東欧、そしてそれぞれの国家内部双方に見られた分断と対立を克服する方途を示そうとしたのである。本章では上述した分析視角に注意しながら、(1)大国の権力政治と東欧、(2)社会主義的国際主義と東欧、(3)東欧国際政治の展開と民族問題の三つの観点から木戸の「東欧研究と権力批判」の足跡を振り返ることにする。

## 第2節　大国の権力政治と東欧

**東方問題と東欧**

「東方問題」は、18世紀以降におけるオスマン帝国のヨーロッパからの退却にともなって生じた列強の勢力圏獲得をめぐる権力抗争であり、バルカン半島を舞台にくりひろげられた。木戸は、第一次世界大戦勃発の序章となり、ヨーロッパ外交史における最大の問題である東方問題をとりあげるなかで、バルカンに横たわる政治的、社会的断層を描いていく。「〔バルカン半島は、〕対立、連合、分割、統合、条約、その破棄、従属、干渉、独立、紛争、仲裁、戦争、講和、その他国際関係を構成するあらゆる要因が凝縮したかたちで展開される舞台となり、諸列強のがわからする外交技術の粋が、またそれに対応してバルカン諸国自身が身につけた権力政治への条件反射的政策技術が、縦横に駆使される実験室となった」（木戸 1969b, 13頁）。

　こうした状況におかれたバルカンを、木戸は大国間の権力政治の被害者としてだけでなく、バルカン自身にもこうした状況を誘い込む素地があった点を見逃していない。「同地を紛争多発地域にする要因の一端をなしてきたのは彼らの歴史的体質なのであり、この点を抜きにしては、この地域に対する突っ込んだ理解はできない。……われわれは、列強の野蛮で身勝手な介入が

この地域の発展に刻印した消しがたい歪みを正確に指摘すると同時に、この地域の発展に内在する否定的な問題点を見据えることが不可欠である」(木戸・伊東 1987, 24頁)。

## 東西冷戦のなかのバルカンの自主外交

　第二次世界大戦後、東欧諸国がソ連の衛星圏に編入されるなか、ソ連の大国主義的な強権的支配から逃れようとする国がバルカンからあらわれた。ルーマニアの「自主外交路線」、ユーゴスラヴィアの「非同盟外交」である。木戸は両国の対外政策を、バルカンの歴史と現状のなかでとらえ、その外交の意義と同時に、脆弱性について言及する。

　ルーマニアの自主外交については、自国の利益のみを追及する過去の「機会主義」とは異なり、東西関係や中ソ関係の間にあって、その対立を緩和する役割をになうものと評価しつつ、「大国の勢力配置を利用することによって展開される技術本位の外交政策は、一般に、短期的な成功をおさめるものの、長い展望のなかでは大国の力のまえにきわめてもろい性質をもつ」(木戸 1969b, 11頁) とし、ルーマニアの指導部がこの点についてどれほど自覚的なのか、と警告を発した。また、「ルーマニア外交はバルカンことにルーマニアの政治家に特有の、大国に対する現実主義的なバランス感覚に源を発するもので」、こうした感覚が大国の利害渦巻くバルカン半島でのこの国の独立と発展を支える有力な武器となってきた一方、「対外的な方向感覚の極度の敏感さは、この国に大国の圧力に脆弱な体質を与えてきたし、また内政面での閉鎖性と不透明さを育て、この国に対する一般的な誤解の一因を作ってきた」(木戸 1977b, 231頁) との指摘を忘れていない。

　次にユーゴスラヴィアの非同盟外交について、木戸はルーマニア外交とは異なり、ユーゴスラヴィア外交がソ連外交を機能的観点から「覇権主義」ととらえたことに注目した。つまり、ユーゴスラヴィアは中国のようにソ連外交を「社会主義的帝国主義」などと規定することはしなかったのである。そして、ユーゴスラヴィア外交の特徴として、第一に非同盟路線選択の動機がソ連覇権主義との対決にあり、その点でアジア・アフリカ諸国の多くが西側

の植民地帝国からの独立を非同盟の動機とするのと異なること、第二に、この国が主観的にも客観的にも社会主義世界の一員であること、第三に、以上の二つの点から理論、実践において不均衡が生まれていると指摘した。つまり、ユーゴスラヴィアはイデオロギー的、政治的にソ連に近いゆえに、かえってソ連の強い圧力の対象となっており、ソ連と類似の言葉でソ連の覇権主義阻止を最大の目標とする政策を語らざるをえないと述べている（木戸 1983, 36頁）。

## 第3節　社会主義的国際主義と東欧

**複数社会主義と国家間関係**

　第二次世界大戦後の東欧における社会主義政権の成立は、複数社会主義時代の到来を告げ、社会主義諸国間には外交関係が成立することになった。とりわけソ連による東欧への「力の介入」は、「大国主義」ともよべるソ連中心主義、コミンテルン時代の革命の司令塔を依然任じていることのあらわれであった。ユーゴスラヴィアのコミンフォルムからの追放、ハンガリー事件、ポズナニ暴動、チェコ事件、ポーランド危機などがあげられる。「戦後の東欧の悲劇は多様なヨーロッパ的伝統を持ったところに、ロシアの官僚的な政治経済システムが無条件で持ち込まれたところ」にあった（木戸 1981, 6頁）。

**ユーゴスラヴィアの自主管理社会主義**

　コミンフォルム追放は、ユーゴスラヴィアの共産党がパルチザン闘争における勝利を基盤に近隣諸国とのバルカン連邦構想を打ち出したこと、またソ連に先んじて東欧の旧枢軸国と友好協力条約を締結したことなどがスターリンの逆鱗に触れた結果であった。主権国家同士の対等な外交関係にソ連が異議を申し立てたのである。経済的、軍事的、イデオロギー的危機に直面したユーゴスラヴィア指導部は、ソ連社会主義を「国権主義」ないし官僚主義、対外的には帝国主義の現代版である「覇権主義」に転化したという理論を打ち出し、それに対置する形で独自の「自主管理」社会主義を提示した。

ユーゴスラヴィアの独自の社会主義路線について木戸は、「ユーゴスラヴィア社会主義は、出発点において非常にプラグマティックな形で形成されたため、一方では困難な諸条件のなかでも決定的な挫折を経験しなかった反面、他方、理論的にも機構上も未整理な、中途半端な要素をきわめて多く残しており、その正確な問題点の摘出を、外部からだけでなく、内部においても困難にしている」（木戸 1969a, 227 頁）と述べる。

しかし同時に、「社会主義の理論と実際の面で、ユーゴスラヴィアが既存の社会主義に与えた衝撃は大きいといえる。一言でいえば、労働者の自主管理を基軸にして、国家の死滅の課題に直接こたえていこうとするひとつの実験が、そこでは進められつつあるといえよう。プロレタリアートのための社会体制をプロレタリアートによるそれに変革する鍵は、まさに国家の死滅の展望を切り開くことにあるのであり、ソ連型社会主義も中国型のそれも、その意味で未来の社会主義像をになう可能性を喪失していると思われる」（木戸 1969a, 196 頁）と評価した。

### 「プラハの春」挫折

56 年のハンガリーにつづく 1968 年 8 月の「プラハの春」へのワルシャワ条約軍の武力介入について木戸は失望の色を隠さなかった。「ソ連指導者の一枚岩幻想を抜きに理解が困難である。社会主義諸国間の分裂と対立にナショナリズムが介在していることはたしかであるが、しかし、それをのっぴきならないところまで追いつめてきたさらに重要な要因は、分裂と対立が社会主義にとって無縁であるとする思想と政策なのであり、そういう思想と政策を支えてきた過去の社会主義の閉鎖性と後進性なのである」（木戸 1968, 9 頁）。

そして 20 年先を予見するかのように、「「プラハの春」の挫折は、社会主義の再生もやはり一国の規模では実現しえないことを証明した。社会主義がみずから招いた「反革命」の幽霊におびえ、閉鎖的な、受け身の姿勢をとることをやめ、「マルクスの考えた理想」に向かって積極的な開放性を回復するためには、「東欧の春」が大国の戦車群も手が出せないほどの規模で開花

することが必要であろう。……そのための展望は、東欧諸国民が世界政治の構造に目を向けることを通しておたがいの共感を回復し、それを支えとして、身勝手なドクトリンに示された大国の権力政治的行動原理と、またそれと同じレベルの自国官僚の「一国社会主義」的な行動原理とを、ともに乗り越えることによってのみ開けてくるように思われる」（木戸 1972, 63 頁）と述べたのであった。

## 「ポーランド危機」とヤルゼルスキ

　ポーランドにおける自主管理労組「連帯」への国民の支持と1980 年の政労合意の成立は、党権力の支配を受け入れない労組の誕生であり、様々な政治的自由が認められたことは、党権力自体の失墜の結果として、ソ連圏指導部にとっては大異変と映った。しかし、翌 81 年における政労合意の破綻は、全国各地におけるストの拡大によって危機状況を一気に加速させることになった。ヤルゼルスキは 81 年 12 月 13 日、ソ連軍の介入が刻々と迫るなかで戒厳令の施行を決断し、介入を未然に防ぐとともに、連帯活動家の拘禁とすべての通信、交通の遮断、政治的自由の停止を実行に移した。

　ヤルゼルスキに対しては、ソ連の圧力に屈した、あるいは「ソ連の代理人」などの批判が聞かれたが、木戸は、「わが国は深淵の縁にある。これこそポーランドが自分たちの問題を自分で解決する最後の機会なのだ」とのヤルゼルスキの真摯なる言に耳を傾けた。「わが国を含む世界各地で「強権反対」「逮捕者の釈放」を要求する気運が高まっていることに共鳴を覚える。しかし同時に、「強権」の背後にある必死の選択と、それがゆえの悲劇性を見落とす言動は、無責任ばかりか、ポーランドの国民を確実に内戦と介入の「深淵」の方向へ押しやることになりかねないと思う」（木戸 1982c, 78 頁）。

　さらに木戸は、ポーランド危機の現状分析の過程で大きな歴史の流れを感得していた。「人間のコントロールを離れた、より大きな力みたいなものがあるいは歴史を動かしていて、われわれはそれに立ち会っているかもしれない。大げさなことをいえば、たとえば 1789 年とか 1848 年とか、あるいは 1917 年のような大きな転換を世界はいま遂げつつあって、ポーランドがその一つ

のきっかけであるというか、早すぎた表れであるのかもしれない」（木戸 1982 b, 13 頁)。ここで指摘しておきたいのは、危機がいくども押し寄せるなかで強権支配に閉ざされてきた東欧政治の分析において、木戸が時間的なパースペクティブを喚起し、歴史的波動の見極めを強調している点である。

## 東欧革命と「社会主義の終焉」

　89年の東欧革命を「市民革命」としてとらえる木戸は、その市民を支えた根本的動機について「屈辱感」をあげている。「八九年の東欧急変の背後には、個人個人の存在が国家の運営とは無縁の、「耐えがたく軽い」（ミラン・クンデラ）ものとなっていることに対する深い屈辱感があった。……〔東欧の激変は、〕東欧市民の屈辱感の累積がそれをもたらしたという意味で、その変革は基本的には内発的なものであったことを、ここで確認しておきたい」（木戸 1990b, 94 頁）。

　また、東欧革命後の「社会主義の終焉論」の登場については、以下のように述べている。理念としての社会主義は資本主義生成期の専横、収奪、貧困といった諸悪に対抗して、人間の解放、平等、労働条件改善等を目指すさまざまな主張や提案の形をとって出現したもので、社会主義の理念や運動は永続的な生命力を持って今後も生き続けていくだろうとし、さらに、「一九八九年以降の東側世界の崩壊について、社会主義の敗北、資本主義の勝利と批評する向きがあったが、それは「体制」のみに目を奪われた皮相な見方であり、重要なのは、社会主義の体制のみを非難することではなく、社会主義の原理、運動のうち、どういう側面が崩壊した体制に結びついたのかという点を検討することである」（木戸 1992, 1 頁）。

　こうした転換点に直面する東欧にむけて木戸は、歴史のまえに謙虚であれと訴える。「スターリン主義の拘束服から解放されたとはいえ、これらの国がその歴史的伝統から離れて、自由に政治・経済体制を選べるわけではない。東欧諸国の国民に必要とされるのは、過去にみられた権威主義や民族主義が再生し、この地がヨーロッパの混乱要因となったり、国際対立の発火点となったりすることのないよう、冷静な歴史的学習を民主化過程に織り込んでいく

ことであろう」(木戸 1990a, 223 頁)。

## 第4節　東欧国際政治の変容と民族主義

**東欧における民族運動の展開**

　前述したように「東方問題」は、帝国主義列強によるバルカン半島の蚕食を導いたが、これに刺激されて現地では、端緒についたばかりの民族運動が独立国家建設への希望を促していった。しかし、ここでの民族運動は、民衆の熱狂に支えられたというより、その担い手は社会上層部の商人等であり、諸列強の権力闘争と密接に結びつくことで列強の介入に独立過程が依存するものであった。また、「大セルビア主義」「大ブルガリア主義」「大ルーマニア主義」と呼ばれる中世の帝国や王国の栄光の再現が掲げられたため、それが相互間の激しい対立となって現れたのである（木戸 1984, 53-54 頁）。列強の帝国主義的進出、現地の民族運動、オスマン帝国の後退という三つの政治力学がバルカンで激しく交錯した。

　民族問題は、東欧の社会主義政権の成立において従来とは異なった様相を呈することになる。つまり、社会主義イデオロギーのもとで民族問題は解決済み、克服されたものとして不問に付され、それがかえって民族問題を温存することになった。他民族に対する怨念や憎悪は人びとの意識と記憶のなかに深く沈潜していった。木戸は社会主義国家の民族対立を以下のように説明している。「共産主義の歴史のなかで、民族対立が消滅するどころか、むしろ遍在化してきたことの背後には、社会現象のすべてを階級闘争の観点から意味づけようとする、単純な歴史観と社会観があった。そして共産主義体制が宗教、民族のような精神的自立性を保持する根拠を民衆から奪ってきたことが、体制の正統性を喪失させるとともに、諸民族の一斉の蜂起をもたらしたのだといえよう」（木戸 1991a, 7 頁）。

**「社会主義の終焉」と民族問題**

　「社会主義の終焉」はその体制下で否定され、不問に付されてきた民族主

義の再登場を促した。社会主義体制の崩壊は、「民衆にとって解放であったが、同時にそれまで慣れ親しんできた生活の喪失でもあった。人びとは新しい精神的拠りどころ、いちばん身近で理解しやすい民族主義に求めた」（木戸 1992, 51頁）。

また、社会主義終焉期には、民主化と民族の主体化がソ連や東欧での「歴史の見直し」が進行した。その多くが社会主義時代の民族間関係についての見直しであったが、木戸はこれに関し、「民族の記憶」の客観的根拠が稀薄であり、それが情緒や感覚に左右されやすいゆえ、多面的な評価、見直しの観点を強く求めた。「歴史の見直しが、否定的な現象に対してだけでなく、過去の社会主義の足跡に対するトータルな否定に流れがちであることについて、過去があまりにもグロテスクであっただけにやむをえない面があるとはいえ、現時点でより正確な位置づけを試みておく必要があるのではないだろうか」（木戸 1991b, 138頁）。

さらに、木戸は民族がモザイク状に混住する例の多い、東欧、バルカンでは、民族自決は領土を画定する線引きではなく属人的な歴史的、文化的自治によって保障される方法、言いかえれば民族の権利を土地ではなく個人に認める立場こそ現実的であると問題提起する。「境界の変更とともに凄惨な民族的復讐が行われることは、すべての東欧地域にわたっての歴史的慣行であったといえよう。……その意味では、かつてオーストリア・ハンガリーで進められていた諸民族の文化的対等化への忍耐強い協議を現在、ソ連・東欧の諸民族、ロシア人はもちろん中小民族も含めて、すべてが、想い起こす必要があるのではないか」（木戸 1991a, 8頁）。

### ユーゴスラヴィアの民族紛争

91年にユーゴスラヴィアから離脱する独立宣言を発したスロヴェニア、クロアチアでは連邦軍との間に内戦が開かれ、その後10年にわたってユーゴスラヴィアは民族紛争という暴力的解体の過程にとらえられることになった。これに関する木戸の論考は、主として紛争初期のスロヴェニア、クロアチアにおけるものに限られているが、民族間対立の直接的背景として、「全

【II-1　国際関係論——権力政治を超える志向】2　木戸 蓊

体を貫くもっとも主要なモメントを一語で表せば、ルサンチマンだといえるのではないだろうか。……ここ二、三年のユーゴスラヴィアの民族対立は、歴史的な「民族の記憶」の復元にその主たる起源を持つものであり、その意味でまさにルサンチマンの現われだと思われる」（木戸 1991b, 137-138頁）と指摘していた。

　また、99年のNATOによるコソヴォ空爆に関しては、『世界』誌上の対談のなかで「〔コソヴォ〕問題が発生した歴史的、具体的な条件あるいは文化的な条件をどうみるかが解決への手続きとして大変重要だ」（木戸・松井・植田 1999, 186頁）と強調するとともに、「アメリカやイギリス等のジャーナリズムが非常に固定的な判断基準を持ってこの問題に対処していることに最大の問題を感じています」、「紛争の解決のためには、国際社会がアルバニア人、あるいはセルビア人のあいだの多様な考え方を探って行く必要があります。報道も含め一方的な価値基準の押しつけだけでは、結局、紛争がどんどん泥沼化していって、地上戦争、内戦というような事態になりかねません」（木戸・松井・植田 1999, 189頁）と述べ、紛争の背景にある歴史的、文化的条件を考慮した複眼的理解の必要性を訴え、ジャーナリズムの画一的「セルビア悪玉論」を批判した。

## 第5節　おわりに

　木戸が東欧社会の特徴として、多様性、後進性、大国の草刈り場、の三つをあげたことは上述した。東欧が大国権力政治の草刈り場となったことはすでに述べたが、東欧の歴史的、文化的な多様性については、それは東欧史に彩りをあたえるものではあるが、他方でそれが野放しにされるとき、容易に対立と反目の要因にもなりうるのである。多様性をもつ東欧に、多文化主義、地域的連邦構想、多極共存の政治システムが根づかないのも一つの事実として受け止めなければならない。また、経済的後進性についても、東欧社会は社会主義時代に工業化を上から推し進めた結果急速な近代化を成し遂げたのであるが、旧態然の重工業に特化し、また70年代以降産業の情報化に立ち

遅れたことで、世界経済における位置をふたたび後退させ、今日の経済のグローバル化とEU参入後においても西欧との格差は歴然としている。

　本章で紹介してきたように、木戸はその東欧研究において、大国間権力政治、社会主義、民族問題という国際政治の主要課題を横軸に、「歴史研究」「現状分析」を縦軸にして分析を進めてきた。そのきめ細かな分析は、独自のすぐれた均衡感覚と異質なるものへの誠実さに支えられ、大国間国際政治、社会主義国際関係、民族主義にあらわれた権力批判を正面に据え、社会主義の実態と理論上の問題点を鋭く衝いたものとなっている。

　最後に木戸が国際政治研究を目指す学徒に贈った言葉を紹介しておこう。「複雑で多面的な国際政治を評価するには、当事者の主張や社会の風潮を簡単に受け入れることなく、……事態の背後にある異なった解釈の体系を考慮に入れ、つねに均衡感覚を失わないことが必要なのである。それと同時に、世界の動きの底流には、そうした均衡のとれた評価をさらにはみだし、新しい展開へ流れていこうとする要因が含まれている。その意味で均衡感覚の達成と、同時にそれを超える景気の追及という緊張に満ちた作業を、国際政治の学徒は求められているといえよう」(木戸 1985b, 84頁)。

　東欧へのEU、NATOの拡大、体制転換をへた東欧における民主化と市場化の実態、コソヴォの平和構築と独立宣言などを木戸がその目でみることはなかったが、私たち残された者は木戸の提示した分析視角をさらに深め、東欧の多様性、後進性、大国介入の新たな側面を、世界史の今日的な変動過程のなかで考察していかなければならない。

**参考文献**
木戸蓊　1968「国際共産主義運動の統一条件」『朝日ジャーナル』1968年9月8日。
――――　1969a「ユーゴスラヴィアの「社会主義的民主主義」」『講座マルクス主義10』日本評論社。
――――　1969b「「バルカン外交」の過去と現在」『国際問題』No.116、1969年11月号。
――――　1972「東欧はどこへ行く」『アジア』第7巻第6号。
――――　1977a『バルカン現代史』山川出版社。
――――　1977b「地揺れする東欧は訴える」『中央公論』1977年5月号。
――――　1981「社会主義政治のありかた」『社会主義と労働運動』第5巻第12号。

――――― 1982a『東欧の政治と国際関係』有斐閣。
――――― 1982b（討論）「またもや挫折した自己変革の試み」『朝日ジャーナル』1982年1月22日号。
――――― 1982c「ヤルゼルスキ将軍の選択」『世界』1982年2月号。
――――― 1983「ユーゴスラヴィアの非同盟運動」『海外事情』第31巻第7・8号。
――――― 1984「バルカン半島の民族運動」『海外事情』第32巻第9号。
――――― 1985a『社会主義に未来はあるか』三嶺書房。
――――― 1985b「国際政治と均衡感覚」『国際政治学入門』日本評論社。
――――― 1990a『激動の東欧史』中央公論社。
――――― 1990b「「脱帝国」のアンビヴァレンス」『世界』1990年10月号。
――――― 1991a「東欧における民族主義の再生――分離と統合のダイナミズム」『Φfai』No.20、1991年5月号。
――――― 1991b「連邦から「連合」へ――共生の課題」『世界』1991年6月号。
――――― 1991c「大国間の異質な磁場が形成される気配」『朝日ジャーナル』1991年10月1日号。
――――― 1992「社会主義――「総論」への一つの接近」『国際政治』99号。
木戸蓊編　1989『講座国際政治③　現代世界の分離と統合』東京大学出版会。
木戸蓊・伊東孝之編 1987『東欧現代史』有斐閣。
木戸蓊・松井芳郎・植田隆子　1999（座談会）「ユーゴ空爆は正しかったか」『世界』1999年6月号。
木戸蓊・皆川修吾編　1994『講座スラブの世界⑤　スラブの政治』弘文堂。

【Ⅱ-1　国際関係論——権力政治を超える志向】
# 3　馬場伸也
## アイデンティティ研究と国際関係論

戸田真紀子

## 第1節　馬場伸也の研究の意義

　バックネル大学（米国）、マギル大学（カナダ）、津田塾大学、大阪大学で教鞭をとった馬場伸也（1937～1989年）は52歳という若さで急逝したが、国際政治学の理論研究、平和研究、トランスナショナル研究、NGO研究、カナダ研究の分野の先達として、そして、日本国際政治学会理事（1978～89年）、日本カナダ学会初代会長（1978～80年）、日本平和学会会長（1987～89年）を歴任するなど学会運営への貢献を通して、日本の国際関係論の発展に寄与した。また、日本人が国連で活躍する必要性を熱く語り、大阪大学での実質5年間の大学院教育の間に（1985～89年）、7名もの国連職員を輩出したこともあわせて強調したい。

　没後25年が過ぎたが、先達としての馬場伸也の研究から、私たちが学ぶことは未だ多い。表0-1（本書序論）に明らかなように、馬場の研究活動期は冷戦期であり、平和な世界を作るために研究者は何をすべきか、市民は何ができるのかということを馬場は常に問うていた。そして、米国の軍事力に頼らずとも平和な世界の構築が可能であるという前提から、リアリストに同調せず、大国中心主義を批判し、カナダのような「ミドル・パワー」の役割に期待をかけていた。また、カナダの「二言語・多文化主義」の行方に注目

し、冷戦後に激化する世界の民族紛争研究への視座も与えた。

さらには、民衆の力を信じ、国家以外のアクター、とくにNGOの役割に注目し、研究対象とするだけではなく、実際にNGOの活動にも関わり、行動を伴う研究者であろうとした。そして何より、抑圧された人びとのアイデンティティ、歴史、文化の重要性を認め、「アイデンティティ理論」を提唱したのである。

9・11以降の「テロとの戦い」において、米国とその同盟国は、「テロ集団」とみなした勢力に対して徹底的な武力弾圧を行う一方で、貧富の格差があまりにも拡大したため「テロリスト」の予備軍がいくらでも補充されるという現実を放置している。「人間の尊厳」を否定された人びと、「自己の存在証明」を渇望する人びとに生きる希望を与えようとしないリアリスト主導の国際社会を目の前にして、馬場が希求した「福祉国際社会」への道筋を今一度問い直してみたい。

本章では、主流派の国際政治学研究に疑問を呈した馬場の研究から3点を取り上げる。一つは、国家中心、パワー・ポリティックス中心の国際政治学に対する批判である。馬場は被支配者の側から国際政治を捉えなおす視点をもっていた。二つ目は、安全保障一辺倒ではなく、人びとの日常の生活を守ることを存在意義とする国際政治学の研究姿勢であり、馬場は「人類益」という価値観と「福祉『国際社会』」という選択肢を提示している。三つ目は、米国の理論を単純輸入することへの批判であり、馬場独自の「アイデンティティ理論」を紹介する。日本では1990年代からコンストラクティヴィズムが第三の理論として紹介されはじめたが、人びとの生活の背景にある独自の歴史や文化を考えることが国際政治学に必要であると、早くも1970年代に馬場が提唱していたことにも注目してほしい。

## 第2節　馬場伸也の研究活動と研究成果

### 研究関心の深化
〈外交史からアイデンティティ理論へ〉

　馬場は自己の専門を「国際社会学<sup>1)</sup>」としていたが、修士論文も博士論文も外交史の論文であり、*Pacifism in Japan : The Christian and Socialist Tradition*（Bamba and Howes eds. 1978）の著者紹介では"Japanese diplomatic and intellectual history"の専門家としている。外交史の専門家が、どのようにしてアイデンティティ理論の構築にまで辿り着いたのだろうか。

　まず、馬場は、外交史を研究するなかで（馬場1972で取り上げている幣原外交と田中外交の比較を通して）、ナショナル・パーソナリティ<sup>2)</sup>やナショナル・アイデンティティ（国家的アイデンティティ）の分裂の問題に直面するようになった。馬場によれば、統一されたナショナル・パーソナリティをもたない時代が到来したため、自己と国家をアイデンティファイするときに、国家のどの要素とアイデンティファイするかで、二つのナショナリズムが生まれるようになった。一つは、自国を強大な国家にすることを求める「近代主義的ナショナリズム」であり、もう一つは、文化や伝統を維持促進しようとする「伝統主義的ナショナリズム」である。馬場は、この二つのナショナリズムの対立を「ナショナル・アイデンティティの分裂」と呼んだ。そして、「いかなるナショナル・アイデンティティを持つ人が、その国の外交指導権を握るかによって、国家の究極目標や外交理念」そのものが大きく変化することになると結論づけている<sup>3)</sup>（馬場 1973, 198-200頁）。

〈社会学、心理学、文化人類学との出会い〉

　米国では、外交や国際関係論の分野に、歴史学と政治学だけではなく「社会学、心理学、社会心理学の方法論をとりいれて」分析を試みる研究者が現れてきた。「外交指導者のパーソナリティの問題、客観的外交国際事象（objective world）の主観的認識（subjective perception）の問題、政策決定者間の人的・心理的関係の問題、社会心理または社会情況（social milieu）の問題な

どが外交政策および国際関係に与える影響の究明が見逃されがちであった」ため、「外交史研究と心理学の交流、国際関係論と社会学、文化人類学の出会いが、頻繁に行なわれるようになってきた」のである（馬場 1973, 193-195頁）。馬場自身、歴史学や国際政治学だけではなく、社会学や心理学、文化人類学を学び、その成果を研究に取り入れている。

〈国際社会学の必要性〉

馬場が「国際社会学」という学問分野を重視したのは、「国際社会を一つの社会と捉え、そのなかで起こる問題を考えていくことが必要」だったからである。国際社会学には①「国際社会・学」（単なる国家間関係だけではなく、国際社会を一つの共同体と捉える）と②「国際・社会学」（国際関係を社会学的アプローチで分析する）という二つの側面がある。

小井土彰宏は、国際社会学における馬場の貢献を次のように紹介している。「国際社会学の黎明期である1970年代後半、日本の社会学は未だに一国的な産業化のパラダイムに拘束されていた。……この時期の日本の社会学の主要な国際的広がりでの関心は、国民国家の発展・変動の多様性を探る比較社会学的な研究であったといえよう。しかし、このような多数派に対して、津田塾大を拠点とした研究者集団、特にケベック問題に取り組んだ馬場伸也氏は、このようなnationを自明視したアプローチからいち早く離脱していった。この馬場氏との交流の中で……その後をリードしていく国際社会学者たちが自らの研究スタイルを形成してきた……。もちろん、これらの社会学者の関係以前に、上智大学の故・鶴見和子をめぐるつながり、馬場氏と海外で影響を与えあった平野健一郎（政治学）、栗原彬（社会心理学）の間の共鳴関係など、多角的・領域横断的な社会的知のネットワークがあったことも忘れてはならない」（小井土 2010, 88頁）。

### 研究姿勢

馬場の研究姿勢は、大きく分けて以下の5点にまとめられる。

① 人間主体の観点をもつこと

核拡散、人口爆発、食糧・資源の枯渇、貧富の格差の増大、地球生態学的

危機、ナショナリズムの勃興という有史以来の危機を前にして、「人間復興」の学問が必要であるにもかかわらず、「国際政治学では依然として行動科学主義、計量分析、システム理論、政策決定論といったような研究が大勢を占めている」ことを馬場は問題視した。「もっと人間主体の観点から国際政治学の基本的かつ究極的問題」に取り組むことが必要であり、「「人はなんのために生き」、「なにを求めて生きようとしているのか」という人間存在そのものの根源から発想を展開し、研究の究極目標は、やはり、「人間の尊厳をいかにして保障するか」という点に設定しなければならない」として、「個人の「生の証」から人類の福祉達成に至る、「人間中心」の国際政治学の構築」を宣言したのである（馬場 1980, i-iii 頁）。

②弱者からの視点をもつこと

　馬場は常に、強者（大国）の側からではなく、弱者（中小国、非国家行為体、草の根の人びと）の側から国際政治を見ようとしていた。米国発の国際政治の見方は強者の発想であり、「被支配の側から国際政治の画像を改めて捉えなおしてみることも必要である」と主張する。そして、「中・小諸国の立場からすれば、国際政治の力学を解明するには、アイデンティティ理論を導入することが望ましい」として、アイデンティティ理論の優位性を強調している（馬場 1980, 192-193 頁）。

　また、馬場は、大国ではない「ミドル・パワー」としてのカナダの役割に注目し、ピアソンやトルドーの業績を評価していた。また、ケベック問題では、マイノリティの側に立って分析し、「ミーチ・レークの合意」に期待していた。

③「国家間」の「政治」しか見ない国際政治学からの脱却

　国家中心の国際政治学に異議申し立てを行い、「トランスナショナル（脱国家・超国境）研究」、「NGO 研究」の必要性を訴えた。そして、地域主義や市民社会の運動に期待した。

④米国の理論の「単純輸入」への批判

⑤思想を行動に移した研究者

　馬場は NGO でも活動し、とくに、アムネスティ・インターナショナルと

シャプラニールの活動を大切にしていた[4]。

## モーゲンソーのパワー理論に対する評価

　馬場は、国際政治学という新しい分野を開拓した功績者として、モーゲンソーを評価した。また、「赤裸々な権力闘争のほか何ものでもなかった第二次世界大戦直後、世界一の超大国にのしあがったアメリカ合衆国でH.J.Morgenthauが、国際政治の一般理論として、パワー・ポリティックスを提唱したのは理の当然」として、その著作（*Politics among Nations*, 1948）の持つ時代性を強調していた。

　しかし、馬場にとってモーゲンソーは、①国際政治学の中心テーマを権力闘争の分析と考え、②「国家はいかなる国家といえども、自己の勢力拡大を図ろうとしている」というテーゼを歴史的に例証しようとし、③人間は本質的に権力を追求する動物であり、その凝集である国家は当然権力を追求するため、パワー・ポリティックスこそ現実政治そのものであると考えた研究者であった。

　馬場は、こういったモーゲンソーの理論には平和構築のパラダイムが見えないとし、「どの国も権力の追求を至上としている」というモーゲンソーの主張に疑問を呈した。馬場は、ほとんどの中・小諸国の多くは「権力志向がないか、もし仮にあっても、その能力をもちあわせていない」と考えていた。

　また、モーゲンソーの「パワー理論」が「行為が求めようとしている意味」や「行為の背景となる動機」を考えていないことも批判している。中・小諸国が大国、超大国の「支配や抑圧から自立し」自国の主張を認めさせたいと願う背景には、「消極的には自国の「存在理由」、積極的にはその「存在証明」を中・小諸国が希求していること」があり、他方、大国・超大国の側が「彼らの価値観や世界観を世界中に浸透」させようとしていることも「彼らなりの「存在証明」」であるとして、「パワー理論」よりも「アイデンティティ理論」が有効であると主張している（馬場 1981, 174-175頁）。

## アイデンティティ理論の提唱

　馬場が提唱したアイデンティティ理論における「アイデンティティ」とは、単に何かにアイデンティファイするという段階を超えて、「歴史における自己の存在証明」という高みにまで上る概念である。[5]

〈権力の追求とアイデンティティ〉

　初瀬龍平は『アイデンティティの国際政治学』の書評のなかで、「集団のアイデンティティの追求は運動レベルの概念であり、一たん確立したあとの集団のアイデンティティは制度として権力的側面をもたざるをえないのではないか」という疑問を呈しているが（初瀬 1981）、この疑問は、のちにメアリー・カルドーが「新しい戦争」の特徴とした「アイデンティティ・ポリティクス」の概念とも通じるものがある。カルドーは「アイデンティティ・ポリティクス」を「民族、氏族、宗教や言語であれ、ある特定のアイデンティティに基づく権力の追求を意味する」と定義したが（カルドー 2003, 9頁）、このカルドーの定義のなかの「アイデンティティ」は、馬場の考える「アイデンティティ」ではない。馬場の考える「アイデンティティ」は権力を志向せず、対立の原因とならないからである。馬場は次のように説明している。

　　ある人や国家が、自己主張を絶対としたとき、それはたちまち権力志向に変貌します。真のアイデンティティ確立の要諦は、自己と他者との関係、あるいは自己存在の「閉された」側面と「開かれた」側面との間に、価値の相対性を認めることです。（馬場 1981, 179頁）

　馬場が国家中心の国際政治学を批判したことについては、当時の時代背景が大きく影響していると考えられる。年表Ⅱ-1-3-1に示したように、『アイデンティティの国際政治学』に収録されている論文が発表された1970年代は「超大国が武力で権力や影響力を弱小国に押しつけにくくなった時代」であった。馬場は、中・小諸国の自立志向とアイデンティティの模索は「時代の精神」であるとし、「現代の国際政治学には、モーゲンソーの権力理論やシンガーらの影響力理論にもまして、アイデンティティの理論が必要である」

と主張した（馬場 1980, 197-198 頁）。

　馬場は、「アイデンティティ」の主体を①個人、②集団、③地域、④国家、⑤超国家の五つとし、さらに『地球文化のゆくえ』（馬場 1983）では、「文化的アイデンティティ」についてまとめている。

　「文化的アイデンティティ」とは「ある文化の側面を己れが希求する価値と一体化し、その文化創造の『主体』たろうとする精神作用」であり、三つの次元に分かれる。一つ目は「国家の文化的アイデンティティ」であり、本来は、支配文化の伝統が外交の究極目標・国家理念（存在証明）に影響し、各国の外交の基本路線が決定されるのだが、現実には統一された「国民性」はなく、「文化的アイデンティティの分裂」が起こっている（第1節参照）。二つ目は「地方の文化的アイデンティティ」であり、例として、横浜市海外交流協会、北海道（北方圏構想）、沖縄（南方圏構想）、広島・長崎（ノーモア・ヒロシマ、ノーモア・ナガサキ、ノーモア・ヒバクシャ）、京都市（1978 年秋、世界文化自由都市）、地方自治体国際組織（IULA）が挙げられている。毎日新聞記事「地方の国際化がはらむもの」（馬場 1982b）には、地方の国際化によって、日本の国際化が推進され、日本の国家主義や軍事化、右傾化に歯止めがかかるという期待が述べられている。三つ目は、「超国家の文化的アイデンティティ」であり、具体例として、国連環境計画（UNEP）や世界宗教者平和会議などが挙げられている。

## 第3節　馬場伸也の平和論の推進力

　馬場は平和研究の分野において、「福祉国際社会」や「人類益」という概念を提唱している。「人類益」の説明として、①核兵器を含むすべての軍備と戦争からの解放（永遠平和の確立）、②飢餓や貧困からの解放（全人類の経済的福祉の確立）、③環境破壊からの解放（自然と人間の調和の確立）、④人間性の解放（人格の尊厳の確立）の4点と「すべての国家間に支配や抑圧のない絶対的平等の原則が樹立されること」を挙げ、「これらすべてを成就してはじめて福祉「国際社会」が構築されたといえるし、積極的平和がこの

地球上にもたらされたともいえる」としている。そして、「人類益」を促進する原動力として、NGO の働きに期待を示している（馬場 1989, 12 頁）。

**田畑憲法学・平和主義との出会い**

　馬場がこのような平和論を構築するに至った背景としては、まず、同志社中学から大学までの恩師である田畑忍（憲法。同志社大学学長）の影響が大きい。田畑憲法学は「反権威・反権力にもとづく、平和主義に貫かれて」おり、「歴史発展は常に反権力・被抑圧者の側にある、ということも教わった」。そして、「ものには常に裏と表がある。国際政治においても、大国・超大国の動きに焦点をあわせれば、パワー・ポリティックスが目立つが、中・小諸国の側からすれば、抑圧からの自立志向として、同一現象を掌握できないか」という視点やマイノリティの側に立つ姿勢の「土台には、同志社教育と田畑憲法学・政治学がある」と明言している（馬場 1982a）。

　田畑忍を通じて、田畑茂二郎（国際法。京都大学教授）とも親交をもつようになった。家永三郎（日本思想史。東京教育大学）とは、家永の『日本思想史における否定の論理の発達』について書評（馬場 1976）を書いたことから、手紙のやり取りをするようになった。

**米国やカナダでの個人的体験**

　こういった平和論者との交流に加え、米国やカナダにおいて、1950 年代末からの公民権運動や女性解放運動などの「新しい社会運動」、ベトナム反戦運動、学生運動、カウンター・カルチャーなどを経験したことも、馬場の平和論に大きな影響を与えている。年表Ⅱ-1-3-1 では、馬場が滞在した時代の米国社会とカナダ社会の動向も示している。

【II-1 国際関係論——権力政治を超える志向】3 馬場伸也

年表 II-1-3-1 馬場伸也と米国・カナダ社会の動向

| 年 | 馬場伸也の所属 | 米国社会・カナダ社会の動向 |
|---|---|---|
| 1959 | 同志社大学大学院法学研究科修士課程を退学し、10月、シカゴ大学政治学部大学院入学 | モーゲンソー・シカゴ大学教授（1943～71） |
| 1961 | シカゴ大学大学院修士課程修了<br>カリフォルニア大学（バークレー）博士課程入学 | |
| 1962 | カリフォルニア大学日本・韓国研究所助手（9月） | |
| 1963 | | ワシントン大行進（米、8月）<br>ピアソン首相就任（加、～68） |
| 1964 | | 公民権法。キング牧師、ノーベル平和賞受賞。トンキン湾事件。カリフォルニア大学バークレー校の「言論の自由闘争」 |
| 1965 | | 北爆開始（ベトナム戦争） |
| 1966 | カリフォルニア大学博士課程修了（5月31日）<br>バックネル大学歴史学部専任講師（9月～68年1月） | 全米女性機構（NOW）設立 |
| 1967 | | 10.21 反戦デモ<br>ワシントンでは15万人が参加 |
| 1968 | カリフォルニア大学日本・韓国研究所専任研究員（2月1日）。9月、マギル大学歴史学部助教授（1971年10月から1974年春まで津田塾大学と兼任） | キング牧師暗殺（4月）。トルドー首相就任（加、～79）。バークレーのPeople's Parkで学生・ヒッピーに対し催涙弾 |
| 1969 | 「1万人ちかくのフランス系学生がカナダのハーバード大学といわれていた『マギル大学をフランス語系にしろ』と叫びながら私の勤めていた大学を包囲した」（馬場 1980, 23頁）<br>公用語法 | |
| 1970 | 5月、博士号（歴史学）（カリフォルニア大学（バークレー）） | 「十月危機」（ケベック解放戦線による要人の拉致・殺害） |
| 1971 | 津田塾大学学芸学部助教授（10月1日） | トルドー首相、多文化主義宣言 |
| 1973 | マギル大学歴史学部準教授（1月1日） | |
| 1975 | 津田塾大学学芸学部教授（10月1日） | ベトナム戦争終結 |

出典：参考文献より筆者作成。

第Ⅱ部　国際関係論

## 第4節　民衆の力をどのように評価するか

**民衆の力を信じたことによる冷戦終結の予想**

　馬場は、1980年代の米ソ対立（1979年12月ソ連のアフガニスタン侵攻、1981年レーガン政権誕生）を「新冷戦」と呼ぶ風潮に強く反対していた。次の文章は、新冷戦という評価に反対した自己の判断への賞賛である。「二年数カ月前に記した本書の「序論」で『新冷戦』を喧伝するのは軽佻浮薄な歴史観である」、と豪語したのは誤りではなかった」（馬場編 1988, 349頁）。さらには、冷戦終結宣言を予期したように、「超大国が世界秩序形成を図る時代は終わった」という一文がある（馬場 1988a）。馬場は、「歴史発展」を「民主化と民衆化の過程」と規定し、「超大国が世界秩序形成を図る時代が終わった」ことを「民主化」と「民衆化」から説明している。「核の脅威」や「膨大な軍事費」が経済を圧迫し失業者を増大させたことによって「パックス・アメリカーナ」対「パックス・ソビエティカ」の構図の破綻が明確になり、「独自のアイデンティティの確立」を目指す中小諸国が台頭したことが「民主化」であり、他方、1960年代以降の「参加の噴出」が「民衆化」である。

　1960年代以降、先進資本主義国では「新しい社会運動」が、ソ連・東欧諸国においては「反体制運動や民族共産主義の勃興」が、第三世界では「民族自決から自力更生による内発的発展をめざす動き」が起こった。この「参加の噴出」は国内社会から国際社会に流出し、「ベトナム反戦運動」（民衆がはじめて世界史の流れを変えた画期的な出来事）から「反核平和運動」へと続き、1985年3月に始まった米・ソ包括軍縮交渉、ジュネーブ頂上会談、レイキャビック首脳会談、INF全廃条約締結へと進展してきたと馬場は説明する。超大国が世界秩序の形成を図る時代を終わらせた「この歴史改革の道は、世界の民衆が切り開いたともいえる」として、馬場は民衆の力を強調している。

## 今後の課題

　現代人が抱える矛盾のもう一つの要因は、為政者や多くの民衆が『国家の陥穽』にはまり込んでいることにある。国家の存在理由は、なによりもまず国民の安全を保障することにあった。だが、主権国家は排他的権力——とりわけ軍事力——を極大化しようとし、技術革新とあいまって、核地獄と無残な環境破壊をもたらした。いまやわれわれは、国家に依拠することによって、むしろ安全が保障され得ない段階にさしかかっている。それにもかかわらず、為政者はますます国家中心志向に走り、覚醒した民衆は国家以外のものに己れの第一義的アイデンティティを求めようとする。この国家体制と民衆の抱負との乖離が、歴史とわれわれの乖離を誘発しているのである。（馬場 1983, 244-245 頁、強調引用者）

　最後に、馬場のアイデンティティ理論をブッシュ政権以来の「テロとの戦い」に関連させて考えてみたい。馬場の理論の問題点の一つは、国家とは違うものにアイデンティティを求めた人びとが民族や宗教の名の下に紛争に動員され、命を失うことを想定していなかったことだろう。実際に 1990 年以降世界が直面したものは、紛争の噴出であった。馬場は、上記の文章にあるように、「国民の安全を保障する」という国家の本分を忘れた「国民を守らない・守れない国家」の存在を 1980 年代初頭に指摘しているが、民衆の行動を信じるあまり、覚醒していない民衆がさらなる権力を追い求める政治家たちに扇動され命を落とす危険性を考えていなかったようにみえる。

　では、人びとが扇動されないようにするにはどうすればよいのか。たとえば、先進国を含む世界各国の若者が戦闘員として「イスラーム国（ISIS）」に参加しているが、これらの若者は純粋な宗教的忠誠心だけで現地へ向かっているわけではない。扇動される人びとの多くは、忍耐の限界を超える貧富の格差に直面している[10]。元は市井で暮らしていた若者がなぜ「テロ」集団に自己をアイデンティファイし、自己の存在証明をかけたのかということを考えなければ、適切な解決方法は見出せないだろう。

第Ⅱ部　国際関係論

　今紛争を抱えている国は、全ての国民の安全を保障しようとする国家ではない。国家によって生活が脅かされている人びとは、「国家以外のもの」にアイデンティティを求めようとしている。人が「自己確立を願望するとき、自己の内部における主体性の確立とともに、その帰属集団との関係において己れを規定し、さらにその同一視(アイデンテイフアイ)する集団が価値ある存在であることを証明しようと」すると馬場は分析している（馬場 1981, 177 頁）。「人間の尊厳」を否定された人びとがどのような集団を帰属相手として選び、どのようにして自己の「存在証明」を行おうとしているのか。これを考えずに「テロ」組織支配地域に爆撃を続けても、真の解決策は得られない。国際関係論・国際政治学にとって、アイデンティティ理論と福祉国際社会の検討が今ほど必要とされている時期はないと考える。

注
1 ) 馬場による定義は以下の通りである。「国際社会学（論）とは、①「国際社会」の構造あるいはシステムの把握、②国家から個人をも含むあらゆる行動体の行動、行為体間の相互作用、それらの行為体が「国際社会」へ及ぼす影響力の分析、③「国際社会」変容の洞察あるいは目的論的方向性の提示、を試みようとするものである」（馬場 1989, 1 頁）。1973 年の論文では「最近日本では、……〈国際社会学〉という言葉が時々使われるようになってきている」として、岡村久雄、寺田和夫、広瀬和子の名前が挙がっている（馬場 1973, 195 頁）。
2 ) ナショナル・パーソナリティとは「国民性」であり、国民が共有する「価値、イデオロギー、民族のヴィジョン、エトス、神話、宗教、世界観」のことである（馬場 1983, 27 頁；馬場 1973, 198 頁）。
3 ) 米国の国際関係研究では、従来の① International System、② National System という二元論に、第三のレベルとして「社会の底辺によこたわる大衆・社会心理環境の研究」が加えられた。幣原外交と田中外交の比較から「ナショナル・アイデンティティ」の問題の重要性を見出した馬場は、この三つのレベルに対して、「外交指導者の認識の問題（外交指導者の①ナショナル・アイデンティティ、②世界観・価値観・イデオロギー、③パーソナリティ）」を第四のレベルとした提示した（馬場 1973, 215-221 頁）。
4 ) 一例を挙げると、1985 年 4 月から 7 月までアムネスティ地球市民塾での講師を務めた（「個人・国家・世界──国際問題理解のために」於：YMCA 国際社会奉仕センター）。また、シャプラニールのバングラディシュ視察団にも参加している。
5 ) 「アイデンティティ」という用語について、馬場は、「自己確立の他、同一性、主体性、時空（世界・史）における存在証明、帰属意識等の複雑な概念を包摂している。いままで多くの研究者たちが近代化にともなう人間のこの不思議な精神作用の解明に努め

【II-1 国際関係論——権力政治を超える志向】3 馬場伸也

てきたが、いまだ誰もその全貌を把握するには至っていない」と説明している（馬場 1980, 193 頁）。エリクソンによる説明など、詳しくは 1980 年の著書を参照のこと。「神殺しの時代」と近代化の結果、「個人のアイデンティティの模索が逼迫したものとなった」ことについては、馬場も翻訳した『故郷喪失者たち』第 3 章に詳しい（バーガー他 1977）。

6）ガルトゥングの「積極的平和」のことであり、安倍首相のいう積極的平和主義とは全く異なる。
7）例えば、高坂正堯京都大学教授は「新冷戦」と呼んでいる。
8）日本の進む道についても「政府に対しては、平和憲法と広島・長崎の被爆体験という 2 つの「原点」に立ち返って、反核・平和外交を推進する圧力をかけていくこと」、「われわれ一人ひとりが歴史発展とは何であるかをよくわきまえ、それに寄与するよう努力を傾注していくことである」としている。
9）米ソによる平和を破綻させた理由として、馬場は次のように説明している。米国のレーガン大統領が提唱した「強いアメリカ」構想では、膨大な軍事費が財政を圧迫し、失業者が増大し、社会不満や不安が高まった。ソ連の国内事情もより深刻であった。「こうした両国の「お家の事情」が、INF（中距離核戦力）全廃交渉を妥結させ、ゴルバチョフ書記長に「ペレストロイカ（改革）」を叫ばしめることになった。」（馬場 1988b, 6 頁）
10）2009 年 12 月 25 日に米国デトロイト空港で航空機爆破未遂事件を起こしたナイジェリア人青年が、当時アフリカで最も裕福な一人といわれる銀行家の息子であったように（戸田 2013）、貧困だけが過激な行動に走る原因ではない。しかし、ソマリアの南部を支配するアル・シャバブが戦闘員のリクルート活動をしているのは、ケニアの首都ナイロビのスラムや北東部の最貧困地域である。

**参考文献**
馬場伸也　1972『満州事変への道』〈中公新書〉、中央公論社。
―――　1973「国際関係の政治社会学」綿貫譲治編『政治社会学』東京大学出版会
―――　1976「書評　『日本思想史における否定の論理の発達』」『本だより』1976 年 4 月 19 日。
―――　1980『アイデンティティの国際政治学』東京大学出版会。
―――　1981「著者より――「自己」と「他者」との間の政治学（馬場伸也著「アイデンティティの国際政治学」を読んで）」『国際政治』第 69 号。
―――　1982a「めぐりあい」『毎日新聞』1982 年 5 月 20 日。
―――　1982b「地方の国際化がはらむもの」『毎日新聞』1982 年 10 月 6 日。
―――　1983『地球文化のゆくえ』東京大学出版会。
―――　1988a「パックス・ディプロマティカの時代へ」朝日新聞夕刊、1988 年 2 月 29 日。
―――　1988b「会長に就任して」『平和研究』第 13 号。
―――　1989「国際社会学へのプロレゴメナ――福祉「国際社会」の構築をめざして」『阪大法学』149-150 合併号。（馬場伸也編 1990『現代国際関係の新次元』日本評論社

に再収）

馬場伸也編　1988『ミドル・パワーの外交』日本評論社。

Bamba, Nobuya and John F. Howes eds. 1978 *Pacifism in Japan : The Christian and Socialist Tradition,* University of British Columbia Press（ミネルヴァ書房共同出版）.

カルドー、メアリー　2003　山本武彦・渡部正樹訳『新戦争論』岩波書店。

小井土彰宏　2010「国際社会学の再検討」『三田社会学』第 15 号。

戸田真紀子　2013『アフリカと政治　改訂版』御茶の水書房。

バーガー、ピーター他　1977　高山真知子・馬場伸也・馬場恭子訳『故郷喪失者たち』新曜社。

初瀬龍平　1981「書評　馬場伸也『アイデンティティの国際政治学』」『週刊読書人』1981 年 3 月 9 日。

## 【II-2 平和研究と政治学】
## 1 関 寛治
### 日本の平和研究の制度化

杉浦功一

### 第1節　国際政治史から国際政治理論、そして平和研究へ

　「平和という価値の実現に役立つ条件や方法を科学的、客観的に探究する学問」（高柳 1987, 162 頁）である平和学（平和研究）は、第二次世界大戦後に発達した学問であり、国際関係論（国際政治学）とも人脈や研究手法の点で広く重なっている。同時に、平和研究は「学問運動」としての側面も有してきた。関寛治（東京大学及び立命館大学名誉教授、1927～1997 年）は、日本の国際政治学（国際関係論）に数量的アプローチを導入した先駆者であると同時に、そのような日本における平和研究の発展を 1970 年代から 90 年代にかけて主導した先達の一人である[1]。

　関寛治は、1927 年東京で生まれ、41 年 8 月まで 3 年間広島の中学で過ごした後、50 年 3 月（旧制）静岡高等学校を卒業した。東大法学部では国際法を専攻したが、中国内戦を機にヨーロッパ起源の国際法学に満足できなくなると、同大学大学院では日中関係の外交史を専攻した（関 1997b, 2 頁）。修了後の 1958 年に同大学東洋文化研究所の助手となり、東アジアの国際政治史の研究を続けている（1964 年 3 月まで）。この時期、1917 年のハルビン革命と 1918 年の日中軍事協定に関する論文を公表し（関 1966 所収）、日本国際政治学会の「太平洋戦争への道」研究グループに参加し、満州事変に至る

経緯を検証した（関 1963）。

　第二次世界大戦後から1950年代にかけて、アメリカでは、（ゲーム理論など数理的アプローチと統計学的アプローチからなる）数量的アプローチを用いて個人や集団の行動の科学研究を志向する「行動科学（行動論）革命」が広がった。関は、国際政治史を専攻しながらも、その動きに強い刺激を受けている。関は、1956年に日本の行動科学的政治学の先駆者であった京極純一（政治学）の論文に触れ、ゲーム理論が政治学の分析にも用いられることを知り、ゲーム理論を学んだ（関 1969b, 386頁）。1959年には、論文「国際政治学における数学的方法——ゲーム理論を中心として」を、日本国際政治学会の学会誌『国際政治』に掲載している（関 1969b 所収）。しかし、関によると、同論文は従来の政治学者達からは完全に無視され、結局再び本来の歴史研究の領域へと「退却」していった（関 1969b, 387頁）。それでも、1950年代には、モートン・カプランによる国際システム（体系）論にいち早く触れるなど、非常に複雑なものを簡単化された概念で説明できる国際政治の理論に強い関心を持ちつづけた。60年代中頃になると本格的に国際政治理論の研究に取り組むようになる。そしてその延長線上に、数学者でありゲーム理論を用いてアメリカの軍事戦略を批判する平和研究者、アナトール・ラパポートから強い影響を受けることとなった（ラパポート 1969）。

　アメリカでは、戦中にゲーム理論を戦略立案へ応用するオペレーションズ・リサーチ（OR）が発達し、戦後も、「戦略研究」として外交・軍事政策の立案に影響を及ぼした。60年代になり、キューバ危機と泥沼化したベトナム戦争によって、アメリカ政府の核戦略を含む軍事戦略は強い批判を浴びるようになったが、その理論上の欠陥を指摘したのがアメリカの平和志向の行動科学であった。ラパポートは、「囚人のジレンマ」などの数理ゲームを用いて、米ソ間の核戦争を防ぎうるとする当時の核抑止戦略論の論理上の欠陥を指摘している（ラパポート 1972）。1959年には、ラパポートや経済学者で平和研究の先駆者の一人であるケネス・ボールディングが所属するミシガン大学で「紛争解決研究センター」が設立され、行動科学的な平和研究の成果が多数産出されていった（山川 1976）。

関はそのラパポートの研究に触れることで数量的アプローチによる平和研究の可能性に強い関心をもつようになった（関 1997b, 5頁）。関は、1965年の8月と9月、ベトナム反戦運動が続くミシガン大学でラパポートと会っている（ラパポート 1969, 訳者まえがき）。さらに関は、コンピューターや（人が政策決定者を演じる）ゲーミングを通じて、国際政治状況を再現し説明したり将来を予測したりするシミュレーションにも興味を抱くようになった（関 1997a, 8頁）。1966年7月から翌年3月まで、シミュレーション研究の第一人者であるハロルド・ゲッコウのいるノースウェスタン大学で在外研究を行っている。1967年4月東京大学東洋文化研究所に赴任すると、関は、成功とはいえなかったが、1980年代のアジアを予測する大規模なシミュレーション研究などを実行している（関 1970a）。このように、関は、1960年代になるともっぱら国際政治理論の研究に従事し、日本への国際システム論の紹介、国際政治学へのゲーム理論の導入、そしてシミュレーション研究の導入と実践に尽力するとともに、平和研究者としての研究志向を明確にしていった（関 1969b）。

## 第2節　平和研究者としての関寛治

　1960年代から70年代にかけては、平和研究者としての関の論壇での活動も顕著となっていく。1960年代の日本におけるいわゆる「論壇」では、丸山眞男ら革新系知識人の主舞台であった雑誌『世界』の影響力が衰える反面、『中央公論』を中心に永井陽之助や高坂正堯といった国際政治学の「現実主義」論者が脚光を浴び、実際の外交政策へも影響を及ぼす状況が生じていた。1960年代から70年代にかけての関は、現実主義論者に対し、坂本義和らとともに、日米安保、核抑止論、ニクソン外交、ベトナム戦争、勢力均衡論、中国問題などをめぐり、『世界』や『中央公論』を舞台に論争を展開していった（関 1969a；関 1970b）。

　そこでは国際システム論やゲーム理論の視座・理論が援用された。キューバ危機後、初めて総合雑誌に掲載された論文「危機の認識」（『中央公論』1963

年2月号、関1969a所収）では、関は、マルクス主義やモーゲンソー流の権力政治論など従来の危機の把握の仕方は、いずれも自国・自勢力中心主義の観点から他の勢力を「善玉・悪玉」に二分してしまう価値判断が入る恐れがあり、問題であるとした。かわりに、ボールディングの紛争理論などを手掛かりに、自由など基本的価値の問い直し、学問の再統合、従来のモデルの統合を行う「危機のメタ・モデル」と、情報の体系的な分析を公平に行い、目標調節修正作用をもつフィードバック系の設計を可能とする「コントロール・モデル」を提唱している（関 1969b, 1-20 頁）。

　京極純一と同様に政治意識を専門とする政治学者ながら現実主義者として論壇に颯爽と登場した永井陽之助に対しても、「勢力均衡で平和は保てるか」（『中央公論』1966 年 6 月号、関 1969a 所収）で、その勢力均衡論が現状維持という保守主義的なイデオロギー的硬直性に陥って非科学的分析に堕しており、ベトナム戦争の激化と米中対立の先鋭化を根拠に「勢力均衡の体系がいかに戦争を引き起こさぬために役に立たなかったか」を明らかにした（関 1969a, 52-53 頁）。また、当時日本で流行していたアメリカの戦略理論家ハマーン・カーンが示す悲観的な「未来学」に対し、平和研究者によって提示される未来像は大きく異なることを示すために、単著『危機の深みに立って』（関 1970b）を刊行している。

　1950 年代後半から 60 年代にかけて、アメリカおよび西欧では平和研究が急速に発達した。先述のように、北米では行動科学的アプローチを用いて戦争・紛争の原因を探る研究が盛んとなった（山川 1976）。ノルウェーでは、数学と社会学の博士号を持つガルトゥングがアメリカから帰国後、オスロ大学社会科学研究所平和研究部門（のちにオスロ国際平和研究所）を創設し、ヨーロッパでの平和研究の発展をリードするようになる。1964 年には欧米での平和研究が合流して、国際平和研究学会（IPRA）が結成された（岡本 1983）。

　他方で、戦後の日本では平和研究の制度化は進まなかった。1948 年 7 月のユネスコの科学者による声明「平和のために社会科学者はかく訴える」に呼応して、日本でも研究者が集まり「平和問題談話会」が結成された。そのメンバーである丸山眞男が草稿を書いた「三たび平和について」は、1950

【II-2 平和研究と政治学】1 関 寛治

年に雑誌『世界』12月号で発表されると、単独講和論と全面講和論で二分されていた国内に大きな反響を生んだ。60年安保闘争に際しては、坂本義和ら平和問題談話会の若手メンバーが『世界』1959年10月号で「政府の安保改定構想を批判する」という共同討議の結果を発表している。このように、終戦からしばらく、日本では、平和に関する研究運動は、学問としての体系性や組織性を欠いたまま、平和運動と一体となって行われた。しかし、平和問題談話会が1960年に解散するなど、安保闘争後の平和研究は、日本の平和運動同様、組織的なまとまりを欠いて低迷することとなる（関 1977a）。

しかし、1960年代にアメリカおよび西欧で上述のように平和研究が盛り上がると、その流れがある種の「外圧」として日本にも及び、再び平和研究の制度化へ向けた機運を高めた。1963年秋には先述のケネス・ボールディングとやはり平和研究者であるエリース・ボールディングの夫妻が来日し1年ほど滞在した。夫妻は、同じクエーカー教徒の在京団体であるアメリカン・フレンズ奉仕団のノーマン・ウィルソンとともに、平和研究グループの形成を日本の研究者に働きかけた。なお、クエーカー教徒は、1948年にノーベル平和賞を受賞したように、戦後の欧米の平和運動で大きな役割を果たしている（山川 1976, 141頁）。

他方、日本では1963年秋アメリカより帰国した細谷千博（国際関係史）を中心に、関や武者小路公秀（国際政治学）を含む「政策決定研究会」が結成されていた。そのうち細谷と武者小路はボールディング夫妻と親交があった。こうしてボールディング夫妻を挟んでアメリカン・フレンズ奉仕団と政策決定研究会の人脈が結びついた結果、64年9月「平和と軍縮研究グループ」（通称：東京平和研究グループ）が結成されることになった。同グループは、65年7月の第1回IPRA総会に川田侃（国際政治経済学）と宗像巖（宗教社会学）を派遣している。66年には「日本平和研究懇談会」に改称しているが、IPRAの刺激を受けつつもその日本支部とはならず、アメリカン・フレンズ奉仕団のメンバーが次第に手を引いていくなど、日本の平和研究の独立性が強く意識されていた（日本平和学会編 1978）。

平和研究懇談会には、坂本義和、川田侃、関寛治、田中靖政（社会心理学）、

細谷千博、武者小路公秀、蝋山道雄（国際政治学）らが参加した（日本平和学会編 1978）。平和研究懇談会は、IPRA と連携しながら、日本の平和研究の新しい核となっていく（高柳ほか 1979, 330-331 頁；斉藤・関・山下 1994）。自然科学出身者が影響力を持った IPRA に比べ、社会科学、特に政治学と国際関係論の研究者がこの時期の日本の平和研究を主導した点が特徴的である（関 1977a, 100 頁）。同時に、関の眼には、同グループは、政治運動と結びついてイデオロギーが分裂していた平和運動から切り離されることで優れた相互学習を発展させたものの、「インフォーマルな集団の中に閉じこもり、日本社会の知的主流からはあえて孤立したままの姿勢を続けよう」としており「国内の平和研究の制度化を自ら賦活するだけの力を持ちえな」い存在に映った（関 1977a, 118 頁）。

1973 年 4 月、マラヤ大学での半年の講義を終えて帰国した関は、岡倉古志郎（アジア・アフリカ問題研究）に誘われて日本学術会議の平和問題研究連絡委員会に参加した。同会議を通じて、関は日本の学界における平和研究の促進と地位の向上を目指していく（関 1997b, 7 頁）。実際、1974 年 12 月、日本学術会議は当時の田中首相に平和研究の促進を勧告している。70 年代に入り、東西デタントの進展やユネスコの支援を受けた平和研究の国際的な発展を背景に、日本でも平和学会設立へ向けた機運が高まったが、先述の平和問題懇談会では「平和学会をつくって、誰でもそれに加入して、そのことによって平和研究そのものが堕落する恐れがあるという懸念」が一部にあった（川田 1996, 152 頁）。これに対して関は、日本の平和研究のインフォーマルな状態からの脱却を図って、積極的に平和学会の設立へ向けて音頭をとった。73 年に「「平和研究懇談会」から半分別れるような形で」100 名ほどの会員を集めて日本平和学会は設立され、関は初代会長に就任している（関 1977a, 118 頁）。同年 9 月にラパポートらを招いて設立総会及び研究大会が開催された。

また、関は、東大教授兼任で 1975 年に設立された広島大学平和科学研究センターの初代センター長に就任した（1979 年 3 月まで）。71 年と 73 年に日本も共同提案国になって国連大学設立にかかわる総会決議と平和研究を促す

【II-2　平和研究と政治学】1　関　寛治

決議が国連で採択され、75年に東京に国連大学が設立されたが、一連の動きは連動している（関 1997b, 7頁；潘 2007）。国連大学では武者小路公秀が副学長に就任し（1976〜88年）、「開発の目標・過程・指標」（GPID）プロジェクトなど広島大学平和科学研究センターと共同研究プロジェクトを実施した。反面、広島大学での平和科学研究センターは、政治的な運動の拠点となるのを恐れた文部省の財政支援を得られず、また地元広島の複雑な関係もあり、当初の計画より規模が縮小して、広島大学の学内措置による設置にとどまった（関 1977a, 119-120頁；関 1997b, 7頁；松尾 2000）。日本学術会議においても、関は、先述の1974年の「我が国における平和研究の促進について」という勧告の採択や、複数回にわたる平和問題研究連絡委員会の対外報告の発表などを通じて、学問内部における平和学の地位を高めようと努めたが、学問分野で区分される同会議の組織原理のなかで、学問として平和学はどこにも位置づけられず、その努力は必ずしも報われなかった（関 1997b, 9頁；斉藤・関・山下 1994）。

関が日本平和学会の会長に就任した当時、平和研究は世界的な変化の時期を迎えていた。1969年の第3回IPRA総会では、ポスト・マルクス主義の影響を受けた北欧の若い学者グループから、従来の平和研究に対する強い批判が提起された。それまでの核戦略など軍事中心の「消極的平和」に焦点を合わせた平和研究は、「科学性」を求めるあまり、国際システムの安定を目的とする「技術」となってしまっている。飢えや早死に、識字率の低さといった第三世界で生じている問題を解決しより包括的な「積極的平和」を実現するため、平和研究は、既存の社会構造の変革に役立つ「革命研究」でなければならない、と彼らは主張した（高柳 1974）。批判を受けて、ガルトゥングは69年と71年の論文で「構造的暴力」の概念を体系化し、IPRAも南北問題や貧困といった構造的暴力の問題を積極的に取り上げるようになる[2]。以後、平和研究の対象は、アメリカと西欧で重心は異なるものの、消極的平和の問題だけでなく、積極的平和や構造的暴力の問題にまで広がっていった。

この流れは、制度化が端緒についたばかりの日本の平和研究にも及んだ（日本国際政治学会編 1976；高柳・臼井・佐藤・森 1979）。西川潤（経済学）や川

田侃など、日本の平和研究者の間では南北問題、とくにアジアの低開発への関心は高く、すでに研究が始まっていた。加えて、坂本義和は、リチャード・フォークらとともに、1960年代末から国際的な「世界秩序モデル・プロジェクト」（WOMP）に取り組み始めた。関もまた、開発や地球環境、多国籍企業の活動、世界秩序構想など研究関心の幅を広げた（関 1976；1980；関編 1981）。1977年の単著『地球政治学の構想』では、関は、国家中心の国際政治を超えた地球政治成立の環境として、増大する相互依存性や地球市場の形成など技術的・構造的条件、地球の環境破壊許容限度など環境的条件、多国籍企業の影響や第三世界のナショナリズム、国際組織の活動など主体的条件を検証している（関 1977b）。ただし、関は、消極的平和と積極的平和の研究の結合を主張しつつも（関 1976）、日本平和学会設立時に「日本平和学会会則においても……国家間の紛争をあくまで分析の焦点に当てなければいけない」と主張したように（関 1974, 227頁）、ラパポートの影響以来の前者への関心の高さを示し続けた。

　坂本義和が1979年から83年までIPRAの事務局長に就任するなど、この時期、日本の平和研究は充実していった。同時期の関は、81年の衆議院文教委員会で、参考人として、当時国連大学副学長の武者小路ともに日本の平和研究の現状を述べるなど、平和研究のさらなる制度化を訴え続けた（衆議院 1981）。87年には定年退官となった東京大学から立命館大学へ移り、新設の国際関係学部の初代学部長となっている。この時期の関は、環日本海地域協力を含めてポスト冷戦期の国際秩序を模索している（関 1992）。平和研究の発展にかかわる活動も続け、日本学術会議平和問題研究連絡委員会のメンバーとして、94年4月「平和に関する研究の促進について」という報告書を公表し、冷戦後の平和研究の役割と課題を明らかにしている（斉藤・関・山下編 1994, 93-126頁）。97年3月に立命館大学を定年退官後の12月、関は逝去した。

【II-2　平和研究と政治学】1　関　寛治

## 第3節　日本の平和研究の特色とジレンマ

　以上の研究者としての活動のなかで、関は、日本の平和研究の特色とジレンマの形成に深く関わってきた（関 1980, 65頁；高柳ほか 1979；高柳 1983）。時代状況や時代思想の影響の中で、関がどう対応したかは、現在の平和研究のあり方を考えるうえでも参考になる。

　「学際性」は、当初より平和研究の大きな特色であった。その創成期より物理学者、社会学、経済学、政治学など多様な分野の研究者が関わることで、平和研究は学際性を帯びてきた。暴力の概念が構造的暴力として広く理解されるにつれて、その傾向は一層強まっていく。しかし同時に、平和「学」としての体系性や独自性の問題が生じてきた。関もまた、従来の学問領域にこだわらず、行動科学的アプローチを積極的に日本の平和研究に取り入れたが、同時に、平和という価値の重要性と研究対象としての直接的暴力への変わらぬ注目を強調することで、学際性のなかでの平和研究の独自性を保とうと試みた。しかし、日本学術会議での平和学の学問分野としての地位向上の試みで困難に直面したように、日本における伝統的な学問領域の壁は厚く、それは今も変わらない点である。

　また、平和研究は、1950年代に行動科学の影響を受けるなかで、その特徴として「科学性」を強くアピールしたが、平和という価値の追求という「規範性」との間でジレンマが生じるようになった。対して関は、行動科学の数量的アプローチを平和研究に導入しながらも、価値の選択・追求と数学的手法の融合を試み、「規範とモデルの統合した取扱い」を主張した（関 1970b, 171-181頁）。同時に「規範性と実証性とは規範性の優位のもとで自己革新が行われなければならない」と強調し続けた（関 1976, 28頁）。この主張は、核戦略の研究のように、価値中立性を装った実証的データ主義の強調が暗黙のうちに国家権力の目的に奉仕させられてきたという負の過去を背景としている（関 1976, 18-20頁）。平和研究では平和という規範的価値と科学性の両立はいまだ課題であり、関の議論は示唆的である。

「科学性」についても、紛争や外交戦略、貧困といった具体的な問題を解決する「応用科学」としての平和研究の性質が当初より強調されてきた。これは同時代の平和研究者が広く共有した認識であり、関もまた医学とのアナロジーを用いることでその点を強く主張した（関 1976 ; 1977a）。それは、坂本や武者小路と同様、多くの時事的論考を多数生み出す理由でもあったといえよう。しかし同時に、関は、実際の病気の治療に役に立つ「臨床（＝応用）医学」としてだけでなく、理論の構築のような「基礎医学」としての平和研究の側面の重要性も念押ししている。戦後の日本では平和思想や平和運動との結びつきが最初から意識されたために、講和問題や安保改定問題など時事的問題に対する臨床平和研究が先行し、また戦前のような科学への抑圧さえなくなればうまくいくという科学者の楽観主義のために、アメリカに比べて基礎平和研究のインフラ整備が遅れることとなった（関 1977a）。1960年代の現実主義論者の論壇での主流化も、同時期の平和研究の遅れが背景にあったと関は指摘する（関 1977a, 102頁）。関にとって数量的アプローチの導入は、日本に欠けていた基礎平和研究に貢献する意図があり、平和研究の制度化を重ねて強調する根拠ともなった。現在の日本の平和研究では、実際的な問題を追いかけるあまり基礎平和研究が再び疎かになっているかもしれない。その点で関の指摘は今も意味があるといえよう。

　平和研究の「国際性」については、関自身も含めて、日本の平和研究においても人的交流と研究内容の両面でその特徴が現れてきた。しかし同時に、欧米の平和研究の影響を強く受けることとなり、「輸入学問」と揶揄されてきた日本の国際政治学と同様、日本の平和研究の独自性をいかに示すかというジレンマを生じさせることとなった。石田雄（政治学）が日本平和学会の設立時のシンポジウムで指摘したように、日本国憲法第9条に由来する規範主義と原爆に対する感覚的反発が、日本の平和指向の特質をなしてきた（石田 1974）。日本の平和研究もまた、それらの特質を独自性の源泉としてきたといえよう。関もまた、平和研究を戦争研究となぜいってはいけないのかという永井陽之助に対して、平和研究がそれ以外から区別されるのは平和という価値・規範へのコミットメントであり、その規範は日本では憲法第9条と

奇しくも一致する、と主張したように、日本の平和研究での憲法第9条の特別な役割をたびたび表明してきた（関・永井・武者小路 1974, 62-63頁）。

関連して、1948年のユネスコの科学者声明以来、海外における平和研究の展開が常に日本への「外圧」となりながらも、日本平和懇談会から日本平和学会の設立過程にいたるまで、組織としての「独立性」が日本の平和研究の独自性にとっても重要という意識が、関も含む当時の平和研究者の間で共有されていたことも忘れてはならない。

平和研究は単に現状を批判するだけではなく、「未来志向性」を有してきた。1970年代から冷戦終結の時期にかけて、坂本やフォークらのWOMPなど、「平和秩序を創出するための総合的な理論を創り、それにもとづいた平和政策と平和運動との可能な見取り図をあきらかにしよう」とする「規範的平和研究」が盛んとなっていく（関 1980, 59頁；関編 1981）。関もまた1970年代になると世界秩序の構想の研究に携わるとともに、60年代以来、シミュレーション・ゲーミングの研究を通じて、未来を予測し変更の可能性を模索することを試みた（関 1969a；1970a；1997a）。平和研究におけるシミュレーション研究は今では世界的に停滞傾向にあるが、未来指向性が平和研究にとって重要な要素であることは、学問の中での平和研究のアイデンティティを再確認する際に省みられるべき点であろう。

平和研究を第一の目的とする研究機関の設立や研究プロジェクトの組織化、学会の設立といった意味での「制度化」は、戦後の日本の平和研究の課題であった。先述のように、日本では、平和研究は平和運動と結びつき、平和運動が衰退した1960年代になると平和研究自体も停滞し制度化は進まなかった。そもそも、インフォーマルなネットワークが中心であった。対して関は、平和研究のインフラの遅れを強く意識し続け、また、国際的な水準に合わせた研究のオープン化を訴えて、平和研究の制度化に尽力した。実際、日本平和学会や広島大学の平和科学研究センターなど、70年代になると平和研究のインフラの構築が進んだ。しかし、60年代から平和研究への政府の財政支援があったスカンジナビア諸国や70年代のブラント政権のデタント政策の影響で政府の支援が得られるようになった西ドイツに比べて、81年の衆

議院文教委員会での関の発言にあるように、80年代になっても日本政府による平和研究への支援はほとんど進まなかった(衆議院 1981；高柳 1987, 226-238頁)。その状況は今も続いている。関をはじめとする平和研究の制度化への試みを検証することは、今の平和研究の停滞とその突破口を考える際の手がかりとなろう。

関連して、最後に、平和研究と平和運動、そして政治の間の関係の問題がある。戦後から60年安保闘争にかけて、丸山や坂本など平和研究者と平和運動およびその背後にいる政治勢力は結びついていた。しかし、関によると、平和運動との結びつきは日本における基礎平和研究を弱くした。学問運動としての平和研究の性質を踏まえて、平和運動や政治とどういう関係をもつべきか、関の思索と活動を手掛かりに改めて考えることは意義があろう。

1960年代から70年代にかけて、関をはじめとした平和研究の先達たちが直面したジレンマの多くは、現在の日本の平和研究も引き継いでいる。関をはじめとした平和研究の先達たちが、どのように考えて苦悶し、どう行動したかを知ることは、今後の日本の平和研究のあり方を考えるうえで意味のあることであろう。

**注**
1) 著作の一覧については、以下を参照。立命館大学「関寛治教授略歴・主要著書目録」『立命館国際研究』第9巻第4号、1997年3月、i-xiii頁。ただし同目録に抜けている業績もある。
2) 川田 1996所収の「平和研究国際連携組織の定着——国際平和研究学会(1967)第2回総会開かれる」注記2、67-68頁および「対談〈平和研究〉＝松岡英夫氏と」148-149頁。

**参考文献**
関寛治 1963「第三編 満州事変前史(1927～1931)」日本国際政治学会編『太平洋戦争への道Ⅰ 満州事変前夜』朝日新聞社。
——— 1966『現代東アジア国際環境の誕生』福村出版。
——— 1969a『危機の認識』福村出版。
——— 1969b『国際体系論の基礎』東京大学出版会。
——— 1970a「アジアをめぐる国際体系の変動——シミュレーションに関する中間報告」『年報政治学 1969』日本政治学会。

―――― 1970b『危機の深みに立って』ダイヤモンド社。
―――― 1974「日本の平和研究の世界化の条件」『世界』1974年3月号。
―――― 1976「ミッション志向科学としての平和研究――医学との比較を手がかりにして」『国際政治』第54号。
―――― 1977a「平和の政治学」『年報政治学1976』日本政治学会。
―――― 1977b『地球政治学の構想』日本経済新聞社。
―――― 1980「平和と開発――GPIDプロジェクトを中心にして」『国際政治』第64号。
―――― 1992「アジア太平洋時代の形成――真珠湾・ヒロシマ・世界秩序のパラダイムから」関寛治・西口清勝編『アジア太平洋新時代と日本』法律文化社。
―――― 1997a『グローバル・シミュレーション&ゲーミング』科学技術融合振興財団。
―――― 1997b「平和学による知の組み換えの探求」『立命館国際研究』第9巻第4号。
関寛治・永井陽之助・武者小路公秀 1974「シンポジウム 平和研究をめぐって」『国際問題』1974年12月、No.177。
関寛治編 1981『国際政治学を学ぶ』有斐閣。

石田雄 1974「日本の平和研究の特殊性と普遍性」『世界』1974年3月号。
岡本三夫 1983「平和研究の展開」日本平和学会編集委員会編『平和学――理論と課題』早稲田大学出版部。
川田侃 1996『川田侃・国際学Ⅲ 平和研究』東京書籍。
斉藤哲夫・関寛治・山下健次編 1994『平和学のすすめ』法律文化社。
衆議院 1981「第094回国会 文教委員会 議事録 第12号」1981年4月24日、http://kokkai.ndl.go.jp/SENTAKU/syugiin/094/0170/09404240170012c.html
高柳先男 1974「「平和研究」の新展開――オスロ=フランクフルト・ラインを中心として」『国際問題』No.177、1974年12月号。
―――― 1983「平和研究」日本平和学会編集委員会編『平和学――理論と課題』早稲田大学出版部。
―――― 1987『ヨーロッパの精神と現実』勁草書房。
高柳先男・臼井久和・佐藤幸男・森利一 1979「平和研究」日本国際政治学会編「特集 戦後日本の国際政治学」『国際政治』第61・62号。
日本国際政治学会編 1976「特集 「平和研究」――その方法と課題」『国際政治』第54号。
日本平和学会編 1978「座談会「東京平和研究グループ」(1964〜65年)について」『平和研究』第3号。
潘亮 2007「文化教育面における日本の国連協力の光と影――国連大学の創設をめぐる対応」『筑波法政』第43号。
松尾雅嗣 2000「広島大学平和科学研究センター設立前夜」『広島大学史紀要』第2号。
山川雄巳 1976「アメリカにおける平和研究の動向」『平和研究』創刊号。
ラパポート、アナトール 1972 坂本義和・関寛治・湯浅義正訳『戦略と良心(上)』岩波書店。
ラパポート、A 1969 関寛治訳『現代の戦争と平和の理論』〈岩波新書〉、岩波書店。

【Ⅱ-2　平和研究と政治学】
# 2　髙畠通敏
## 平和研究としての「市民政治学」

市川ひろみ

## はじめに

　髙畠通敏(たかばたけみちとし)（1933～2004年）は、戦後日本を代表する政治学者の一人である。髙畠は、東京都に生まれ、戦争中は長野県に疎開していた。家庭が貧しかったため、中学生の頃から大学を卒業するまでの間、農作業の手伝いや家庭教師など様々なアルバイトをした。52年に東京大学に入学、卒業と同時に法学部助手となった。61年に立教大学法学部助教授に就任し99年の定年まで勤めた。この間、65～67年には客員研究員としてイェール大学に滞在し、ロバート・A・ダール（1915～2014年）に師事し、当時先駆的であった大型コンピューターを使った解析に取り組んだ。77～79年に日本平和学会副会長、80～82年には日本政治学会常務理事も務めた。99～2003年は、駿河台大学法学部に在籍した。

　髙畠の政治学は、「政治の科学的な分析を可能にした計量政治学、政治の現場を踏査するフィールド・ワーク、市民自治の理念を柱とする政治思想、市民運動および市民活動の実践の間を架橋するスケールの大きな先端的な学問」だった。[1] 彼は、実践家としても「声なき声の会」や「ベ平連（ベトナムに平和を！市民連合）」で中心的な役割を担うなど、市民運動にも大きな足跡を残した。髙畠は、専門書・論文の執筆や翻訳のみならず、新聞（全国紙・

地方紙)、『世界』や『思想』はもちろん『エコノミスト』『潮』『婦人の友』『地方自治職員研修』など数多くの専門誌や一般誌に寄稿している。これらの膨大な著作は、高畠が幅広い市民に向けて語りかけていたことを表している。

　本章では、平和研究者としての高畠に注目する。彼の提唱した「市民政治学」は、市民に平和をつくり出す主体となることを求めており、平和研究として捉えることができる。高畠は、理論と現場を架橋し、自ら峻別していた公私の別を取り払うことで、一人の個人としての主体性を重視する「市民政治学」を提唱した。「市民政治学」が生み出されるのに決定的であったのは、彼自身の敗戦時の「転向」体験と市民運動への関与、自由人として生きる「家の伝統」、そして、学生との対話であった。

## 第1節　転向体験と転向研究

　高畠の政治学研究の出発点は、転向研究である。高畠が大学2年のとき、講義ノートを見せてほしいと声をかけてきた年長の同級生に誘われて、「思想の科学研究会」に参加するようなった。ここで、高畠は生涯にわたって最も大きな影響を受けたという鶴見俊輔（1922～2015年）に出会う。彼は最も若いメンバーとして転向の共同研究サークルに参加した。

　高畠によれば、このサークルとの出会いは偶然のものであったが、転向研究に行き着いたのは「必然」であった。彼には、少年時の「転向」体験があった。敗戦の日に国民学校6年生だった高畠は、「陛下に対して、神国を「鬼畜米英」に汚されたおわびをしなければならない」と子ども心にも思いつめていた。模範的な軍国少年だった彼は、教科書に墨をぬらせた教師たちを軽蔑していたが、同じ時期、占領軍の宣教師による英語聖書クラスに通っていた。熱心にクラスに通ううちに高畠は、アメリカ・デモクラシーの「信者」に変わっていった。後に客員研究員としてイェール大学に滞在した際、高畠は「日本語ができずにすみません」というアメリカ人に出会い、自分は優越した文明の言語としての英語を学びたかったのだと気づくことになる。「力

に屈服したのではない。我々の天皇信仰、軍国主義が間違っていたから我々は負けたのだと納得するのは、心地よかった。私は占領を受け入れた」(『著作集』第5巻，203頁)のだった。

これが、自分の「転向」だったと気づくのは、彼が大学生になってからである。1952年に大学生となった高畠は、安保闘争に際して、かつて模範的な級長であった律儀さと民主主義への熱意によって級友たちを組織した。しかし、彼の必死の運動の成果は、無残にも全日本学生自治会総連合指導部によって利用されてしまう。このとき経験した無念さは、彼に敗戦時の挫折体験を思い起こさせた。そして、「力に屈服しないと、大人の「転向」をあざけっていた子どもは、理想を説く権力であったアメリカを受け入れたのだ」と思い至る。以来、日本人の「転向」が高畠にとって根源的なテーマとなった(『著作集』第5巻，203-204頁)。

転向研究サークルは、1954年から61年にわたって毎週共同研究を行っていた。ここでは転向を「権力によって強制されたためにおこる思想の変化」と定義し、研究にあたっては「決してその同時代の非転向者の場所に自分をおいてそこから裁くという態度をとらない」こととしていた。そして、研究者自身も転向と無縁でなく、研究者自身の「敗戦による翼賛思想からの転向、戦後の急進主義の挫折にともなっての転向」を研究のための「補助線」とするとした。高畠の最初の研究論文は「一国社会主義者——佐野学・鍋山貞親」[4]であった。高畠は、転向を、外からの強制による敗北としてのみではなく、時代の変換期に際して内発的にかつ大量に発生したことを示して、近代日本の政治を特徴づけるものと捉えた。この共同研究を通して彼は、「客観的正しさ」を追求する人たちが、いかに挫折し、転向しやすいかということに気づいた。

後に、1960～70年代にかけて携わっていた市民運動の体験から、高畠は、自らの転向研究を振り返り、「私たちは、反体制的言論で指導的立場にあるという意味での「公人」に焦点を合わせすぎていたのであり、逆にこういう「公人」としての知識人が、立場のいかんを問わずそれなりの小権力人－疑似権力人であるというポイントについては、軽視していたという以外ない」

(『著作集』第5巻，122頁）と述べている。彼には、「革命運動のスターリニズムを経験し、セクトの内ゲバ抗争をくぐりぬけてきた市民運動のゆるぎない実感」があった。この視点から見直せば、それ以前の転向研究で捉えられてきた政治的主体性とは、権力を統治したり権力を奪取したりすることを志すものの主体性であった。転向研究の読み直しから見えてきたのは、日常の小権力を拒否して非政治的な主体としての自己を守り抜こうとする主体である。この「非政治的」な精神や心情を核にしたところの「政治的」な主体としての市民こそ、市民運動にかかわる高畠自身であり、高畠の「市民政治」の主体となる市民である。

## 第2節　市民運動

　軍国少年だった高畠が平和運動にかかわるようになるのに大きな影響を与えたのは、疎開先で読んだ『チボー家の人々』である。主人公のジャックは、第一次世界大戦時に反戦ビラをまきに行って死ぬ。高畠は、「こんな別の生き方もあるものかと心底、驚かされ、かつ感動した。そして、この本によって私のものの考え方が決定的に変えられ平和運動にもかかわるようになった」（高畠 1989，189頁）のだった。

　「声なき声の会」は、「思想の科学研究会」で活動していた画家の小林トミ（1930〜2003年）が60年6月4日に「誰でも入れる声なき声の会」と書いた横断幕を掲げて国会に向けて歩き出したことから始まった。当時首相であった岸信介の、「デモをしているのは国民の一部で、声なき声は政府を支持している」との発言に抗議する意図が込められていた。この「会」には、子ども連れの母親、労働者、会社員、教員など多様な人々が参加するようになった。あるとき、この「会」のデモが、学生と機動隊との激しい衝突に遭遇したことがあった。この事態に高畠は「オバチャンたちを傷つけちゃいかん」と、デモの解散を指導した。これに対し、参加者から「知識人として大衆を率いる責任を担っているという考慮があったのではないか、知識人の思い上がりがあったのではないか」と抗議された。この厳しい批判は、高畠に自ら

の権力性を自覚させ、転向研究を見直すことにもつながった。この「会」では、参加者それぞれが生活者として平和運動を続けていた。高畠は20年間にわたって事務局を担い、「声なき声のたより」を発行した。彼は、このときの経験から、市民運動についてスローガンやリーダーからではなく、内側の組織者の立場から考えるようになったと述べている。

　高畠にとって、ベトナム反戦は「全存在をかけて行動」すべき運動であった。日本は、米軍への基地・物資・人材提供によって、ベトナムでの殺戮に関与していた。彼は、65年に鶴見に呼びかけ小田実（1932〜2007年）を代表とする「ベ平連」の活動を始めた。参加者が自発的にデモや米軍基地周辺での反戦カフェなどの活動をした。小田の言葉でいえば「みんなの「私」のもちより」[5]だった。助けを求めてきた米軍からの脱走兵を国外に逃す活動にも、多くの市井の人々が人知れず協力した。高畠もその一人だった。[6]

　高畠は、スポーツ（運動）をしている学生の質問に着想して「運動の政治理論」を著した。彼は、英語のmovementは静態的な社会制度や政治秩序に変動を引き起こす集団行動として捉えられるが、日本語の運動は、積極的主体的に「身体を運び動かす」ことであることに注目した。運動は「働きかける相手を制度や役割から切りはなし人間的次元へ置きかえさせようとするだけでなく、運動者自身を人間的主体へと上昇させてゆく」ものであった。また、「身体を運び動かしての全人的表現だけが、相手の中にまた人間的な感動や畏怖を呼び起こしうる」として、デモや座り込みなどの直接行動を、ときには言葉以上に有効な表現として評価し、自ら実行した。

　高畠は、1960年代以降の市民運動を「近代市民社会がつくり出してきた分業‐専門化‐職能のエートスと根本的に対立する人間の全人性に発する取り組み」として捉え、日常生活に腰を据えた女性の参加に期待していた。70年代中頃から、市民運動や住民運動が各地で生活に根づき、宗教・教育・福祉・スポーツ・消費者運動などの分野で広まったことを高畠は評価していた。同時に、運動が統治の担い手とみなされ、現実性や政策思考が求められることを懸念していた。権力者から「下請」として利用され、さらには、権力に寄り添うことにつながると考えていたからである。彼にとって、市民は「権

力批判の永遠の基盤」であるべきだった。

## 第3節　自由人として生きる「家の伝統」

　高畠は自らの死を前にして、卒業生ら親しい人々に向けて2通の「私信」を書いている[7]。このなかで彼は、自らの祖先の生き様から明治維新以降の日本を論じている。彼によれば、明治政府はエリート官僚養成を国家統合の一つの方法としたが、旧幕地域の秀才らは、医学、司法、教育、軍、ジャーナリズムを選ぶ人が多く、藩閥政府に対抗した。高畠は、これらの対抗勢力があったからこそ社会は多元化し、大正デモクラシーに至ったのだとして、権力に批判的であった人々の営みを評価している。母方の祖父母の両家とも旧幕地域（東北と信州）にあり、それぞれが政府におもねることなく、矜恃をもって生きていたことを記している。社会主義運動への参加者は圧倒的に旧幕地域が多く、その中に高畠の父もいた。父は学費支援を受け東大に学び、新潟の小作争議の顧問弁護士となった。この父は、高畠が大学教授になりたいと告げたとき、「大学教授といっても宮仕えするサラリーマンではないか。我が家の伝統は、宮仕えしない自由人として生きることだ」と、怒ったという。しかし、高畠にとっての私立大学は、それぞれが建学の精神をもつ一つの運動体であり、社会へのメッセージの発信基地であった。彼は「市民運動の組織者としてまた市民政治学の構築者としての道を歩みつづけてきたのは、やはり、父、母から流れる家の伝統を体の中で深く感じているからでしょう」[8]と述べている（『著作集』第5巻，344頁）。

　高畠が大切にした「家の伝統」は、彼が20歳のときに出会った二人の師、京極純一（1924〜2016年）と鶴見俊輔、そして、指導教授であった堀豊彦（1899〜1986年）の教えにも通底する。

　京極と鶴見はともに、高畠に、既存の学界権威から独立し、欧米からの輸入ではなく、日本の現実に根ざした政治に取り組むように助言した。高畠が、若き京極の最初のゼミ生となったのは「時間割の都合」で「全くの偶然」だった。京極は高畠に、日本の大学組織や学界に安住せず、新しい知識の生産者、

世界で評価される研究者を目指すよう鼓舞し、「いつも腰に包丁一本たずさえて、自分の腕を頼りに渡り歩く料理人の心意気に学べ」(『著作集』第5巻, 315頁) と諭した。京極は、陸軍兵士として戦場を経験していた。鶴見には、負ける側にいたいと 1942 年に留学先の米国から帰国し、軍属としてジャワに勤務した際の「転向」経験があった。

　堀が指導教授となったのは、高畠が丸山眞男 (1914～1996 年) に指導教授となることを断わられたからであったが、それは、高畠にとっては幸運であったであろう。高畠は、丸山の没後、彼が指導した学生が後に官僚として汚職にかかわったケースが複数あったことについて、丸山が公私を峻別し職業倫理を不問にしたことと無縁ではないと指摘している。堀は、ヨーロッパ中世の政治理論を専門としており、高畠を指導することはなかったが、堀の研究者としての生き方は高畠の「家の伝統」に通じるものであった。堀の遺稿集『デモクラシーと抵抗権』(1988 年) に、高畠も編者の一人として、次のように書いている。この書名は「先生の思想と業績を表すものとしてもっとも相応しいように思われる。……それは、60 年安保のおりには街頭デモの先頭に立たれ、またキリスト者平和の会を通じてひそかに平和運動への支援を惜しまれなかった先生の実践運動にも通じているように思われるのである」(堀 1988, 358 頁)。この遺稿集には、堀が自らの師であった吉野作造 (1878～1933 年) について記した「この世の権勢に媚びず、屈せず、つねに正しい信念に堅く生きて歩きつつも、またつねに庶民と肩をいからすことなくともに歩かれた」という文章が掲載されている。堀のこの言葉は、彼の「弟子」である高畠に受け継がれた。

## 第 4 節　学生との「対話」

　高畠自身の転向体験と転向研究、市民運動の実践、自由人としての矜持をもって生きる「家の伝統」は、「非政治的」な精神や心情を核とした「政治的」な市民を主体とする市民政治学に結実する。それは、学生との対話から誕生した。東大法学部の教育のあり方に極めて批判的だった高畠は、立教大

学法学部で教員生活を始めた当初、東大に対抗するエリート育成を目指し、東大より先端の内容の厳しい授業を行い、「ついて来られない学生は容赦なく切り捨て」ていた。しかし、あるとき「私は決して政治家や官僚になろうと思わない。ひとりの市民として暮らす、そういう私たちに必要な政治学を教えて下さい」と言う一人の女子学生に出会う。このような学生に接するうちに、高畠の学生への向き合い方は変わっていった。教科書としてはベストセラーとなった『政治学への道案内』は、「切り捨て」ていた圧倒的多数の学生のために、「よりましな教材」を提供しようとしたものであった。

　彼の生き方が決定的に変化するのは、1969〜70年である。彼は60年安保以来「声なき声の会」の、61年以降は「思想の科学研究会」の事務局長であり、65年には「ベ平連」の呼びかけ人となった。だが、彼はこれらの活動について、学生に話すことはなかった。彼にとって市民運動は「私」の活動であり、「公」である大学での仕事とは峻別すべきであった。教育者としての高畠は、「半分仮面をかぶって学生諸君に接していた」のだった。

　彼のそのような態度に対する痛烈な一打となったのが、69年に始まった学生闘争だった。学生たちの主張は、高畠が市民運動で主張してきたものと重なっていた。しかも、法学部の闘争における学生の主力は、彼のゼミ生だった。高畠は、立教が他の大学のように機動隊を導入して学生を弾圧するようなことがあれば即時辞職するという決心を固め、そのような事態を防ぐために奔走した。彼は、「ほとんど辞める決心」をしていたが、「思いもかけず」バリケードの自主解除に成功した。このときの学生との「約束」を果たすため、彼は、自主講座、カリキュラム改革、社会人入試などの法学部改革に懸命に取り組んだ。

　これ以降、高畠はエリート的学問と市民運動との二重生活をやめた。「私は自分が政治学において第一に追求するのは、市民政治学であるという旗印を掲げた。計量政治学は、私の副業になった」として、自らの全人性をもって市民政治学を提唱するようになった（『著作集』第5巻, 321頁）。

　高畠にとって授業は、学生との「対話」の場となった。学生は共に政治を担う主体であり、高畠は学生と「平らな関係」を築こうとした。「ばたけさ

ん」と呼びかける学生もいた。政治とはあなたと私の相互関係であり、自分はどう生きるかを考えるべきだというのが学生へのメッセージだった。立教の基礎文献ゼミは、週2コマ、助手と二人で担当するという濃密な内容で、高畠は、学生一人ひとりが生き方を考えるために必要であるとして、仏陀や孔子、イエスの思想を共に読むようになった。彼によれば、このゼミは、「コンパと合宿ではじまり、やがて一生持続する教師と学生の共同体的な関係を生み出してゆく出発点」だった。帰宅できなくなった学生を自宅に泊めたり、高畠の家の用事を学生らに手伝ってもらったりする関係であった。町議会議員となっていた20年以上前の卒業生が暴漢に襲われたとき、高畠は入院先に彼女を見舞っている。本人がまだ何をしていいかわからないでいる状態のときに、暴力への対処方法、メディア対応について具体的な助言を与えた。彼女にとっては、高畠は、日常の議員活動においても資料収集の方法などについて「一緒に考えてくれた、有り難い存在」だった[10]。そして、高畠にとっても学生は大切な存在であった。彼は、晩年自らの古希記念パーティに参集した卒業生らの想いに触れて、「教師を続けることができた幸せ」を感じていた。

## 第5節　市民政治学

　高畠の市民政治学は、市民にとって必要な政治学であるべきで、指導者と大衆、政治家と一般市民という二分法思考を疑うことから始まる。研究者には「政治学者」としてではなく一人の市民として政治へかかわる姿勢が求められる。政治学は、支配者のために仕えるものではないばかりか、権力批判に役立つという位置に止まるものでもない。高畠は、「こういう〈解毒剤〉的位置に自らを置くことが、いかに〈挫折〉と〈禁欲〉によって支えられているにせよ、究極的には専門への逃避の口実として、むしろ保身の役割をはたしているのが現実の機能なのである」と、「専門家」に厳しい眼差しを向ける（高畠 1971, 300-301頁）。
　高畠は、また、「国家に寄りかかる大衆」に強い危惧を抱いていた。「生活

が断片化し、空洞化し、生活から意味が失われると、その意味を求めて、人々は"帝国の偉業"であるとか"民族の栄光"といったナショナリズムが与える安っぽい言葉に飛びついて、自分たちの心の空白を埋めよう」とする。だからこそ高畠は、「自分の身近な生活のなかから連想し、身近な生活の枠のなかで政治を切り取る」ことのできる市民に期待した（高畠 2005a, 84頁）。

地方政治は人々にとって身近な政治であり、そこでの主体的な参加をぬきにして民主的な政治を語ることはできないとして、1963年から選挙のたびに各地の現場を訪れていた。高畠が自ら開発した計量政治学による選挙分析の論稿は、新聞や雑誌に掲載され、アカデミズムのみならずジャーナリズムにおいて選挙分析とそれにもとづく政治評論を主導した[11]。そのなかで高畠は、政治家や官僚にも温かい眼差しをむけ、厳しく批判すると同時に丁寧に代案や改善策を提示していた。高畠が、数ある著作のなかで最も気に入っていたという『地方の王国』（三一書房、1986年）は、『潮』に隔月で連載された文章をまとめたものである。高畠は、この連載のため2年近くの間に40日あまりをかけ、北海道から鹿児島の六つの選挙区を訪れ、150人近くの議員や秘書、地方在住のジャーナリストにインタビューした。当事者の声、人口や平均所得、進学率、気候・歴史風土、選挙での得票数などの統計・政治学の理論から地方政治の課題を鮮やかに描き出した。

## 第6節　平和研究としての「市民政治学」

高畠の考える平和研究（Peace Research）は、平和を実現するための応用科学であった。彼は、立教大学法学部で「平和研究」講義を1991年から97年の間に担当した[12]。この講義のなかで高畠は、平和を国内政治過程から捉え、受講生に自らの住む社会で平和のために実践することを求め、徴兵制にかわる平和部隊や国際ボランティア活動を提唱していた。平和をつくり出すには行動が不可欠であり、その担い手となるのは市民であった。2003年11月、高畠は卒業生を対象とした講演で[13]、アフガニスタンへの攻撃やイラク戦争をはじめとする暴力の横行、地球環境の悪化、資源の枯渇などの困難に対して、

市民政治こそが「21世紀に残された人類最後の希望」であると説いた。そして、「下から一歩一歩積み上げてゆこうという市民政治による改革は、時間のかかる迂遠な道であることは間違いありません。しかし、暴力や強制に訴えることなしに、人類の連帯と共生の精神に頼って課題に立ち向かおうという市民政治の実現以外に、私たちに残された道がないことだけは確かなのです」(高畠 2004, 54 頁)と、結んでいる。これは、自らの余命が長くないことを覚った高畠が、これから生きていく人々に託した、悲痛な、しかし、確信に満ちたメッセージである。

## おわりに

　高畠にとっては、研究と運動は別のものではなく彼の全人性をかけて取り組むものだった。彼の生き方を貫いていたのは、権力への強い不信と警戒であった。それは、少年時代に、強いものに自らなびく大人たちを軽蔑していた自身の「転向」という痛烈な体験に根ざしていた。そして、自らの行動を主体的に選択しないことへの危機感は、彼の精力的な研究・市民運動の原動力であった。

　現在、「対テロ戦争」という名のもとで破壊と殺戮は拡大し、世界各地で無差別殺傷事件は拡散している。市民による「民主化運動」と期待された「中東の春」は無残な状況に陥り、難民は急増している。日本も、拡大・深化するグローバリゼーションによる過酷な競争、急速な格差の拡大に直面している。このような状況にあって、市民政治にはどのような展望があるのだろうか。現在の日本では、高畠が危惧した「国家に寄りかかる大衆」と「唯一の道」として方向性を示した「市民政治」が相克している。「国家に寄りかかる大衆」は、インターネットの言論空間に無数に存在するばかりでなく、日本礼賛本、嫌韓・反中国本が書店に平積みされ、排外主義的なヘイト・スピーチやデモが横行している。2014 年 7 月 1 日の閣議決定による憲法の解釈変更によって集団的自衛権を発動することが可能とされ、15 年 9 月 19 日には強行採決された安全保障関連諸法が成立した。このような政治に対して、

「SEALDs（自由と民主主義のための学生緊急行動）」が結成され、多くの若者が参加した。これに触発され、中高年によるMIDDLEsやOLDs、高校生らも次々に路上に繰り出した。SEALDsの学生たちは、それぞれ名前を明らかにして、自分の言葉でスピーチしている。「水着とかマツエク（まつげエクステンション）いつ着けるかとかで悩んでいる人間が、政治について口を開くことはスタンダードであるべきだと思うし、スタンダードにしたい」（SEALDs 2015, 13頁）というあるデモ参加者の言葉は、高畠の「市民政治学」と響き合う。また、1万4000人を超える研究者が賛同する「安全保障関連法に反対する学者の会」では、各人が専門に閉じこもることなく、立憲主義や民主主義、安全保障について意見を表明した。多くの研究者がSEALDsと共に活動しており、シンポジウムや集会では学生と対等の参加者として発言している。専門家としてではなく、一人の個人として行動する彼らは、高畠が希望を寄せた市民政治を実践しているといえよう。

　「職能の意味の問い直しによる日々の主体的選択としての職業人としての自覚」をもたず、専門領域に閉じこもっていては、一人の市民としての責務は果たせない。自ら「転向」を経験し、平和をめざして実践してきた高畠からの箴言である。

注
1）『高畠通敏集』（全5巻）の編者である栗原彬、五十嵐暁郎による「編集にあたって」。
2）著作一覧については、『駿河台法学　高畠通敏教授追悼号』第19巻第1号、203-218頁。
3）思想を経験科学的に研究する多様な専門分野の研究者による団体。1946年に鶴見和子、鶴見俊輔、都留重人、丸山眞男ら7名で設立し、雑誌『思想の科学』を発行した。
4）思想の科学研究会編『共同研究　転向1　戦前篇』平凡社、2012年、323-392頁に収録。
5）関谷滋、坂元良江編『となりに脱走兵がいた時代』思想の科学社、1998年、494-495頁。
6）彼はある一人の「脱走兵」を自宅に匿ったが、この「脱走兵」は米軍のスパイだったため、脱走兵や支援者が逮捕された。高畠にも官憲による調査は及んだと考えられるが、彼自身はこの件について何も語っていない。吉岡　2010。
7）李恢成宛私信（2004年4月25日）および鶴見俊輔宛私信（同5月19日）「あしがくぼ通信」『高畠通敏集5』340-352頁。「通信」は、高畠が親しい人たちに送っていた

便り。
8）高畠が、エリート官僚を輩出する東大法学部に学ぶことは不可解な印象があるが、5人の子どもを抱えた「貧乏弁護士」だった父に、学費の安かった「東大を一度だけ受験させてやる、それに失敗したら高校卒で就職せよ」と宣言されていたためである。
9）1976年に三一書房より刊行され、改訂を重ねて2012年には講談社学術文庫となった。
10）埼玉県嵐山町議員渋谷とみこさんへの電話でのインタビュー（2015年11月16日）による。
11）『朝日新聞』に1980年1月20回にわたって掲載されたコラムは、選挙担当記者にとっての選挙分析のバイブルとなった。椎橋勝信（元毎日新聞論説委員）『高畠通敏集3 現代日本の選挙』「解説」280頁。
12）この時の講義ノートは、2005年に『平和研究講義』として出版されている。
13）この講演録は、2004年3月に岩波ブックレット『市民政治再考』として出版されている。

**参考文献**
『高畠通敏著作集』全5巻、栗原彬・五十嵐暁郎編、岩波書店、2009年。
高畠通敏 1971『政治の論理と市民』筑摩書房。
――― 1989『政治学のフィールド・ワーク』三一書房。
――― 1993『生活者の政治学』三一書房。
――― 2004『市民政治再考』岩波書店。
――― 2005a『現代における政治と人間　政治学講義』岩波書店。
――― 2005b『平和研究講義』五十嵐暁郎・佐々木寛編、岩波書店。
――― 2012『政治学への道案内』講談社。

SEALDs（自由と民主主義のための学生緊急行動）編　2015『民主主義ってこれだ！』大月書店。
田口富久治　2010「『高畠通敏集』全五巻を読む」『法政論集』第235号。
吉岡忍　「市民の実像を求めて――高畠さんとの苦い出会い」2010「2010年立教大学連続シンポジウム　市民、政治、そして政治学――高畠通敏の眼」2010年11月27日、http://www.rikkyo.ac.jp/feature/sympo/2010/hougaku01.html、2014年3月3日閲覧。
堀豊彦　1988『デモクラシーと抵抗権』東京大学出版会。

【II-2　平和研究と政治学】
# 3　高柳先男
## 平和研究とパワー・ポリティクス

佐々木寛

## 第1節　はじめに

　日本の社会科学一般に当てはまることだが、日本におけるとくに広義の国際政治学および国際関係論は、西欧の（とくに戦後アメリカ）からの「輸入学問」であり続けてきた。しかし、その学問の「輸入」プロセスは、それぞれの時代がもっている歴史的文脈や背景、また個々の研究者の経験や価値観が色濃く反映するため、「輸入」されたものが何であったのかということとならんで、そもそもその「輸入」されたものが実際にどのように日本語に「翻訳」・「理解」され、時に「加工」・「適用」されたのかという問題を見ることなくしては、その内実とダイナミズムを精確に把握することはできない。日本に「内発的」な国際政治学（あるいは国際関係論）が真に存在したのかどうかについてはともかく、先達研究者たちの業績と実践をその思想的背景にまで関連づけて振り返り、「内省（reflection）」することは、おそらく今後日本の国際政治理論の自立的な展開にとって少なからず意味をもつと思われる。
　本章で扱う研究者は、高柳先男（1937〜1999年）である。広義の国際関係論のなかでも高柳の依拠したディシプリンは、国際政治学ならびに平和研究（Peace Studies）であったが、高柳の場合、前者にはH・J・モーゲンソー（Hans J. Morgenthau）を出発点とする「古典的リアリズム」、後者にはJ・

ガルトゥング（Johan Galtung）を典型とした、いわば「社会学的規範主義」の視点が導入されており、一見すると水と油の二つの世界観が同居しているようにも見える。結論からいえば、高柳の仕事にとって、これら一見して矛盾する二つの要素はいずれも欠かすことができず、むしろ両者の葛藤と融合の中にこそ、彼の学問的な特性と魅力があった。

しかし国際関係理論一般にとってより重要なのは、高柳の中で前者と後者の論理がどのように接合されていたのか、またそれはどうしてなのか、という問題にほかならない。本章では、暫定的に前者の論理を「パワー・ポリティクス」の論理、後者を「平和研究」の論理と呼び、これら二つの論理が切り結ぶ回路について考察する。後述するように、高柳はこの「架橋」を、いわば彼の「政治的リアリズム（political realism）」によって果たそうとしたが、本章ではそれが、国際政治学および国際関係論そのものの本来の課題、すなわち、国際社会の「現実」にもとづく「平和」の構成という基本課題にとってどのような意味をもつのかについても考えてみたい。

## 第2節　高柳とH・J・モーゲンソー
　　　　——「人間論的リアリズム」の発見

H・J・モーゲンソーを論じた高柳の助手（デビュー）論文は、その後の彼の理論的な基本的立場をもっとも鮮烈に明確化したものであった（高柳 1969）。これは、「これまでのモーゲンソー批判に依拠しながらも、モーゲンソー理論を内在的に検討することによって、暫定的にではあれ一定の理論的評価を定着させようとする試み」（高柳 1969, 18頁）であったが、注目すべきは、その中心概念である「力（power）」や「国益（national interest）」の概念が多義的であること（さらにはそれが理論体系においては異なる論理同士を束ねる結節点であること）をむしろ積極的に位置づけ、モーゲンソーの国際政治理論を「存在論と規範論とを構造連関的に包摂するパワー・ポリティクスの一般理論」（高柳 1969, 21頁）として捉えようとしたことにあった。

いつの時代も変わることのない、時に近代合理主義の範疇をも超えた「人

間性（human nature）」の議論から出発し、そこから生まれる「政治」の論理を基底に据えるモーゲンソーの政治理論は、高柳の深く共感するところでもあった。時間や空間をも超えた政治の本質は「権力欲」にもとづく「人間性」に根ざしており、したがって国際政治もまた諸国家間の「権力闘争」と「力の均衡」こそがその基調となる。つまり、すべからく「政治」が生起する場にあって「パワー・ポリティクス（権力政治）」の論理は貫徹するのであり、その意味で、「モーゲンソーにとって国際政治と国内政治との間に本質的な差異はありえない」（高柳 1969, 25 頁）。

　高柳は、このモーゲンソーに特徴的な「人間性」に発する政治哲学の起源についてあまり多くを語っていない。しかし、「「人を信じるものに禍あれ」というエレミアの嘆きを思想の根底に置いた政治哲学を否定する、たとえばホフマン（Stanley Hoffmann）、ハーツ（John H. Herz）、ウォルツ（Kenneth N. Waltz）などのリアリスト」とモーゲンソーやニーバー（Reinhold Niebouhr）のそれとを明確に区別し、ヨーロッパ精神史の文脈からもこの問題を捉えようとしている。高柳の国際政治学にとって、思想・文化・文明・価値の問題はもっとも本質的であった。それは、そもそも社会科学の理論そのものが価値や世界観の問題と切り離すことはできないというだけでなく（マクレランド 1979）、結局政治の営みとは、長い時間をかけて人間がつくりあげてきた文化や習慣の連続性（歴史的文脈）の中でしか展開しえないものだからである。

　高柳の理論的論稿を編集した『パワー・ポリティクス――その原型と変容（増補改訂版）』（1999 年）の基調をなす巻頭論文、「闘争としての政治」（原題「闘争」、1979 年）においても、「権力闘争」が単にシュミット流の「友－敵」概念を越えて、それがヨーロッパにおける文化や文明に深く根差したものであることが強調される。つまり、「近代西欧が発見した政治がモデルたりうるのは、政治が暴力的闘争を根底にはらむがゆえにそれを制度化するという、その政治観にある。なぜなら、それは政治的自由と人間の尊厳を最もよく保証する装置だからである」（高柳 1999, 10 頁）。その意味で、高柳が、生前に果たせなかった仕事の一つとして、最後まで「ヨーロッパにおけるリ

アリズム国際政治観の成立過程についての研究」(高柳 1999, xx 頁) を志向していたことは重要である[1]。

したがって、モーゲンソー理論の重要概念に見られる、従来から批判を受けてきたその非体系性や思想性は、高柳にとって必ずしも否定的なものではなかったはずである。むしろモーゲンソーが内に宿していたこの「ヨーロッパ的文脈」こそ、当時精緻化が進んでいたアメリカ国際関係諸理論に比して評価すべきものとして理解されていた。近年、国際関係理論において古典的リアリズムのルネサンスとも呼ぶべき再評価の機運が見られるが、高柳にとってモーゲンソーの諸言説は当時から一貫して古びない内実を保ちつづけた。

高柳がこのような歴史的経験にもとづく暗い「人間性」の探求から出発するモーゲンソーの「リアリズム」について首肯するのは、これが少なくとも「国際政治における「力」の契機を軽視した国際政治への法的、道徳的アプローチの砂上の楼閣を根底より崩壊させるという役割を果たした」(高柳 1969, 63 頁) からであるが、またそこから「国際政治の世界では、一定の道徳原理に基づく絶対善の達成の期待は幻想であるだけでなく、危険かつ不道徳でさえある」(高柳 1969, 38 頁) という普遍的な命題が導かれるからである。ここで生起するのは、いわば、「政治権力のイデオロギー(理念)的粉飾に惑わされない」という意味における「リアリズム」の論理である。この視点は、後述するように、とくに高柳の新冷戦期の国際政治分析にいかんなく発揮される。

しかし、その後の幾多のモーゲンソー批判にもあるように、モーゲンソーの理論の前提は一種の先験的な本質論ともいえるものであり、構造制約性の次元、つまりとくに国際政治のアクターがある国際環境や構造的な制約性の中で特定の行動をとらざるをえないというメカニズムを理解できない。高柳によれば、モーゲンソー理論は、分析-説明(因果関係)理論としての国際政治理論にとってはあまりに「きめのあらい巨視的理論」であった。

## 第3節　高柳と平和研究——「構造」への志向

　しかし、そもそも高柳にとって、「理論」とは何であったか。彼が「〈きめのあらい巨視的理論〉の科学的価値」（高柳 1969, 63頁）というとき、それは何を意味するか。『パワー・ポリティクス』（1999年）の第二論文となる、「三つの世界像」（原題「支配的国際政治理論とその限界」、1986年）は、高柳国際政治理論の特長が凝縮された論文である。高柳によれば、政治理論の前提となる「現実」とは、個々のアクターの「世界像」によって異なっている。つまり、いずれか一つの「世界像」が「現実」を独占することはできない。これをさらに換言すれば、政治理論自体が、常に異なる「世界像」によって「闘争」を展開しているということになる。つまり、あらゆる「理論」は常にエッセイ（試み）にすぎない。

　高柳は、第一義的な意味における「地域研究」をめざしたというよりも、むしろ生涯にわたって国際政治「理論」への並みならぬ志向性を保持しつづけた。高柳は国際問題について、常にヨーロッパ、なかでも留学先であり研究対象でもあったフランス（外交）の視点から発言を続けたが、それはあくまでも世界政治全体の文脈におけるフランスであり、ヨーロッパであったといえる。あえていうなら、高柳の"フランス"は、現代世界において支配的な"アメリカ"を相対化するためのもう一つの「世界像」でもあった（高柳 1991a）。

　ところで、前述のモーゲンソーの「人間論的リアリズム」では補えない理論的課題、それはシステムや構造としての国際政治の把握であった。モーゲンソーの「人間論的リアリズム」に加え、高柳の国際政治理論のもう一つの軸を構成したのが、いわば「構造的リアリズム」とでも呼ぶべき、構造主義の視点である。特徴的なのは、高柳がその視点を、ケネス・N・ウォルツのようなアメリカ国際政治学からではなく、主としてヨーロッパ（北欧）の平和研究（社会学）者、ヨハン・ガルトゥングから導入したことである。高柳はその研究当初から、国内政治と国際政治（国内社会）のリンケージに深い

関心をもっていたが（高柳 1971）、ガルトゥングの視点（とくに「帝国システム」についての理論）は、国家や社会をも横断する重層的な中心（Center）―周辺（Periphery）構造の指摘であった（ガルトゥング 1991）。高柳は、ケネス・E・ボールディング（Kenneth E. Boulding）などのアメリカの紛争解決理論や、ガストン・ブートゥール（Gaston Bouthoul）をはじめとするフランスの「戦争学」に加え、ガルトゥングをはじめとするヨーロッパの平和研究を本格的に摂取し、積極的に日本に紹介した。

高柳がヨーロッパの平和研究に着目した背景には、それ以前から指導を仰ぎ、日本平和学会の初代会長でもあった関寛治（1927～1997年）の影響や、後述するような個人的な戦争経験の存在も指摘できるだろう。しかし何よりも、当時の世界政治およびヨーロッパの分析において、ガルトゥングをはじめとするヨーロッパの平和研究が提起していた理論的視座（世界像）が、無視できないもう一つの「構造的現実」を見事に照射しており、高柳にとってもきわめて「現実的」であったという点は重要である。つまり、高柳が当時平和運動とともに展開を遂げたヨーロッパの平和研究に見たのは、「理想主義」ではなく、むしろ「現実主義」であった。

この高柳の「構造的リアリズム」は、1980年代の「新冷戦」の本質を、古典的なパワー・ポリティクスの論理と、それに対抗する市民の抵抗（平和運動）の論理から明らかにしようとした『ヨーロッパの精神と現実』にいかんなく発揮された（高柳 1987）。ここで高柳は、「新冷戦」が大国の東西イデオロギーによって"つくられた脅威"であったというもう一つの「現実」を喝破し、国際政治における「（市民）社会」の重要性（力）をいち早く指摘することに成功したが、それが可能となったのは、いわばまさに前述の「人間論的リアリズム」と「構造的リアリズム」との融合によるものであったといえる。

また本書は、関が書評したように、すぐれて現代的なものの分析でありながら、「西欧文化の深い次元にたって精神史的にこの現代的現象を総合しようとする」点にも特長があった（関 1988）。武力を言葉にかえ、闘争を制度化してきたヨーロッパの歴史と経験（「ヨーロッパの精神」）は、現代の「市

民社会」にも脈々と受け継がれており、このヨーロッパ市民社会に培われた自律的な「リアリズム」こそが、たとえば米ソによる中距離核戦力の配備に際して大きな抵抗の基盤となった。高柳が着目したのは、具体的には「欧州核廃絶運動（END）」をはじめとする西ヨーロッパの平和運動、あるいは「憲章77（チェコ）」や「連帯（ポーランド）」などの東欧の自由化運動であったが、両者は呼応しながらまさに東西冷戦構造を下から突き崩す契機をつくりだした。そしてこれら平和運動と並走した平和研究もまた、その過程で、政策志向型の新しい平和研究やオルタナティブな安全保障理論などの新たな遺産を生み出すこととなった（ガルトゥング 1989）。

## 第4節　高柳先男の政治的リアリズム
　　　　——「グローバル化」のなかで

　ここで、高柳国際政治理論における政治的リアリズムが、人間の〈思想〉や〈行動〉、そしてそれを大きく規定する〈構造〉、そしてその両者の葛藤を中心に構成されている点、またこれに加えて、古典的なパワー・ポリティクスの確固たる現前性がその大きな変容過程のダイナミズムのなかで把握される点に主な特徴があることがあらためて確認できる。またさらに、高柳が国家間関係における定量的・実証的な理論研究にはほとんど関心を示さなかった点についても、その理論的特徴の一つとしてつけ加えることができるだろう。しかし、冷戦後、「グローバル化」の論理が顕在化するなかで、このような理論的立場はどれほどの有効性を維持できるだろうか。

　高柳が平和研究から導入した「構造的リアリズム」は、社会システムの「周辺」（底辺）から構造を見つめ直すという意味では、いわば「批判的リアリズム」といえるものでもあった。常に権力によって優位な「現実」がつくりだされる国際政治環境の中で、その「現実」のヒエラルヒーによって無いものとされてしまう「周辺」の「現実」を言語化（可視化）することによって、その社会システムや構造自体の進行する変容過程を見通し、またそれを構想する「リアリズム」である。この立場からは、開発の周辺におかれた地域の

「現実」の再発見（高柳 1993）、あるいはナショナルな政府に加えて、ローカル・アクター（自治体）への着目（高柳 1984a）、あるいは、「ヒロシマ・リアリズム」や「オキナワ・リアリズム」などといった複数の「周辺」からの「現実」の立ち上げ、つまり「多元的リアリズム」の可能性も生まれる。そして実際に、この視座は、「グローバル化」した国際政治の分析にとっても有効であったといえる。

　高柳は冷戦後の世界について、メアリ・カルドア（Mary Kaldor）がかつて冷戦について東西大国の「仮想戦争（imaginary war）」と意味づけたことを想起しながら、それが今度は東西間ではなく南北間で適用されていると指摘した（高柳 1999）。そして、ジョン・ミアシャイマー（John J. Mearsheimer）やウォルツなどの「ネオ・リアリズム」を批判的に検証しつつ、それらアメリカの支配的言説が、一方で「現実」の多様性を拒否し、他方で〈無〉秩序の因果性や新たな「敵」を自らつくりだしている言説政治の実態を浮き彫りにした。冷戦後の「意味と力」が乖離した世界では、世界をどう意味づけるのか、それ自体が政治的な権力闘争の場となる。支配的な「現実」が「力」によって再構成される中で、それとは異なる周辺的な多くの「現実」が自己の存在の意味をかけて抗争する。つまり、「1990年代にはいってから世界のいたるところでみられるにいたったのは、政治的支配や経済的搾取をめぐってではなく、文化的・民族的・宗教的な「排除」に抗して、あるいはその「認知」をもとめて、集合的暴力が解き放たれるということであった」（高柳 1999, ii 頁）。

　したがって、1990年代の「人道的介入」をめぐる一連の議論に、高柳流の「リアリズム」が大国によるイデオロギー的な粉飾のにおいを嗅ぎ取ったのも自然であった。高柳は、「人道的介入」の考え方が湾岸戦争の際にクルド難民の救済に取り組んだ「国境なき医師団（MSF）」の創設者、ベルトラン・クシュネルに発しているとし、アメリカ主導の多国籍軍展開の背景にフランスの意向が働いていたのではないか、と推測する。そして、その後に展開したソマリアやボスニアの「人道的介入」の事例についても、一貫して否定的な評価を下した。とくに多民族国家ボスニアの場合、「武力介入によっ

【II-2　平和研究と政治学】3　高柳先男

て生じる犠牲はソマリアの比ではなく、たとえ停戦が実現されても、多民族の共生という本質的な解決につながりそうもない。ここでは粘り強い和平調停こそがもとめられている」(同、xii頁)と、武力介入以外の方法にしか活路はないと結論づけている。

　近年、多くの実証研究にもとづき、国際社会による「介入」の条件や基準、行為主体やプロセスなどに関する緻密な議論が進展している。しかし、1999年にこの世を去った高柳の最晩年の言葉に、この種の議論に関するものは少ない。国際的な共同社会や共通倫理の実在性について、そして生起する人権侵害の「認定」に際する大国や国際的エリートの判断および解釈の妥当性について、高柳の「リアリズム」は概して懐疑的であった（黒田 2001）。

　高柳は、1945年6月19日、豊橋で空襲を体験している。この、鳥の眼で見た戦略的「現実」と、地を逃げまどう民衆の「現実」との決定的な格差についての経験は、高柳のこのような「リアリズム」の形成にとって無関係ではないと思われる。高柳の「リアリズム」は、紛争を語り、意味づける立場ではなく、常に紛争の現場で生きる人間たちの目に映る「現実」に立ち返る。以下、少々長きに失するが、彼が大学の講義で学生たちに語った空爆についての言葉を引用する。

　　コソボの問題と重ねて考えるのですが、ぼくが問題だと思うのは、誤爆とかそういうことでなくて、自分がやっていることが人々の日常生活を破壊しているということを自覚できないような戦い方をしているということです。人間というのは戦う動物です。戦わざるをえない動物です。何のために戦えるかというと、自由という価値があって、自由のために戦う。力によって束縛されていて、その力から解放されたいために戦う。戦うときは、束縛している側も死ぬ可能性がある。それが戦いの原像です。だからこそ、戦争というのは犯罪ではなく、かつては崇高なものだった。リアリストの国際政治学者、ハンス・J・モーゲンソーが原爆（核兵器）を非常に厳しく批判しているのは、人間は戦争によって死ぬかもしれないけれど、自分はなぜ死ぬのか、なぜ殺されるのか意識できる、

そういう戦争はいい、しかし戦略爆撃（その頂点に核攻撃があるわけですが）では、自分が何のために死ぬのかわからない、死ぬんだという意識すらないうちに死んでしまう。戦略爆撃というのは、人の尊厳を一瞬にして奪ってしまうのです。NATOのコソボ空爆にせよ、アメリカ軍のイラクへの空爆にせよ、空から戦う側は自分のおこなっている破壊をイメージできない。イメージできないからこそ空爆ができる。だから空からの爆撃というものは、絶対にやってはいけない。戦いは仕掛ける側も死ぬ可能性がある。そこに戦いの尊厳というものが生まれてくる。もし戦争を政治の道具とするならば、自らの側にも破壊が及ぶという覚悟の上での戦争でなければ、ぼくは容認できません。（高柳 2000, 185-186頁）

　高柳独自の「リアリズム」の特徴がここによく表れているが、ここではとくにモーゲンソーが再度想起されている事実も興味深い。しかし、高柳の政治的リアリズムの特徴は、平和研究と国際政治学とを架橋しようとした他の日本人研究者たち、たとえば、坂本義和、関寛治、武者小路公秀、鴨武彦などといった研究者との比較の中でより鮮明になるかもしれない。高柳は、これらの研究者に比して誰よりも終生ナショナリズムの問題に深い関心をもち続けた（高柳 1994；スミス 1998）。それは、かつてモーゲンソーもそうであったように、ナショナリズムこそが人間の権力欲と国家の権力欲とを媒介する鍵であると考えたからである。高柳は自らをしばしば「ロマン主義的リアリスト」と呼んだが、ここにも「土の上を歩くスピードでしか生きられない人間」の「現実」に立ち返ろうとする高柳の一貫した姿勢を見ることができる。そして、この視点は、ヨーロッパ研究者としての高柳が、一貫してヨーロッパ統合への楽観主義に最後まで警鐘を鳴らし続けたことにも反映されていた（高柳 1994）。だが残念ながら、この最後の重要な論点について、本章で詳しく議論する余裕はない。

## 第5節　おわりに

　「パワー・ポリティクス」の論理と「平和」の論理をいかに接合するか。国際社会の「現実」にもとづく「平和」の構成という国際関係論の基本的課題にどのように答えるか。本書は、高柳先男という一人の研究者の仕事を概観することによって、その解答に至るための一つの〈回路〉の可能性を考察した。「現実」を抽象的な理念やモデルの中に解消せず、常に具体的かつ可変的な「人間の条件（human condition）」の中で考え続けるということ。そして、世界社会システムの「中心」にとっての「現実」に埋没し、慢心することなく、常にその周辺に息づく「現実」から世界を捉えなおすということ。高柳の政治的リアリズムとは、この二つの「リアリズム」の有機的な融合によるものであった。本章では十分に展開できなかったが、「日本の」国際政治理論にとって、高柳の国際政治学＝平和研究が重要な水脈の一つである所以もここにある。

　しかし、残された課題も多い。たとえば、ハンナ・アレント（Hannah Arendt）が指摘するように、現代世界の「人間の条件」がテクノロジーによって大きく変容を被るのであれば、それは具体的に何を意味するのか。冷戦を講和問題として経験した世代ではなく、既成事実化した核戦争の問題として生きた高柳の世代にとって、いうまでもなく〈核テクノロジー〉の問題は中心的なテーマであった。しかし、情報通信革命や軍事技術の躍進は今後政治の世界にどのような影響を与えるのだろうか。「リアリズム」が前提とする現代の「人間の条件」を、再度テロリズムの時代における〈戦争論〉の観点から再検討する必要があるかもしれない（Hirst 2001）。あるいは、多次元多層化した現代の政治空間の中で、どのような自由と統治の論理が可能であるのか。また、高柳が重視したアイデンティティ・ポリティクスの着陸地点は具体的にどこにあるのだろうか。「グローバル化」の暴力性を指摘するにとどまらず、世界秩序の構成原理を〈権力論〉の観点から再度探究する必要もあるかもしれない（佐々木 2010）。

しかし、「平和のリアリズム」、すなわち、政治的リアリズムにもとづく平和理論、あるいは真の平和をつくりだすための政治理論が、依然として「古くて新しい」現代的課題として私たちの眼前にあるのであれば、高柳が格闘し、導き出したひとつの理論的回路は、それ自体決して古びることはないと思われる。

＊本稿は、日本国際政治学会 2014 年度研究大会平和研究分科会における報告原稿「平和研究とパワーポリティクス——高柳先男の政治的リアリズム」を加筆修正したものである。

注
1）これに関連し、高柳が「文化」や「文明」の論理をいかに重視していたかという点については、彼の「留学」や「翻訳」に関するいくつかの所見からもうかがうことができるが、ここでは割愛する。

**参考文献**
高柳先男　1969「H. J. モーゲンソーの国際政治理論——国際政治への〈現実主義的〉アプローチの一類型」『法学新報』76 巻第 3〜5 号。
——— 1971「国際政治と国内政治の連繋モデル」『国際政治』第 46 号。
——— 1974a「現代国際環境の多元的構成」『国際問題』第 168 号。
——— 1974b「自壊するキッシンジャー外交」『エコノミスト』11 月 19 日号。
——— 1980「「戦争学」から「平和研究」へ」『平和研究』第 5 号。
——— 1984a "Peace Policy of Local Government : Survey Report on 'Nuclear-Free Municipality Declaration' by Municiparities in San-Tama Area in Tokyo,"『法学新報』91 巻第 1/2 号。
——— 1984b「欧州における中心—周辺構造——国際統合をはばむ内政的要素」『国際政治』第 77 号。
——— 1987『ヨーロッパの精神と現実』勁草書房。
——— 1990「社会主義国の行方——ヨーロッパで考える　1-5」『読売新聞』4 月 16〜20 日。
——— 1991a「フランス外交の光と陰」『週刊東洋経済臨時増刊』東洋経済新報社。
——— 1991b「言葉と武力（上・下）」『UP』第 226/227 号。
——— 1993「タイにおける日本 ODA、不良開発、NGO」『中央大学企業研究所年報』第 14 号。
——— 1994「ナショナリズム「問題」の位相——「ヨーロッパ統合」とフランス」『年報政治学』。

―――― 1999『パワー・ポリティクス（増補改訂版）』有信堂。
―――― 2000『戦争を知るための平和学入門』筑摩書房。

ガルトゥング、ヨハン　1989　高柳先男・塩谷保訳『平和への新思考』勁草書房。
―――― 1991　高柳先男・酒井由美子・塩谷保訳『構造的暴力と平和』中央大学出版部。
スミス、アンソニー・D　1998　高柳先男訳『ナショナリズムの生命力』晶文社。
マクレランド、チャールズ・A　1979　高柳先男訳『国際体系と諸理論』福村出版。

高柳先男先生追想集刊行委員会編　2000『高柳先男先生追想集』。
坂本義和　2004-2005　藤原帰一・大串和雄・遠藤誠治・石田淳編『坂本義和集（全6巻）』岩波書店。
関寛治　1988「書評『ヨーロッパの精神と現実』――卓抜な欧州論展開」『毎日新聞』1988年11月3日。
佐々木寛　2005「イラク戦争と「安全保障」概念の基層――「ヨーロッパ」再考」古城利明編『世界システムとヨーロッパ』中央大学出版部。
―――― 2010「「グローバル・シティズンシップ」の射程」『立命館法学』第333・334号。
黒田俊郎　2001「政治的思考の自律性と平和研究――ヨーロッパの経験から」愛知大学国際コミュニケーション学会編『文明21』第7号。
宮下豊　2012『ハンス・J・モーゲンソーの国際政治思想』大学教育出版。

Arendt, Hannah 1958 *The Human Condition*, University of Chicago Press.（『人間の条件』志水速雄訳、筑摩書房、1994年）
Hirst, Paul 2001 *War and Power in the 21st Century: The State Military Conflict and the International System*, Polity Press.（『戦争と権力』佐々木寛訳、岩波書店、2009年）
Waltz, Kenneth N. 1954 *Man, the State, and War,: A Theoretical Analysis*, Columbia University Press.（『人間・国家・戦争――国際政治3つのイメージ』渡邉昭夫・岡垣知子訳、勁草書房、2013年）

第Ⅱ部　国際関係論

## 【Ⅱ-3　内発的発展論】
# 1　鶴見和子
## 個から社会を変革するための内発的発展論

柄谷利恵子

　　内発的発展論の真の秘密は鶴見〔和子〕の人生そのものにある。（川勝
　　1999, 357頁）

## 問題の所在

　鶴見和子（つるみかずこ）（1918〜2006年）は、明治期のスーパー・エリートである鶴見家の長女として生まれた。母方の祖父は台湾総督府民政長官や満鉄初代総裁、さらには内務大臣や外務大臣などを歴任した後藤新平である。その妻の名をとって、和子と名付けられた。父・祐輔は厚生大臣を務めた政治家で、和子の弟・俊輔は哲学者、和子のいとこ（祐輔の弟の息子）が人類学者の良行である。

　和子は、第二次世界大戦前に米国に留学し、日米開戦とともに帰国するが、1962年に再び渡米し、プリンストン大学で博士号を取得した。その後、上智大学で教鞭を執りつつ、柳田国男研究や水俣研究に取り組んだ。60歳を目前にして発表したのが内発的発展論だった。その後、南方熊楠研究にも取り組んだ。78歳で倒れた際には、南方の曼荼羅論を自身の内発的発展論に取り入れ、マックス・ウェーバーの『ピューリタニズムの倫理と資本主義の

精神』に対応する、『アニミズムの倫理と内発的発展の精神』を執筆したいと述べていた（鶴見 1999d, 61 頁）。

2006 年 7 月 31 日に 88 才で和子は亡くなった。そして 2015 年 7 月 20 日に俊輔が 93 才で亡くなった。俊輔が亡くなる前に、和子について病床で語った言葉が、和子の命日を偲ぶ「山百合忌」で披露された（朝日新聞デジタル、2015 年 8 月 1 日）。「速く物事を理解し、それを使いこなす姉に対し、そこから抜け落ちるものにむしろ私は引かれました。……姉のような優等生ではない分、私の方が人や物を見る眼は確かでした」と、和子と自分を比較している。

俊輔の分析については異論もあるだろう。ただしこれまでも、和子を通した鶴見俊輔論や、俊輔を通した鶴見和子論が展開されることはよくあった（たとえば、原田 2001, 145-183 頁；吉見 2012）。実際、川勝が指摘するように、鶴見和子の内発的発展論を考察するにあたり、和子およびその周りの人々の人となりを無視することはできない。

本章では、このような和子の内発的発展論について、和子本人の言葉にできるだけ依拠しながら、以下の 2 点を検討する。第一に、和子自身の人生および和子の生きた時代性を振り返ることで、和子が内発的発展論にたどり着くにいたった系譜を明らかにする。ただし、内発的発展論は和子だけの理論でもなければ、和子が生きた時代の遺物でもない。そこで第二に、和子が内発的発展論を通じて提起した問題意識や視点が、現在の日本の国際関係論に与える意義について考えてみたい。

## 第 1 節　鶴見和子と内発的発展論を考察するとは

### 日本の国際関係論の先達として

鶴見和子を、日本における国際関係論の先達として取りあげることに、疑問を抱く人がいるかもしれない。

和子自身は、1969 年に上智大学の国際関係研究所に招かれた際、自分の専門は社会学であり、国際関係論ではないと述べている（鶴見 1999d, 321

頁)。そのため、国際関係論の、ましてや日本の国際関係論に寄与するという意識が、彼女にどれだけあったかは疑わしい。しかし着任にあたり、「いろいろなディシプリンを入れる」という武者小路公秀の説明を和子は受け入れた。そのうえで、「柳田国男などの日本の民俗学を比較社会学のなかに取り入れていく」という関心にもとづき、国際関係研究所での学究を開始した（鶴見 1999d, 321 頁）。その後、西欧をモデルとした近代化論の再検討から批判、そして内発的発展論の提起へと研究を進めていった。したがって、和子本人の意図にかかわらず、その研究を日本の国際関係論の文脈から切り離すことは難しい。

さらに日本の国際関係論は、第二次世界大戦を経て、「国家間の勢力均衡の政治・軍事がしばしば戦争への道となることへの批判」から始まった（初瀬 2012, 12 頁）。その起源を鑑みると、和子が内発的発展論を通じて、「地域」や「伝統の再創造」、さらには「主体としての個人」といった視点を日本の国際関係論にもちこんだ功績は大きい。

## 鶴見和子の内発的発展論とは

上智大学での最終講義で、和子は内発的発展を「それぞれの地域の生態系に適合し、地域の住民の生活の基本的必要と地域の文化の伝統に根ざして、地域の住民の協力によって、発展の方向と筋道をつくりだしていくという創造的事業」と特徴づけている（鶴見 1999b, 32 頁）。さらにその究極の目標としては、「人間の成長 (human development)」を掲げていた。（鶴見 1999b, 32 頁）。そこで、この目標を達成するために、「異なる地域に起こりつつある、方向性をもった社会変化の事例にもとづいて、抽象度の低い理論化から出発」することが試みられた（鶴見 1997f, 538 頁）。それに対して、西欧をモデルとする近代化論は、発展のための一般理論として、世界各地で画一的に適用された。しかしこのような単系発展モデルの下では、合致しない点は切り捨てられるだけである。ここにこそ、近代化論がもたらす「様々な弊害を癒し、あるいは予防するための社会変化の過程」としての、内発的発展が果たす重要な役割があった（鶴見 1997f, 537 頁）。

【II-3　内発的発展論】1　鶴見和子

　和子自身の言葉でまとめると、彼女が探求していた内発的発展論とは、次の3点から構成されていた。第一が、内発的発展の単位としての「地域」である。それは、「場所」と「共通の紐帯」と「相互作用」からなり、「土と水とにもとづいて定住者が生活を営む場所」である（鶴見 1997f, 541頁）。その場所で、定住者間に、また定住者と移動する者との間に相互作用が行われ、その結果として新しい共通の紐帯がつくりだされる可能性がある。
　第二に、「社会運動」として内発的発展論をとらえる視点である。その際、内発的発展が、「権力の奪取を目指さない運動」として特徴づけられることが重要である（鶴見 1997f, 545頁）。この点について、和子の内発的発展論は、「社会の制度改革についてのオプティミスティックな展望」だと指摘する研究もある（原田 2001, 148頁）。第三に、内発的発展の過程における「伝統の再創造」の重視である。誰が、どのように伝統をつくりかえるのかを分析することが、内発的発展の事例研究には不可欠である（鶴見 1997f, 546頁）。つまり、「小さき民の創造性の探究」としての事例研究のなかから、「内発的発展の試みを、国をこえて、地球規模で、徐々に結びあわせてゆく方法」を考えていくことが、和子の掲げた課題だった（鶴見 1997f, 548頁）。
　内発的発展論は、和子以外にも様々な研究者によって提唱されてきた。したがって内発的発展論といっても、その内容にはそれぞれ特徴がある。和子の内発的発展論は変革を目指す「運動論」であり、そのなかには主体となる「個」の力への信念が表れている[1]。和子自身、「倒れてのちの「内発的発展」」のなかで、内発的発展論の究極の目標を、「何ものも排除せず、何ものも殺さないで、どうやって社会を変えられるか、人間を変えられるか」を考えることだと述べている（鶴見 1999e, 344頁）。その際、和子が強調したのが、「いままで周辺にいたもの、もっとも弱い立場、差別される立場にいたものを真ん中」、つまり「萃点（すいてん）[2]」にすることだった。この点を動かすことで、「メンバーの配置換えをしていく、それによって社会の構造をかえていく」ことを和子は目指した（鶴見 1999e, 344頁）。和子の内発的発展論の最終目的は、「未来に向けてのパラダイム転換」だった（鶴見 1999a, 8頁）。

235

第Ⅱ部　国際関係論

## 第2節　内発的発展論の背景

**鶴見家の人々**

　以上のように、和子の内発的発展論には、変革への希求、それを実行する個人への期待、そしてそのような変革の実践を自らにも課す真摯な姿勢が見出せる。このような彼女の学風を、その生い立ちと関連づける識者は多い。

　たとえば俊輔は、かわいがられた幼年期をすごし、長女としてまた優等生として生きてきたことが、和子の研究に多大な影響を与えたと述べている（鶴見・金子・佐佐木 2008, 18, 56 頁）。和子自身に言わせると、俊輔は「人間の罪と暗黒とをくぐりぬけてきた、「生まれ変わった人」である。それに対し、自らは「死も暗黒もくぐりぬけることのなかった「生まれた儘の人」」であった（鶴見 1998i, 89 頁）。そのため自分は、「どんなに苦しくても地獄を見ない、きっと、地獄を見ても、見ないフリをする、地獄の前を素通りしてしまう」と、自らを批判していた（鶴見 1997b, 73 頁）。彼女は、だれよりも俊輔の仕事を高く評価していた。そのような彼女は、「明治国家の中枢にいたエリート一家の「明」の部分を受け継ぎ、生涯を通じて「生まれ変わろうとし続けた人」」であった（吉見 2012, 22, 38 頁）。

　和子は後藤新平が外務大臣を務めていた際に、その官舎で生まれ、10歳になるまで後藤家で生活していた。そのため、生まれたときから人に見られることになれており、外国の要人にもまったく物怖じをしなかった（鶴見・金子・佐佐木 2008, 125-126 頁）。実際、和子は自身を、「子どものときからどんなおとなとも、対等にものをいうことが自然な家庭のふんいき」のなかで育った、「はにかむ」ことを知らない子どもだったと評している（鶴見 1998h, 38 頁）。この点については、パール・バックや柳田国男といった研究対象者との関係においても同様であった。

　和子は自らの仕事を、前期と後期に分けている。それによると、1939 年にアメリカ留学をしてから日米開戦によって帰国し、敗戦後の 1945 年から再度アメリカに留学する 62 年までを前期、博士号を取得して帰国した 1966

年以降を後期としている（鶴見 1997a, 9-10 頁）。前期の研究対象の一人だったパール・バックとは、父・祐輔とともにアメリカに行った20歳の時にすでに出会っていた。また後期の研究対象の一人である柳田国男は、祐輔が第二次世界大戦後に引っ越した家の向かいに住んでいた。このような和子の特権的家庭環境は、一方で彼女に苦悩をもたらし、それがその後の研究の原動力になっていった。

**パール・バックから柳田国男、そして南方熊楠へ**

　内発的発展論に到達するまでに、和子の研究対象はパール・バックから柳田国男を経て、南方熊楠へと展開していった。しかし第二次世界大戦以前、和子が傾倒していたのはマルクス主義だった。和子によると、マルクス主義からプラグマティズムへの「転向」は1951年頃だったという（鶴見 1997b, 68頁）。マルクス主義にのめり込んだ要因は、やはり彼女自身の家庭環境にあった。豊かな幼少期に女中と自分の居場所の関係を意識するようになったことで、罪の意識が育っていったことと、日本では禁止されていたマルクス主義の理論にアメリカ留学によって初めて出会ったことの二点を理由に、当時は「マルクス主義を正しいと思わなければならないと思っていた」という（鶴見 1997b, 69頁）。

　それが敗戦を経て、プラグマティズムにおける個人の選択可能性を重視するように変わっていった。マルクス主義の歴史決定論に対して、プラグマティズムにおいては、「個人が自分の生活の中から自分の考えを導き出していく」（鶴見 1997b, 70頁）。この点を彼女は重視した。しかし和子の家庭環境が、ここでも彼女に苦悩をもたらすことになった。

　というのも戦後になって、和子は工場の女性労働者や主婦とのつきあいを通じて、生活者一人ひとりの思想や価値観の変容を理解しようと努めた。しかしその際、彼女自身の恵まれた社会的地位のために、草の根の人々とつながりたいがつながれないという矛盾に直面する（原田 2001, 150頁）。これが、パール・バック研究を着手した理由である。というのも、和子はバックのなかに、自身と同様の問題を見出していた。実際、「わたし自身のもんだい……

に光をあててみるために、パール・バックを通過してみたい」と述べている（鶴見 1997c, 129頁）。パール・バックは、支配する側のアメリカ人として、特権階級に属したままで中国の庶民とつながることを望んでいた。和子もまた、女性労働者や一般の人々と活動をともにするが、エリート知識人であることを捨てるわけではなかった。そこで和子は、「自分自身の生きる態度に、はたらきかけてくるもの」として、バックを評価し批判した（鶴見 1997d, 289頁）。

では、柳田国男論から、和子はなにを学んでいったのか。研究のきっかけは、「柳田国男のしごとを、社会変動論とみたてるという、大変限られた関心」だった（鶴見 1998c, 240頁）。和子は、柳田のしごとを西欧起源の近代化論との対比でとらえ、「日本における内発的発展論の原型理論」と述べている（鶴見 1998d, 279頁）。したがって、和子の内発的発展論につながる原点を、柳田論の中に多く見出せる。

まず和子は、柳田学の主役としての「常民」に着目する（鶴見 1998b, 164頁）。和子の内発的発展論においても、社会変動の担い手は小さき民である。また和子によれば、柳田は「内省の学」を実践した（鶴見 1998a, 23頁）。これは、研究者が研究対象の外側にいて調査・観察するという客観主義とは異なる。柳田は、「研究方法が研究対象となる社会から生まれ……研究方法と研究対象とが同一の論理構造」をもち、「研究者は、研究対象とおなじ集団に属するものとして自己および研究対象を扱う」ことをめざしていた（鶴見 1998b, 163頁）。和子は柳田のこれらの点を評価し、自身も女性労働者や水俣の人々と直接出会いつながろうと試みた。

さらに和子が注目したのは、「常民」を覚醒させ、さらに活力を取り戻させる「漂泊者」の役割だった。和子によれば、定住民としての常民は、自身が一時的に漂泊者となることで新たな視野を獲得するか、もしくは漂泊者と出会うことで、社会変動の担い手になる。漂泊者には、宗教者や技術者、芸能者だけでなく、旅する文人や知識人、さらには行商、出稼ぎ、移住を目的とする者などが含まれる（鶴見 1998c, 249-253頁）。柳田の「漂泊者への着眼」を和子は重視した。というのも和子は、常民の世界に社会変動のきっか

けをもたらす「漂泊者」のなかに、自らの役割を見出したからである。

　柳田論である「漂泊と定住と」を、和子は水俣との出会いの年に書いた（原田 2001, 169 頁）。そしてそのなかで、柳田が残した研究成果を自らの水俣研究に照射し、そこから見えてくる点を列挙している（鶴見 1998c, 267-271 頁）。その一つが、定住者による住民運動のきっかけを、定住者と漂泊者との出会いに見出すという仮説だった。さらに和子は、「柳田の枠組からこぼれているところ」を重視する（鶴見 1998c, 268 頁）。柳田は定住者に焦点を当て定住者の覚醒を論じた。しかし一方で、定住者との出会いによって、漂泊者の内部に生じる覚醒が見過ごされていると和子は指摘した。そのうえで、定住者と漂泊者のそれぞれの立場からみた社会変動論をつきあわせる必要性を強調した。

　和子によれば、「柳田国男とのであいは 1947 年以降で、南方熊楠の仕事とのであいは 1972 年」だという（鶴見 1998g, 526 頁）。当初から、和子は柳田との対峙で南方を論じることが多かった。ただし、南方の仕事を社会変動論に結びつけることはなかった。そのような見立てができるようになったのは、自身が病に倒れて後のことだという（鶴見 1998g, 526 頁）。和子が柳田と南方の両方に関心をもった理由は、両者がともに「比較の学問」だったからである（鶴見 1998f, 406 頁）。

　では、和子から見て両者はどう違うのか。和子は南方研究の著作に「地球志向の比較学」という副題をつけている。近代化論とは異なり、内発的発展論は、それぞれの地域に個別の発展の経路があることを主張する。和子に言わせると、柳田は日本には日本の個別性があるという点で止まっている。それに対し南方は、各地域の固有性のなかの共通性を見出し、それらをつないでいくことをめざした（松居 2015, 148 頁）。南方にとっては、「地球規模で、固有性と普遍性とを、どのように識別し、説明するか」が理論的な課題であった（鶴見 1998e, 16 頁）。したがって和子は、南方のなかにこそ、異なる発展経路と構造をもった地域や住民が、お互いを排除せずに相互に共生し社会変動をもたらしていく方法を見出そうとしたのだった。

　和子が重視するのは、南方曼荼羅の萃点である。萃点とは、ある時点で生

じている事象を分析するための焦点である。したがってそれは固定しておらず、状況とともに移動していく流動的なものである[4]。ということは、萃点を動かすことで全体の配置図を変え、社会変動をもたらすことが可能になる。加えて、配置図が変わることで、個はそれぞれ、全体のなかで異なる意味を与えられ、異なる役割を果たすことになる。支配者や被支配者、特権階級や労働者、多様な地域の住民が、なにものも排除されずに萃点で出会う。そこでの交流を通じてそれぞれの役割が与えられ、社会変動の流れが決まっていく。このような南方曼荼羅の考え方を、和子は「可能性の理論」と呼び、「創造的流転」と評価した（鶴見 1998g, 529 頁）。

「倒れてのちのわたしの「内発的発展」」のなかで、病気の後でやっと、内発的発展論が「自分のもの」になってきたと和子は述べている（鶴見 1999e, 342 頁）。また、南方曼荼羅を内発的発展論にどう結びつけるかを考えることを、自らの生命が途切れるまでの課題としてあげた。特権階級に生まれたという苦悩を抱えてきた和子が、自身の研究の、また自らの人生の最終段階でたどりついたのが南方曼荼羅だった。冒頭で引用した川勝平太によれば、鶴見の内発的発展論には、「自己修養あるいは啓発の契機が不可分」である（川勝 1999, 356 頁）。というのも内発的発展は、個人から積み上げられるものである。したがって内発的発展においては、出自や社会的地位にかかわらず、「人はみな使命の存在」なのである（川勝 1999, 366 頁）。この段階に到達することで、和子はやっと、鶴見家の長女としての自分と研究者としての自分との間で、折り合いをつけることができたのかもしれない。

## 第3節　内発的発展論の時代性

### 1970年代と宇宙船地球号

　上智大学国際関係研究所において、和子が近代化論再検討研究会を始めたのは 1969 年のことである。1974 年以降には、内発的発展論に関する研究を発表していった。1970 年代という時代性は、和子の内発的発展論にどのような影響を与えたのか。

【Ⅱ-3 内発的発展論】1 鶴見和子

　和子は、上智大学での最終講義で内発的発展の事例について語っている。そのなかで、1960年代半ばから近代化が問い直されるようになった背景として、「環境破壊、飢餓、国内・国際的な格差の増大、特に南北格差の増大、局地戦争、全面核戦争の危機を含む軍備拡張の激化、というような地球規模の大問題」の存在を指摘した（鶴見 1999b, 31頁）。この時期、日本では、経済成長が急速に進むと同時に、大規模な環境破壊が拡がっていた。一方、1969年はアポロ11号による有人月面着陸が成功した年でもある。また翌70年には万国博覧会が大阪で開催され、そこで展示された月の石が大きな関心を集めた。1960年代初頭には、地球上の資源の有限性を認識し、地球を一体としてとらえる「宇宙船地球号」という考え方が登場していた。このような考え方は、人類が月から地球を眺めるという行為を通じて、一般の人々にも実感されるようになった。またこのような行為を実現する、科学の役割が強く意識されたのも、この時代の特徴である。大阪万博が掲げたテーマは、まさに「人類の調和と進歩」だった。

　こういった時代に、和子は近代化論ではない、もう一つの発展をめざす内発的発展論に取り組み、その実証研究の一つとして水俣を選んだ。さらに和子は、そこでの交流を通じて、地域の多様な生態系を重視することを学んでいった。和子は内発的発展を「目標において人類共通」と定義し、その共通目標を、「地球上すべての人々および集団が、衣食住の基本的要求を充足し人間としての可能性を十全に発現」できる条件をつくりだすことだと述べた（鶴見 1997e, 522頁）。そしてそのためには、近代的生活様式を問い直す必要性があることにも言及していた。このように、共通の目的に立ち向かう地球を一体としてとらえる一方で、各地で生活する草の根の人々やその連携の力、さらにはそういった人々の実際の生活や環境を重視する姿勢には、1970年代という時代の影響が見受けられる。

## 21世紀における意義

　和子の内発的発展論から、今日の日本の国際関係論はなにを学ぶことができるのか。

和子を国際関係研究所に招き入れた武者小路公秀は、彼女の研究の今日的意義を次のように述べている。ポスト近代・グローバル化の時代において、山積する諸問題に取り組むためには、「鶴見［和子］さんがしたように、大衆・市民・人間の立場から、また、国家のレヴェルではなしに地域社会、共同体のレヴェル」で考えていかなければならない（武者小路 1997, 570 頁）。

　私たちが生きている現代において、分析単位を国家に固定するのではなく、直面する問題によっては、地域やコミュニティー、さらには個人も含めて、国家を横断し国境を浸透するトランスナショナルな視点が不可欠である。和子の内発的発展論は、地域の小さき民の創造性に起因する様々な事例を重視し、それらを地球規模でつなぎ合わせることで、社会の変革の可能性を探そうとする。その結果、和子は「価値としての共生」の実現をめざした（鶴見 1999c, 61-62 頁）。

　では今後、和子の仕事をどのように展開していく必要があるのか。和子は、社会変革をもたらすという役割を、自分自身の中に見出していた。和子同様、近代化論を批判し、もう一つの発展を目指した村井吉敬は、フィールドでの実践を通じて、研究と運動をつなぐことに努めた。自らが小さな民とかかわることで「能動的媒介者」となり、「内発的発展」の「内」と「外」の境界を越えようとしたのだった（村井吉敬の詳細は本書Ⅱ-3-2の堀論文を参照）。

　近年、内発的発展の単位とされる「地域」を、地理学的「地域」と同定し、固定された実体として扱うことに批判が向けられている（たとえば、Morris-Suzuki 2009）。この点について、和子もまた、研究対象とする準拠集団を動態的にとらえることを提唱していた。そのための方法として選んだのが、「萃点の移動」に着目することであった（鶴見 1998g, 528-529 頁）。ここに和子は、各地の多様な「内発的発展」を地球規模で共生原理によってまとめていく可能性を見出した（松居 2015, 147-148 頁）。村井は境界を越えることを選んだが、和子は境界の流動性もしくは多様な境界の存在を認めることで、「内」と「外」を固定しない方法をめざした。今日の世界には無数の境界が存在する。一つ越えた先には別の境界がある。こういう状況において、和子の取り組んだ課題の意義は大きい。

【II-3　内発的発展論】1　鶴見和子

**注**
1) 和子自身、内発的発展論を、「政策論」と「運動論」としての二つの型に分けることができると述べている。(鶴見 1997f, 543 頁)。
2) 萃点とは、南方熊楠の曼荼羅論に依拠している。詳細は、鶴見 1999a を参照。
3) 後期の研究を五つの流れに分けられると、和子は述べている。柳田国男がその一つであり、加えて、プリンストン大学に提出した博士論文の『社会変動と個人——第二次世界大戦敗戦以前以後の日本』、水俣研究、南方熊楠、そして費孝通との出会いがあげられる（鶴見 1997a, 11-14 頁）。
4) 南方研究者によれば、南方自身は「萃点移動」という語句を用いていない。しかし南方曼荼羅の構造から「十分に理解可能」であるという（松居 2015, 51 頁）。

**参考文献**
鶴見和子　1997a「わたしの仕事」『鶴見和子曼荼羅Ⅰ　基の巻　鶴見和子の仕事・入門』藤原書店。
―――　1997b「出発が重なりあった」『鶴見和子曼荼羅Ⅰ　基の巻　鶴見和子の仕事・入門』藤原書店。
―――　1997c「『パール・バック』をなぜ書くか——はしがきに代えて」『鶴見和子曼荼羅Ⅰ　基の巻　鶴見和子の仕事・入門』藤原書店。
―――　1997d「パール・バックからなにを学んだか」『鶴見和子曼荼羅Ⅰ　基の巻　鶴見和子の仕事・入門』藤原書店。
―――　1997e「内発的発展論へむけて」『鶴見和子曼荼羅Ⅰ　基の巻　鶴見和子の仕事・入門』藤原書店。
―――　1997f「内発的発展論の系譜」『鶴見和子曼荼羅Ⅰ　基の巻　鶴見和子の仕事・入門』藤原書店。
―――　1998a「現代における学問について」『鶴見和子曼荼羅Ⅲ　知の巻　社会変動と個人』藤原書店。
―――　1998b「われらのうちなる原始人——柳田国男を軸にして近代化論を考え直す」『鶴見和子曼荼羅Ⅳ　土の巻　柳田国男論』藤原書店。
―――　1998c「漂泊と定住と——柳田国男のみた自然と社会とのむすび目」『鶴見和子曼荼羅Ⅳ　土の巻　柳田国男論』藤原書店。
―――　1998d「柳田国男の普遍性——内発的発展の拠り所としての柳田学」『鶴見和子曼荼羅Ⅳ　土の巻　柳田国男論』藤原書店。
―――　1998e「「南方曼荼羅」の世界」『鶴見和子曼荼羅Ⅴ　水の巻　南方熊楠のコスモロジー』藤原書店。
―――　1998f「南方熊楠と柳田国男と地域の問題——地域に立脚した国際性」『鶴見和子曼荼羅Ⅴ　水の巻　南方熊楠のコスモロジー』藤原書店。
―――　1998g「あとがき」『鶴見和子曼荼羅Ⅴ　水の巻　南方熊楠のコスモロジー』藤原書店。
―――　1998h「はにかまないこと」『鶴見和子曼荼羅Ⅶ　華の巻　わが生き相』藤原書店。

第Ⅱ部　国際関係論

　———　1998i「おなじ母のもとで」『鶴見和子曼荼羅Ⅶ　華の巻　わが生き相』藤原書店。
　———　1999a「序説　南方曼陀羅——未来のパラダイム転換に向けて」『鶴見和子曼荼羅Ⅸ　環の巻　内発的発展論によるパラダイム転換』藤原書店。
　———　1999b「最終講義　内発的発展の三つの事例」『鶴見和子曼荼羅Ⅸ　環の巻　内発的発展論によるパラダイム転換』藤原書店。
　———　1999c「『内発的発展論の展開』あとがき」『鶴見和子曼荼羅Ⅸ　環の巻　内発的発展論によるパラダイム転換』藤原書店。
　———　1999d「ゼミでしたこと　出会った人々——鶴見先生インタヴュー」『鶴見和子曼荼羅Ⅸ　環の巻　内発的発展論によるパラダイム転換』藤原書店。
　———　1999e「あとがき　倒れてのちのわたしの「内発的発展」」『鶴見和子曼荼羅Ⅸ　環の巻　内発的発展論によるパラダイム転換』藤原書店。

川勝平太　1999「解説——内発的発展論の可能性」『鶴見和子曼荼羅Ⅸ　環の巻　内発的発展論によるパラダイム転換』藤原書店。
鶴見俊輔・金子兜太・佐佐木幸綱　2008『鶴見和子を語る——長女の社会学』藤原書店。
初瀬龍平　2012『国際関係論入門——思考の作法』法律文化社。
原田達　2001『鶴見俊輔と希望の社会学』世界思想社。
松居竜五編　2015『南方熊楠の謎——鶴見和子との対話』藤原書店。
武者小路公秀　1997「解説——思想の冒険」『鶴見和子曼荼羅Ⅰ　基の巻　鶴見和子の仕事・入門』藤原書店。
吉見俊哉　2012『アメリカの越え方——和子・俊輔・良行の抵抗と越境』現代社会学ライブラリー5、弘文堂。
Morris-Suzuki, Tessa　2009「液状化する地域研究——移動のなかの北東アジア」松村美穂訳『多言語多文化——実践と研究』vol. 2。

【II-3　内発的発展論】
## 2　村井吉敬
### 小さな民から考える開発とオルタナティブ

堀　芳枝

### 第1節　問題の所在

　『エビと日本人』(村井 1988) の著者として広く知られている村井吉敬(むらいよしのり)(1943〜2013年)は、大学のアカデミズムと在野であるアマチュアの境界線、そして日本とアジアの国境線を自由に往来するその姿勢ゆえに注目され、嫉妬まじりの批判を受けることもあった。しかし、その自由な生き方に憧れ、自らもそうありたいと願う学生や市民がつねに彼を囲んでいた。村井は彼らと信頼関係にもとづく協働作業を通して、オルタナティブ（もう一つの発展）を実現するために、政府開発援助（ODA）の調査研究や提言を行った。2012年7月に膵臓ガンの手術をした後も、村井は反原発デモに参加して、日本の行く末を案じていた。しかし、2013年1月にガンが再発、3月23日に不帰の客となった。

　敗戦間際の1943年に千葉県市川市に生まれた村井は、日本の戦後復興と高度経済成長を肌で感じ、ベトナム戦争や学生運動を目の当たりにしながら成長した。そして1975年から2年にわたり、文部省派遣留学生としてインドネシアに滞在した。当時のインドネシアはスハルト大統領のもとで中央集権化と開発が本格化し、日系企業の進出も始まっていた。この時、村井が関心を寄せていたのは、東南アジアにとって経済発展、近代化とは何なのだろ

うか、ということであった。村井は後に『スンダ生活誌――変動のインドネシア社会』（村井 1978）において以下のように述べている。

> 非経済的要因を極力排除した近代経済学の考える成長モデル、西欧や日本をモデルにした近代化論、先進資本主義国の利害のうえに成り立った「援助」論や開発論には疑問を持っていた。自分たちの工夫と努力、自分たちの能力による"土に根差した近代化"が探るべき一つの方向ではないかと思っていた。（村井 1978, 4頁）

この"土に根差した近代化"は、内発的発展論でいうところの「伝統の再創造」という考え方と一致する。近代化や開発の是非を自分のテーマに掲げた村井は、インドネシアの町や村を歩き回って「小さな民」に出会い、開発や国家について考え、オルタナティブを模索するようになっていった。

私は大学時代に内発的発展論を知り、フィリピンの内発的発展を考えたいと思い、1993年から大学院で村井の指導を仰ぐことになった。

以来20年近くにわたり、私は東南アジア地域研究を「村井吉敬との対話」を通して学んできた。生前、村井が自らを内発的発展論者であると明言することはなかった。しかし、今回の執筆にあたってあらためて村井とのやりとりを振り返ってみると、私は村井の語る東南アジアの見方や考え方のなかにある内発的発展論の要素を吸収していたと再認識した。私は村井と一緒にインドネシアに行くわけでもなく、NGO活動を共にすることもなかった。しかし、私は村井の授業や村井の何気ない言葉を触媒として、村井の内発的発展論的な考え方を、自分でも知らないうちに吸収していた。

村井の研究領域はエビ、インドネシアの海と自然、開発と援助（ODA）と多様で幅広い。また、一般の有志を巻き込んだ研究会や調査、フェアトレードやNGO活動なども実践している。したがって、村井がどのような研究者だったのかを語ることは、語り手からみた村井となり、その村井像は語り手によって異なる。村井の40年の軌跡については、すでに何人もの研究者たちが寄稿している（後藤 2013；2014：中村 2013；福家 2013；長津 2013）。

しかし、私にとって村井は東南アジアの内発的発展論の師であった。そこで、私は鶴見和子・川田侃が編集した『内発的発展論』に収録されている村井の論文「内発的発展の模索——東南アジアのNGOs・研究者の役割との関連で」（鶴見 1989、以下「内発的発展の模索」と略）を中心に、村井の業績を内発的発展論の観点から再構成し、村井がインドネシアの小さな民からみた国家や開発、援助論を展開しながら、ピープルによる地球民主主義をオルタナティブとして考えてゆくプロセスを考察したい。

## 第2節　内発的発展論と村井吉敬

　ここでは、鶴見和子の内発的発展論を簡単に紹介して（詳細は本書Ⅱ-3-1の柄谷論文を参照）、村井吉敬の業績を再構成する視座を提示したい。

　鶴見和子は、米ソ冷戦構下での二大イデオロギー、すなわち近代化論とマルクス主義の単線的な歴史発展論に異議を唱え、世界のあらゆる地域の多様な発展を尊重するという価値前提に立つ。地球上のすべての人々および集団が、衣・食・住・医療の基本的必要を充足し、それぞれの個人の人間としての可能性を十分に発現できる条件をつくりだすことを共通目標としている。しかし、そこに至る経路は多様で、それぞれの地域の人々および集団が、固有の自然生態系に適合し、文化遺産（伝統）にもとづいて、外来の知識・技術・制度などを照合しつつ、自律的に創出する（鶴見 1989, 47頁）。

　そして、鶴見は内発的発展の条件に、①国家よりも地域という単位を重視し、②伝統の再創造、③変革のためのキー・パーソンの存在、を挙げている。

　まず、人々の暮らしにおける必要を満たし、自分たちの発展のありかを決めてゆくには、人々が意思決定に参加しやすい地域という単位を重視する。また、鶴見は地域を水と土からなる自然の生態系のなかで人々が生活し、地域で暮らす人々が、外部の人々と交流し、互いに触発し合い、新しい紐帯をつくりだす場であるとも考えている。

　ここでいう伝統とは、地域または集団において、世代から世代へ渡って継承されてきた型（構造）である。たとえば、世代から世代に継承されてきた

考え、信仰、価値観などの意識構造や、家族、村落、都市、村と町の関係といった社会関係の型である。また、衣・食・住に必要なすべてのものをつくる技術の型もふくまれる。こうした古い型を、新しい状況から生じる必要によって、つくりかえるプロセスが伝統の再創造である。(鶴見 1989, 58頁)。

鶴見のいうキー・パーソンとは、有力者や名望家ではなく、非エリート層である。キー・パーソンはエリートではないが、中国の郷鎮企業家のように、地域の人々のより良い暮らしや変革を担うリーダーシップを発揮している人物である。

以上のことから、内発的発展論は、西欧近代化論やマルクス主義の歴史観に表れる国家を中心とする単線的発展に対して、貧困や格差、環境などの様々な問題を克服するために、アジアの多様性や自然との共生を重視する地域に根差した、人々による多様な発展のプロセスであることがわかる。では、村井の業績のなかのどのような点が、内発的発展論と重なるのだろうか。

村井にとって研究の原点となったのは1975年からインドネシアに留学し、近代化・開発の波にさらされながら、貧しくてもしたたかに生きる農民や物売り、インフォーマル・セクターで働く小さな民と出会ったことであった(村井 1982)。村井の『スンダ生活誌』(村井 1978) は、インドネシアでの2年間の滞在を記録したものである。この本は、『インドネシア・スンダ世界に暮らす』というタイトルで2014年に再び刊行された(村井 2014)。村井と一緒にインドネシアの留学時代を過ごした内海愛子は、謹呈した知人たちに宛てた文章のなかで、当時の村井について次のように記している。

> この2年間のインドネシア暮らしですっかり「解放」されたのか、性格が変わったようによく喋り、笑うようになり、子供たちと本当に楽しそうに遊んでいました。(内海愛子の手紙 2014年12月25日)

村井は、インドネシアのエリートが通う大学を嫌い、村や町を歩き回り、西ジャワの稲作農民や行商人、山村の鍛冶屋、ベチャ引きのような市井の人々がどのように暮らし、何を考えているのか、そして、日本や日本人につ

【Ⅱ-3 内発的発展論】2 村井吉敬

いてどのように思っているのかをフィールドノートに記していった。村井はこの留学を振り返り、次のように記している。

 インドネシアの社会を少しでも自分の肌で知り、自分の体験を通じて知る、「相手にとっての合理性が何であるか」を知る、「相手から照射された自分が何であるか」を知る、これが私の2年間のインドネシア生活の意味であった。（村井 1978, 231頁）

 村井は以後、この文章の答えを見つけるかのように、生涯をかけてインドネシアの村や海、アジアの周辺を歩き回り、小さな民からの視点で開発や国家を理解しようとした。また、小さな民からみて自分や日本の社会はどうあるべきかを考え、行動した。インドネシアで出会った小さな民が、組織や国家権力に「こびない、ブレない村井吉敬」を誕生させた。
 村井はインドネシアに留学する前から、開発のゆがみを修正するために提唱されつつあった中間技術論に注目し、その提唱者であるサルビニおよびスジャトモコの思想を日本に紹介していた（村井 1972, 8-12頁；村井 1973, 208-210頁）。
 そして帰国後、アジア地域の小さな民の文化や生活の知恵について、『小さな民からの発想――顔のない豊かさを問う』（村井 1982）を発表した。ここで村井は、日本とインドネシアの農村、村の鍛冶屋、ベチャ（三輪の輪タク）について執筆した。鶴見和子はこの本をとても評価したという。
 村井は「内発的発展論の模索」のなかで、鶴見の近代化批判に呼応するように、東南アジアの開発を批判している（村井 1989）。

 私はここで、東南アジア（とくにマレーシアとインドネシア）の外から、上から、中央からの開発が、一方で、特定の階層、産業、地域を経済的に豊かにし、マクロレベルの成長をもたらしたものの、他方、経済、政治、社会、文化のあらゆる側面で、剥奪の過程を進行させているとの前提に立とうと思う。（村井 1989, 184頁）

この時、村井はすでに『エビと日本人』を発表し、ODA調査研究会を始めていた。村井はインドネシアの小さな民の立場から、スハルト大統領の下での国家主導の開発の問題、とくに開発や援助を正当化するためにいわれていたトリクルダウン仮説の限界を確信していた。同時に、ODA関連企業に官僚が天下り、ODAプロジェクト実施によって利益を享受しているのは日本の大企業が圧倒的に多いことを調べていた。それは開発の名のもとに、国家や企業が豊かで美しい自然を破壊し、小さな民を自給自足的な暮らしから、貨幣がなければやっていけない市場経済の空間に放り込み、労働搾取、人権侵害、環境問題を引き起こしたとみえたようだ。『越境民主主義の開発と人権』のなかに、経済開発や成長によってアジアでモノが増え、食べるもの、着るもの、履くもの、住まうところに底上げがあったことを認めた記述が確認できる（西川・村井 1995, 15頁）。そして、そのうえで次のように記している。

　　それ〔経済発展〕だけを実現するのならば、これだけの犠牲をなぜ生み出さなければならないのか。むしろ一部の人の、一部の階層の贅沢、放縦を支えるのが成長ではないかと皮肉に考えざるを得ない状況がある。
　　（西川・村井 1995, 15頁）

　とくに開発の名の下に、援助と称してダムや道路といった大規模プロジェクトが実施されるたびに、小さな民が立ち退きの憂き目に合い、地域での暮らしが破壊されることは、村井にとっては許せないことだった。彼の怒りは、スハルト体制と日本の政府開発援助（ODA）批判へと向けられた。『誰のための援助？』（村井・甲斐田 1987）、『無責任援助ODA大国ニッポン』（村井 1989）、『検証日本のODA』（村井 1992a）と次々に執筆を重ねた。ここでは援助が小さな民のニーズに応えるためではなく、企業が商品を販売するための食糧増産援助であるとか、プロジェクトを担うことで利益を得ているコンサルティングやそこに天下りする官僚たちの実態など、援助は実際には国益やビジネスのためであることを、現地の様子も踏まえて糾弾した。さらに、『スハルト・ファミリーの蓄財』（村井 1999）では、日本の援助とスハルト政

権との癒着を告発した。
　一方で村井は、国家や大企業にかわる発展のあり方についても「内発的発展の模索」のなかで述べている。彼はそれを「オルターナティブ」と呼び、それはインドネシアやマレーシアの、諸分野で活動する NGO の活動家や研究者から、地方から内発的に発せられるものであると指摘している。

> 彼らは外から、上から、中央からの開発戦略（西洋流近代化路線）が貧困の原因であるとして、それを厳しく批判する。そして、それに代わる新たな発展の道（オルターナティブ）を模索しつつある。それは論理的に内から（endogenous）、下から（bottom up）、地方からという代替案にならざるをえない。それを内発的とよんでもさしつかえないだろう。(村井 1989, 184頁)

　村井は「内発的発展論の模索」において、消費文明の浸透に対するアンチテーゼとして、アジアの伝統的価値や文化の再発見がオルタナティブの模索であると指摘し、インドネシアで小さな町を基本に自転車文化と自転車産業を発展させる、伝統的小工業政策と、イスラームの伝統的価値を重視する、インドネシアの知識人であるダワム・ラハルジョ（M. Dawam Rahardjo）を紹介した（村井 1989）。先に述べたサルビニおよびスジャトモコをふくめ、これらはすべて、鶴見のいう「伝統の再創造」と重なる。
　また、村井は眼差しをインドネシアの農村から海に向けていった。1983年に鶴見良行たちとのスラウェシへの旅をきっかけに「東へ、海へ」という予感をもった（村井 1998, 218頁）。その旅とそこで出会った人々の様子を描いたのが『ヌサンタラ航海記』（村井・藤井 1994）で、東インドネシアと海の姿を描き、人々の自然との付き合い方や資源保全のあり方を紹介したのが『サシとアジアと海世界』（村井 1998）であった。これらは村井のなかの小さな民による〝海に根差した発展論〟であると考えて良いのではないだろうか。
　さらに、村井は海の民と出会ったことで、近代国家を中心に考える日常生活や社会科学の前提を相対化させる目も養っていった。村井は東南アジアの

海と農村に足場を持ち、グローバル経済や国家に抗う言葉を獲得していった。最後に村井がたどり着いたのは、森と海の豊かな自然で暮らしながら、インドネシアと対峙するパプアの人々であった。これは偶然ではなく、必然だったのかもしれない（村井 2013）。

## 第3節　村井吉敬と内発的な地球民主主義

　私は2012年、村井のガンの手術後に、「先生のいうオルタナティブって、具体的にどういうことですか？」と聞いたことがあった。その時、村井は1989年に「ピープルズ・プラン21世紀」の最後に採択された「水俣宣言――希望の連合」が彼にとってのオルタナティブのイメージであるから、一度それを読んでみて欲しい、と答えてくれた。

　「ピープルズ・プラン21世紀」は、1989年夏に、世界の民衆運動の活動家が日本に集まって多様な集会やワークショップを行ったイベントで、村井はこの実行委員の一人として運営に積極的にかかわった。「水俣宣言」はその総括として、科学技術の進歩や開発の深刻な弊害として起こった水俣病の地に集まってつくられたものであった。

　これをあらためて読み直してみると、「水俣宣言」は、進歩と開発がもたらした様々な問題――国家単位での開発によって自然破壊や多様で豊かな地域の価値が破壊、国家エリートや多国籍企業が開発の名の下にさまざまな決定権を握り、その対象となる地方で暮らす人々や先住民、女性たちは自分たちの生存にかかわる決定への関与ができないこと――を挙げている。そして、こうした国家や多国籍企業などの開発行為、エリート主義権力の論理に対して、先住民、女性、失業者、インフォーマル・セクターの自営業者、農民や若者、そして知識人が国境を越えて連帯することの必要性を喚起している。近代化の負の部分に立ち向かい、克服するために地域で立ちあがるキー・パーソンたち。それは、内発的発展論のあり方と大きく重なっている。

　「水俣宣言」では、小さな民も連帯によって「ピープル」へと変革することが謳われていた。村井は後に、「地球規模の民主主義」という言葉を用い

ている。

> このまま市場経済が横行することはもはや許されない時代になっている。そういう意味での住民の論理、生活の論理に立った地球規模の民主主義が必要な時代になってきているのではないかと思います。(西川・村井 1995, 164頁)

　もともと村井は内発的発展論の担い手として、NGOや研究者の役割に注目していた。

> 剥奪され、貧困化させられるのは、大ていの場合、底辺の民衆であり、辺境に住まう少数民であったりする。この「小さな民」の小さな声を聞き、その声を新たな発展へと結びつけてゆくことは容易なことではない。そこにNGOsや、その近くにいる研究者の役割ではないだろうか。(村井 1989, 185頁)

　そして、オルタナティブの実現には、先進国も巻き込むことの必要性を述べている。

> このオルターナティブを求める動きは、剥奪する側にある第一世界住民と無関係であるはずがない。結局、オルターナティブは地球の住民全体に課せられた課題である。(村井 1989, 185頁)

　その後村井は、小さな民どうしが国境を越えて交流することの大切さを指摘している。

> 内発的発展論というと……閉鎖理論のようにとられがちだが、そうではなくて、……むしろ外からの刺激や接触の中で、内在的要因を重視しつつ新しい発展パターンを見つけていくという考え方だと思うんです。

第Ⅱ部　国際関係論

> ……バジャウの人と沖縄の人が出会ったらいったいどういうことが可能なのか。民衆同士の交流が進んでいく中で、内発的発展論は豊かなものになっていく可能性があると思います。(西川・村井 1995, 56頁)

　村井が内発的発展論を豊かで実りあるものにしてゆく方法として、この先進国と途上国の人々、特に小さな民の人々のグローバルなネットワークを思い描いていた点は、鶴見の内発的発展論にはない、村井独自の内発的発展論の展開であるといえる。

　村井はそのヒントを『エビと日本人』(村井 1988) から得ていたのではないだろうか。この本は、エビを取って加工するインドネシアの労働者と、エビを食べる日本の消費者がどのような構造によって結びつくのかを、エビの生産－流通－販売の実態を市民との共同研究によって具体的に調べあげた。そして、1980年代当時、世界で一番エビを消費する日本に輸出するために、多国籍企業や大企業が大きなトロール船で海底からエビを根こそぎ取ってしまうこと、養殖エビには抗生物質が投じられ、マングローブが伐採されて生態系が破壊されること、そしてエビの背ワタを取って加工する工場で働く女工たちの低賃金労働の問題など、エビを通して1980年代の南北問題の構造を明らかにしたのである。エビについてはその後も『エビの向こうにアジアが見える』(村井 1992b)『エビと日本人Ⅱ』(村井 2007) を出版している。

　ところで、本書はフィリピンのアグリビジネスを展開する多国籍企業を鋭く批判した『バナナと日本人』(鶴見 1982) とともに多くの市民に読まれた。この二冊はその後、ナマコ、かつお節、100円ショップ、ファストファッションといった、いわゆる「モノ学」の出発点となったといえよう。村井はインドネシアやエビについて学びたい、ODAを変えたい、市民運動に参加したいという人々を歓迎した。インドネシア研究会やODA調査研究会をひらき、アジア太平洋資料センター (Pacific Asia Resource Center、略称PARC) の自由学校の企画にもかかわった。村井は市民に開かれたアカデミズムをめざしていたのだろう。これも村井にとっては、ピープルとの連帯運動の一つであった。

また、村井はエビやバナナのフェアトレード（民衆交易）の実現に力を入れ、アジアと日本の消費者をつなぐオルター・トレード・ジャパン（Alter Trade Japan、1989年設立）にかかわった。村井は次のように述べている。

　　オルタナティブな経済システム、別言すれば民衆本位の経済を本当につくれるかという壮大な実験だと思います。（西川・村井 1995, 117頁）

　村井は、内発的発展論を地域にこだわることなく、地球規模の民主主義（運動）ととらえた点が、内発的発展論に対する大きな貢献であったと私は考える。鶴見がこだわった、小さな民が地域の暮らしを大事にするだけでなく、それを足場にして、NGOや研究者などの「能動的媒介者」とともに、地球規模で社会を変革するプロセスを重視し、内発的発展をグローバルに展開する可能性を示唆していたといってよいだろう。
　このように村井はグローバルな連帯運動を通して、アジアの小さな民が自ら立ちあがる「ピープル」となり、地球規模の運動としての民主主義へと向かうプロセスを牽引していた。まさに、村井は小さな民とともにグローバルに活動する内発的発展論の実践者でもあった。
　以上、私は村井の学生として、村井の内発的発展論を考察した。私はこれを執筆してあらためて、村井の思想と実践が、混迷する日本と国際社会の大きな羅針盤となりうると再認識している。

**参考文献**
村井吉敬　1972「インドネシアの経済開発と中間技術論」『経済学研究年報』第13号。
──── 1973「インドネシアにおける中間技術と近代化」『東南アジアの近代化と日本』早稲田大学社会科学研究所。
──── 1978『スンダ生活誌──変動のインドネシア社会』NHKブックス。
──── 1982『小さな民からの発想──顔のない豊かさを問う』時事通信社。
──── 1988『エビと日本人』〈岩波新書〉、岩波書店。
──── 1989「内発的発展論の模索──東南アジアのNGOs・研究者の役割との関連で」鶴見和子・川田侃編『内発的発展論』東京大学出版会。
──── 1992a『検証日本のODA』学陽書房。
──── 1992b『エビの向こうにアジアが見える』学陽書房。

第Ⅱ部　国際関係論

　　───　　1998『サシとアジアと海世界』コモンズ。
　　───　　1999『スハルト・ファミリーの蓄財』コモンズ。
　　───　　2007『エビと日本人Ⅱ』〈岩波新書〉、岩波書店。
　　───　　2013『パプア－森と海と人びと』めこん。
　　───　　2014『インドネシア・スンダ世界に暮らす』〈岩波現代文庫〉、岩波書店。
村井吉敬・ODA調査研究会　1989『無責任援助 ODA大国ニッポン』JICC出版局。
村井吉敬・甲斐田万智子　1987『誰のための援助？』岩波ブックレット。
村井吉敬・北沢洋子　1995『顔のない国際機関──IMF・世界銀行』学陽書房。
村井吉敬・藤林泰　1994『ヌサンタラ航海記』リブロポート。

赤嶺淳・石井正子・長津一史・福武慎太郎・堀芳枝　2016「座談会「村井吉敬と、小さな民のグローバル・スタディーズ」」『上智アジア学』第33号。
大渓元千代　1964『たばこ王村井吉兵衛──たばこ民営の実態』世界文庫。
後藤乾一　2013「逝きし友へ──村井吉敬教授とインドネシア研究」『早稲田アジアレビュー』第14号。
　　───　　2014「解説」村井吉敬『インドネシア・スンダ世界に暮らす』〈岩波現代文庫〉、岩波書店。
鶴見和子　1989「内発的発展論の系譜」鶴見和子・川田侃編『内発的発展論』東京大学出版会。
　　───　　1997『内発的発展論の展開』筑摩書房。
鶴見良行　1982『バナナと日本人』〈岩波新書〉、岩波書店。
長津一史　2013「東インドネシア、海民の社会空間──ゲゼル島で村井さんと考えたこと」『早稲田アジアレビュー』第14号。
中村尚司　2013「村井吉敬の仕事──民衆の穏やかな暮らしを描き、その破壊者を批判する」『早稲田アジアレビュー』第14号。
西川潤・村井吉敬　1995『越境民主主義時代の開発と人権』明石書店。
福家洋介　2013「インフォーマルな人々をつくる工場──豊かになれない」『早稲田アジアレビュー』第14号。
ピープルズ・プラン21世紀1989「水俣宣言──希望の連合」http://pp21.rederio.org/ja/index.php/%E6%B0%B4%E4%BF%A3%E5%AE%A3%E8%A8%80
内海愛子が岩波書店より村井吉敬の『インドネシア・スンダ世界に暮らす』(岩波現代文庫) を2014年に刊行した際の謹呈文 (2014年12月25日)。
「日本の資本による支配の実情を明らかにした村井吉敬　1周忌を迎え「帝国主義韓国」を考える」『韓国ハンギョレ新聞』2014年3月15日土曜版。http://www.keisen.ac.jp/%E3%83%8F%E3%83%B3%E3%82%AE%E3%83%A7%E3%83%AC%E6%96%B0%E8%81%9E2014%E5%B9%B43%E6%9C%8815%E6%97%A5.pdf（2016年2月24日参照）。

【II-3　内発的発展論】
# 3　玉野井芳郎
## エコロジーと地域主義

山口治男

## 第1節　玉野井における「経済学」と地域主義

　玉野井芳郎（たまのいよしろう）（1918～1985年）の研究領域は、経済学説史および「経済学」である。ただし後に述べるように、その「経済学」は、一般的に考えられているよりも広い意味での経済学であり、その核となる「地域主義」を探求し、実践していくことが彼の「経済学」であったともいえる。

　戦中から戦後にかけての玉野井は、古典派経済学から始まり、マルクス経済学、近代経済学へとその研究対象を広げ深めていくなかで、海外の様々な経済理論の文献を読み漁り、研究室で理論的な探求を深める「書斎の人」であった。いっぽう、1970年代以降の彼は、地域主義を唱えて地域主義集談会を組織し、沖縄では自律的な発展をめざす「しまおこし」運動に携わるなど、地域主義の先導者としての側面も併せ持っていた。またこの頃の彼の業績には、一見すると経済学とは畑違いのエコロジー、エントロピー、ジェンダーといった、きわめて多様な主題が展開されている。1970年代に地域主義へと焦点を絞っていくまでを前期、それ以降を後期と分けるならば、前期と後期では研究の対象も方法も大きく異なっており、ある種の断絶があるようにもみえる。しかしそこには、西洋から輸入された学問を批判的に継承し、戦後という時代の日本という地域で、「経済学」について考察し実践してい

く、一貫した流れがある。そして彼の「地域主義」は、経済理論を厳密に考察していった延長上に存在するものであった。

そこで本章では、経済理論研究（第2節）から地域主義（第3節）へと至る彼の足跡をたどりつつ、彼にとっての「経済学」とは何であったのかを考察していく。また、彼は1985年に67歳でこの世を去っているが、その後世界は間もなく、新自由主義的経済のグローバル化が急速に進展する時代へと突入していく。それは、一部の国や地域に大きな富と繁栄をもたらす一方で、貧困や資源問題、環境問題もグローバル化させていく時代でもあった。そこでは、他律的で抑圧的な発展とその負の影響について見直す動きとともに、内発的発展論や「もう一つの発展」論が高まりを見せる。惜しむらくも彼自身は急速なグローバル化のなかの地域主義について考える時代に巡り合わせなかったが、彼の足跡をたどることでその遺した宿題を引き継ぎ、現代的意義についても考察していきたい。

## 第2節　経済理論の探求と非市場経済の発見

### 学問的基盤の形成

玉野井は1918年、瀬戸内海に面する山口県柳井町（現柳井市）に生まれた。彼は商家を継ぐために山口高等商業学校に進学するが、ここで彼の学究の基盤ともいえるものが作られた。そこで彼は、ドイツ留学から帰国して修身教師として赴任していた滝沢克己の薫陶を受ける。滝沢はバルト神学の研究者であったが、玉野井は「その真摯な思索の方法を通じて、実用的な知識よりも事物の原理・原則を解明する知的な営みの喜び」を学んだという（玉野井 1990, 第4巻, 271頁）。また、滝沢はエリート管理職の道より学問の道を選んだ人であり、玉野井はその「権力から離れた所での純粋な学究の姿勢」にも影響を受ける。

彼はそこで学問の魅力に開眼するが、当時の東京帝国大学は高等商業学校からの進学を認めていなかったため、東北帝国大学法文学部へと進んだ。そこでは、スミス、ミル、リカードら古典派経済学についての文献学的研究か

ら始め、次いで宇野弘蔵のもとでマルクス主義の本格的な読解研究へと進む。滝沢哲学が既存の権力や体系に拘泥しない純粋な学究の姿勢の基礎を作ったとするならば、仙台で出会った宇野経済学は、その後の彼の「広義の経済学」への理論的基礎を作ったといえる。

　ここでは宇野経済学についての詳述は避けるが、宇野経済学は、原理論(純粋に論理的に構成された資本主義の法則の解明)と段階論(資本主義の歴史的な発展段階の解明)と現状分析(原理論と段階論を踏まえた現実の資本主義経済の解明)を方法上区別し、それによって具体的な社会や歴史を捨象した「純粋資本主義」を厳密な論理で分析することを可能にする、独特の方法論にもとづいていた。それによって明らかにされたのが、資本主義経済の基底に存在する「労働力商品化」である。この「商品化」、そして「商品化の無理」を発見し、定式化したのが宇野経済学の最大の功績である、と玉野井は述べている(玉野井 1978, 294頁)。

## 宇野経済学とその時代

　この時代は終戦後の日本社会が大変動を経験し、多くの知識人が戦時中に感じていた抑圧から解放された高揚感をもっていた時代であった。そして戦後復興の流れのなかで、多くの社会科学者たちもまた日本の近代化を至上命題と受け取り、その研究と言葉を政治に反映させようとしていた。それは日本のマルクス主義者たちにとっても例外ではなく、スターリン主義の強い影響も受けつつ、政治権力の奪取によって資本主義を打ち倒そうとする動きにもつながった。

　しかし、滝沢哲学から学んだ純粋な学究の姿勢と、宇野経済学から学んだ原理論は、彼にそのような動きから距離を取らせた。かつまた、彼は東北大学を経て1951年から東京大学に転任していたが、東京大学という官吏養成組織に属していたからといって、政治権力に擦り寄るわけでもなかった。彼にとって問題だったのは労働力商品化であり、その問題に取り組むことなしには資本主義や近代化の問題は決して解決し得ないものだと理解していたのである。結果的にこのような学究の姿勢が、スターリンの死やハンガリー動

乱の影響から彼を守り、その独自の考察を自由に広げ深めていくことを可能にしたともいえる。

　宇野経済学にとって労働力商品化は原点であり前提であったが、玉野井はそれを乗り越えるべく生涯にわたって研究を進めていった。彼は 1958 年から 2 年間、ハーバード留学に旅立つ。そこで彼は、アメリカの近代的な経済発展を目にし、近代経済学の研究に踏み出し、マーシャルやケインズといった経済学者の議論を吸収していく。しかしながら、これは宇野経済学を放棄したことを意味しない。宇野経済学にとって労働力商品化は、スミスやリカードらが前提としたような論理的必然ではなく、特殊歴史的なものである。彼の見たアメリカの発展は、その特殊歴史的な商品経済が顕著に支配的な原理となった社会の発展の一形態であり、彼の考察した近代経済学は、欧米という地域で歴史的な背景をもって生まれてきた一つの経済理論であった。

　その特殊歴史的な資本主義の先端から、彼の焦点は様々な経済体制における商品化、市場のメカニズムについて比較する経済体制論へと移っていく。そして、資本主義や社会主義の諸形態について考察する中で彼が汲み取ったのは、単線的な発展段階論の相対化と、経済体制の多様性であった。資本主義か社会主義か、という単なる二項対立ではなく、労働力商品化そのものを相対化し、それを前提としない「非市場経済」への評価も、ここから生まれてくることになる。

**高度経済成長と経済学のパラダイム転換**

　帰国した玉野井が目撃した日本は、まさにその近代経済学が隆盛となっていた。日本は「もはや戦後ではない」と宣言され、近代経済学を取り入れた官庁エコノミストとともに高度経済成長が推し進められていく時代である。しかしその「奇跡」は、一方で水俣病をはじめとする大規模な公害を生み出していた。

　高度経済成長は、近代化された産業社会が生み出すネガである廃棄物、汚染物質の問題を露呈させるとともに、その社会が必要とするインプット、資源の問題も明らかにした。それが決定的にあらわになったのは、1973 年の

オイルショックであった。経済学は市場における生産と消費の関連を追求してきたが、それは資源獲得や廃棄物処理が永続的に行えるという、市場の外側の循環システムの永続性を前提としており、その検討は分析の対象の外に置かれており、その射程の限界はマルクス経済学でも同様であった。それゆえ、深刻化する公害や資源・エネルギー問題に対して、当時の経済学の二大潮流であった近代経済学もマルクス経済学も有効な答えを提示することができず、「経済学の危機」が叫ばれた。そして、単線的な近代化に対する疑念は、世界各地で学生運動という形でも表現され、大きなうねりとなっていった。

　玉野井も、これらの問題を「社会的症候群」と捉え、それが経済学の、さらには社会科学の根本的な問い直し、パラダイム転換を迫るものであると考えた。ここで、玉野井はそれまで経済学説史のなかで研究してきた古典派経済学、マルクス経済学、近代経済学を、「狭義の経済学」と総括する。すなわち、「経済の世界は、用語こそ異なるけれども、市場を中心とした経済と、それと連動しながら発展してきた工業の世界」のみを対象にしてきたため、労働力商品化によって無理に、そして歴史特殊的に商品化される以前の、非市場経済をその射程に含めることができていないのである（玉野井 1977, 10-11頁）。それゆえ、「社会的症候群」の解決のためには、非市場経済も含めた「広義の経済学」が求められるという。

　この「広義の経済学」、あるいは非市場経済への着目は、経済学からの転回とは必ずしもいえない。むしろ、「狭義の経済学」を突き詰めて考えるならば、その前提となっている商品化を考えることなしに、その体系は成り立ちえないのである。そして、この「広義の経済学」を深めるにあたってきわめて大きな役割を果たしたのが、カール・ポランニーの研究との出会いであった。

## ポランニーと非市場経済への着目

　ポランニーは、アメリカを中心に活躍した経済人類学者である。彼はいわゆる「未開」社会の経済を人類学、民族誌学、歴史学などの成果を取り入れ

て分析するとともに、そこから近代の資本主義経済を批判的に検討した。玉野井は、当時留学中だった公文俊平から、ポランニーの『大転換』における商品化の理論と宇野経済学との類似性についての報告を受けたという（玉野井 1990, 第4巻, 276頁）。玉野井は宇野経済学における労働力商品化を重視していたが、ポランニーの議論を吸収することで、その非市場経済自体を分析するための端緒を得たのである。

宇野経済学とポランニーの類似点は、第一に、商品交換の発生を社会にとって内的で自明のものとする古典派経済学の前提を退け、共同体間の接触にその起源を求めている点である。それゆえ、第二に、資本主義経済の前提には商品化という過程があり、本来商品ではないものまでもがその過程で商品化されてしまうと理解される。この商品化に関して宇野経済学とポランニーの間には大きな差異が2点ある。第一に、宇野経済学は労働力商品化に着目しているが、ポランニーは労働だけではなく、土地と貨幣の商品化にも着目している。第二に、ポランニーが非市場経済に焦点を当てているのに対して、宇野経済学ではそれを視野の外に置いている。それゆえ、玉野井にとっては宇野経済学も「狭義の経済学」の範疇であり、ポランニーの議論をそこに組み込むことによって、より広い視座を獲得できると考えたのである。

ポランニーによれば、商品交換が一般化するためには土地と労働力と貨幣が商品化していることが前提となるが、これらはそれぞれ、本来商品として存在するものではない、自然、人間、購買力が、あたかも商品として生産されたかのような「擬制」を受けて商品化されたものである。そして土地と労働力の商品化によって自然と人間の共生的関係は分断され、人間同士の社会関係も共同体から離れ、市場を通した商品関係に置き換えられる。すなわち、自然と人間を持続的に維持してきた社会関係は、市場によって破断され、自然も人間も擬制商品として市場のシステムに従属してしまう。ポランニーは、このような人間や自然が共的世界から引き剥がされることを「離床」と呼び、人間の生の充足のためには経済を社会のなかに再び「埋め戻す」ことが必要であると主張した。

玉野井はポランニーの議論を受けて、「狭義の経済学」から「広義の経済

学」へと軸足を移していくことになる。それは、持続的な非市場経済の存在なしに市場経済は成り立ちえない、という理論的な要請とともに、高度経済成長のなかで生まれる矛盾に対して「広義の経済学」がある種の答えを示していたからでもあった。そして、ポランニーの議論にエントロピー論を接続しつつ、玉野井の「広義の経済学」は「地域主義」という形で独自の発展を遂げていくことになる。

## 第3節　地域主義の理論と実践

### エコノミーとエコロジー

　「広義の経済学」へと漕ぎ出した玉野井は、抽象的な経済理論ではなく具体的な地域へと焦点を絞っていく。その理由は、第一に商品化以前の非市場経済における具体的な「人間と自然との物質代謝」の解明を抜きにしては経済を語りえないためである。第二に、特殊歴史的な資本主義的市場経済ではない多様な経済の形態があり、それを描写する必要があったためである。「狭義の経済学」では市場経済の発展は単線的なものとして説明され、近代化された市場における一般化されたメカニズムの解明が目指された。しかし、非市場経済を射程に入れた時には、すべてを市場経済へと収斂させるような単線的近代化の歴史ではなく、個々の共同体の差異にこそ焦点が当てられるのである（玉野井 1977, 6-7頁）。

　そして、その焦点は人間と自然との物質代謝に置かれる。その対象は、商品化され離床した狭義の経済でないのはもちろん、自然科学的な意味でのエコロジー（生態学）の理解にもとどまらない。そうではなく、彼が注目したのはある特定の「地域に生きる生活者たちがその自然・歴史・風土を背景に」して成立する社会のメカニズム、あるいはその（広義の）エコノミーである。彼はそれを「生命系の経済」と呼ぶ。そして、そのような生活者たちが「その地域社会または地域の共同体にたいして一体感をもち、経済的自律性をふまえて、みずからの政治的・行政的自律性と文化的独自性を追求すること」が、彼のいう「地域主義」なのである。そして社会システムとは、「そのよ

うな個性的な諸地域から複合的に構成されるところの、自然を媒介とする開かれた人間システム」だという（玉野井 1979）。

　日本では近代化にともなって一極集中型の国土開発が進められてきたが、玉野井が論文「エコノミーとエコロジー」を世に問うた1976年は、それが極点に達し、その負の影響が噴出している時期であった。公害や乱開発は、生態系はもちろん自然を含む地域社会そのもの、生命系に加えられた攻撃であり、さらには非市場経済の持続的循環を阻害することによって資本主義経済そのものの基盤を自壊的に掘り崩すものでもあった。そのような破局から社会を守るために、中央集権的なシステムから自立した、自律的なシステムとしての「地域」が求められたのである。

**エコロジーとエントロピー**

　そのような地域主義の議論を展開するにあたって玉野井が参照していたのは、エントロピーの概念であった。エントロピーとは元来熱力学で使用される学術用語で、ドイツの物理学者クラウジウスが導入した「熱や物質の拡散の指標」である。ここでは詳述を避けるが、物質は摩擦や拡散を通じて熱を拡散させるが、それは不可逆的であり、エントロピーはつねに増大し続けるものとされる。これを社会的な文脈で読み替えると、人間はその活動によって廃熱・廃物を不可逆的に増大させるため、それへの対処を考えなければ確実に破局を迎える、ということになる。当時の日本はオイルショックを越えてもなお悪化を続ける資源問題や環境問題、原子力発電所建設などの難題を抱えており、エントロピーの議論は分野を超えて様々な人々から注目を集めた。

　槌田敦（物理学者）や室田武（物理学出身の経済学者）によるエントロピー論は、開放定常系の理論と呼ばれる。熱力学的にエントロピーが不可逆的に増大するならば、その熱がどこかに捨てられていなければ、地球の生物は熱的死を迎えているはずである。そこで彼らが着目したのが水であった。熱となって高まったエントロピーを水が受け取り、水蒸気となって大気上空へ上昇し、圏外に熱を放出して冷却されて、また地上へ降ってくる。その水サイ

クルによって地球は熱的な定常状態を保つことができている、とする。玉野井が当初影響を受けたエントロピーを援用する経済学者はケネス・ボールディングであったが、玉野井は槌田と室田との議論を吸収することでそれを修正し、経済と生態系の関係を地域主義に導入していったのだった。

そこで彼は、更新可能な水土に依拠する農業と、消耗性の地下資源に依拠する工業との間の差異を探りつつ、近代的産業社会と「狭義の経済学」を乗り越えようとした。自然の循環を、そして経済それ自体の存立も可能にしてきた非市場領域＝生命系が産業社会と市場経済によって崩壊の危機に直面している以上、その経済は破綻しているといわざるをえない。そして、生命系を支える一回限りの不可逆的な生活者の生を尊ぶ視座も必要になる。生活者を支える家庭、ジェンダーへの考察も、それゆえ必要とされたのである[1]。

## 地域主義の実践へ

エントロピーへの考察から地域主義への確信を深める一方、地域主義の研究と実践に向けて、玉野井は学際的な研究会を組織していく。オイルショック翌年の1974年に、地域に関わる専門家から話題提供を受けて議論を行う「地域主義研究会」が作られた。そしてその翌年、より広い研究者、さらには一般市民も参加し議論できるような場を作るため、「地域主義研究集談会」が設立された。発起人には、増田四郎（西洋史）、河野健二（フランス経済史）、古島敏雄（農業史）、鶴見和子（社会学）らが名を連ねた。そこで論じられたテーマは、地方行政、医療、有機農法、教育、ローカル放送など非常に多岐にわたり、様々な具体的な生活者の姿やその制度が描き出されている。それまで玉野井がそこから多様な地域の事例について学び取ったことは疑いないが、彼自身がフィールド調査や事例研究を行うことはほとんどなかった。しかし地域主義は、「等身大の生活世界」を重視するものであり、彼自身も東京大学を定年退官後にその世界の実践へと飛び立つことになる。そこで彼が選んだ「地域」が沖縄であり、1978年から7年間定住し、沖縄国際大学などで教鞭を取りつつ各地で地域主義の実践に取り組んだ[2]。

彼は、同年7月には沖縄地域主義集談会を設立し、八重山や宮古などの「シ

マおこし」にも積極的に関わっていった。当時の沖縄は「返還」から6年後であり、相互扶助的な非市場経済が各地に残っている一方で、本土との経済格差を無くすことをめざした行政主導の重工業化や大規模石油備蓄基地の建設、後には新石垣空港建設問題などの問題が湧き上がっていた。地域主義的な共同体と、それを破壊しようとする動きが並存していたのである。そのため玉野井は、地域の共同店や公民館といった地域主義的なシステムを再評価し発展を模索するとともに、それらを壊そうとする動きに対抗する人々や、平和運動にも積極的に関わっていった。

地域主義と経済、生態系、エントロピーの関連でいえば、石油備蓄基地（CTS）は顕著な事例である（玉野井 1990, 第3巻, 144-150頁）。沖縄本島の金武湾平安座島に作られたCTSは、原油の積替え基地として外国資本によって整備されたものであったが、オイルショック以後に石油の備蓄のための基地とされ、日本の重工業を支える大量の石油を確保するために国策として拡張が続けられた。それにともなって本島との間に海上道路が作られ、狭義の経済という面では大きな恩恵をもたらしたが、その海上道路は潮流を妨げることで生態系に悪影響を与え、もずくがほとんど全滅するなどして地域の非市場経済は破壊的な被害を被った。それは単にもずく産業が損害を受けた、という問題ではなく、循環が妨げられることで金武湾が「だんだん死んでいく」、生きた系ではなくなってしまうということであった。これに対して安里清信らが「金武湾を守る会」を組織するが、地方自治体も既存の団体も、これに協力をしなかった。それは地域主義の実践にはその地域の自然に対する地域主義的アイデンティティが必要であり、それを「実践的に認識し、それを守り、さらにまたつくってゆく」ことが地域主義にいかに必要なものであるかを示してもいた。

## 第4節　引き継がれる地域主義

1985年、彼は明治学院大学の国際学部ならびに平和研究所の新設に際して参画を請われ、沖縄国際大学を辞任して、本土に戻る。東京に戻った後も

すぐさま「海のコモンズ研究会」を組織し、中村尚司や鶴見良行（人類学）らと新たな研究を始めようとした。沖縄を離れる前に書かれた「コモンズとしての海」（玉野井 1990, 第3巻, 231-238頁）からも彼の関心が海へと注がれていたことが分かるが、それは東南アジアの海へと広がる予定であった。しかし、同年10月自宅で息を引き取り、その探求の道は後進に遺された。玉野井が理論研究から地域主義の研究・実践へと大きく踏み出したのが地域主義集談会設立からだったと考えると、その期間はわずか7年である。彼の地域主義、そして「広義の経済学」の広野には数多の宿題が積み残されている。それにもかかわらず、経済学の分野においては、彼の主張は「虚像の世界」として否定的に捉えられることも多く、いわゆる師弟関係にある若手にその研究が引き継がれることはなかった。

　鶴見和子も、地域主義は国民国家という従来の社会科学の前提に挑戦する知的冒険であると評価した上で、それが方法論上の問題を抱えていることを指摘している。しかし、それは「科学者集団のある部分に鮮烈な衝撃を与えることによって通常理論の不備な点を認知させ」パラダイム転換を促す「原型理論」であるとして、地域主義の理論的発展に期待を示している（玉野井 1990, 第3巻, 258-277頁）。

　実際、彼の学際的な問題意識と根本的な産業社会批判が様々な研究者を惹きつけたことは、ここまでに見たとおりである。本章で見た中村や室田、鶴見和子らも、共有した問題意識からそれぞれの分野で議論を展開している。とりわけ、室田や沖縄国際大学で彼の後任となった多辺田政弘らの展開する「コモンズ論」においては、現在でも玉野井に言及する研究が多く見られる。コモンズ論とは、森や海などの自然資源を共的に利用・管理する制度を分析し、その生態的な機能だけでなく社会的な機能にも着目する研究分野である。日本の入会制度の研究や、東南アジアの住民主体の森林管理制度の研究などがそれにあたる。当初それらは共同体の伝統的制度の分析や再評価を主眼としていたが、それは外部から隔離された理想的共同体を意味するものではなく、その焦点は中央政府グローバル市場との関連の中でどのようにコモンズを維持、再生、あるいは創出するのか、という点にも当てられるようになっ

ている。地域主義という言葉こそ使っていないものの、その問題意識や方法は、玉野井のめざしていたものと重なる部分が大きい。

　玉野井自身が地域と対置させていたのは中央集権的な国家・行政であったが、新自由主義的な経済のグローバル化や国際的分業が進む現在、地域を囲い込む動きは、国境を越え、より強力で洗練された形態になってきている。現代において玉野井を読み直すことは、単なる復古主義やノスタルジーではなく、地域に、生命に基盤を置いて「下から上へ」とシステムを構想し直す端緒となりうる。そして、社会全体の再組織化に向けていかに理論化していけるかが、われわれに遺された課題である。

**注**
1）上野千鶴子は、「地域の定義の基本に、エントロピー概念を導入したもっとも重要な結果は、それぞれの人間は、とりかえしのつかない、一回限りの生命を生きているのだ、という深い洞察であった」と述べている（玉野井 1990, 第3巻, 270頁）。
2）沖縄への移住には中村尚司（経済学、民際学）らの勧めもあったというが、これについて玉野井自身は「社会科学という学問が権力と支配の構造を分析の対象とするとき、その対象を見るためには、中央統治権力の空間的末端に位置することが重要」（玉野井 1978, 352頁）と述べている。
3）コモンズ論の整理については、新しいコモンズ論の動向についてもフォローしている三俣による整理が詳しい（三俣編 2014, 1-22頁）。

**参考文献**
玉野井芳郎　1977「広義の経済学への道——共同体の再認識のために」中岡哲郎編『自然と人間のための経済学』朝日新聞社。
―――― 1978『エコノミーとエコロジー』みすず書房。
―――― 1979『地域主義の思想』農山漁村文化協会。
―――― 1990『玉野井芳郎著作集』（全4巻）学陽書房。

三俣学編　2014『エコロジーとコモンズ』晃洋書房。

【Ⅱ-3　内発的発展論】
## 4　宮里政玄
### アメリカの対沖政策決定過程の分析

池尾靖志

## 第1節　宮里政玄の国際関係論との出会い

　第二次世界大戦前の沖縄県には、大学や高等学校、高等専門学校といった高等教育機関は一つもなく、師範学校、青年師範学校が存在しているのみであった。1950年に、米国民政府布令第30号「琉球大学」によって、琉球大学が設立されるまで、沖縄県には「大学」は存在しなかった。今日、琉球大学の国際関係論講座は、法文学部のなかに存在するが、法文学部は、設立された当初からある、英語学部、社会科学部、応用学芸学部が母体である。国際関係論が、戦後アメリカにおいて新しく生まれた学問領域と捉えるならば、設立されたばかりの琉球大学に1年通ったあとアメリカのガリオア資金による留学生としてアメリカで研究をはじめた宮里政玄（1931年〜）は、沖縄出身者が国際関係論と出会った最初の例ということになる。そこで、彼の研究遍歴をたどり、沖縄の目線から国際関係論を学ぶことの意義を検討することが、国際関係論の「内発性」「自立性」について考えることになる。そこで本章では、沖縄を代表する国際関係論の研究者としての宮里政玄を取りあげる。

　宮里政玄は1931年に沖縄本島北部の今帰仁村にて生まれた。1945年4月1日、米軍は沖縄本島中部への上陸作戦を開始し、4月5日、アメリカ海軍

元帥チェスター・ニミッツは、米国海軍軍政府布告第1号（ニミッツ布告）を公布する。そのなかで、奄美群島以南の南西諸島における日本政府の行政権を停止し、軍政府が南西諸島を統治することを宣言した。この時点で宮里政玄は弱冠14歳である。彼が、19歳のときに琉球大学が設立され、彼はそこに入学したのち、先に述べたように、1年で中退し、ガリオア資金による留学生制度をつかって、アメリカのマスキンガム大学に留学している。その後一度琉球に戻り、琉球銀行勤務を経て、ふたたびオハイオ州立大学大学院に留学し、1961年に博士号を取得した。学位を取得して帰国した宮里は、琉球大学法文学部助教授・教授、国際大学教授、獨協大学法学部教授を経て沖縄に戻り、沖縄対外問題研究会をたちあげ、現在は顧問をつとめている。[2]

## 第2節　宮里政玄の研究遍歴

　宮里は、『アメリカの沖縄政策』（宮里 1986）のはしがきにおいて、自身の研究遍歴について述懐している。本節ではこのはしがきに依拠して、宮里の研究遍歴について紹介する。

　宮里自身の認識では、自身の本来の研究分野は、とくにアメリカ政府の対外政策決定過程であり、学位論文のテーマは「アジアの中立主義に対するアメリカの政策」と題するものである。宮里は、アメリカでの留学中、指導教官に、アメリカに来ているのだからアメリカについて勉強した方がよい、とのアドバイスを受けてのテーマ選択であったと述懐している。留学当時の1950年代、インド、ビルマ、インドネシアなど、中立主義国が沖縄と近かったこと、植民地としての経験があったこと、そして何よりも、東西冷戦の最中にあってアメリカは「中立主義」（および、その中核となるナショナリズム）を理解できていないのではないか、というアメリカに対する疑問をもったことが、テーマ選択につながったと宮里は述べている。たしかに、独立を果たしたアジア諸国は、東西両陣営のどちらにも与しないという中立主義と、それを支えるナショナリズムの動きがみられた。1950年代に、沖縄での祖国復帰運動も米軍の圧政から解放され、あわせて日本復帰をめざすナショナリ

【II-3　内発的発展論】4　宮里政玄

ズムを軸に動いていたから、学位論文のテーマは間接的にアメリカの沖縄統治の本質に迫るものだった、と宮里は自己評価している。

　1961年夏に学位を得て帰国し、すぐに琉球大学で教鞭を執ることになるのだが、当初はとくに沖縄を研究するつもりはなかったようである。だが、当時の立法院議員の知念朝功氏による、立法院での証言依頼を受けて、宮里は沖縄関係の文献の収集をはじめてみたものの、文献がほとんどない。そのとき、当時米民政府の渉外局長のエドウィン・フライマスが、アメリカの対沖政策に関する史料をもっていることをかぎつけ、1ヵ月ほどフライマス氏の自宅に通って、どうにか立法院での証言を済ませた。その過程で、彼の学位論文のテーマであったアメリカの対中立主義政策と、のちに琉球大学に戻ってきて研究を進めていくことになる対沖縄政策は非常に似ていることに気づいた。こうして、父が子に対してもつ威厳、あるいは劣等な人に対して優越感をもって、しかし、やさしく接する態度のことを指す「パターナリズム」という概念を用いて、米の対沖占領政策を分析するに至った(宮里 1986, 2頁)。

　宮里の本来の研究分野である対外政策の決定過程の権威、グレアム・T・アリソン教授（ハーバード大学）のゼミにも参加した宮里は、アリソン教授の『決定の本質――キューバ・ミサイル危機の分析』（アリソン 1977）を訳出した。「パターナリズム」という概念は、政策の一貫性を描き出すうえでは有効だが、政策決定の分析枠組みとしては平面的になりがちであり、宮里自身の研究の枠組みに大きな示唆であったのが、アリソンであった。こうして、米国務省の極秘文書の公開によって、アメリカ側の政策作成過程が明らかとなるにつれて、アメリカの対外政策の作成過程を分析する枠組みが必要となってきた。宮里は、『アメリカの対外政策決定過程』（宮里 1981）のなかで、アリソン・モデルのなかでも、とくに、3番目のモデルである政府内政治モデルに着目し、アメリカの対外政策決定過程を、ベトナムと沖縄を事例にして明らかにした。

第Ⅱ部　国際関係論

## 第 3 節　パターナリズム

　「パターナリズム」という概念を最初に提起したのが、『アメリカの沖縄統治』（宮里 1966）のなかにおいてである。
　パターナリズムとは、「アメリカの国民的利益とそれを擁護するアメリカの政策が絶対的に正しく、しかもそれが沖縄住民の利益にも合致するという前提に立って、後進的な沖縄人を「民主化」するのが、アメリカに与えられた義務であるという考え方」（宮里 1966, iv 頁）である。こうした考え方が生まれた背景には、アメリカ人の沖縄人観も起因しているとする。宮里は、米海軍省作戦本部が 1944 年 11 月に発行した *Civil Affairs Handbook, Ryukyu (Lochoo) Islands* から引用し、「日琉間の人種上の緊密な関係と言語上の類似にもかかわらず日本人は、琉球人を人種的に同等だとはみなしていない。琉球人は、いわば独特の田舎くさい風習をもつ遠い親戚であるとみられており、したがっていろいろな方法で差別されている。ところが島民は日本人にたいして劣等感をもつどころか、かえって彼らの伝統と中国との長い文化的絆に誇りすらもっている」という一節を引用している（宮里 1966）。
　アメリカ人は占領当時から、沖縄人は日本人によって差別され搾取された日本人のなかの劣等グループであるという先入観をもっており、沖縄人の自治能力を不当に過小評価してきたと宮里は述べる（宮里 1966, 8-9 頁）。こうしたアメリカ人の沖縄人に対する評価を補強するものとして、勝利者として統治している米軍政府を無批判に受け入れている沖縄人の態度があり、この沖縄人のアメリカ人に対する態度がアメリカ人の沖縄人観を強めたのは当然であろう、と宮里は述べる。しかし実際には、沖縄人は最初こそアメリカの占領統治に従順であったものの、しだいにアメリカの圧政に、とくに土地問題に関して「島ぐるみ闘争」を計画するなど抵抗を蓄積し、それが最終的には「祖国復帰運動」として結実していく。
　こうした事実をふまえ宮里は、アメリカのアジア政策の変化や沖縄住民の抵抗の様子に着目して、米の沖縄占領政策の特徴を六つの時期に分けて検討

している。このうち本節では第3期を中心にみていく。ちなみに第1期は、戦後の混乱期において沖縄に対するアメリカの政策が確定されていなかった時期、第2期は、中共革命の成功によって沖縄に対するアメリカの基本政策が確定され、それにともなって展開されたアメリカの伝統的な「メシアニズム」にもとづいた積極的なパターナリズムが、アメリカ国内の反動的な傾向と沖縄の野党の抵抗によってしだいに反動化していった時期である。

第3期（1953年2月〜1958年3月）は、ダレスの強硬な反共政策を反映した反動的なパターナリズムが、国際情勢と沖縄側の抵抗によって再検討されるに至る時期である。

アメリカの共和党は、1933年以来20年間、野党であった。共和党のなかでも保守派は、国内問題においては民主党のニュー・ディール政策を批判し、対外問題については民主党外交を「軟弱外交」だとしてこれを激しく攻撃した（宮里 1966, 57頁）。1952年の大統領選挙で当選したアイゼンハワー大統領のもとで外交を担当したダレス国務長官は、アメリカの外交が道義的諸原則に合致した正しいものであり、それに対して共産主義は道義的にも「悪」であるから、すべての自由主義諸国はアメリカの政策を全面的に支持して共産主義者を「懲罰」すべきであると主張してきた。

共産主義を「絶対悪」とみなす冷戦時代にあって、沖縄では1954年に「人民党事件」が起きた。当時の人民党は、サンフランシスコ講和条約第3条の撤廃による即時日本復帰をめざすべきとの立場であり、共産主義の思想をもつものとされてきた。このため、1954年7月15日、奄美大島出身の人民党員が、米国民政府から「好ましからざる人物」として、48時間以内に沖縄本島から退去することを命ぜられたことに端を発し、人民党の幹部および党員が相次いで投獄された。この人民党事件は人民党を骨抜きにし、防共法以上の効果をあげたとされる。

1954年に沖縄を訪れた米人記者は、「沖縄の生活の中で外来者にとってもっとも悲しいことは、アメリカ人と沖縄人の間に真の友好関係が存在しないことである」と報告している。米国民政府は、沖縄の新聞が、米国民政府を批判する記事でも出そうものなら、これを抑圧することによって米琉間の

「友好関係」を一方的に「育成」しなければならないと考えていた。このような発想法のうらには、明らかにアメリカの政策（軍事基地の維持を含めて）が絶対的に正しいという強い自信があったこと、このような立場に立つ限り、沖縄に反米的な動きが存在することは、アメリカの正しい政策を理解しえない「非民主的な」分子がいることを意味したと宮里は述べる。さらに、「非民主的な」分子が沖縄にいたとしても、沖縄住民が自治能力の許す範囲内で可能な限り、住民に自治権を与えるよう努力しており、沖縄住民は戦前日本から与えられていたよりも、より大幅な自治権が与えられていることを、スチュアート・バロン米国民政府経済財政部長は、米下院歳出委員会の公聴会（1953年6月5日）で強調している。なぜなら、戦前沖縄は、日本本土から派遣された行政官によって治められており、自治経験のない沖縄人の自治能力を育成するには相当な努力を要するからだと、バロン部長は説明しているが、この「自治能力」とは、アメリカのいうなりに行動する能力を意味していると宮里は結論づけている（宮里 1966, 73頁）。

当時のアメリカの対アジア政策に目を転じると、1953年から1954年にかけてつくられた、アメリカのアジアにおける軍事同盟網（日本とのMSA協定と東南アジア条約機構、米韓、米比、米華相互防衛条約）において、沖縄を極東全般の防衛力の中心にするため、沖縄の基地建設は急ピッチで進められた。それにともなって、沖縄内部では軍用地問題が深刻化し、米国政府も沖縄の野党（社大党、人民党）を弾圧するとともに、米国民政府の政策に反対する「非民主的」分子を一掃し、後進的な沖縄人を共産主義の脅威から救い、かつ「民主主義」を沖縄人に教え、その「自治能力」を育成することが不可欠であると、米国民政府は考え、強硬政策を推し進めていった。

この後、強硬政策の再検討の結果として、統治政策が軟化した、柔軟なパターナリズムが見られる第4期、キャラウェイ高等弁務官の「直接統治」と日本と沖縄の隔離策が沖縄住民の批判を招き、自民党が分裂するに至る、厳格なパターナリズムの見られる第5期、キャラウェイ姿勢がもたらした政治的混乱を収拾するためにとられた、日米協調を基調とした柔軟なパターナリズムの第6期といったように、宮里は、パターナリズムという概念を軸に時

期区分し、アメリカの沖縄統治の状況を明らかにした。

## 第4節 アメリカの対琉政策決定過程

　宮里の対外政策決定過程に関する研究における中心的な業績は、『アメリカの対外政策決定過程』(宮里 1981) である。このなかで宮里は、アリソン・モデルのなかでも政府内政治モデルに着目し、必要に応じて、当時の政策決定過程に関する他の研究者（I・M・デスラー、M・ハルペリン、J・スタインブルーナーなど）のモデルで補完することによって、ベトナムと沖縄を事例として、アメリカの対外政策決定過程を明らかにする（宮里 1981）。そのときに、事例研究について次の点を考慮することが必要であると述べている。
　すなわち、①主たる参加者はだれか、②彼らはどういう地位を占めているか、③彼らの経歴はどうか、④彼らが属する組織またはその下位単位の利益、目的は何か、⑤各争点領域において、彼らはどれだけの影響力をもち、それをどれだけ行使するか、⑥彼らは望ましい政策をどのように得ようとするか、そして相対立する努力がどのように政策に反映されるか、⑦決定とその実施の間にギャップは存在するか、存在するとすればそれはどれだけか（宮里 1981, 33頁）。
　これらの点をふまえて、軍部による沖縄の分離に関する政策決定過程に関する、宮里の分析をみていこう。
　すでに、対日占領政策に関して、日本本土の研究者やアメリカの研究者等によって多くの研究がなされている。それらの研究のなかでは、国務省と軍部との対立があったことが指摘されている。宮里の研究の特徴は、これを、アリソン・モデルのなかでも、とくに一部の政治家たちによる政府内政治モデルを用いて分析したところにある。
　沖縄の分離に関していえば、たとえばヒュー・ボートンら国務省の極東専門家は、すでに1942年頃から「日本が海外領土を失うということは、日本が再び平和への脅威とはならぬことを保障するものであり、それ以上戦後日本を処罰する必要はない」（入江 1978, 155頁）というものであり、1942年

に出されたマスランド文書からは、米政府の政策について明確な結論を導き出すことは困難だとしつつも、宮里は、この文書から強いて結論づければ、日本本土と周辺諸島の非武装化・非軍事化を条件に沖縄の保有を日本に認めるという意見が強く、この意見は領土問題小委員会によって支持されていた[3]とする（宮里 1981, 186頁）。

　国務省の立場に対し、軍部のなかでは、さらに、海軍と陸軍との主導権争いがみられるものの、最終的にマッカーサー太平洋陸軍司令官に沖縄が委ねられ、沖縄は日本本土から切り離される。

　マーシャル参謀総長は、1945年4月に死去したローズベルト大統領のあとを引き継いだハリー・トルーマン大統領にあてたメモのなかで、「琉球に基地をおき、残りの部分は非軍事化して友好的な国に委ねる」ことを提案する。宮里は、このメモは、沖縄が特別に取りあげられてアメリカの戦後戦略のなかに具体的に位置づけられた、最初のメモであると述べている（宮里 1981, 193頁）。さらにマーシャルは、海軍による沖縄の基地開発を批判し、沖縄のマッカーサーの管轄下に置くべきことを提案する。1945年7月10日にマーシャルに返電するなかで、マッカーサーはニミッツ太平洋軍司令官に、沖縄の陸軍への移管を翌年4月13日に提案したものの、ニミッツの反対により、海軍が沖縄の基地開発を進めることになった。ただマッカーサーは、ニミッツに対する不満からマーシャルの提案に全面的に賛成し、その結果マーシャルの提案が統合参謀本部で承認され、沖縄に対する管轄権の移譲が7月18日にマッカーサーとニミッツに伝達された。

　このように、当初アメリカの対日占領政策が決定しないなかで、国務省と軍部、さらに軍部のなかでも陸軍と海軍との間に意見の食い違いがみられ、それぞれのトップによる政治的な駆け引きによって、本土から沖縄が切り離されていく政策決定が、軍部主導でなされていく。本節では紙幅の関係でこれ以上のことが紹介できないが、沖縄が本土から切り離されたあと、沖縄における恒久基地化について、国務省、陸軍、海軍3省での意見調整の前に、海軍長官と陸軍次官補との話し合い（9月24日）によって、国務省と話し合う前に、軍部内で意見の調整をはかること、さらに、①太平洋地域における

基地の数、型、場所、②この地域における主たる戦略的責任の所在について、統合参謀本部の決定に従うことが合意された（宮里 1981, 197頁）。こうして、アメリカの対沖政策は、軍部主導で決定されていくのである。

## 第5節　日米琉関係を考える

　宮里は、その後、2000年に出版した『日米関係と沖縄　1945-1972』（宮里 2000）のなかで、当時解禁された米国の一次史料を使って、米軍が沖縄を占領した1945年から1972年までの「日米関係と沖縄」を再検討している。この本は、「パターナリズム」という概念を用いて、アメリカの沖縄統治を明らかにした、『アメリカの沖縄統治』（宮里 1966）の続編とも呼ぶべきものである。宮里はこの本のなかでは1966年に執筆した『アメリカの沖縄統治』とは異なる時期区分をしているのだが、これは、米国と沖縄は当然ながら相互作用の最初の段階からの参加者であったが、日本が、いつ、どのようにして参加してきたのかが必要であったためと述べている。すなわち、占領時代にあった沖縄に対して、日本政府が、沖縄に対する介入の度合いを、形式的なものから、徐々に、実質的なものへと強めていき、最終的に返還に至った過程についても、研究しなければならないということである。

　宮里は、アメリカの対沖政策決定過程の研究もふまえて、アメリカが、沖縄問題に対してとってきた政策の論理のなかに、いくつかの「論理」が存在したことを指摘している。ここで、簡単に概要を説明しておきたい（宮里 2000, 5-6頁）。

　第一に、「軍部の論理」である。これは、日本を含めた外部からの介入を排除し、米国の完全な統治権（「事実上の主権」）を主張するものであり、「冷戦の論理」によって正当化された、とする。

　第二に、「ケナンの論理」である。これは、外国の介入を排除するという点では、第一の「軍部の論理」と同じであるが、ケナンは、沖縄は日本の固有の一部ではないから国際的な批判があっても統治することが可能であるが、そのためには沖縄住民の黙認を取りつけることが必要である、と考えてきた。

第三に、「ダレスの論理」あるいは「潜在主権の論理」である。この論理は、当面は沖縄を日本に返還することはなく日本の諒解と協力を得て沖縄を統治するが、必要となったときには一定の条件付きで沖縄を日本に返還するという、国務省の「潜在主権」に対する解釈にもとづくものである。実際には、本土の自民党による沖縄の民主党（のちの沖縄自民党）の操作によって、長期的に沖縄を統治できると考えた。
　最後に、「ニクソンの論理」あるいは「返還の論理」である。これは、東アジアにおける日本のリーダー的役割を認め、沖縄を返還すると同時に、安全保障や経済における日本の貢献を要求するものである。

## おわりに

　沖縄戦から生きのびた宮里にとって、なぜアメリカが沖縄を統治するのか、その政策決定のプロセスはどのようなものであったのか、に目をむけることは、故郷・沖縄の置かれた状況を知るためには不可欠な作業であった。
　アメリカ人からみた沖縄人は、本土の日本人によって蔑まれた人たちという認識である。宮里は、教訓として以下のことを引き出している。
　アメリカにとって、長年にわたる沖縄統治は、比較的に満足のいくものであった。最初こそアリソン・モデルでいう「政府内政治モデル」や「組織過程モデル」が有効であったが、日本本土のナショナリズムの高揚などをみるにつれ、軍部も次第に国務省の意見に同調するようになってからは、「合理的行為者モデル」によって分析した方がいいのではないか、と述べている。これに対し、日本の政策は、米国の要請に「あわせる」ことに終始していた。なぜなら、沖縄返還問題でいえば、戦争で占領された領土の回復という外交上きわめて困難な問題であったし、日本の安全保障についても、アメリカに大きく依存していたことという負い目があったからである（宮里 2000, 367-370頁）。
　アリソン・モデルを用いて対外政策決定過程を学んだ宮里は、最終的に、次の2点を教訓とすべきだと述べている。一つは、日本の「交渉スタイル」

に関して、少なくとも政策決定に「合理性」を持たせることの重要性である。これは、情報の収集、情報の正確な分析、政府内の合理的な調整などが含まれる。二つめに、対米一辺倒政策によって「思考が停止している」ように思える日本の対外政策の再検討が必要だということである。そのことによってしか沖縄が現状から脱却できる道はないと、宮里は述べる。はたして今の日本政府には、沖縄県民の〈怒り〉が理解できているのだろうか。「言うまでもなく、沖縄問題は日本外交そのものの問題なのである」（宮里 2000, 368 頁）。

**注**

1) http://www.mext.go.jp/b_menu/hakusho/html/others/detail/1317861.htm（2016 年 6 月 12 日アクセス）。また、琉球大学の設立については、http://www.u-ryukyu.ac.jp/univ_info/gakucho/school_history.html（2016 年 6 月 12 日アクセス）。
2) 現在の代表は、我部政明琉球大学法文学部教授である。
3) この考え方は、領土問題小委員会に提出された、政治研究課の、J・W・マスランドの報告書（『マスランド文書』）にみられる。すなわち、沖縄の戦後処理について、①日本の非軍事化を条件にして、日本による保有を認める、②安全保障上の理由から、日本から琉球を切り離し、国際的管理下におく、③中国への委譲、の三つの選択肢を提示し、そのなかで、まだ米政府の政策が明確な結論を見いだせていないなかで、強いて結論づけるならば、日本本土と周辺諸島の非武装化・非軍事化を条件に、沖縄の保有を日本に認めるという意見が強く、この意見は領土問題小委員会によって支持されたという（宮里 1981, 186 頁）。

**参考文献**

宮里政玄　1966『アメリカの沖縄統治』〈岩波新書〉、岩波書店。
──────　1981『アメリカの対外政策決定過程』三一書房。
──────　1986『アメリカの沖縄政策』ニライ社。
──────　2000『日米関係と沖縄　1945-1972』岩波書店。

アリソン、グレアム・T　1977　宮里政玄訳『決定の本質』中央公論社。
入江昭　1978『日米戦争』中央公論社。
マコーマック、ガバン　2008『属国──米国の抱擁とアジアでの孤立』新田準訳、凱風社。

## 【II-4　国際関係論と地域研究】
# 1　地域研究と国際関係学の緊張
## 中国研究から

毛里和子

### 第1節　現代中国研究とアジア学

　筆者は、40年以上現代中国研究にたずさわってきた。振り返ってみると、巨大で複雑な対象である中国に三つのアプローチをとった。一つは、中国政治を、政治学、比較政治学で分析する「正面からの挑戦」である。第二が、民族的マイノリティを多数抱えた、多様な文化の結合体である中国を「複合的統合体」と考え、アクターとして民族的少数者から多数者（漢族）へ、領域的には周縁から中心に迫ろうというアプローチ、「周縁からの接近」である。このアプローチは、モンゴル専門家として名高いオウエン・ラティモアの魅力に惹かれたものである。周辺から中国を見ると思わぬ発見がある。第三が外部世界との関係で見た現代中国という接近法である。筆者にはこの成果を『現代中国外交』としてまとめるという宿題が残っている。

　当初は中国のみを対象としてきたが、そのうち中国も普通の政治社会、普通の国家ではないのか、と考えるようになり、比較の視座から、とくに東アジア諸国との比較を意識するようになった。毛沢東死後1970年代末から中国が「改革開放」に転じ、近代化をめざす多くの東アジアの国家と変わらない方向を選んだことがきっかけになった（毛里 2010a）。

　2002年から始まった文部科学省-21世紀COEプログラム「現代アジア

【II-4　国際関係論と地域研究】1　地域研究と国際関係学の緊張

学の創生」では、対象を東アジア、アジア全域に広げて、地域研究のブレークスルーをめざした。この「現代アジア学」への挑戦を通じて二つのことを問うてきた。一つは、「アジア」とはなにを指すか、地理的空間か、思想的場か、実体のある地域なのか、虚像としてのそれなのか、あるいは今後形成されるべき「新地域」なのか、である。もう一つは、「現代アジア」を解析する際の方法、切り口を開発するにはどうしたらよいか、である。これらの問いの背後には、21世紀に入ってから東北アジアと東南アジアの地理的境界がとれて「東アジアという新地域」が実体のあるトータルな地域として登場してきたことがある。

## 第2節　地域研究はディシプリンだろうか

　筆者をはじめとして、地域研究者はまず現地性、具体性、固有性を追求する。ディシプリンの精査を志向する理論家は、ある理論や手法が多くの分野において有効性をもつほど、いわば普遍性が高ければ高いほど、研究意欲が沸いてくる。追求するのは、抽象性、一般性、普遍性である。したがって、両者間には往々にして対抗、対立関係があり、少なくとも緊張がある。地域研究は政治学や経済学に匹敵するディシプリンだろうか、という問いもずっと投げかけられてきたし、自分自身にも問うてきた。一部には、地域研究は立派なディシプリンだ、少なくともディシプリン化を志向すべきだとする意見もあるが、筆者は、地域研究をディシプリンとディシプリンが出会う場、地域研究の成果がフィードバックされて諸ディシプリンがより精緻化される、そのような「場」と考えている。

　今日につながる地域研究は1940年代に米国でスタートした。第二次世界大戦が米国をグローバルな大国に押し上げ、アジアになじみのなかった米国としてはアジアに真正面から対応する必要に迫られたからである。いわば、米国型地域研究は冷戦期の米国の国家戦略に沿う形でスタートし、発展してきたといえるだろう。

　冷戦後、地域研究の主要対象だったソ連が崩壊し、中国も「改革開放」に

舵を切り、特殊な戦略的研究対象としての意味が減少するなかで、米国における地域研究は衰退していった。「ディシプリン側からの攻勢」に押されたのである。

社会学で現代中国を分析しているA・ウォルダーは、以上の現象は地域に閉じこもっている地域研究の側にも問題があると指摘している。他方で彼は、改革開放が進み、市場化と民主化がターゲットになって、中国が「普通の国」になるにつれ、とくに政治学の分野で、理論と中国地域研究の接合が始まっていることに注目している。1978年から82年まで、世界的な学術ジャーナル *Comparative Politics* に中国についての政治学的論文は一篇も掲載されなかったが、83年から87年には3篇、88年から92年までは5篇、93から97年までは7篇、98年から2002年には8篇と漸増しているという。「われわれはたまたま中国を土俵にもつ社会科学者だ」と主張するウォルダーが強調するのは、地域研究とディシプリンのバリアをなくすこと、それによって双方ともが豊かになれるという点である（Walder 2002）。

日本では状況は異なる。日本の地域研究は第二次世界大戦前の東洋学、「植民地学」としてスタートした。中国大陸が主なターゲットとなり、南満州鉄道株式会社調査部（満鉄調査部）は最盛期には2000人のスタッフを抱える巨大な戦略的地域研究センターだった。ところが、第二次世界大戦の敗北、冷戦状況を契機に、日本の地域研究は戦前とは断絶した、まったく新しい学術として再出発したといってよい。アジア経済研究所（1958年創設）、京都大学東南アジア研究センター（1960年創設）などが新地域研究を担った。戦前の植民地学の発想も手法も批判にさらされ、米国型戦略的地域研究も批判の対象となった。しかし、手法の面では米国型手法（現地言語修得、臨地調査、人類学・民族学・言語学などのディシプリン）が取り入れられ、また学際的でトータルな接近を志向した。日本の地域研究が戦前における研究（東洋学）から断絶したのは、末廣昭によれば、次のような事情のためである。第一に、独立、社会主義化など、アジアの政治経済社会状況が激変した、第二に、戦後20年間、冷戦という政治的理由や外貨不足などで中国などでのフィールド調査が不可能だった、第三に、アジア的生産様式論や社会構成体

論などの戦前の理論にかわって、米国流の近代経済学、開発経済学、統計的手法などが主流になった（末廣 2006）。

　こうして現在に至るまで、日本の地域研究は、米国と比べて、戦略性や政策性がかなり薄く、また専門性がかなり高いものであり続けており、また「地域研究者」を自認する研究者も相当数にのぼる。その分、ディシプリンとの対話、それとの接合が弱いのも米国との違いである。その意味で日本の地域研究は、戦前・戦中の失敗を反省し、また米国の Area Studies を反面教師に発展してきた「日本式」のものだ、という平野健一郎の指摘は当たっている（平野 2007）。

## 第3節　地域研究に理論は必要か──アジアからの問い

　対象を東アジア、アジア全域に広げたとき、地域研究としての現代アジア学の状況はどうか。1990年代以後の日本の現代アジア学の一端をディシプリン別に見てみよう。

### 経　済　学

　「経済とはどこまでも"社会に埋め込まれた"ものだ」と考える原洋之介は、文化や歴史を「外部化する」経済学を次のように批判する。「新古典派経済学者は、複雑な事象もその背後には単純な原理があると確信している。そのためか、個人の経済活動に関しては最適化、そして市場に関しては均衡という枠組みを決してくずそうとしない。これらを前提として精巧な数理モデルさえ作り上げれば複雑な経済がすべて理解できると考えられている」（原 1999）。そのうえで原は、「〔正統経済学者の間では：引用者による補足〕経済理論とアジア経済の現実が異なっているならば、それは現実の方が間違っているのだから、経済学の理論に従って現実を改造せよという主張すら存在している」が、「実際が理論と異なるのは、実は経済学の方がまちがっているのではないか」と喝破する（原 2003b）。ここには、「アジア経済学」はあるのだとの熱いメッセージがある。

なお、地域研究のパイオニアであるC・ギアーツ（Clifford Geertz）は、経済学者はどんな複雑な問題も経済学の範囲内できれいに解き、その体系はみごとに洗練されているが、発展問題は文化の文脈で論ずるべきだ、として文化生態学によってインドネシア、モロッコを研究し、次のように警鐘を打つ。

「ディシプリンという形で制度化された科学研究においては、単純化があって初めてそのディシプリンが生まれ発展するが、まさにその単純化によって衰退する」。また彼の次の言葉も傾聴に値する。「社会変化に関する科学的（客観的）な一般理論の構築は、20世紀末になっても決して成功していない。研究・探求の手順をラディカルに客観化すれば真理が見つけられるといった信念は、もはや成立し得ない」（ギアーツ 2001 ; Geertz 1995）。

## 法　　学

日本の一部の法学者は、アジア各国法を超えた「アジア法」という概念が成立し得る、と考えている。安田信之によれば、アジアには西欧に起源する近代法とは異質の「法」が存在し、これを固有法＝共同法理として概念化できるという。彼は、アジアの法体制を、「原国家時代から連綿と続く固有法、植民地国家体制下で導入された西欧移入法、および（現代の）開発国家における開発の過程で形成された開発法の複合体だ」という仮説を提示した。彼がとくに注目するのは、「規範としての法」、「制度としての法」以外に、「固有法の実体部分を形成する"文化としての法"、つまり法意識」である（安田 2006 ; 2001）。

## 政　治　学

アジアの政治を研究している筆者は、2003年末のCOE「現代アジア学の創生」シンポジウムで、現代東アジアに共通する政治体制の特徴として、「政府党体制」(governmental-party system)、「開発体制」、政府が内生的プレーヤーとして経済を規定する「政経不可分体制」の三つをあげた（毛里 2012）。

「政府党体制」論は藤原帰一が1994年に提起したものである。藤原は、東南アジアで権威主義政治体制が驚くべき安定と持続性をもち得た要因を解明

【Ⅱ-4 国際関係論と地域研究】 1 地域研究と国際関係学の緊張

するため、一党優位制とも、コーポラティズムとも、あるいは社会主義国の党／国家体制とも違う、政府と一体となった与党のもとの政治体制を「政府党体制」と名づけ、欧米型政治体制との区別化を提唱した。とくに、「政府党体制」が、全体主義、権威主義、民主主義という三類型の政治体制を横断していること、政府党が財政・人事・情報の三領域で他勢力に圧倒的に優越している、いわば構造的な理由によって成立しているという指摘は中国、日本などの分析にも有用だろう（藤原 1994）。

東アジア政治体制分析のもう一つのキーは、政治と経済の関係、政府・政党と企業の関係である。東アジア諸国が経済発展を重要課題、正当性の根拠としてきたために、その政治権力は「経済（開発）に奉仕する」体制にならざるを得ない。この体制を岩崎育夫は「経済発展を指向する権威主義的政治体制」、すなわち「開発体制」と呼んだ。この「開発体制」が「政府党体制」と完全に重なっていることも注目される（岩崎 1994）。

なお、青木昌彦も東アジアにおける国家の役割に着目する。彼は、東アジアの経済発展における政府の役割について、従来の二つの見解（政府の役割に否定的な「市場友好的見解」、政府の市場介入を必要かつ有効とみなす「開発指向国家的見解」）に対して「第三の見解」、つまり「市場拡張的見解」を提示する。彼は、いわば、「経済関係の内生的プレーヤー」として政府を位置づけたのである（青木 1997）。

以上の観察を通じて、地域研究がたんなるディシプリンを跨ぐ国別研究だけではなく、たとえば「アジア」などある一つのリージョンにおいて可能であることが分かる。リージョナル・スタディとしてのエリア・スタディであり、筆者はこれこそ、地域研究のあるべき姿だと考えている。

## 第4節 「アジアの国際関係理論（IRT）」は成立するか？

次に、2005年以来世界の国際関係学界を賑わしている「非欧米 Non-Western の IRT は成立しうるか」論争にふれてみよう。

アジアが国際社会でパワーを増すにつれ、また ASEAN、ASEAN プラス3、

第Ⅱ部　国際関係論

　東アジアサミットなど東アジアを中心に地域化が進むにつれ、その動きをどう捉えるかについて国際関係理論からの関心が強まっている。この分野でも、理論の地域化、あるいはアジア解明のための新しい国際関係論の構築の必要性が言われはじめる。2003 年、国際政治学者のD・カン（David C. Kang）は、比較政治の分野では地域研究と政治学の相互補完が進み、民主主義は同じ工程、同じ方式では立ち現れない、権威主義をもたらす原因やその結果はさまざまだ、という点でコンセンサスができたのに、国際関係理論の分野でそれが遅れているのはなぜか、と問うた。ウエストファリア体制にもとづく西欧出自のヨーロッパ・モデルが他の地域では異なって作用するのか、あるいは別種のモデルが必要なのか、である。彼は言う。「理論と実証（地域研究）の間の活発な対話は国際関係についての主要パラダイムを必ずや豊かにするし、他方、研究者のアジアに対する理解を深めることになる。アジアについての暗々裏のヨーロッパ中心アプローチから脱し、アジアの国際関係をより厳密に理論化し、パズル化することで、国際関係やアジアの安全保障研究者は大きな一歩を踏み出しつつある」（Kang 2003）。

　2005 年には、構成主義学派のB・ブザン（Barry Buzan）やA・アチャリア（Amitav Achrya）を中心に、「なぜ非欧米（Non-Western）の国際関係理論がないのか」というワークショップがシンガポールで開かれた。

　ワークショップでアチャリアとブザンは、「なぜ、非西欧の国際関係理論がないのか」を正面から問うている。前提にあるのは、「理論はいつも誰かのため、なにかの目的のためにある」、「欧米出自の国際関係理論ははたして普遍的理論たりうるのか」という疑いであり、「IRTを発展させようとするなら、欧米出自の理論は内部から、そして外部からの挑戦を受けるべきだ」という志向である。

　アチャリアとブザンは、純粋理論というより、より柔らかいコンセプトなどの「前理論」において、すでにアジア発の理論的貢献がある、と指摘する。彼らは具体例として、儒教などに示されるアジアの古い伝統と価値、アジアの政治家たち（ガンジー、スカルノ、ネルー、毛沢東など）の外交政策（非暴力主義、非同盟中立政策、第三世界論など）、そしてASEAN way に示されるア

ジア的国際関係の理論と実際などを挙げた。「ヨーロッパと北大西洋の地域政治が国際関係理論へと展開していったと言えるなら、アジアの地域政治がそうならないということはあるまい」と考えるのである（Acharya & Buzan 2007 ; Acharya 2005）。

　アチャリアたちは、国際関係の分野でも、地域（アジア）研究と理論の間に「創造的なジン・テーゼ」を創り出す潜在的可能性はきわめて高い、そしてそれが国際関係分野の研究の新フロンティアへと進めていくだろう、と楽観的である（Acharya 2005）。

　だが、2007年秋に日本国際政治学会の英文ジャーナルが「なぜ非欧米の国際関係理論がないのか」を特集したとき、アチャリアとブザンは、次の理由でアジアの国際関係理論を生み出すのはむずかしい、と一歩後退したように見える。一つは制度的資源、とくに言語面での制約、もう一つはアジアが一つではないこと、である。彼らは、「欧米のIRTはアジアのそれによって取って代わられることはないだろう。だがローカルな諸要素を付け加えることでより豊富化できる」と結論している（Acharya & Buzan 2007）。

　台湾の研究者も国際関係理論の「アジア派」を論じている。彼は現状を次のように評している。「いま北京学派が元気がいい。京都学派は戦前からの豊かな思想的基礎がある。デリー学派は学派意識が足りない。シドニー学派は作れるかどうか楽観できない。ソウル学派は、米欧の理論に依存的、ASEAN学派は取り上げるのが時期尚早、台北学派はそれ自身の理論・思想がない」。彼によれば、アジアで地域学派の動きが進むのは、既成の理論では説明できないアジアの国家行為をよりよく説明するためである（石 2010）。

## 第5節　国際関係理論IRTの「中国学派」が生まれるか？

　21世紀に入って大国化した中国学術界で、世界に通じる中国のIRT、「中国学派」を作ろうとする動きが盛んである。その動きをリードしているのは、構成主義をとる秦亜青である。以下は、彼が整理した78年から2007年までの中国学界の国際関係学分布である（五大学術誌掲載論文1124編中。図II-4-1

-1 参照)。2008 年から 2016 年についてもデータがほしい。

図 II-4-1-1　中国誌に載った国際問題論文の分類(単位は論文数)

|  | 1978-90 | 1991-2000 | 2001-2007 |
| --- | --- | --- | --- |
| マルクス主義 | 32 | 5 | 4 |
| 現実主義 | 26 | 34 | 24 |
| 自由主義 | 16 | 37 | 32 |
| 構成主義 | 0 | 6 | 25 |
| 中国理論 | 8 | 9 | 5 |
| その他 | 20 | 9 | 10 |

【出典】秦亜青「中国国際関係理論研究的進歩与問題」『世界経済与政治』2008 年第 11 期、13-23 頁。

　秦亜青は、「学派」の「核心理論」にこだわる。国際関係学の主流である米国学派の核心が「覇権の護持」であるのに対して、英国学派のそれは、「国際社会の形成と発展」だ、としたうえで、「中国学派」を作るには核心理論が必要だ、とする。彼によれば、まず「中国の位置」を確定する必要がある。当代中国を、「上昇しつつある社会主義大国、システム外からシステム内に移行しつつある国、社会化過程にある重要国家」と措定したうえで、核心問題は、中国が世界システムに平和的に融入することができるか、どのようにしたら融入できるか、どのような国際制度がそれを可能にするか、萌芽期にある東アジア地域主義をどのように組み立てていくか、などだという(秦 2005)。

　「中国学派」台頭の背後にあるのは中国の大国化という新状況である。世界史の史実および国際関係理論に従えば、新興大国と既存秩序は必ずや緊張、矛盾、対立してきた。では、中国が言うところの、平和台頭論(和平崛起)をどのように理論化すれば世界を説得できるのか、という当代中国の研究者に課せられた高度に政治的な要請があるのだろう。

　中国学派論のもう一つの問題は、秦亜青が「中国学派」の三つの思想的淵源として、①儒家文化の天下観念と礼・仁を基礎にした差序秩序としての朝貢体制、② 20 世紀以来の中国近代主権思想と中国の革命実践、③ 1980 年代

【II-4　国際関係論と地域研究】1　地域研究と国際関係学の緊張

以来の改革開放と国際社会への平和的参入、を上げているように、ともすればすぐ伝統に回帰してしまう傾向があることである（秦 2006）。薛力はグローバルに通用する普遍性と文化領域が中国学派創生には不可欠だと論ずる（宋 2013）。いずれにせよ、西側理論のローカルな解釈と検証に終わらない、地縁的根拠と一定の普遍性をもつIRTの「中国学派」が生まれるかどうか。中国自体のこれからとともに注目される。

ごく最近、ドイツの国際政治学者ニューゼルトが「中国学派」を分析し、「国際関係理論の中国パラダイム」を求める動きの背後には、「中国をグローバルな地位に定位したいという野望」、ないし中国の第五世代リーダーの新戦略をモデル化しようとの契機がある、と指摘している（Noesselt 2015）。

## 第6節　地域研究の要諦三カ条

グローバリゼーションのなかで地域研究は一国研究からリージョンの研究へ、文字通りの地域研究へと脱皮が求められている。また、対象の現地性、具体性、固有性にとらわれるだけでなく、その解明と分析の成果を社会科学の諸ディシプリンにフィードバックし、新たな学問的貢献をする必要があるし、それが可能にもなっている。

現代アジア研究も中国研究も地域研究の一部である。それに携わってきた立場から、最後に次の「地域研究要諦三カ条」を述べておきたい。

　　第一　たかが理論、されど理論
　　第二　たかが国境、されど国境
　　第三　たかが言葉、されど言葉

たとえば、中国政治を究めるには、それが欧米出自であっても、政治学、もしくは比較政治学が必須である。理論のガイドがない地域研究は方向性を失い、説得力を失う。たかが理論だがされど理論、なのである。また、中国研究の対象はなにも中華人民共和国に限られない。中国系の人々がアジア、

第Ⅱ部　国際関係論

全世界で作る固有の社会や中国人ネットワークもその対象となる。だが、現代中国から国家もしくは国境という想念をまったく外すことができるだろうか。グローバリゼーションで国境は限りなく低くなっている。あるとき、あるところでは消えている場合すらある。だが、人々を最後の最後で縛るのは「国家」もしくは「国境」であると筆者は考えている。

　もう一つ、地域研究にとって現地の言葉はもっとも有効な、不可欠の武器、道具である。現地調査と現地言語を抜きにして地域研究は成り立たない。そしてその言葉が一筋縄ではいかないのである。筆者にとっても、言葉に悩まされ続けた 40 年だった。現代アジア研究者は、どの地域、どの国を土俵にするかはさまざまだが、どこを相手にしようが、現地言語をマスターしなければならない。現地言語を通じて理解は必ずより深いものとなろう。

＊本章は、著者の旧稿、毛里（2010b）「地域研究と国際関係学のあいだ」山本武彦編『国際関係論のニュー・フロンティア』成文堂、毛里（2010c）「現代アジア政治学のススメ」寺田貴編『アジア学のすすめ　第 1 巻アジア政治・経済論』弘文堂、毛里（2012）『現代中国政治第三版──グローバル・パワーの肖像』名古屋大学出版会などをもとに、大幅加筆して作成したものである。

**参考文献**
青木昌彦　1997「"東アジアの奇跡"を超えて──市場拡張的見解序説」青木昌彦ほか編、白鳥正喜監訳『東アジアの経済発展と政府の役割──比較制度分析アプローチ』日本経済新聞社。
岩崎育夫 1994、「ASEAN 諸国の開発体制論」岩崎育夫編『開発と政治──ASEAN 諸国の開発体制』アジア経済研究所。
ギアーツ、クリフォード　2001　池本幸生訳『インボリューション　内に向かう発展』NTT 出版。
末廣昭　2006「アジア調査の系譜　満鉄調査部からアジア経済研究所へ」末廣昭編『"帝国"日本の学知⑥地域研究としてのアジア』岩波書店。
原洋之介　1999『エリア・エコノミックス　アジア経済のトポロジー』NTT 出版。
─── 2003a『新東亜論』NTT 出版。
─── 2003b「アジア学の方法とその可能性──ひとつの覚え書き」東京大学東洋文化研究所編『アジア学の将来像』東京大学出版会。
平野健一郎　2007「グローバル化時代の地域研究」西村成雄・田中仁編『現代中国研究の

新たな視圏』世界思想社．
藤原帰一 1994「政府党と在野党――東南アジアにおける政府党体制」萩原宜之編『講座現代アジア3・民主化と経済発展』東京大学出版会．
毛里和子 2010a「現代中国研究四〇年――三つの挑戦」『早稲田アジアレヴュー』第7号．
―――― 2010b「地域研究と国際関係学のあいだ」山本武彦編『国際関係論のニュー・フロンティア』成文堂．
―――― 2010c「現代アジア政治学のススメ」寺田貴編『アジア学のすすめ 第1巻アジア政治・経済論』弘文堂．
―――― 2012『現代中国政治第三版 グローバル・パワーの肖像』名古屋大学出版会．
安田信之 2006「アジア法研究の方法と歴史」アジア法学会編、安田信之・孝忠延夫編集代表『アジア法研究の新たな地平』成文堂．
秦亜青 2005「国際関係理論的核心問題与中国学派的生成」『中国社会科学』第3期．
―――― 2006「国際関係理論中国学派生成的可能和必然」『世界経済与政治』第3期．
石之瑜 2010「国際関係研究的亜州地方性学派」『国際政治科学』第3期．
宋偉 2013「"核心概念的創造与中国国際関係理論的発展"研討会総述」『国際政治研究』第4期．

Acharya, Amitav 2005 "International Relations and Area Studies: Towards a new Synthesis?," *State of Security and International Studies*, Institute of Defense and Strategic Studies, Nanyang Technological University.
Acharya, Amitav and Barry Buzan 2007 "Why is there no non-Western IR theory: reflections on and from Asia," *International Relations of the Asia-Pacific* (A Journal of the JAIR), Vol.7, No.3.
Geertz, Clifford 1995 *After the Fact――Two Countries, Four decades, One Anthropologist*, Harvard University Press
Kang, David C. 2003 "Getting Asia Wrong: The Need for New Analytical Frameworks," *International Security*, Vol.27, No.4, Spring.
Noesselt, Nele 2015 "Revisiting the Debate on Constructing a Theory of International Relations with Chinese Characteristics," *The China Quarterly*, Vol.222, June.
Walder, Andrew G. 2002 "The Transformation of Contemporary China Studies, 1977-2002," in USIAS Edited Volume3, *The Politics of Knowledge: Area Studies and the Disciplines*.

# 第Ⅲ部　新しい挑戦

## 【III-1 地域研究の萌芽】
# 1 アフリカ研究
### 「過去」と「未来」をつなぐ[1)]

杉木明子

### 第1節　地域研究とアフリカ

　地域研究は世界の特定地域の個性を発見し、解明する実証的な研究である。第二次世界大戦中のアメリカで、戦争遂行や戦後の国際秩序構築を検討するために、敵国や未知の国や地域を体系的に研究したのが地域研究の発端であった。その後、第三世界諸国に関する研究がほぼ地域研究と総称され、発展していった（国分 2015, 157-158頁）。しかし、語学習得、現地調査、共同研究などを地域研究の基本とするならば、地域研究の要件を備えた研究方法は第二次世界大戦以前からアメリカ以外の国でも実践されてきた。イギリスやフランスでは自らの植民地を統治するためにアジア・アフリカ研究が行われ、日本の東亜同文書院や満鉄調査部も先駆的な地域研究の一種と位置づけられている。このような過去から、戦後の日本では地域研究の政治性を極力排除することを地域研究者は意識した（国分 2009, 8-10頁）。

　日本におけるアフリカ研究の起源には諸説あるが、アフリカに関連した調査や情報にもとづき出版された翻訳書、論文、書籍などを「アフリカ研究」とするならば、日本の「アフリカ研究」は明治時代から始まったといえよう。ただし、戦前の「アフリカ研究」は欧米の書物の翻訳や文献紹介が主流であり（小堀 1969, 195頁）、アフリカに対する認識や方法論に問題があった。だ

が、あらゆる研究が一定の時代性を制約されることを鑑みると、過去の「アフリカ研究」を分析することは、日本のアフリカ研究の意義と主体性を問い直し、地域研究のあり方を考えるうえで重要である。本章では明治期からアフリカ研究が本格的に始動する1960年代末までのサハラ以南アフリカ地域に関する調査報告や出版物から、先達による「アフリカ研究」を考察する。なお地域研究では「学際的」なアプローチが求められているが、紙幅の制約上、ここでは主に政治学、経済学、国際関係論の分野で調査や研究された文献を分析する。

## 第2節　明治・大正時代における「アフリカ研究」

アフリカに関する情報はすでに江戸時代から一部の知識人に把握されていたが(藤田 2005, 76-82頁)、明治時代になると、アフリカを植民地化したヨーロッパ列強諸国からアフリカの情報が日本へ伝わった（青木 2000, 15頁）。この時代の「アフリカ研究」の特徴は主に三つに大別できる。第一はアフリカでの植民地政策や植民地支配に関する研究が植民地経営を学ぶために行われたことである。とくに1894年の日清戦争以降、貴族院、台湾総督府、拓殖務省、陸軍、満鉄だけでなく、民間人もアフリカの植民地支配を分析し、翻訳書、論文、書籍を出版した。これらの代表的な書籍が戸水寛人と竹越与三郎によって出版された。前者は19世紀末の列強のアフリカ植民地分割を日本で初めて紹介し、日本のアフリカ進出を奨励していた書である（戸水 1899）。後者でイギリス、フランス、ドイツ等の植民地政策を比較した（竹越 1906）。

当時、植民地支配の実態を知るためにとくに関心を集めたのは南アフリカ（以下、南ア）であった。南アの1879年英ズール戦争、1880年から1881年の第一次ボーア戦争（トランスヴァール独立戦争）、1899年から1902年の第二次ボーア戦争（南アフリカ戦争または第二次独立戦争）が注目された。この時代のボーア戦争関連の出版物は、イギリス支持とボーア支持に立場が二分していたが、現地のアフリカ人に対する差別や弾圧は言及されなかった。内

【Ⅲ-1　地域研究の萌芽】1　アフリカ研究

村鑑三はボーア戦争の不当性を糾弾し、英国帝国主義に同調する日本人に疑問を呈し、当時の論調と一線を画した（藤田 2005, 169-170 頁）。だが、その内村でさえアフリカ人を弾圧し、奴隷制によって国家を維持してきたボーア人の問題に言及しなかった。明治期には 1885 年にベルギー国王の私有地となり、1908 年にベルギーの植民地となったコンゴに関する論文や報告書も多く出版された（有賀 1899；長岡 1901）。これらの出版物ではベルギー国王レオポルド 2 世の統治が賞賛され、山田三良のようにレオポルド 2 世の圧政を非難する者はまれだった（山田 1909）。第一次世界大戦で敗戦したドイツとイタリアが植民地を放棄すると、アフリカにおける植民地経営に対する関心が日本で高まった（同, 207 頁）。

　この時代の「アフリカ研究」の第二の特徴は、移民候補地としての研究である。北米にかわり、南アとマダガスカルが海外移住地として有力視されたが、移民申請は認可されなかった。この時代における第三の「アフリカ研究」の特徴は、対アフリカ貿易を促進するための研究である。貿易の対象として最も重視されたのは南部アフリカで、南アの調査報告が多い。その他に英領南北ローデシア、仏領マダガスカルおよびレユニオン、西南アフリカ、バストランド、ニヤサランド、英領モーリシャスなどでも産業の概況、移民法、外国製品の進出状況、日本製品の需要状況などが調査され、領事報告に掲載された（北川 1989, 50-51, 54-57 頁）。

　東アフリカは日本の綿紡績工業製品の輸出市場および綿花の確保という点から注目された。ケニア、ウガンダ、タンガニーカ、ザンジバルはコンゴ盆地条約対象地域であったため、日本にとって好都合の貿易先だった（西野 1963, 12 頁）。他方、当時の日本では西・中央アフリカに関する関心は低かった。

　このように、明治・大正時代の「アフリカ研究」は国策・国益と密接に結びつき、アフリカに対する視座は差別的であった。そのような風潮のなかで、満川亀太郎が 1925 年に出版した『黒人問題』は興味深い。満川は、強烈な反白人主義からアフリカ系人、アフリカ人に対する同情を示した。彼は 1919 年のパリでの会議で、日本政府が国際連盟規約に盛り込もうとした人種差別

待遇撤廃案が廃案になったことを嘆き、日本は人種革命のために貢献しなければいけないと説いた（満川 1925, 267, 310-311 頁）。満川はマーカス・ガーヴィーなどパン・アフリカニストの活動も紹介している。満川のアフリカやアフリカ人に対する認識に問題はあったが（佐藤 1973, 34-35 頁）、彼が唱えたアフリカ人の解放と連帯は当時の日本では異彩を放っていた。

## 第3節　昭和前期におけるアフリカ研究

　第二次世界大戦終了までの昭和前期においても、移民先や日本製品輸出市場の確保といった関心から「アフリカ研究」が行われた。1927 年の大型調査団の東アフリカへの派遣、1926 年の東アフリカ航路新設、1927 年のケニアのモンバサへの貿易局員派遣などで、東アフリカの情報は増加し、アフリカへの移民熱は再燃した。またウガンダから輸入する綿花は増加し、同時に日本の雑貨や綿製品の輸出も増えた（青木 2000, 38 頁）。

　世界恐慌期の 1930 年代に入ると、日本では西アフリカへの関心が高まり、1934 年に大阪商船会社は西アフリカ航路を開設した。その背景には、経済不況にともない、ヨーロッパ列強が植民地とブロック経済政策を実施したため、日本は新たな輸出市場が必要となったことが関わっていた（北川 1992, 143 頁）。

　だが、経済的関心の高さに反して、当時の日本人のアフリカ人やアフリカの実態に対する関心は高くない。そのようななかで、日本では空前の「エチオピア・ブーム」がおきた。その契機になったのが、1931 年 11 月にヘルイ外務大臣が日本を訪問したことであった。ヘルイ外相のジェントルマンの振る舞いは日本人がもっていた「野蛮」なアフリカ人のイメージを一新させた。さらにハイレ・セラシエ皇帝の近親者アラヤ・アベバの花嫁候補として黒田広志子爵次女の黒田雅子が内定したことは、一般市民のエチオピアへの親近感を高めた。1935 年にイタリアがエチオピアへ侵攻すると日本ではエチオピアの独立を支持する世論が高まった。しかし 1936 年秋頃にはエチオピア支援運動は停滞し、1937 年に日本は日独伊防共協定を締結し、イタリアの

【Ⅲ-1 地域研究の萌芽】1 アフリカ研究

エチオピア侵略を黙認した（岡倉・北川 1993, 45-46頁）。エチオピア支援運動は一過性のブームとして終息したが、日本近代史のなかで日本とアフリカとの「連帯」意識が生じ、アフリカの独立国の存亡に日本人が関わりをもった運動が起きたことは興味深い（白石 1983, 175頁）。

だが、エチオピア問題を除くと、昭和前期における「アフリカ研究」は帝国主義的で、アフリカの解放や植民地独立を支援する研究は皆無であった。たとえば、「アフリカニスト」を自認する百々巳之助と景山哲夫の著作では、アフリカ人に対する蔑視や差別的な記述が散見される。また両氏は列強による対アフリカ植民地政策を日本の植民地経営の参考例とみなしていた（景山・百々 1938）。1943年に百々が出版した『植民地専制史論』では、イギリスの植民地経営が非難され、新南ア人が新しい南アを創っていくだろうと述べられているが、本書でもヨーロッパ系の入植者たちに弾圧されてきた現地住民に対する同情や連帯意識は示されていない（百々 1943）。同様に大熊眞は植民地分割の実態や植民地経営を分析し、アフリカ人には国家建設能力がなく（大熊 1943, 83頁）、「アフリカは、やはり黒人よりも能力に於いて恵まれ、努力をより愛する人種によって、開発、統治されるべき運命のところであろう」と記した（大熊 1939, 212頁）。さらに彼は植民地支配を肯定し、ドイツの国家経営を称えた（大熊 1943, 274-279頁）。上原蕃は南アにおける日本人に対する排斥的な移民法や差別的迫害を批判しているが（上原 1942, 82-83頁）、劣悪な生活環境で差別され、迫害をうけていたアフリカ人への同情や連帯を示していなかった。

## 第4節　第二次世界大戦後のアフリカ研究（1960年代末まで）

アフリカとの物理的距離や日本の厳しい経済状況から、第二次世界大戦直後の日本では、アフリカでの現地調査や欧米諸国との研究交流を行える環境ではなかった。だが、アフリカ政治に対する関心が1950年代から高まり、日本でも政治学、国際関係論の分野では文献研究を中心としたアフリカ研究がすすめられていった。その中で後進に大きな影響を与えた戦後第一世代研

究者の一人が西野照太郎である。西野が1954年に出版した『鎖を断つアフリカ』は従来のアフリカに対する歴史観や理論を否定し、植民地支配以前のアフリカ、植民地支配の形態、アフリカにおける解放運動とナショナリズムを多角的な観点から論じている（西野 1954）。本書やその後出版した多数の論文や著書で、西野はアフリカに関する固定観念の払拭に尽力した。戦前からアフリカ関連の論文や著書を刊行していた百々も入門書や様々な論文を発表した（斎藤 1962参照）。これらは戦前の差別的なアフリカ観や帝国主義的な植民地政策を称賛する論調とは異なり、アフリカの自立性・主体性の回復、歴史的復権に寄り添うものであった。

　1960年代は「アフリカの年」とよばれ、アフリカ情勢は大きく変化した。これに呼応するように、日本におけるアフリカ研究は本格的に始動した。60年代以降のアフリカ政治・国際関係研究のパイオニアとなったのが小田英郎である（遠藤 2014、206頁）。小田は1964年にパン・アフリカニズムに関する論文を発表し（小田 1964）、その後多数の論文や書籍を刊行してアフリカ政治研究を牽引するとともに、アフリカ政治研究者を多く育成し、人材養成にも貢献していった。1960年代には植民地解放運動、ナショナリズム、パン・アフリカニズムなどに関する研究が様々な研究者によって発表された（小田 1984）。この時代にとくに進展したのはナショナリズムや民族解放運動に関する研究で、宍戸寛が中心となった「アフリカ・ナショナリズム」に関する研究プロジェクトが行われ（宍戸編 1962；1963）、浦野起央、中村弘光、川端正久なども様々な書籍や論文を発表した（川端 2015参照）。

　社会主義に関する研究は専門分野横断的に盛んになり、政治学の分野ではアフリカ的社会主義を生み出した歴史的背景や政治文化的状況に着目した論文が1960年代に西野や小田によって発表された（西野 1963；小田 1967b；1968）。1960年代半ば以降、軍部の政治介入がみられるようになると、西野、小田らが軍部に関する研究を発表した（西野 1966；小田 1967a）。これらの研究では、アフリカ特有の事情に踏み込み、軍事政権発生要因、近代化過程もしくは国家建設過程における軍部の「政治化」を緻密に分析しており、西欧中心的な政治過程論に一石を投じた（小田 1984、141-142頁）。

国際関係論に関しては、百々や田中直吉に続き、小田、浦野、梅津和郎らが中心となり、パン・アフリカニズム、非同盟、アフリカの地域協力、超大国・大国の対アフリカ政策、日本とアフリカなどを対象とした研究を行った（浦野　1979；1984）。

　このようにアフリカ地域研究は 1960 年代以降本格的に進展していく。日本の地域研究は政治から中立性を保つために、実証分析に専念する傾向が強いが、アフリカ政治・国際関係研究でも、実証研究から通説とされる既存の理論の問題点が明らかにされる傾向が強い。また、日本のアフリカ研究者による地域研究は、アフリカ大陸の生態、社会、文化、政治などの多様性を総合的に理解することが必要であるという認識から、専門分野による研究の蓄積のうえに、関連の各専門分野間の連携と融合をめざす地域研究が構築されてきた（米山　1986, 214-217 頁）。そのため、政治学や国際関係論が研究対象とする諸問題（政治・経済体制、国家建設・国民統合、内戦・民族紛争、平和構築、地域協力、国際協力等）でも、他の専門分野の研究者と共同研究が行われ、学際的な研究から問題解決のアプローチや理論が検討されてきた。

## 第 5 節　結びにかえて

　本章では、日本におけるアフリカ研究の動向を明治期から 1960 年代末まで概観した。一連の変遷から、研究の理念・目的・方針においても、研究のアプローチにおいても第二次世界大戦以前の「アフリカ研究」と戦後のアフリカ研究には断絶がある。日本のみならず欧米諸国でも、戦前の「アフリカ研究」は差別的で偏見に満ちた「アフリカ観」にもとづきアフリカの現状が分析され、国策、国益の追求のために調査や研究が進められてきた。しかし、第二次世界大戦後、植民地が独立し、世界で反帝国主義、民族自決、基本的人権の尊重などが求められるようになると、アフリカ研究のあり方は変革を迫られた。むろん国策や国益を重視した研究が消滅したわけではないが、アフリカ域外・域内においてより現地の実態や問題に即した研究を推進する気運が高まった。戦後の日本においては、地域研究の非政治性が研究の指針と

第Ⅲ部　新しい挑戦

して強く打ち出され、例外はあるものの、戦後の日本のアフリカ研究は多くの場合、アフリカに対する多様な学術的関心を主たる動機として研究が進められてきた。しかし、いかなる時代や場所で研究が行われようと、地域研究は研究者の主体性が厳しく問われる（田巻 2006, 44-45 頁）。竹中千春は、地域研究者の直面するジレンマを以下のように指摘している。

> 地域研究者はヤヌスのように二つの顔を持っている。一つは欧米を中心に構築された学問の言語を操る専門家の顔。もう一つは土地の人々と交わり、その社会の言葉を話す現地通の顔である。個人的にどの国の出身者かという問題とは別に、どのような研究者も異なる言語の世界を通訳し、橋渡しし、統合する役目を担わざるをえない。それがうまくいく場合には幸福な研究成果が提起されるだろうが、往々にして二つの顔に裂け目が生じることがある。（竹中 2009, 39-40 頁）

しばしば日本では、日本は過去にアフリカで植民地をもたず、アフリカ人を搾取したことがなく、その手は汚れていないという「クリーン・ハンド論」が言説化している。だが、「アフリカ研究」の変遷をたどると、アフリカ人に対する差別意識や偏見を抱き、植民地支配やアパルトヘイト体制を黙認し、アフリカにおいて国益を追求しようとしてきた過去の問題がみえてくる。いかなる研究もその時代状況の影響を受け、時代性や時流といった制約から逃れ、一貫した問題意識と視点を持ち続けることは容易ではない。いかに「中立的」で「客観的」であろうとしても、いかに研究者は「良心的」なつもりでも、その研究活動や研究者が演じる役割は、思わぬ副作用や弊害をもたらすことがある。過去と現在のアフリカ研究をつなぎ合わせて考えることは、過去と同じ過ちを繰り返さないための戒めとしても、現在のアフリカ研究を問い直すうえでも必要である。

注
1）史料引用等に関しては、基本的には常用漢字を用い、常用漢字表にないものは正字を

用いた。ただし、固有名詞に関しては正字で表記したものがあるなど、厳密には統一していない。
2）コンゴ盆地条約では締約国に対する輸入関税は全て同率とされ、特恵もしくは差別的関税、輸入制限、その他の通商の自由を阻止することは禁止されていた。

**参考文献**

青木澄夫　2000『日本人のアフリカ「発見」』山川出版社。
有賀長雄　1899「白耳国王及コンゴ独立国」『外交時報』3（24）。
上原蕃　1942『白阿主義南阿聯邦』大日本雄弁会講談社。
浦野起央　1979「中東・アフリカ」『国際政治』第61／62号。
───　1984「アフリカ研究の回顧と展望──国際関係論」『アフリカ研究』No.25。
遠藤貢　2014「総説──政治学・国際関係」日本アフリカ学会編『アフリカ学事典』昭和堂。
大熊眞　1939『アフリカ分割史』岩波書店。
───　1943『アフリカとその問題』日本評論社。
岡倉登志・北川勝彦　1993『日本─アフリカ交流史　明治期から第二次世界大戦まで』同文館。
小田英郎　1964「現代アフリカとパン・アフリカニズム──アフリカにおける主体性の問題を中心として」『法学研究』第37巻第4号。
───　1967a「現代アフリカの政治と軍部」『法学研究』第40巻第8号。
───　1967b「アフリカ社会主義の思想」『法学研究』第40巻第12号。
───　1968「現代アフリカの政治とイデオロギー」『アフリカ研究』No.7。
───　1984「アフリカ研究20年の回顧と展望──政治学」『アフリカ研究』No.25。
景山哲夫・百々巳之助　1938『アフリカ』刀江書房。
川端正久　2015「日本におけるアフリカ研究の誕生──日本アフリカ学会の創立とアフリカ研究の揺籃」『アフリカ研究』No.86。
北川勝彦　1989「戦前期日本の領事報告に見られるアフリカ経済事情調査の研究──外務省通商局『通商公報』を中心として」『アフリカ研究』No.35。
───　1992「戦前期日本の西アフリカ市場への関心──『貿易雑誌』の調査に基づいて」『四国学院大学論集』第81号。
国分良成　2009「地域政治と国際政治学の間」国分良成・酒井啓子・遠藤貢編『地域からみた国際政治』有斐閣。
───　2015「地域研究としての中国政治研究──歴史・現状・課題」慶應義塾大学東アジア研究所『アジア・アフリカ研究──現在と過去の対話』慶應義塾大学出版会。
小堀巌　1969「アフリカ」『アジア経済』第10巻第6・7号。
斎藤敏　1962「百々巳之助教授の生涯とその著作」『日本法学』27（6）。
佐藤宏子　1973「日本人の人種観と黒人問題──大正期を中心として」『東京女子大学付属比較文化研究所紀要』No.34。
宍戸寛編　1962『アフリカのナショナリズムの発展』アジア経済研究所。
───　1963『アフリカのナショナリズムの発展Ⅱ』アジア経済研究所。

第Ⅲ部　新しい挑戦

白石顕二　1983「近代日本のアフリカ認識私論」大阪日仏センター編『西欧・アフリカ・日本』第三書館。
竹越与三郎　1906『比較殖民制度』読売新聞社。
竹中千春　2009「国家とナショナリズム」国分良成・酒井啓子・遠藤貢編『地域からみた国際政治』有斐閣。
田巻松雄　2006「文献改題と基本的視座の提起」山口博一・小倉充夫・田巻松雄編著『地域研究の課題と方法　アジア・アフリカ社会研究入門【理論編】』文化書房博文社。
百々巳之助　1943『植民地専制史論』化学社。
戸水寛人　1899『亜弗利加ノ前途』有斐閣書房。
長岡春一　1901「国際法上より観察したるコンゴ独立国」『国家学会雑誌』15［175］。
西野照太郎　1954『鎖を断つアフリカ』岩波書店。
─────　1958「日本におけるアフリカ研究」『歴史評論』(92)。
─────　1960『アフリカ読本』時事新書。
─────　1963「両大戦間におけるアフリカ経済調査（上）──日本におけるアフリカ研究史の一駒として」『アフリカ研究』1 (1)。
─────　1966『AA諸国の実力者　軍人の出る幕』日本経済新聞社。
藤田みどり　2005『アフリカ「発見」──日本におけるアフリカ像の変遷』岩波書店。
満川亀太郎　1925『黒人問題』二西名著刊行會。
山田三良　1909「コンゴ─自由国／発生及消滅 (2)」『国家学会雑誌』23 (11)。
米山俊直　1986『アフリカ学への招待』日本放送出版協会。

【III-1　地域研究の萌芽】
## 2　中東イスラーム研究
### 断絶か継承か

森田豊子

## 第1節　日本の地域研究

**地域研究とは**

　『日本の国際政治学』の地域研究特集巻で地域研究は「世界各地の個性を発見し解明する知的探求」で「その地域の言語を修得し、フィールドワークや共同研究を通じて学問横断的（学際的）に地域の個性に迫る」ことを基本事項とする学問だと定義されている（国分 2009, 3頁）。地域研究は第二次世界大戦後に米国から輸入されたが、それ以前から欧州で学際的研究である東洋学が存在していた（Said 1979；羽田 2003）。日本から西に位置しているにもかかわらず日本語の中東という言葉に「東」が入るのは、欧州を基点としているからである。19世紀の欧州ではバルカン半島を含むオスマン帝国の領土を「近東（Near East）」と呼び、日本や中国のことを「極東（Far East）」と呼んだ結果、その中間に位置する地域が「中東（Middle East）」となった[1]（永井・板垣 1992, 2-6頁）。その後、第二次大戦後の連合国の軍事用語としての「中東」が国際連合でも使用されるようになり（黒木 2014）、現在、中東地域の主な言語のアラビア語（al-Sharq al-Awsaṭ）、ペルシア語（khāvarmiyāneh）、トルコ語（Orta Doğu）でも「中東」という言葉が使われている。本章では、中東および北アフリカをあわせたムスリムが多く住む地域を中東

イスラーム地域と呼ぶ。

　第二次世界大戦およびその後の冷戦により必要に迫られた米国では、地域研究が急速に発展した。しかし、ベトナム戦争など米国の地域研究がアジア侵略に利用されたとの批判もあり、急速に退潮傾向へと転じた。日本国際政治学会は地域研究を会員の専門分野のひとつに挙げているが、現在の米国国際関係学会の分類項目に地域研究はない。日本の地域研究はこれまでの歴史から「地域研究の政治性を極力排除しようとする動き」と「主として発展途上国・第三世界研究と同義に認知される傾向」が強く存在し、「従来の欧米起源の理論的不完全性を強調するためにその存在意義があるといった傾向が強まった」という特徴を持つとされる（国分 2009, 9-10 頁）。

**明治期日本の中東イスラーム研究**

　日本人が最初に中東地域へ足を踏み入れたのは、幕末から明治にかけてだといわれる。欧州への使節団や留学生の船旅は中東を経由しており、旅行記が残されている（杉田 1995, 10 頁）。杉田は、当時の日本人たちが「日本と同様、欧米勢力の圧迫下に置かれたエジプトの惨状をいわば反面教師、殷鑑（いんかん）として捉え、一歩間違えば日本もこうなりかねないという不安と、そうなってはいけないという警戒心とを二つながら抱きつつ、常に倫理的自己反省を加えていた」（同, 106 頁）という。

　明治期の日本は不平等条約の改正が外交上の課題だった。このような条約はオスマン帝国が欧州諸国に与えた恩恵的特権を起源としていた。エジプトで治外法権問題の解決のために混合裁判所が導入されたが、この時、箕作麟祥などがエジプト法制を研究している（中岡 1979, 11 頁）。日本はエジプトに調査団を派遣し、混合裁判所導入を見送った結果、アジア諸国で例外的に早く不平等条約撤廃に至ったという（杉田 1995, 115 頁）。同時期エジプトでアフマド・ウラービーを中心に立憲制を求める運動が英国の武力干渉によって鎮圧されるが、東海散士は流刑となったウラービーに面会し、『埃及（エジプト）近世史』およびウラービーが登場する小説『佳人之奇遇』を著した（杉田 1995, 116-126 頁；山内 1996, 221-228 頁）。当時の日本は「エジプトの

歴史に無限の教訓を得よう」とし、ウラービーに「惜しみない同情と連帯的意識を寄せて」いたという（田村 1972, 61 頁）。

他方、日本政府からガージャール朝ペルシアおよびオスマン朝への最初の使節団は吉田正春使節団だった[2]。吉田と同行者の古川宣誉は共に旅行記を残した[3]（吉田 1894；古川 1988）。彼らは滞在中にロシア人や英国人などとの「茶話会」に出席しているが、「この集会には必ずペルシャ政府が外国を模擬するの弊より政略の失錯、交際の間違い等を以て談柄とせざるはなし。余はこれらの談話を聞くごとに、日本における外国人の挙動を思い出しそぞろに国家の前途を案じ出せり」（吉田 1990, 154 頁）と、日本の姿とイランを重ね合わせて日本の将来を心配している。

**日清・日露戦争から第二次世界大戦前までの中東イスラーム研究**

このような日本の共感は日清戦争と日露戦争を経て、大きく変化する。日清戦争後に日本は台湾統治を始め、1910 年に韓国を併合した。これ以降、欧米による中東支配を日本の植民地統治の参考にしようとする動きが出てくる。戸水寛人の「埃及と朝鮮」や「チュニスと朝鮮」、加藤房蔵の『保護国経営之模範埃及』はその典型例である（中岡 1979, 23 頁；杉田 1995, 126 頁）。

明治から第二次世界大戦まで外務省のアラビア語専門家は 11 人、トルコ語専門家 8 人、ペルシア語専門家 5 人、ヘブライ語専門家は皆無という状況で（木村 2009, 15 頁）、現地語を学ぶ機関も、大阪外国語学校（大阪外国語大学の前身）で 1936 年にペルシア語学科が、1939 年にアラビア語学科が開設されたくらいであった[4]。イスラーム哲学者の井筒俊彦は、アラビア語を学ぶため、日本に滞在していたアブデュルレシト・イブラーヒーム（1857～1944 年）を訪ね、彼およびムーサー・ジャールッラーからアラビア語とイスラームについて学んだ（坂本 2012；司馬 1995；前嶋 1982）。

イブラーヒームは日露戦争でロシアに勝利した日本に期待し、来日したパン・イスラーム主義を掲げるタタール人である。1909 年に数ヵ月間日本に滞在し、満州国建国の翌年に日本の召喚に応じて再来日した（坂本 2008）。彼は日本のアジア主義者たちのイスラーム政策にとって必要な人物とされ、

軍部は東京モスク設立の援助も行っている（小松 2008）。日本人で最初にイスラーム教徒に改宗したのは野田正太郎であるが（三沢 2007）、山岡光太郎による日本人最初のメッカ巡礼はイブラーヒームに伴われて実現したものであった。

日中戦争が始まると植民地政策のためのイスラーム研究が盛んになった。外務省の回教研究班による『回教事情』が1938年から発行され、トルコ研究者の大久保幸次を所長として回教圏研究所が設立された（大澤 2004）。ここには戦後中国研究者になる野原四郎（臼杵 2009, 257-259頁）、ペルシア語およびイスラーム研究者の蒲生礼一（野原・蒲生 1965）、戦後中国文学研究者になる竹内好、戦後に中東調査会を設立する小林元（臼杵 2006）などが所属し、『回教圏』を発行していた（田村 1987）。「工作者養成機関の性格が強い」とされた大日本回教協会は1938年に設立され、『回教世界』を発行した（臼杵 2009, 248頁）。大川周明が主宰した満鉄東亜経済調査局回教グループにはアラビア学の前嶋信次がおり（前嶋 1982, 65-70頁）、1939年から『新亜細亜』を刊行した。

大川は、その言論活動により戦後民間人として唯一A級戦犯として東京裁判で起訴された。裁判中の奇行により精神異常と判断され裁判から除外されたものの、戦後は学界でタブー視されてきた。しかし、竹内が1969年の講演で大川のイスラーム研究について評価したことをきっかけに再評価が始まり（竹内 1975）、現在では大川の著書『回教概論』などの復刻版が出版されている（臼杵 2010, 45-75頁）。

## 第2節　戦後の中東イスラーム研究

**国際関係論研究の発展**

戦前の中東イスラーム研究が日本のファシズムと結びついていた歴史から、戦後日本の現代中東イスラーム研究はしばらく断絶した。満鉄東亜経済調査局で集められた資料は空襲で焼けたり、米国に接収されたりして失われた。そんななか、板垣雄三や中岡三益などを中心に現代中東イスラーム研究が再

開された。

　1950年に矢内原忠雄を学部長として東京大学教養学部に教養学科が新設され、国際関係論分科が生まれ、西洋史出身のマルクス主義者であり、帝国主義論専門家の江口朴郎が主任として就任した。江口は戦前の『回教圏』にサイクス・ピコ条約についての論文を掲載している（江口 1939）。板垣は「もっとも強い影響を受けた先生」の一人に江口の名を挙げている（板垣 1996）。江口の歴史観は「江口史観」と呼ばれる独特のもので（斉藤 1991）、ヨーロッパ国内および植民地におけるヨーロッパ強国による世界分割に対する激しい抵抗を抑圧する過程は帝国主義的な発展であり、フランスに対するアルジェリアの抵抗、先述のエジプトのウラービー運動などが、その抵抗の例として挙げられるとされた（江口 1954, 4頁）。

## 戦後の中東研究

　板垣は東京大学文学部西洋史科出身で、卒業論文は英国の帝国主義化の背景を米国の社会変化とつなげて論じるものだった。当時、日本でも英国議会文書の議事録の閲覧が可能になったが、議事録は当時革命が起きたばかりのエジプトについての討論が多く取り上げられており、そこから中東に興味をもった。大学院生の時に江口から「東方問題」に関する外交史料の翻訳の依頼を受け、「江口の「東方問題」認識は、オスマン帝国の対露、対墺関係、すなわちルメリ領域にウェイトがかかっていて、アラブ領域が手薄だ」と気づき、その部分を研究するのは自分であると考え、エジプトやパレスチナの問題の研究に進んだという[6]。

　板垣は中岡と出版した『アラブの現代史』の冒頭で、エジプト革命をもとに帝国主義の問題を論じている（板垣・中岡 1959）。両者とも「アラブ社会主義」についての論考があり（板垣 1964；中岡 1964）、戦後初期は帝国主義論を中心に現代中東地域が論じられていたことがわかる。板垣はアジア・アフリカ・ラテンアメリカの動向が、「近代世界の根本的な変化の過程〔現代史〕のなかで鍵をなしており、そこでは民族的解放が社会主義的解決と必然的に結びつかざるをえず、また、歴史的・具体的条件に即して社会主義への

現実的コースが問題とならざるをえないという事態がおきている」と考え、「近代アラブの歴史研究者のひとりとして「アラブ社会主義」の問題に接近する」のだと述べている（板垣 1964, 27 頁）。

その後、板垣は 1962 年に初めて中東へ渡り、1965 年からは 2 年間カイロ大学に留学した。これらの現地体験での多様な民族・宗教の人々との出会いが、その後の民族問題研究、イスラーム研究、さらに『オリエンタリズム』の翻訳などの多様な研究へとつながった[7]。中東イスラーム地域は一人の人間が「アラブ人」、「イスラーム教徒」、「エジプト人」など複合的なアイデンティティーをもつことが多く、「地域」の概念を可変的に変えていく必要があると考えられている。板垣もこの考えを共有している（板垣 1992, 9 頁）。そのうえで、板垣は n 地域論という独自の地域学を提唱する。これまでの帝国主義論は、「植民地本国」として n' 社会を支配し、収奪している n 帝国主義は外在的なもので、それが立ち退けば対応関係が外れ、n' が独立することを意味していた。しかし、それに対する新たなモデルで、「n 地域の帝国主義、あるいは少なくとも n 地域における帝国主義が、n 地域の差別体制の重層的構造を縦に突き通すようなかたちで、また、差別体制の重層的構造をたえず拡大的に再生産することによって初めて維持されうる」ものだととらえる（板垣 1992, 25-26 頁）。

戦時中、板垣は軍事工場で勤労工員として働いており、インタビューで「自分は皇国青年ではなく、勤務をさぼったり、意図的に欠陥品を作ったりすることでレジスタンスのようなことをしていた」と言っている。さらに、戦後の闇市や買い出しで警察に追われた経験が後に中東社会を見るうえでも影響を与えたという[8]。このような経験が複合的なアイデンティティを持つ複雑に利害関係を持つ人々の存在を考える原型となっているのだろう。

**戦後のイスラーム研究**

戦後初期の中東イスラーム研究では、帝国主義論や民族主義論が主流で、イスラームという宗教の観点からの研究が再開するのには時間がかかった。日本のイスラーム研究が急増するのは 1973 年の石油危機および 1979 年のイ

ラン革命後からである。板垣は 1973 年の石油危機を契機に「突如として世間がひっくりかえったかのごとく」、アラビア語やアラブ研究熱がとりざたされたと驚いている（板垣 1980, 61 頁）。

　しかし、石油危機以前にも日本でイスラーム研究は存在していた。イスラーム研究専門の学術雑誌『イスラム世界』は 1963 年から刊行されており、井筒はアラビア語からコーランを翻訳し、前嶋はイスラーム文化交流史を研究した。先述の『アラブ現代史』でも、ムスリム同胞団についての記述があり（板垣・中岡 1959, 124 頁）、アフガーニーやアブドゥフなどのイスラーム主義の思想家についても 1960 年代から議論されている（加賀谷 1964）。板垣と中学で同級だった加賀谷寛は、東京外国語大学でウルドゥー語を学び、蒲生からペルシア語を学んだ後、東京大学文学部に進学、革命前のイランに留学した（加賀谷・山根・東長 2011）。加賀谷は著書『イラン現代史』（加賀谷 1975）で革命前のイランの歴史を民族解放運動に焦点を当てて論じたほか、「近代の社会変動において、伝統的イスラムに対抗する近代的『中間階級』の思想、態度を示す社会学的概念としての近代イスラム」についても論じる（加賀谷 1965）など、日本の中東イスラーム地域研究の先駆者の一人である[9]。

### 東洋学の役割

　加賀谷は東洋学者ハミルトン・ギブやウィルフレッド・スミスにも影響を受けている。ギブは「東洋学と社会科学との結婚」という言葉に象徴される[10]、地域研究者が東洋学の持つ学際的な研究で広く地域を理解するとともに、社会科学のディシプリンにも精通する必要を説いた（Gibb 1963）。日本では、米国輸入の地域研究だけではなく、東洋学に起源をもつ学際的な研究と社会科学との融合もつねに意識して研究が進められた。板垣や中岡は西洋史、前嶋は東洋史、井筒は文学および哲学、加賀谷は言語と宗教学と、多様なディシプリンの持ち主である先達たちは、日本の中東イスラーム地域研究の独自の歴史のなかで、現在の学際的な研究環境を作り上げてきた。

　戦後の日本では政治性排除の傾向と、欧州の東洋学の影響によって、早い段階から学際的な研究が進められてきた。そこから時代は下り、近年では中

東イスラーム地域を例外としてとらえるのではなく、国際関係論や比較政治学の既存の理論にあてはめて議論するべきだとする主張が増えた。地域研究と既存のディシプリンの間にはつねに緊張関係が付きまとう（武内 2012）。そんなとき、先達たちの来た道をたどることで、見つかるものがあるのかもしれない。

**注**
1）英国がインドを植民地支配していたことから、インド以西を「中近東（Near and Middle east）」、以東を「極東」と分けることもある。
2）ロシア滞在中の榎本武揚がガージャール朝国王に謁見した際、条約締結を提案された。この使節団は商業販路開拓のため商人も同行し、調査を目的としていた。日本とイランおよびオスマン帝国との正式な国交樹立は 1920 年代である。
3）この旅行記について岡崎 1985；杉田 1995, 135-144 頁；Nakaoka 1989；山中 1992 なども参照。1895 年にはロシアの南下政策の調査のため福島安正も中東を視察し、旅行記を残している。
4）東京外国語大学アラビア語科の設置は 1961 年、ペルシア語科の設置は 1980 年。トルコ語科は両大学とも 1992 年の設置。
5）この協会にはマルクス主義者の古在由重も所属した。イブラーヒームが死去した際の日記には「この老翁こそ大日本協会の「うりもの」だったのに。協会は彼についてのいろいろな潤色や仮構を行い、そしてこれによって自己の回転を続けてきた。私もまたこのような「聖人」の「製造工程」に参加した者の 1 人である」と記している（古在 1967, 386 頁）。
6）長沢栄治、阿久津正幸編「板垣先生インタビュー vol.1」http : //www.l.u-tokyo.ac.jp/tokyo-ias/nihu/publications/mers07/mers07_fulltext.pdf（2015 年 5 月 28 日最終閲覧）
7）長沢栄治、阿久津正幸編「板垣先生インタビュー vol.1」http : //www.l.u-tokyo.ac.jp/tokyo-ias/nihu/publications/mers07/mers07_fulltext.pdf（2015 年 5 月 28 日最終閲覧）
8）阿久津正幸編「板垣雄三先生インタビュー vol.2」http : //www.l.u-tokyo.ac.jp/tokyo-ias/nihu/publications/mers08/mers08_fulltext.pdf（2015 年 5 月 28 日最終閲覧）
9）加賀谷の著作集が近年京都大学イスラーム地域研究センターから出版されている（加賀谷 2013, 2014, 2015）。
10）サイードはギブの考え方を「オリエンタリズムのかわりに「地域研究」といった不体裁な新造語をみずからすすんで用いることも辞さず、それによって、地域研究とオリエンタリズムが結局のところは相互置換可能な地理学的呼称にすぎないことを示した」と批判している（Said 1979, 邦訳 53 頁）。

**参考文献**
板垣雄三　1964「アラブ社会主義論　上」『思想』第 483 号。

──── 1980「日本のアラブ研究」『月刊言語』第 9 巻第 8 号。
──── 1992『歴史の現在と地域学』岩波書店。
──── 1996「師を語る 日本のアラビアン・ナイト断章」『学術月報』第 49 巻第 9 号。
板垣雄三・中岡三益 1959『アラブの現代史』東洋経済新報社。
臼杵陽 2006「日本における現代中東イスラーム研究の源流――小林元（1904-63）とその時代」『史艸』第 47 号。
──── 2009『イスラームはなぜ敵とされたのか――憎悪の系譜学』青土社。
────2010『大川周明――イスラームと天皇のはざまで』青土社。
江口朴郎 1939「サイクス・ピコ秘密協定――世界大戦中におけるアナドル処分問題」『回教圏』第 3 巻第 3・4 号。
──── 1954『帝国主義と民族』東京大学出版会。
大澤広嗣 2004「昭和前期におけるイスラーム研究――回教圏研究所と大久保幸次」『宗教研究』第 78 巻第 2 号。
岡崎正孝 1985「明治の日本とイラン――吉田正春使節団（1880）について」『大阪外国語大学学報』第 70-3 号。
加賀谷寛 1964「西アジアにおけるナショナリズム――アフガーニーによるパン・イスラミズムを中心に」『思想』第 438 号。
──── 1965「近代イスラムの一評価」『東洋文化』第 38 号。
──── 1975『イラン現代史』近藤出版社。
────（山根聡・松村邦光・仁子寿晴編）2013『南アジアとイスラーム（加賀谷寛著作集 1）』京都大学イスラーム地域研究センター。
────（東長靖・松村邦光・山根聡編）2014『南アジアの政治と文化（加賀谷寛著作集 2）』京都大学イスラーム地域研究センター。
────（今松泰・松村邦光・山根聡編）2015『近現代イランの社会と思想（加賀谷寛著作集 3）』京都大学イスラーム地域研究センター。
加賀谷寛・山根聡・東長靖 2011「知の先達たちに聞く（4）加賀谷寛先生をお迎えして」『イスラーム世界研究』第 4 巻第 1・2 号。
木村修三 2009「日本の中東政策」金沢工業大学国際学研究所編『日本外交と国際関係』内外出版。
黒木英充 2014「二つの内戦を超えて――シリア内戦の多層構造と「中東」の可変性」『日本中東学会年報』第 30 巻第 2 号。
国分良成 2009「序章地域研究と国際政治の間」日本国際政治学会編『日本の国際政治学 第 3 巻 地域から見た国際政治』。
古在由重 1967『古在由重著作集（第 6 巻）戦中日記』勁草書房。
小松久男 2008『イブラヒム、日本への旅――ロシア・オスマン帝国・日本』刀水書房。
斉藤孝 1991『思索する歴史家 江口朴郎――人と学問』青木書店。
坂本勉 2008「アブデュルレシト・イブラヒムの再来日と蒙疆政権下のイスラム政策」坂本勉編『日中戦争とイスラーム』慶應義塾大学出版会。
──── 2012「序‐イスラーム学事始めの頃の井筒俊彦」坂本勉・松原秀一編『井筒俊彦とイスラーム‐回想と書評』慶應義塾大学出版会。

第Ⅲ部　新しい挑戦

司馬遼太郎　1995「20世紀末の闇と光――井筒俊彦」『対談集　九つの問答』朝日新聞社。
杉田英明　1995『日本人の中東発見――逆遠近法のなかの比較文化史』東京大学出版会。
竹内好　1975「大川周明のアジア研究」橋川文三編『近代日本思想大系21 大川周明集』筑摩書房。
武内進一　2012「地域研究とディシプリン――アフリカ研究の立場から」『アジア経済』第53巻第4号。
田村愛理　1972「埃及研究からみた近代日本のアジア観」『学習院史学』第9号。
―――　1987「回教圏研究所をめぐって――その人と時代」『学習院史学』第25号。
永井道雄監修、板垣雄三編　1992『新・中東ハンドブック』講談社。
中岡三益　1964「アラブ社会主義と農業部門」『思想』第483号。
―――　1979『現代エジプト論』アジア経済研究所。
野原四郎・蒲生礼一　1965「回教圏の思い出」『東洋文化』第38号。
羽田正　2003「歴史学・東洋学とイスラーム地域研究」佐藤次高編『イスラーム地域研究の可能性』東京大学出版会。
古川宣誉　1988「波斯紀行」『明治シルクロード探検紀行文集成第2巻』ゆまに書房。
前嶋信次　1982『アラビア学への途――わが人生のシルクロード』日本放送出版協会。
三沢伸生　2007「最初の日本人ムスリム野田正太郎（1868-1904）」『日本中東学会年報』第23巻第1号。
山内昌之　1996『近代イスラームの挑戦』中央公論社。
山中由里子　1992「明治日本人のペルシア体験――吉田正春使節団を中心に」『比較文学』第35号。
吉田正春　1894『回疆探検波斯之旅』博文刊。
―――　1990『回疆探検ペルシャの旅』（復刻版）〈中公文庫〉、中央公論新社。

Gibb, H. A. R. 1963 *Area Studies Reconsidered*, School of Oriental and African Studies, University of London.
Nakaoka, San-eki 1989 "The Yoshida Masaharu Mission to Persia and the Ottoman Empire during the Period 1880-1881"『上智大学外国語学部紀要』第24巻。
Said, Edward W. 1979 *Orientalism*, Vintage Books.（『オリエンタリズム』今沢紀子訳、板垣雄三・杉田英明監修、平凡社、1986年）

【III-1　地域研究の萌芽】
# 3　中央アジア研究
## 松田壽男を中心として

中村友一

## 第1節　日本における中央アジア地域研究

**戦後日本の中央アジア地域研究**

　戦後、1970年代半ばまで、中央アジアは、ソ連国内あるいは中国国内の一地域にすぎないと見られることが多く、独立した単位として政治・経済・社会の現状分析が行われることは少なかった。ソ連史研究者による革命期やソ連支配の展開を対象とした研究業績はあったが、中央アジアにおけるソヴィエト化の進行を進歩の歴史として見る傾向があり、現地の社会や住民の観点から物事を見るという姿勢は希薄であった。また、東洋史学の一領域として、榎一雄、護雅夫ら東京大学の研究者や羽田正、間野英二ら京都大学の研究者が、漢文史料や現地語史料の読解を中心とした精緻な研究を行ったが、その中核は、トルコ民族史などの古代史研究やモンゴル帝国などを対象とした中世史研究であった。

　1980年代に入って、ソ連や中国国内で高揚したナショナリズムやイスラーム主義の動きが、中央アジアの現状を日本で意識させる契機となり、東洋史研究者やロシア・ソ連史研究者が、現地語やロシア語の史料にもとづいて、中央アジアの民族問題の原因・展開を分析した研究を相次いで発表した。そして、1991年のソ連解体以後、新たに独立した諸国の社会の現状と諸問題

を分析する研究は数と厚みを増し、多くの若手研究者が中央アジア地域研究へと参入した。わが国の中央アジア地域研究は、最近30年ほどの間に、その対象、内容、方法の各面において急速な進歩を遂げたということができる。[2]

## 戦前日本の中央アジア地域研究

しかし、日本で地域研究の対象として中央アジアが注目されたのは、これが最初ではなかった。地域の現状を紹介・分析する書籍・論文の出版数を比較すると、戦前から戦中にかけては、現在と同じくこの地域に対する研究が開花した時期であったといえる。しかし、戦前日本という背景ゆえに、なぜ中央アジアが注目されたか、何のために研究が進められたかという研究目的は、現在とは大きく異なっていた。

日本における中央アジア地域研究の始まりは明治時代に遡る。当時、危急の外交課題であったロシアの東方進出への対応策を探るため、日本政府は外交官や軍人を内陸アジアに派遣して、地域の政治・経済・社会に関する調査を行った。西南戦争直後の1880年には、外交官西徳二郎がロシアから西トルキスタンに入り、同地の地理・都市・住民に関する該博な報告書を公刊した（西 1886）。さらに日清戦争直後の1895年には、陸軍軍人福島安正が現在のトルクメニスタンとウズベキスタンを訪れ、ロシアによる中央アジア支配の実情を伝えた（太田編 1943）。彼らが直接見聞した現地社会に関する情報は、後進の研究者がこの地域の状況を把握し、分析するための重要な基礎となった。

また、明治時代の後半以降、日本の中央アジア史研究も長足の進歩を遂げた。ヨーロッパ人による探検でもたらされた豊富な新史料がその動きを促した。まず、白鳥庫吉が、比較言語学や文化人類学などの手法を用いて、中国の正史に記述された中央アジア諸国の地理上の位置とそこに居住する諸民族の系統を検討した。次いで、羽田亨が、欧米や日本の探検隊が中央アジアで蒐集した資料を分析・解説して、とくに東トルキスタン史研究に大きな業績を挙げた。また、東西交渉史の分野においては、桑原隲蔵や藤田豊八らが活発な論争を繰り広げた（山田 1994；森安 1995）。

【Ⅲ-1 地域研究の萌芽】3 中央アジア研究

　1920年代に入ると、これらの研究蓄積をふまえ、中央アジアの政治・経済・社会の現状を調査・分析し、日本との関係性を探る地域研究を志向する業績が現れはじめた。その先がけとなったのが、大川周明の著作である。大川は、その主著『復興亜細亜の諸問題』において一章を「労農ロシアの中東政策」に割き、ボリシェヴィキの政策の結果、中央アジアの諸民族が自治を獲得したことを肯定的に評価した（大川 1993，162-179頁）。これらの著作は、ロシア革命後、ソヴィエト政権の支配下に中央アジアがおかれる情勢のなかで、日本の大陸政策や対外工作をいかにすべきかという観点で書かれたものであり、その後、外交・軍事の時事的論評や地域事情に関する概説書が多数出版される契機となった[3]。

## 第2節　松田壽男の生涯

**戦前の活動**

　以下では、戦前・戦中期と現在の中央アジア地域研究をつなぐ役割を担った東洋史研究者、松田壽男（1903〜1982年）の業績に着目する。松田壽男は、1903年に東京で生まれた[4]。新潟高等学校から東京帝国大学文学部に進み、卒業論文「隋代を中心として突厥と西域北道諸国との関係を論ず」をまとめた。その過程で、論文審査にあたった藤田豊八の東西交渉史という研究対象と、池内宏の厳密な史料操作・史料批判の手法から強く影響を受けた。

　松田は、東京帝国大学大学院修了後、1936年3月には國學院大學附属高等師範部教授兼神道部教授に着任した。この頃、平凡社世界歴史大系の一冊として、大学以来の友人で中東史研究者の小林元との共編著で『中央アジア史』を上梓した（松田・小林編 1935）。同著では、中国とその周辺民族から中央アジア史をみた第1篇を担当し、主に漢文史料を用いて、古代を中心としたオアシス都市と遊牧民の興亡を概観した。同著は、中央アジアを一つの歴史的単位として捉えた点で画期的であり、わが国で刊行された同内容の著作の先駆であったといえる。

　また、1933年には日本のトルコ学の草分けと呼ばれた大久保幸次、小林

元らとイスラム学会を発足させ、理事となった。さらに、1938年に大久保幸次がイスラム学会を母体に回教圏攷究所を発足させると、資料部長として着任した。この時期に、松田は、小林元との共著で『乾燥アジア文化史論——シナを越えて』を出版した（松田・小林 1938）。そのなかで、松田が担当したのは、中央アジアに関する各章である。同著で、松田は、「乾燥アジア」の風土をオアシス地帯とステップ地帯に二分し、双方の交流が中央アジア史が展開した基軸となったと論じた。

　この観点は、戦前における松田のもう一つの主著である『漠北と南海』にも引き継がれた（松田 1942）。同著では、対象を湿潤アジアにも広げて、それぞれが世界史上どのような役割を果たしたかという壮大な視点を採用している。気候風土的に大きく分けられる諸地域の生活環境を重視し、そのなかでしばしば環境に抗いながら生きる民の営みを歴史的な展開の基調とする点において、その分析手法は特徴的であるといえる。

　1942年春、松田は京城帝国大学助教授として赴任する。新天地における研究で「欧学一辺倒でやってきた日本人の頭を改造する」可能性を追求しての行動であった。しかし、戦局の悪化はそのような希望を打ち砕いた。1943年11月、学徒出陣の命が下るなかで、京城での講義は中止を余儀なくされる。そして、帰国後、疎開先の長野県小県郡滋野村で敗戦を迎えることになった。

**戦後の活動**

　敗戦は、わが国の中央アジア研究の進展に大きな打撃をもたらした。日本国内にあった研究機関は閉鎖され、蒐集した文献・資料は連合軍によって没収された。また現地において進められていた調査研究も完全に中断し、その研究成果の多くも失われた。また、中央アジアのほとんどが冷戦下の東側の領域に入り、留学や現地調査を行うことが困難になった。戦前に国策遂行に深く関わっていた研究者は、研究対象を他地域に変更し、ふたたび中央アジア研究へは立ち戻らなかった。

　松田は、敗戦直後の気持ちを「もう東洋史なんて一生やるものか、という

【Ⅲ-1 地域研究の萌芽】3 中央アジア研究

考えだった」と回想している。数年間、各県別の風土記の編纂などに関わったのち、ようやく1952年春に早稲田大学文学部史学科教授に就任し、学界に復帰した。そして直ちに天山山脈の南北麓を対象とした歴史地理学研究を再開し、博士論文『古代天山の歴史地理学的研究』を提出した（松田 1956）。同著は、遊牧民の活動圏とオアシス住民の生活圏を分ける天山山脈を舞台とした遊牧民とオアシス住民の交易と、オアシス地帯を支配下に収めようとする中国の影響力の拡大をダイナミックに描き、今なお高い評価を受けている。

　松田が初めてソ連中央アジアを訪れたのは、1966年のことである。さらに、1969年から1972年にかけて、毎日新聞社が主催する「毎日移動教室」の講師として、立て続けに中央アジアを訪れ、1970年には、「早稲田大学西南アジア調査隊」の隊長として、イランにおける東西交易路の調査を行った。松田はその体験もふまえて、1960年代から1970年代にかけて、『砂漠の文化』『アジアの歴史』『シルクロード紀行』などの中央アジア史・東西交渉史にかかわる入門書を著している（松田 1966；松田 1971a；松田 1971b）。これらの著作には、平易なかたちで松田の戦前以来の研究のエッセンスがまとめられている。

　松田はまた、1960年に内陸アジア学会が創設されると初代会長に就任し、1982年までその任にあった。さらに、同じ1960年には、日本イスラム協会の常任理事に就任し、1963年にはその理事長になった。松田は自ら発刊に関わった機関誌『イスラム世界』の発刊のことばのなかで、「戦争による日本のイスラム研究成果発表の中絶を、18年でくいとめようとする悲願」を訴えた。このように中央アジア研究のみならずイスラーム研究についても、松田は学界の中心的存在となり、その発展に尽力した。

　松田は、1974年に早稲田大学を定年退職した。その際、「これからは学界の一匹狼として自由にふるまえることを楽しみにしている」と以後の抱負を語り、世界史を地中海や西ヨーロッパも含めて大きく考え直そうという展望を示している。しかし、1976年から1977年にかけて、尿毒症による入院や退院後の歩行練習の際の転倒など体調面の不調が続き、1980年には放火で自宅書庫が全焼するという不運にも見舞われた。翌年、肺炎のためにふたた

び入院を余儀なくされ、1982年3月、心不全により松田は不帰の人となった。享年79歳であった。

## 第3節　松田壽男と中央アジア地域研究

　本節では、松田壽男の研究が現在の中央アジア地域研究に及ぼした影響を、①中央アジアという地域の設定、②中央アジア＝シルクロードというイメージの普及、③「国策」と地域研究との関係という三つの視点から検討してゆく。

**中央アジアという地域の設定**
　明治以来の中国中心の観点からこの地域の歴史研究を解き放ち、共通の地域システムを有する独立した単位として位置づけたことが、松田がもたらした第一の貢献であったといえる。松田の中央アジア＝乾燥アジアに対する視点は、戦前の概説書から1960年代に著した入門書まで大きく変化していない。
　松田によれば、乾燥アジアは、南部のオアシスと北部のステップという二つの世界に分けることができる。オアシスは砂漠地帯の山すその比較的地下水位の高い土地に位置し、井戸や用水堀などを掘れば容易に農耕に依拠した定着生活が行える場所であった。オアシスでは、その狭小な面積に由来する耕地面積の限界、水資源の不足、物資不足や生産の偏りなどの問題がつねにつきまとう。これらの問題を解消するため、各オアシスの余剰人口は隊商を組んでオアシス間の交易にあたり、それが次第に、オアシスを結ぶ中継貿易に発展していった。
　これに対し、ステップは乾燥に強い植物がまばらに生えた半砂漠であり、移動性牧畜を営む遊牧民の生活の場であった。しかし、この地域の草生には限りがあり、絶えず新たな土地を求めなければならなかったため、血のつながりにもとづく氏族集団が遊牧民の基本単位となり、共通の祖先をもつウルス（国家）へと発展していった。遊牧民はみずから穀物を生産することがで

きないため、オアシスとの間で家畜と穀物の物々交換を行わねばならなかった。この交換を確実にするために、遊牧国家は、通商路の線に沿って進軍を行っていった。

　このように、中央アジアの気候風土を地理的な条件にもとづいてオアシスとステップに二分したうえで、それぞれに暮らす人々の生活様式を観察し、それがきびしい自然環境との「闘い」の下に成り立っていること、いずれの条件の下での生活も交易を必要とし、それが歴史的に積み重なって中継貿易というかたちが生み出されたことを見出したことが、松田の重要な業績として挙げられる。

## 中央アジア＝シルクロードというイメージの普及

　日本では 1960 年代に入って、「シルクロード・ブーム」とも呼ぶべき中央アジアを通じた東西交渉への関心が強まっていった。そうした風潮が生まれた一つの背景として、松田の業績がもたらした影響を挙げることができる。

　松田は、従来シルクロードであると考えられていた砂漠地帯のオアシスをつなぐオアシス・ルートに加え、天山山脈北側のステップを東西に結ぶステップ・ルートの役割を重視した。そして、オアシス民とステップの遊牧民の平和的・持続的な交易関係を通じてこの二つの東西交通線が結ばれることで、東西の産物、とくに中国特産の絹の交易が促され、宗教や文化の伝播が実現されたと論じた。

　しかしながら、松田自身は「シルクロード」という言葉を好まなかった。その理由として、西アジアの商業路は時代ごとの変化が激しく、シルクロードという呼称はパミール以東に限られるべきであるという考えがあった。また、それが中国中心的で一面的な呼称であり、きびしい自然環境のなかで東西交通を支えていた中央アジアの人々の生活がそこからは感じられないといった点もあった。しかし、現実には古代史へのロマンに彩られた皮相なシルクロード・イメージが一般に流布し、定着していった。

第Ⅲ部　新しい挑戦

## 「国策」と地域研究との関係

　1930年代後半、日本では空前のイスラーム・ブームが生まれた。その時期、外務省調査部回教班（1934年成立）、回教圏攷究所（1938年）、東亜研究所回教班（1938年）、大日本回教協会（1938年）などの機関が、イスラーム世界の政治、経済、社会に関する調査を進め、わが国におけるイスラーム地域研究の水準を急速に高めつつあった。その背景には、満蒙をめぐってソ連との緊張が高まっていく状況のなかで、イスラーム諸国、地域による牽制に期待する動きがあった。そのような情勢の下、松田はモンゴルへの工作機関である善隣協会と密接な関係にあった回教圏攷究所に入り、発足時の資料部長として日本の対外工作と関わるようになった。

　戦後、中央アジアが日本の国策の対象から切り離され、日本の地域研究の空白地帯となるなかで、松田は、政治の動きや宗教との結びつきから切り離して、中央アジア研究に独自の地位を確立させることを目標に掲げるようになった。中東や東南アジアなど他のイスラーム地域の研究が、石油や天然ガスなどの天然資源の確保をめぐる日本のエネルギー外交と深く結びつき、1960年代以降急速に発展したのに対し、中央アジア地域研究がそのような国の政策とのつながりを欠いていたことも、松田がめざした学問的な「純化」を促すと同時に、現代の中央アジアを対象とした地域研究が低迷する大きな原因となった。

　ソ連が崩壊し、各国が独立を達成するなかで、中央アジアもようやく独立した地域研究の対象としての地位を確立した。また、外交においても、1990年代後半以降の「シルクロード外交」の展開に象徴されるように、中央アジアの地域問題に対して、日本が一定の存在感を示す場面も見られるようになっている（宇山・レン・廣瀬編 2009）。そのような新しい情勢の下、政治と学問の関係をいかに考えるべきか、両者の距離をいかに設定すべきかが、中央アジア地域研究においても問われるようになってきているといえる。

　以上に見てきたように、松田壽男の研究生活は戦前と戦後にまたがり、国策の一環として中央アジア研究が取り込まれた時期と、国策とのつながりが薄れて中央アジア地域研究の学問的純化が求められた時期の双方に及んだ。

【III-1　地域研究の萌芽】3　中央アジア研究

　そのような環境の転換にもかかわらず、松田は一貫して一次資料に向き合い、オアシスとステップという相異なる二つの生活環境で暮らす人々の営みを鮮明に描き出すとともに、その自己展開がユーラシア大陸を縦横に結ぶ交易の動因になったとする見解を生涯を通して唱えつづけた。

　近年、「一帯一路」構想などに見られる中国の対外戦略や、ロシアも含めた上海協力機構の活動、石油やレアメタルなどの資源をめぐる各国の外交などを通じ、中央アジアの地理的位置が注目される機会がさらに増えている。現代においては、遊牧生活は完全に衰え、オアシスの農耕も灌漑網の整備や交通路の発達で大きく変化している。しかし、中央アジア地域の風土とそこに暮らす人々の姿を歴史地理学的な手法で検証し、地域経済が発展した結果、域外世界とのヒト・モノ・カネ・情報のつながりが生まれたと論じた松田の視点と構想は、中央アジアという地域の特質を理解するうえで、依然として輝きを失っていないと思われる。

注
1）本章では、中央アジアは、ユーラシア大陸の内陸部にあるいわゆるトルキスタンを指す。トルキスタンは、カザフスタン、キルギス、ウズベキスタン、タジキスタン、トルクメニスタンの5ヵ国の領域を合わせた西トルキスタンと、中国の新疆ウイグル自治区の領域である東トルキスタンに分けられる。
2）1990年代以降の日本における中央アジア研究の展開については、小松　2011や宇山2012を参照。
3）満川　1930や黒龍会編　1931などいわゆるアジア主義者の著作が先駆となり、1930年代後半には、外務省調査部回教班や大日本回教協会などの機関から中央アジアの現状分析を行った著作が多数出版された。
4）以下、松田壽男の生涯については、本人の回想（松田　1987）や加藤九祚との対談（松田　1971c）などを参考に構成した。
5）回教圏攷究所における松田については、田村　1987や大澤　2004、臼杵　2006などが参考になる。
6）松田壽男『相模の風土と観光』神奈川県、1950年。同『日向の風土と観光――新編日向風土記』宮崎県、1951年。同『近畿の風土と観光』綜合文化協会、1951年、など。

参考文献
松田壽男　1942『漠北と南海――アジア史における沙漠と海洋』四海書房。
―――　1950『相模の風土と観光』神奈川県。

第Ⅲ部　新しい挑戦

　　――――　1951『日向の風土と観光――新編日向風土記』宮崎県。
　　――――　1956『古代天山の歴史地理学的研究』早稲田大学出版部。
　　――――　1963「発刊のことば」『イスラム世界』創刊号。
　　――――　1966『砂漠の文化』〈中公新書〉、中央公論社。
　　――――　1971a『アジアの歴史――東西交渉から見た前近代の世界像』日本放送協会出版。
　　――――　1971b『シルク・ロード紀行』毎日新聞社。
　　――――　1971c「ユーラシア学ひとすじ」『季刊　ユーラシア』第3号。
　　――――　1987「学問と私」『松田壽男著作集第6巻　人間と風土』六興出版。
松田壽男・小林元編　1935『世界歴史大系10 中央アジア史』平凡社。
松田壽男・小林元　1938『乾燥アジア文化史論――支那を超えて』四海書房。

臼杵陽　2006「戦時日本の「回教徒問題」研究――回教圏研究所を中心として」『岩波講座「帝国」日本の学知　第3巻――東洋学の磁場』岩波書店。
宇山智彦　2000『中央アジアの歴史と現在』東洋書店。
　　――――　2012「北海道中央ユーラシア研究会の歩みとこれからの中央ユーラシア研究」北海道大学スラブ研究センター『スラブ・ユーラシア研究報告集』第5号。
宇山智彦、クリストファー・レン、廣瀬徹也編　2009『日本の中央アジア外交――試される地域戦略』北海道大学出版会。
大川周明　1993『復興亜細亜の諸問題』〈中公文庫〉、中央公論新社。
大澤広嗣　2004「昭和前期におけるイスラーム研究――回教圏研究所と大久保幸次」『宗教研究』第78巻第2号。
太田阿山編　1943『中央亜細亜より亜拉比亜へ――福島将軍遺績続』東亜協会。
黒龍会編　1931『最新亜細亜大観』黒龍会出版部。
小松久男　2011「近現代史研究の眺望と課題――イスラーム地域を中心に」『内陸アジア史研究』第26号。
田村愛理　1987「回教圏研究所をめぐって――その人と時代」『学習院史学』第25号。
西徳二郎　1886『中亜細亜紀事』陸軍文庫（復刊：1987年　青史社）。
満川亀太郎　1930「露領中央亜細亜の研究」『外交時報』第56巻第5号。
森安孝夫　1995「日本における内陸アジア史並びに東西交渉史研究の歩み――イスラム化以前を中心に」『内陸アジア史研究』第10号。
山田信夫　1994「日本に於ける蒙古・中央アジア研究小史」『天山のかなた――ユーラシアと日本人』阿吽社。

## 【III-2 新たな課題】
# 1 西田幾多郎
## 非西洋型国際関係論の魅力と危険性

清水耕介

### 第1節 いま西田幾多郎を語る意味

**Global IR と国際関係**

　2015年2月、アメリカのニューオリンズで開かれたアメリカ国際学会 ISA (International Studies Association) の年次総会のテーマは「Global IR and Regional Worlds: A New Agenda for International Studies」というものであった。これまでの国際関係学が西洋中心であったことを批判的に捉え、国際関係学が真にグローバルなものとなるための方法をテーマとした年次総会であった。こうした動きは数年前から始まっており、これまで多くの研究が発表されてきた。たとえば、2007年に International Relations of the Asia-Pacific の特集号は「非西洋型国際関係理論」を取り上げ、中国や韓国、インドなど非西洋圏で活躍する国際関係の研究者たちが、それぞれの視点からの新たな国際関係理論構築の可能性を探った。その後、この流れに乗って現在まで多くの非西洋型国際関係理論に関する研究が進んできた (Behera 2008; Tickner and Waever eds. 2009; Acharya and Buzan eds. 2010; Shilliam 2010; Tickner and Blaney 2012; Shih 2012)。

　そのなかでも特に注目されるのは中国学派と呼ばれる流れであり、そこでは中国からの新しい（そして同時に非常に古い）世界観がこれまで西洋的な直

線的文明観・確立した主体観にもとづいて発展してきた国際関係という学問に大きな影響を与えた。この中国学派は三つの柱からなるといわれる。チン・ヤンチンやディヴッド・カンの朝貢体制にもとづく「関係論」(Guanxi Theory) (Kang 2007；2010；Qin 2011)、ヤン・スゥートンの儒教にもとづく世界観 (Yan 2011)、そしてザオ・ティンヤンの「天下理論」(Tianxia Theory) である (Zhao 2006)。この三つの理論はそれぞれに異なる理論的な展開を見せながらも、中国を中心とした新たな世界秩序の必要性を主張する点において共通している。その背景にあるのは、いわずもがなのアメリカの覇権の衰退と新たな大国としての中国の台頭である。

　こうした覇権の衰退による国際秩序の不安定化と新たな大国の登場に伴う新秩序模索の動きは、この中国学派の登場が初めてではない。似通った状況は戦間期の日本においても見られたことは国内の思想界においてはよく知られた事実である（竹内 1979；廣松 1989）。戦前の日本の思想界において大きな影響力をもった京都学派がその代表例であり、西田幾多郎をはじめ、高坂正顕、西谷啓治、高山岩男、鈴木成高などが日本思想の道徳的優位性とその実現のための戦争の重要性を高らかに宣言した。

　京都学派の戦争協力についての評価は様々である。これまで国内の論者たちの多くは西田を筆頭とした京都学派の戦争協力を「意味の争奪戦」として軍部の暴走を止めるための参与であった、もしくは軍部による脅迫・謀略によるものであったと主張してきた。すなわち京都学派の哲学者たちは戦争の早期終結のために軍部との協力体制に入ったという説明である（たとえば、大橋 2001）。これに対して海外の研究者たちは、京都学派の戦争協力の原因をそのナショナリズムにあると位置づける。純粋に対欧米戦争を支持したという見方である。京都学派の哲学者たちは個人的な思想という面でナショナリストであったという見方や、その哲学にあるナショナリズムにつながるような保守的な理論展開が理由であるという見方など、多少のばらつきがあるものの、海外の研究者の多くは京都学派の面々がナショナリストであったという結論にたどり着く（たとえば、Levelle 1994）。

　たしかに西田を除く京都学派の面々が積極的もしくは消極的に当時の政府

を支持していたのは明白であるが、他方、西田がどの程度積極的に戦争に協力したのかという点については必ずしも明白とまではいかない。本章においては、西田がナショナリストであったという立場はとらない。西田の日記や書簡には当時の軍国政府に対する大きな不満が書き記されており、彼が進んで戦争協力をしたと理解することは難しいと考えられるからである。しかしながら彼が戦争協力をした事実を歴史から消すことはできない。そしてそこから導かれるのは、西田が戦争協力を諒としなかったにもかかわらず、なぜ彼が結果的に戦争協力を行ったのかという問題である。その意味で本章が焦点を当てるのは彼の哲学と政治思想との関係である。そして、そこにある連続性と断続との詳細な分析を行い歴史的な教訓を導き出すことによって、現代の非西洋型国際関係理論に孕まれる危険性を明らかにしたい。

## 第2節　非西洋型国際関係理論の展開と危機の20年

### 戦間期の国際関係と知識人の協力

　E・H・カーはその著書『危機の二十年（*Twenty Years' Crisis*）』において、第一次世界大戦の終戦と第二次世界大戦の開戦との間の1919年から1939年までの国際関係の詳細な分析を行った。そしてこの著書が現代の国際関係学の始まりであると言われる。そこではイギリス覇権の衰退と国際秩序の不安定化、ドイツや日本のような新興国の台頭、自由主義経済秩序の欺瞞などが、第二次世界大戦の原因として描かれる（カー 2011）。また同時期を実際にユダヤ系ドイツ人として経験したハンナ・アレントは、『全体主義の起源』や『人間の条件』などの著書を通して、自由主義経済秩序が産み出した消費社会によって、拝金主義に走りコミュニケーション能力および思考能力を失った人々がナチス登場の大きな原因であったと主張した（アーレント 1972；1994）。そしてこうして登場したナチズムの哲学的な支柱を提供したのがハイデガーであった。同様に、日本においても知識人による戦争の肯定、とくに西田幾多郎によるそれは、日本の戦争の遂行に大きな影響を与えたと言われる。

第Ⅲ部　新しい挑戦

　同様の展開は現在の国際関係にも見られる。すなわち、アメリカ覇権の衰退、それにともなう国際秩序の不安定化、中国やロシアのような新興国の台頭、自由主義経済秩序の隆盛などの現象が現在でも見られるのである。そして非常に興味深いことに、ロシアや中国においてもそれぞれの政治的主体、すなわち国民国家を賛美していると理解できるような言説が登場してきている。ロシアにおけるユーラシア主義、そして中国における中国学派の登場である。

## 西田哲学と戦争協力

　西田幾多郎（1870〜1945年）は1870年に石川県に生まれる。旧四高を卒業後、東京大学選科で哲学を学び、様々な教職についた後、京都大学文学部に哲学担当の教授として赴任する。1911年に西田は『善の研究』を出版し、一躍日本知識人界のなかで注目され、その哲学は「西田哲学」の異名をとることとなる。

　西田の哲学はその独特の概念を駆使し、非常に難解であることはよく知られた事実である。その理由を小林敏明は、思考しながら書くという西田のスタイルに求める（小林 2011）。実際、西田の論考の多くは繰り返しや言い換えが多く、読めば読むほど理解が難しくなるようなスタイルで書かれている。そのなかで、何度も登場するのが「純粋経験」、「無の場所」「永遠の今」、「絶対矛盾的自己限定」といった概念であるが、これらの概念は基本的に同じような意味をもつ。すなわち、言葉になる前の「瞬間」を捉えたものとして理解できるのである。逆にいえば、言葉はそうして捕捉された「瞬間」を形にしていくものであり、形になった時には捕捉されたはずの「瞬間」は消滅していることになる。そして、西田哲学はこの「瞬間」に迫ることによって世界を説明していこうとする知的営みとして位置づけることができるであろう。

## 西田の政治思想

　太平洋戦争が日本で始まったときには、西田はすでに京都大学を退官し、鎌倉に蟄居して哲学的営みを続けていた。その頃から、西田は日本の第二次

世界大戦参戦を憂い、政治的な関心をもつようになる。その意味で、西田のもとに大東亜共栄会議で東條英機が読み上げる予定であった「大東亜宣言」の原稿執筆の依頼があったことは必然であったのかもしれない。逆に西田にとっても、これは千載一遇のチャンスであった。すなわち、日中戦争で大陸を侵略し、対帝国主義の美名のもとにアジアの人々を踏みにじる行為を行っていた日本軍国主義の方向を改めさせるチャンスと西田の目には映ったのであろう。西田は、大東亜共栄圏や八紘一宇といった考え方が西田の絶対矛盾的自己同一にもとづくものであるべきこと、それはつねに新しい他者に対して開かれたものであるべきことを、東條の大東亜宣言の原稿となるべく書かれた「世界新秩序の原理」のなかにしたためる（西田 1965a）。

しかしながら西田のこの原稿は、陸軍によって大きく書き換えられ、無残な戦争賛美の文書として東條に読み上げられることとなる。このことは、単に西田を失望・落胆させただけではなく、戦後長期にわたって西田＝戦争協力者という理解が広がるきっかけとなった。その結果、西田は現在においても戦争を賛美した悪名高い哲学者として紹介されることがしばしばである。

## 第3節　戦争協力の原因

**存在論と政治思想**

アレントは生涯、政治哲学者というアイデンティティをもつことはなかった。彼女はつねに政治思想家であった。その理由は、アレントが考える政治と哲学との関係にある。アレントにとって哲学はつねに現実世界から隔離され、孤独ななかで営まれる純粋な思考という形で行われるものであった。それに対して政治はつねに実践的であり、哲学における純粋さの維持は不可能なものであった。その意味で、純粋な存在は哲学においてしか理解されえない。政治においてはつねに様々な具体的な要因が存在し、純粋理論のようなものは不可能であるからである。逆にいえば、政治とはつねに言葉の以降のものであり、その以前には迫ることができないのである。そしてウィトゲンシュタインがいうように、語りえないものについては沈黙するしかない（ウィ

トゲンシュタイン 2003)。

## 哲学から思想へ

　西田はこの難解な作業に挑戦した。すなわち、彼の展開した哲学を具体的なコンテクストで展開しようとしたのである。その哲学は先述のように非常に抽象的で同時に難解をきわめるものであり、しかも西田は政治という具体的なコンテクストを彼独特の抽象的な哲学に引き寄せようとする形でこの難しい作業を行おうとした。西田の挑戦は、結果的には惨敗であったが、その試みは高く評価されるべきであろう。そして我々に残された課題は、この語りえない「瞬間」をどのようにして言葉の世界の中に落とし込んでいくのかという点にある。

## 言葉と「瞬間」

　西田哲学の「場所」、「瞬間」もしくは「今」はつねに言葉の前に存在している。そしてこの「瞬間」における経験は言語化を通して認識される。この「瞬間」はつねに開かれたものであり、偶然という他者の出現を阻まない。逆に言語化というプロセスは言語という枠組みを通して行われることから閉じたものとならざるをえない。この開かれたものから閉じたものへという移行が西田を悩ませた最も大きな障害であった。そして西田はこの問題にはっきりとした答えを出さないままに、政治思想の世界へ移行していくことになったといえるであろう。その結果、西田の語りえないものとしての「絶対矛盾的自己同一」は「日本」や「西洋」という閉じた言葉の枠組みのなかに封じ込められることとなる。開かれたものであったはずの言語以前の「瞬間」は閉じるという性格をもった言語の網の目によって閉じた構造（すなわち現実的な国際政治および具体的な政策提言）のなかに引き込まれてしまったのである。そしてここにこそ、西田の哲学・政治思想を現代という文脈で読み直す意味があるといえる。

## 第4節　現代の国際関係における「瞬間」と言葉の問題

**非西洋型国際関係理論の背景**

　本章の最初にも述べたように、現在の国際関係学は多様化の様相を呈している。アメリカ・イギリスを中心とした英語圏の学問として展開してきた国際関係学であったが、異なる地域の視点から国際的事象についての異なる解釈が提示されてきたのである。換言すれば、世界の様々な事象の「瞬間」が言語化されるその方法が地域ごとに異なっているという、考えてみれば当たり前のことが取り上げられるようになってきたのである。

　しかしこの国際関係学のグローバル化は必ずしも必然的に起こったというわけではない。冷戦の終結を経て、既存の国際関係学に対するフェミニズムやポストモダニズム、批判理論やポストコロニアリズムなどの批判的な考察を通して現れた理論的な空白を埋めるような形で地政学的な側面から出現してきたと考えることが可能であろう（Tickner and Blaney 2012）。すなわち、西洋の中産階級の白人男性によって占められてきた国際関係の語り手の責任をそうでない人々が担いはじめたということに他ならない。そしてその一つの現象として非西洋型の国際関係理論があると理解できるのである。

**国民国家を基礎とした非西洋型国際関係理論**

　では、非西洋型国際関係理論にはどのようなものがあるのであろうか。そこには様々なアプローチが存在していることは明らかであるが、大きく分けて二つの流れがあると考えられる。第一に既存の国際関係理論の前提を壊さずに視点をずらすことによってこれまでとは異なる理論・解釈を提示するアプローチが考えられる。先述した中国学派・韓国学派などがこのタイプであり、そこでは明らかに既存の国民国家を主体とした世界観がベースとなっている。つまり、国民国家を中心とした国際社会の秩序を西洋が中心となって維持していくのではなく、それ以外の国々が中心となって維持していくことが提唱される（たとえばZhao 2006 ; Yan 2011）。

第Ⅲ部　新しい挑戦

## 国民国家を越える主体像

　これに対して、しばしばポスト西洋型国際関係理論とも呼ばれる流れは、国民国家を軸とした世界観そのものを批判し、グローバルな視点から既存の国際関係学を乗り越えようとする試みとして理解することができる（たとえば Behera 2008; Tickner and Blaney 2012）。このアプローチは、どの国が中心となって国際秩序が維持されるのかという問いではなく、現代の国際関係を理解するとき本当に国民国家という主体が適切なのか、もし適切でないとすれば国民国家を乗り越える世界観とはどのようなものなのか、という問いを立てる。このアプローチは必然的に哲学的な知の営みを包含することとなり、しばしば現実的な現象から大きく乖離した抽象的な議論の様相を呈する。もちろんそうした理論を展開する人々は現実に即した関心から研究しているのであるが、哲学的な研究に慣れていない人々からは抽象的すぎるという批判を受けることになる。もちろんこの二つははっきりと区別できるものではない。たとえば第一のアプローチに入ると考えられる中国学派のなかでもヤンは、儒教の考え方を現代に適用する可能性を展開しながら、新たな覇権像を提示している（Yan 2011）。それは、儒教の提示する道徳的な覇権像（そこでは自己の利益の極大化よりも社会秩序の安定が優先される）という抽象的な主体像を前提とすることによって、大国として出現しつつある国民国家としての中国政府に対する道徳的な戒めを行っていると理解することもできる。

　このように二つのアプローチの境界線は必ずしも明確に引けるわけではないが、理念型として第一のアプローチは国民国家の枠組みを所与としている点にその特徴があり、他方第二のアプローチは国民国家をある程度相対化して世界を見ていくという特徴があるといえる。

## 西田幾多郎の経験と非西洋型国際関係理論

　この二つのアプローチの関係は西田の哲学と政治思想との関係と近似的であるといえる。非常に抽象的ながら国民国家という枠を越えるような世界観を哲学的に展開した西田は、他方で具体的な文脈においては日本という国民

国家を中心に据えることでしか政策提言を行うことができなかった。そしてその結果が悪名高い戦争協力であった。このことは現代の非西洋型国際関係理論に非常に重要な歴史的教訓をもたらしてくれるであろう。すなわちいかなる理論であっても、一方で抽象的・哲学的でありながら、他方で具体的な政策に関連する場合は国民国家という枠組みでしか世界像を提示できない。ヤン（Yan 2011）の例でいうなら、新たな覇権を担う主体が中国という国民国家の存在を前提としている限りにおいて、権力闘争によって性格付けられる国際関係のなかでの（歴史的な存在としてではなく）近代国家としての中国という位置づけに引きずり込まれざるをえない。換言すれば、国民国家という枠組みを越えつつ、いかに具体的な世界観・政策論を提示できるのか、という点が今後の国際関係理論に課された大きな課題といえるであろう。そしてここにこそ、私たちが西田幾多郎の哲学と政治思想を学ぶ意味があると思われる。

**参考文献**
西田幾多郎　1965a「世界新秩序の原理」『西田幾多郎全集　第12巻』岩波書店。
―――　1965b「哲学論文集第四補遺」『西田幾多郎全集　第12巻』岩波書店。
―――　1982『日本文化の問題』岩波書店。
―――　2005『善の研究』講談社。

アーレント、ハナ　1972　大島通義他訳『全体主義の起源Ⅰ〜Ⅲ』みすず書房。
アーレント、ハンナ　1994　斎藤純一訳『過去と未来の間――政治思想への8試論』みすず書房。
アレント、ハンナ　1994　志水速雄訳『人間の条件』筑摩書房。
ウィトゲンシュタイン、ルートヴィヒ　2003　野矢茂樹訳『論理哲学論考』岩波書店。
大橋良介　2001『京都学派と日本海軍――新資料「大島メモ」をめぐって』PHP研究所。
カー、E・H　2011　原彬久訳『危機の二十年――理想と現実』岩波書店。
小林敏明　2011『西田幾多郎の憂鬱』岩波書店。
―――　2013『西田哲学を開く――〈永遠の今〉をめぐって』岩波書店。
竹内好　1979「近代の超克」河上徹太郎他『近代の超克』冨山房。
廣松渉　1989『〈近代の超克〉論――昭和思想史への一視角』講談社。

Acharia, Amitav and Barry Buzan eds. 2010 *Non-Western International Relations Theory: Perspectives on and Beyond Asia*, Routledge.
Behera, Navnita Chandra 2008 *International Relations in South Asia: Search for an Al-*

*ternative Paradigm*, Sage.
Kang, David C. 2007 *China Rising : Peace, Power and Order in East Asia*, Columbia University Press,.
──── 2010 *East Asia Before the West : Five Centuries of Trade and Tribute*, Columbia University Press.
Levelle, Pierre 1994 "The Political Thought of Nishida Kitaro," *Monumenta Nipponica*, 49 (2).
Shih Chih-Yu 2012 *Civilization, Nation and Modernity in East Asia*, Routledge.
Shilliam, Robbie 2010 *International Relations and Non-Western Thought : Imperialism, Colonialism and Investigations of Global Modernity*, Routldge.
Tickner, Arlene and David Blaney 2012 *Thinking International Relations Differently*, Routledge.
Tickner, Arlene and Ole Waever eds. 2009 *International Relations Scholarship around the World*, Routledge.
Yan, Xuetong 2011 *Ancient Chinese Thought, Modern Chinese Power*, Princeton University Press.
Qin Yanqing, 2011 "Rule, Rules, and Relations : Towards a Synthetic Approach to Governance," *Chinese Journal of International Politics*, 4.
Zhao, Tinyang 2006 "'Rethinking Empire from a Chinese Concept "All-Under-Heaven" (tian-xia 天下)," *Social Identities*, 12 (1).

【III-2　新たな課題】
# 2　ジェンダー研究
## 日本の国際関係論における受容と展開

和田賢治

　日本の国際関係論にジェンダー研究の影響が見えはじめる時期は2000年前後のことである。その歴史の短さと研究の蓄積の少なさから、本章ではこの分野での日本の先達について論じるかわりに、日本の国際関係論がどのようにジェンダー研究を国外から受容し、国内で展開してきたのかについて検討する。第1節では欧米の国際関係論へのジェンダー研究の影響について概観する。第2節では日本の国際関係論におけるジェンダー研究の受容の遅れについて考察した後、第3節では国内におけるジェンダー研究の展開を日本国際政治学会ジェンダー部会・分科会の小史から読み解き、その定着に向けての今後の課題を提起する。

## 第1節　欧米の国際関係論へのジェンダー研究の影響

　セックスが人間を身体的機能にもとづき女性や男性などに区分する生物学的性差を意味するのに対して、ジェンダーは「女らしさ（女性性）」や「男らしさ（男性性）」など人間の性質を表す社会的・文化的性差を意味する。たとえば、公的領域で活動する個人に求められる「自立」や「理性」は男らしさと見なされ、その活動に不向きとされる「依存」や「感情」は女らしさと見なされる。こうした区分は私的領域での再生産労働を女性に割り当てる根拠とされてきたが、ジェンダー研究はその区分が生物学的根拠を欠く、西

洋近代という特定の地域と時代の産物にすぎないことを明らかにした。

1970年代に心理学や社会学で発展したジェンダー研究は、1980年代中盤以降に国際関係論に影響を及ぼした。当時の国際関係論の主流派は、自然科学に由来する検証可能な方法を用いることで国家間の行動を客観的に分析できると考えた。こうした実証主義の立場に対して、フェミニストの研究者は科学を標榜する国際関係論が男性の視点から論じられたものであることを指摘した（林 2007；御巫 2009）。たとえば、国家の特性とされる自助、自立、理性、権力志向などは、いずれも西洋近代の男らしさを反映したものであるにもかかわらず「所与」とされ、女らしさをイメージさせる依存や協調にもとづく国家間の関係は特に安全保障において好ましくないとされてきた (Tickner 1992, 邦訳31-79頁)。また、国際関係論の主流派は国際政治や国際経済が男性の政治エリートにより占有される状態を「現実」として受け入れ、その「現実」の内部のアクターと問題のみを分析の対象としてきた。それゆえ、その「現実」の外部に置かれた女性（外交官の妻、工場労働者、メイド、セックス・ワーカーなど）と彼女たちの経験する搾取や暴力は、国際関係論にとって分析に値しないものとされてきた (Enloe 1989)。

フェミニストの研究者は男性中心主義という主流派のバイアスを詳らかにしながら、ジェンダーの視点からオルタナティブな分析や議論を蓄積することでフェミニスト国際関係論というカテゴリーを生み出していった。その勢いを象徴して、米国の国際政治学会 (ISA: International Studies Association) が1990年に、英国の国際政治学会(BISA: British International Studies Association) が1993年に、それぞれジェンダー部会・分科会を常設した。

## 第2節　日本の国内外で生じるタイムラグの背景

ジェンダー研究の受容時期を比較すると、欧米と日本の国際関係論との間には「大きなタイムラグ」（竹中 2006；林 2007, 99頁）が存在する。日本でジェンダー研究の影響が見られはじめるのは、学術書の出版時期に照らすと2000年前後のことである。欧米の先駆的研究が日本語に翻訳され（エンロー

【Ⅲ-2 新たな課題】2 ジェンダー研究

1999；ウィットワース 2000)、ジェンダーをテーマに日本語で執筆された単著が出版され（土佐 2000)、そしてジェンダーに一章を割いた国際関係論のテキストが出版される（進藤 2001）のがいずれもその時期である。

　それでは、なぜ日本の国際関係論がジェンダー研究の受容に欧米から10年以上の遅れを取ってきたのか。その理由を探るうえで、そのタイムラグが国際関係論に限らない現象であることから、日本のアカデミズムの全般的状況を見ておきたい。上野千鶴子によると、女性学の力の差が日米のジェンダー研究の展開に違いを生じさせた。その力が強かった米国ではジェンダー研究を専門とする学部や学科が新設された。ただし、それらの設置がかえって他の研究分野との関係を希薄なものにするジェンダー研究の「ゲットー化」を生じさせ、アカデミズム全体へのジェンダー研究の広がりをもたらさなかった。他方で女性学の力が弱かった日本について、上野は次のように論じる。「その代わり、あらゆるディシプリンに女性研究者が参入してジェンダー視点が入っていったことによって、相当の老舗の学問分野でも、学会には少なくとも形だけでもジェンダー部会を一つは作らなければならないという程度の変化は起きました」（西川・上野・荻野 2011，139頁)。

　「相当の老舗の学問分野」の一つであり、国際関係論の隣接分野でもある日本の政治学もジェンダー研究の受容に遅れを取ってきた。日本政治学会が学会誌『年報政治学』で「「性」と政治」という特集号を組むのが2003年である。その企画者である渡辺浩は、日本の政治学者が欧米の研究のトレンドに機敏に反応してきたにもかかわらず、ジェンダー研究に関してはその機敏さが見られなかったと指摘する。その理由の一つとして、学会会員の女性の少なさも影響しているのではないかと渡辺は推論する（渡辺 2003，10-12頁)。すべての女性研究者がジェンダー問題に学術的関心を示さないにしても、男女の比率が学会の「文化」や「空気」に影響を与えるものだとすれば、男性研究者の割合の高さがジェンダーの視点の導入を遅らせる障壁の一つとなってきたと考えられる。

　男性研究者の割合の高さでも欧米の研究のトレンドへの反応でも日本の政治学と同じ状況にある日本の国際関係論もジェンダー研究に対して10年に

もおよぶ沈黙を保ってきた。より厳しい目を向けると、その沈黙は「相当の老舗の学問分野」の政治学よりも長いものであった。学会誌を比べた場合、日本政治学会が前述の2003年に続き2010年にも「政治過程とジェンダー」という特集号を企画したのに対して、日本国際政治学会は2010年になってようやく『国際政治』で初のジェンダー特集号を組む。ここからは、日本の国際関係論が欧米との間だけではなく国内の隣接分野との間でもタイムラグを生じさせてきた様子が見て取れる。

　国際関係論が他の分野よりもジェンダー研究との距離を置き続けた理由として、土佐弘之は政治権力との距離の近さを挙げる。「国際政治学ないし狭義の国際関係論（International Relations, 以下 IR）はジェンダー的問題意識という点では、社会科学のなかで開拓が最も遅れた領域であった。そのことは、この領域の扱う国家および国際政治の特殊性を逆に暗示しているといえる。つまり人文社会系のアカデミズムの中でのIRの後進性は、IR（とくに主流派であったリアリズム）が権力中枢に最も近い知であることをあらわしている」（土佐 2000, 1頁）。土佐の指摘をふまえると、国内外で生じたジェンダー研究の受容のタイムラグは日本の国際関係論の主流派と政治権力との距離を反映している。御巫由美子は日本の国際関係論の特質の一つに外交史の占める比重の大きさを挙げ、その源流にある歴史学がジェンダー研究に早くから影響を受けてきたことから、日本で「今後フェミニスト国際関係論が発達する潜在的余地は大きいと考えられる」（御巫 2009, 129-130頁）と論じる。しかし、外交史は日本のリアリズムの本流でもあることから、その特質こそがジェンダー研究の受容を妨げてきたとも言える点は見逃せない。

## 第3節　ジェンダー研究の受容後の課題

　前述の上野の指摘の通り、日本国際政治学会でもジェンダー部会・分科会の設置に尽力したのは、国際関係論を構成する既存の研究分野に属しながら、ジェンダー研究の重要性を理解する主に女性の研究者であった。2002年に「ジェンダー秩序の再編」と2005年に「テロ後の世界とジェンダー」と題す

【III-2 新たな課題】2 ジェンダー研究

る部会が研究大会で開催された後、2006年からジェンダー分科会が常設される。日本国際政治学会50周年の記念学会に当たる2006年の研究大会には、当時のISAの理事長であり、フェミニスト国際関係論を代表する研究者の一人アン・ティックナーが招かれた（竹中 2006）。

表III-2-2-1　日本国際政治学会ジェンダー部会・分科会一覧

| 年度 | 部会／分科会・テーマ・司会者・討論者・報告者・報告タイトル |
| --- | --- |
| 2002年 | 部会「ジェンダー秩序の再編」<br>司会：ロニー・アレキサンダー　討論：伊藤るり・遠藤誠治<br>竹中千春「武力紛争の中の女性――犠牲者・加害者・変革主体」<br>岡真理「〈女性〉が泣いている――真実はなぜ、〈女性〉によって担保されるのか」<br>中西久枝「イスラーム・ジェンダー・ヴェール――イランの事例を中心に」 |
| 2005年 | 部会「テロ後の世界とジェンダー」<br>司会：羽場久美子　討論：相内真子・土佐弘之<br>加藤普章「中絶問題――北米社会における規制と反規制の政治学」<br>酒井啓子「イラク戦争後の『民主化』とジェンダー」<br>河本和子「ジェンダーと政治秩序――ソ連からロシアへ」 |
| 2006年 | 分科会「グローバリゼーションの中の市民・女性・移民」<br>司会：竹中千春　討論：羽後静子<br>浪岡新太郎「女性にとってのヨーロッパ・ムスリム・市民アイデンティティの問題化――フランスにおけるムスリム市民運動団体『政治参加するフランス女性ムスリムFFME』の活動」<br>中田瑞穂「東中欧におけるジェンダー問題の政治化と国際組織――市民社会組織を媒介に」 |
| 2007年 | 分科会「国際政治とジェンダーの交差」<br>司会：竹中千春　討論：戸田真紀子・柄谷利恵子<br>勝間靖「『子どもの権利』と新たな国際秩序の模索」<br>中村文子「性的搾取のグローバリゼーション――男女、貧富、内外差別の重層的格差構造下の人々」 |
| 2008年 | 分科会「平和構築・民主化・ジェンダー」<br>司会：竹中千春　討論：木村真希子・山田哲也<br>小倉清子「ネパールの平和構築、民主化、ジェンダー――女性ゲリラから制憲議会議員へ」<br>古沢希代子「東ティモールの平和構築、民主化、ジェンダー――平和構築期のジェンダー政策をめぐる政治状況」 |
| 2009年 | 分科会「ジェンダーをめぐるローカル・ポリティクスとグローバル・ポリティクス」<br>司会：竹中千春　討論：磯崎典世・中村唯<br>松本ますみ「中国のイスラーム女性――マドラサのジェンダー・ポリティクス」<br>和田賢治「国連安保理決議1325における女性の安全保障化――「女性、平和、安 |

| | | |
|---|---|---|
| | | に関するカナダ委員会」を事例に」 |
| 2010 年 | | 分科会「ジェンダーの国際政治」<br>司会：磯崎典世　討論：田村慶子・磯崎典世<br>竹中千春「女盗賊プーランと女性州首相マヤワティ——現代インドの暴力と民主主義」<br>冨田晶子「女性の政治的エンパワーメント測定に関する一考察——新 GEM 指標作成を通じて」 |
| 2011 年 | | 分科会「リージョナリズムとジェンダー・イシュー」<br>司会：磯崎典世　討論：小川有美・柄谷利恵子<br>鈴木規子「フランスの女性へのシティズンシップの拡大——EU の影響とパリテ法制定」<br>中村文子「規範インタープリターとしての地域機構と人権規範の普及——ASEAN と EU の人身売買対策を事例として」 |
| 2012 年 | | 自由論題<br>司会：磯崎典世　討論：田村慶子・中溝和弥<br>木村真希子「南アジアの紛争地におけるマイノリティ女性への複合差別」<br>戸田真紀子「女子高襲撃事件とアフリカの角を巡る国際政治」 |
| 2013 年 | | 分科会「トランスナショナルなアクターと人権保障」<br>司会：戸田真紀子　討論：中村文子<br>大内勇也「人権条約の形成過程における法律家コミュニティの政治的役割——欧州人権条約を事例として」<br>大野聖良「『人権』と『安全』の狭間にある日本の人身取引問題——ジェンダー化されたセキュリティ問題として」 |
| 2014 年 | | 分科会「イスラーム世界と女性——イスラーム研究とジェンダー研究の対話」<br>司会：田村慶子　討論：松尾昌樹<br>森田豊子「現代イランの家族保護法の成立をめぐる議論」<br>辻上奈美江「『アラブの春』による身体の管理と表象、そして女性のエージェンシー」 |
| 2015 年 | | 分科会「慣習と人権」<br>司会：戸田真紀子　討論：勝間靖・柄谷利恵子<br>林愛美「文化的暴力に対する住民主体の変革運動——ケニア・マサイ社会の FGM を事例に」<br>浪岡新太郎「共和国における〈ムスリム女性〉——フランス政府統合高等審議会における言説」 |

出所：日本国際政治学会ホームページ（http://jair.or.jp/event/old.html 2016 年 4 月 8 日）を参考に筆者作成。

　ジェンダー部会・分科会の小史（表 III-2-2-1 参照）を振り返ると、ジェンダー研究に対する日本の国際関係論の閉鎖的な状況は改善されつつあるように見える。ジェンダー部会・分科会は、それ以前の学会で扱われることのなかったアクターや身体・アイデンティティのレベルに焦点を当てた研究を報告する場となっており、またそれ以外の分科会でもジェンダーの視点から

【Ⅲ-2 新たな課題】2 ジェンダー研究

の研究報告が行われている。学会の外に目を向けてみても、国際関係論の既存のテーマおよび国際関係論という学問枠組み自体をジェンダーの視点から問い直す日本語の文献も増えている（たとえば、清水 2006；戸田 2008［2013］；伊藤・足立編 2008；岡野 2012）。

　しかしながら、日本の国際関係論の主流派との対話や交流という観点から見ると、ジェンダー研究の展開は一部に留まっているという現実もある。たとえば、日本国際政治学会2015年研究大会のジェンダー分科会では、その10年目の開催を記念して「国際政治学にジェンダーの視点は必要か？」と題する座談会が開かれた。その6人のパネリストに主流派の研究者がいなかったのと同様、同大会の共通論題「日本の安全保障――戦後70年からどこに向かうのか」の6人のパネリストにもジェンダーの視点から論ずる研究者は登壇していなかった。こうした光景は、学会内ひいては国際関係論におけるジェンダー研究の「ゲットー化」が日本でも生じていることを端的に表しているのではないか。

　こうしたゲットー化はアカデミズムの問題に限らず、現実の政治に与える影響も懸念される。たとえば、宮地尚子は日本の歴史学や政治学が戦時性暴力など女性に対する暴力をテーマとしてこなかったことを指摘したうえで、「このことが元「慰安婦」問題をめぐっての議論の迷走や、国際人身取引や児童ポルノへの対策の遅れなどにもつながっているように、私には思われる」（宮地 2008, 19頁）と論じる。このうち旧日本軍が関与した戦時性暴力については、1990年代から社会学・女性史・女性学において研究や議論が蓄積されてきた。それらと比べると、歴史学や政治学と同様に日本の国際関係論もこのテーマへの関与に消極的な印象を拭えない。従軍慰安婦問題をはじめとして、主流派がテーマと見なしてこなかった問題の発掘と分析に寄与できるかが今後の日本の国際関係論におけるジェンダー研究の定着を測る試金石となることは間違いない。

**参考文献**
伊藤るり・足立眞理子編　2008『国際移動と「連鎖するジェンダー」――再生産領域のグローバル化』作品社。

第Ⅲ部　新しい挑戦

岡野八代　2012『フェミニズムの政治学——ケアの倫理をグローバル社会へ』みすず書房。
清水耕介　2006『グローバル権力とホモソーシャリティ——暴力と文化の国際政治経済学』御茶の水書房。
進藤榮一　2001『現代国際関係学——歴史・思想・理論』有斐閣。
竹中千春　2006「周縁からの国際政治」『JAIR Newsletter』No.110。
土佐弘之　2000『グローバル／ジェンダー・ポリティクス——国際関係論とフェミニズム』世界思想社。
戸田真紀子　2008［改訂版 2013］『アフリカと政治紛争と貧困とジェンダー——わたしたちがアフリカを学ぶ理由』御茶の水書房。
西川祐子・上野千鶴子・荻野美穂　2011『フェミニズムの時代を生きて』岩波書店。
林奈津子　2007「国際政治学におけるジェンダー研究——米国の研究動向を中心に」『ジェンダー研究』第 10 号。
御巫由美子　2009「ジェンダー——フェミニスト国際関係論の発展と課題」『日本の国際政治学Ⅰ——学としての国際政治』有斐閣。
宮地尚子　2008「性暴力と性的支配」宮地尚子編『性的支配と歴史——植民地主義から民族浄化まで』大月書店。
渡辺浩　2003「序論——なぜ「性」か。なぜ今か。」『年報政治学——「性」と政治』岩波書店。

Enloe, Cynthia 1989 *Banana, Beaches and Bases : Making Feminist Sense of International Politics*, University of California Press.
―――― 1993 *The Morning After : Sexual Politics at the End of the Cold War*, the University of California Press.（『戦争の翌朝——ポスト冷戦時代をジェンダーで読む』池田悦子訳、緑風出版、1999 年）。
Tickner, J. Ann 1992 *Gender in International Relations*, Columbia University Press.（『国際関係論とジェンダー——安全保障のフェミニズムの見方』進藤久美子・進藤榮一訳、岩波書店、2005 年）
Whitworth, Sandra 1994 *Feminism in International Relations : Towards a Political Economy of Gender in Interstate and Non-governmental Institutions*, Palgrave Macmillan.（『国際ジェンダー関係論——批判理論的政治経済学に向けて』武者小路公秀監訳、羽後静子・野崎孝弘訳、藤原書店、2000 年）

# 座談会　日本における国際関係論の発展とその課題

日時　　2015年2月21日（土）午後1時～5時30分（途中休憩15分）
場所　　京都女子大学法学部F校舎ラウンド法廷教室

出席者　平井友義（大阪市立大学名誉教授、広島市立大学名誉教授）
　　　　毛里和子（早稲田大学名誉教授）
　　　　菅　英輝（京都外国語大学客員教授、九州大学名誉教授）
　　　　中村研一（北海道大学名誉教授）
司会　　初瀬龍平（京都女子大学客員教授、神戸大学名誉教授）


　**初瀬**　本文が硬い内容ですので、座談会では、読者の方が先達の心を感じ取れるようなお話を伺えればと思います。

## 《国際関係を研究する動機について》

　**初瀬**　まず、国際関係論または国際政治学との出会い、あるいはそれがどう魅力的であったかということを、自己紹介的にお話しいただけるでしょうか。

　**平井**　私は、国際関係論、国際政治学と出会うというよりは、むしろ1930年代外交史、国際政治史の方から国際関係にアプローチをしました。研究上の切れ目は、1956年のスターリン批判ですね。それ以前は、教条的なマルクス主義にとらわれておりました。私は関西に住んでおりましたが、教条的なマルクス主義といっても、東京と関西ではかなりの落差があったように、今から見ると思われます。

　そういう立場からソ連外交を見ていたのが、1956年を境にして、もう少し自由にソ連の外交というものを見られるようになる、いろいろなチャンスが増えて参ります。とくに、E・H・カーの研究には、目が覚めるような気持になりました。

　冷戦の一方のリーダーですから、ソ連外交を扱う以上、当然、冷戦状況に対して切り込んでいかざるをえなくなりました。という意味で、ソ連外交史から、徐々に関心が国際関係へと広がっていきました。

座 談 会

　**毛里**　私がどういう出会いで国際関係論の一翼にある中国研究を始めたのかということについては、日本国際政治学会の *Newsletter*（137号、2013年）のインタビュー記事を見ていただければ幸いです。
　私が大学に入った1958年のころの世界というのは非常に魅力的で、変動甚だしい時代でありました。いま平井先生が仰ったように、スターリン批判でソ連の価値がぐっと落ちる。反対に中国の価値が高まってくる。中国が大躍進などという何かわけの分からないことを始めたので、これは社会主義の未来は中国が握るのかもしれないという風に考えたわけですね。
　そういう意味で、思想の世界においても、あるいは歴史の実際においても、非常に新しいことが試みられていた時代だったと思います。若いですから、これまでのものを否定したなかで新しいものに挑戦しようということで、現代中国研究に入ったように思います。
　ただ、私は日本国際問題研究所の研究員でしたので、中国だけをやっているというわけにはいきませんでした。また、この本の先達のところで、何人か国際政治の有名な先生が出てらっしゃいますが、その先生方は皆さん、国際問題研究所を、ある意味では足場にしていらっしゃいました。田中直吉先生（国際政治学会初代副理事長）は国際問題研究所の専務理事をなさっていました。そういう意味では国際政治学会、あるいは国際関係論に縁が深い職場で刺激されました。
　そのなかで影響を受け、それ以後、国際関係のなかでのアジアあるいは中国というものを、少し相対化して考えようという風になりました。それが1970年代以降のことではないでしょうか。こうして、国際関係論を一言ぐらいはお話しできるようになりました。
　**菅**　私の場合は、皆さんと入り方が違っていて、外国語学部に身を置きましたので、英語の勉強から始めました。カリキュラム上、政治学の基礎知識はほとんど学んでいません。ある程度英語が話せるようになってくると、英語で発信する中身が問題だという風に何か漠然と感じるようになってきました。当然、関心対象はアメリカで、3年次ぐらいになってから、アメリカの地域研究とか国際関係の本を読むようになりました。ゼミでフレデリック・シューマン（Frederick L.Schuman）の *International Politics* を原書で読みました。
　4年次に留学しますが、留学の試験を受けるときに、政治学とか国際関係をやりたいと初めて思うようになり、当時定評があった川田侃著『国際関係概論』

や、ちょうどそのころアサヒ社から四分冊で出版されたモーゲンソー（Hans J. Morgenthau）の『国際政治学』を読んで、アメリカに行って政治学を始めたという状況です。

ですから、私自身が今やっている冷戦史研究に関心をもつようになったのは、ポートランド州立大学の修士課程に入ったときで、そのときに、『冷戦』という著書もあるフレデリック・シューマンがそこで教えていました。ついでに申し添えますと、そのシューマンの授業を受けているときに、平井先生が大学にシューマンに会いに来られまして、初めて平井先生にお目にかかりました。

**中村** 私は1948年生まれで、他の先生方より10歳以上年下になります。中高生だった1960年代は、急速に国際報道が増える時代で、ケネディ暗殺は、NHKテレビのアメリカからの初めての生中継でした。また報道写真家による画像やテト攻勢・ユエ攻防戦の動画でベトナム戦争が風景の一部となりました。情報化から国際政治に接する時代の始まりでした。

国際政治学者の名前も、メディアを通じて知りました。1965年2月に、米国のベトナム北爆が始まり、8・15記念徹夜討論集会・ティーチインがテレビで中継され、そこでの坂本義和なる学者の雄弁が記憶に残っています。

高校に行く途中の本屋で、永井陽之助の「米国の戦争観と毛沢東の挑戦」を拾い読みして、後で古本屋へ行って『中央公論』の1965年6月号を買ったという記憶があります。

1968年に大学に入りまして、本書の目次にある先生方では、1970年代に坂本義和、関寛治に師事しました。斎藤眞、溪内謙には、学生として授業を聴き、また助手になってから演習に出させていただきました。授業だけ聴講したのは川田侃、高畠通敏、武者小路公秀。東大東文研の関研究室では高柳先男からご教示いただきました。それから、私より数ヵ月若いのですが、学問上の先達だったのが高橋進です。私は理学部を経由して、2年遅れて法学部に入り直したのですが、2学年上の高橋が、国際政治の手ほどきをしてくれました。

### 《戦前との連続性と非連続性について》

**初瀬** 先生方が学問と出会った時代の前後ということで、戦前、戦後の研究を取り巻く時代状況をお伺いしたいと思います。国際関係論と国際政治学の関係について、いろいろ考え方もあると思いますが、日本の国際政治学そのものの源流を辿ると、東大の政治学の流れというのがかなり大きいと思うので、ま

座談会

ずは中村さんから戦前からの流れを切り出していただけますか。

**中村** 東大の場合、「植民政策」と「国際政治学」の二つの講座の設立が企画されます。「植民政策」の担当者が矢内原忠雄で、もう一方の「国際政治学」の担当に擬せられたのが南原繁でした。

前者の「植民政策」の方は、新渡戸稲造が1891年に札幌農学校で「植民学（殖民学、殖民史、殖民論）」を始めます。その新渡戸が台湾総督府、京都大学を経て東京大学に移り、講座名が「植民政策」になる。東京帝国大学法科大学から経済学部が分離するのが1908年ですが、その翌年の1909年から1920年まで新渡戸が「植民政策」を担当する。国際関係論の流れを辿りますと、ここが源流になっています。

その新渡戸が、1920年に国際連盟の事務次長で転出します。その後任として、新渡戸が選んだのが矢内原忠雄です。矢内原は住友総本店の別子鉱山に3年ほど勤めていましたが、新渡戸が大学に呼び戻し、1923年から1937年の「矢内原不敬事件」まで担当しました。

もう一人の南原繁ですが、新渡戸が国際連盟に行く1920年に、小野塚喜平次が、世界の学士院連合体を作る国際会議に出席するためヨーロッパに行きます。その見聞から、小野塚は第一次大戦後の学術状況を察知いたしまして、政治学に、「行政学」と「国際政治学」が必要だろうと認識します。翌1921年5月に、内務省に7年勤め労働組合法を起案していた南原繁を東大に呼び返します。そして、南原は21年8月から24年7月まで英独仏三国で、カントを中心に研究するのですが、国際政治学講座の設置は「時期尚早だ」と小野塚喜平次に具申し同意をえます。

「時期尚早」と南原が判断した理由は、規範的な理念というものが先に確立されていなければ「国際政治学」はできないというものです。そこで、「政治学史」を専担するが、「国際政治は横でやれる」とし、1924年11月には、南原は「特別講義国際政治学序説」をしています。

1920年に国際連盟が設立され、日本もはっきりと自由主義的国際関係の流れを受け止めます。そこで矢内原とその4歳年上の南原という、ともに新渡戸の影響下にあり、内村鑑三の『聖書』研究会にいた二人の一方が「植民政策」を担当し、他方が国際政治学の担当者に擬されたわけです。

断続という点では、矢内原が1937年に不敬事件でもってパージ（粛清）をされ、南満州鉄道の調査部の方が一年だけ非常勤をされ、その後は、農学部の

農業経済学の教授だった東畑精一が「植民政策」を担当します。それで、経済学部は終わる。法学部の方は南原の「時期尚早」の判断によって、専担者はおかれない。双方とも途切れてしまいます。

戦後にその南原と復帰した矢内原が相次いで東大総長になる。矢内原は教養学部をつくり、それに際して、川田侃が、「国際関係論」というものの分野形成の使命を負ってハーバードに留学し、1958年に『国際関係概論』を書く。それから、坂本義和が1955年に米国に行ってシカゴ大、プリンストン大、帰路 LSE と廻って帰ってきて、1958年12月に、最初の専担者として「国際政治」の講義を始めるというのが流れです。

国際比較でいいますと、イギリスのウェールズ大学アベリストウィス校(University College of Wales, Aberystwyth) に、最初に国際政治を教えるウッドロー・ウィルソン講座が出来たのが1919年です。それに比べると、小野塚が企画を立てるのが1920年、南原と矢内原が派遣されるのが1921年、南原と矢内原の最初の講義が1924年ですので、日本の出発は遅いとはいえない、ほぼパラレルだった。

ですから、イギリスとの対比で申しますと、当時の大学の知識人たちは鋭敏で、本格的に講座化しようと試みて一部は実施され、しかし、1937年からの8年間と、戦後期の混乱のなかで20年間発展が休止したのです。

**平井** 今の中村さんのお話を聞いて感ずるのですが、関東、とくに東京とそれ以外の地域で、そういう学問的な伝統というのか蓄積が全然違うような気がします。

東大では外国に遅れることなく、国際政治とか国際関係の分野の講座をおこうという機運があり、それが実践されているわけですね。それが、なぜ地方に波及しなかったかということが不思議でしようがないのです。

たとえば、僕の学んだ京都大学なんかは、まあ外交史の講座はありましたけれど、国際政治の分野で強烈なインパクトを放つような先生はまだいらっしゃらなかったし、そもそも西洋史自体が、現代史というのは禁句であって、せいぜい19世紀までしか歴史としてはやらないというような、非常に古い殻を守ってきておりました。

関西の大学生は、国際関係とか国際政治の知識は新聞とか雑誌から読むだけで、何か体系的に知識として大学で教授されるというようなことはなかった。だから、なぜ東京の新しい気運が外に広がらなかったのかというのが、最初に

起こる疑問なんです。

　戦前からの連続性というのであれば、ソ連について外務省と陸軍参謀本部、それに満鉄調査部。ここでなされていた研究ですね。戦争の終わったとき、参謀本部のソ連関係の調書類は一括して灰になったらしいのですが、あのなかには、いま出しても十分利用価値があるような貴重な情報があったはずなんですよ。だから、あの段階でスターリンのテロルなんていうのは、かなりその正確な全貌を参謀本部が掴んでいたんじゃないですかね。外務省の調査部とかもロシアの新聞をものすごく克明に拾って月報を出しているのですが、これも、公表というか、一般に売り出されるものではないですよね。

　**初瀬**　東京と関西の違いの話は、地域研究の中国研究でも同じですか。

　**毛里**　関東における国際政治学の出発において、日本国際問題研究所の成立というのは相当大きいと思います。政治的影響はあったと思うんですね。そこを中心に人が集まるようになって来ましたから。国問研が吉田茂会長の下に正式に発足するのが1959年12月です。

　それとほぼ同時期に、アジア経済研究所が、今度は通産省の関係で出てきました。そして、京都大学東南アジア研究センターが1963年にできている。それぞれ性格が違うのですが、何を物語るかというと、国際政治学の理論もさることながら、アジアが日本にとって非常に重要な外交的課題になりつつあるということを客観的に反映したのがこの一連の動きだと思います。日本が国連に入って復活していくなかで、国際政治も、きちんと実学としてやらないといけない、政策提言の方向に向かう必要があるということだったのでしょう。

　そういう意味では、1950年末から1960年代初頭にかけて、少なくとも関東、あるいは東京では、実学としての国際政治学とアジア研究が出てきた。これまでの日本の学問の伝統、たとえば、私の卒業したお茶の水女子大学でも、平井先生のお話と同じように、東洋学の非常に古い手法で東洋史をやっていて、社会科学で現代中国政治を分析しようなどという人は「正気の沙汰ではない」という風にいわれるくらいでしたが、こういった伝統とは、ずいぶん違うところから、実学の研究が出て来たように思いますね。

　つまり、国際政治学であれ、地域研究であれ、やはり東京は政治の都市、あるいは対外関係の中核です。ということは、日本の対外関係と、国際関係論あるいは国際政治のスタッフというか陣容の成立というものには、物凄く強い関係があったといえます。実学的要請、日本の国際関係における位置の変化とで

もいうか、新しい課題というものが、実学としての国際関係論に非常に脚光を浴びせさせたということでしょう。

**平井** 中国で、戦争中に日本の学者がフィールドワークをやって、成果を上げるでしょう。あの線はどこにつながるのでしょうね。

**中村** 先程は東大での講座設置に関する制度面の視点から矢内原と南原を取り上げました。この二人を取り巻くリベラルな言論空間を支えたのは、その一世代前の新渡戸稲造と内村鑑三の役割が重要だと考えています。新渡戸と内村は日本最初の内国植民地にできた開発吏の養成所・札幌農学校の二期生でした。この二人はクリスチャンになり、共に当時としては希な米国に留学する。最大の秀才新渡戸には母校で「植民学」講座を担当する必然性があった。その新渡戸が東大では「植民政策」講座を担当し、なにより、第一高等学校の校長として高等教育の世界にリベラリズムを伝統化する。もう一方の天才的な内村は、強烈なキリスト教信仰を確立し、日清・日露の両戦争では、義戦論と不戦論の論陣をほぼ一人で張る。内村は不敬罪としてアカデミズムから追われるが、大学の外で「聖書研究会」を続け、そこへ矢内原と南原が行って信仰を深める。旧制一高のリベラリズムと「聖書研究会」の信仰の重ね合わせが、戦前の政治的圧力や知的流行からは独立した、学術的空間を醸成した。新渡戸が国際連盟時代前後に培った人材、また連盟から戻ったあとの太平洋問題調査会などで日米をつなぐ「新渡戸四天王」などの国際派人材を養成した点で、スケールの大きな教育者だったと思います。新渡戸は3年京都帝大で教授をしています。京都大学の国際政治は、猪木正道先生が初代なんでしょうか。

**平井** 猪木さんは国際政治ではなく、政治史です。高坂正堯さんが初代です。

**中村** 猪木は河合栄治郎門下で、1937年に三菱信託に入られ、1939年に河合栄治郎が平賀粛学でパージされた後も河合との関係は続いている。戦後に成蹊高校の先生になられて、1949年に京都大学に行かれる。ですから、京都大学には、河合のリベラリズムの影響というのは、戦前はないということでしょうか。

**平井** そうですね。

**初瀬** 話を「アメリカ研究」に進めます。

**菅** アメリカ研究ということで、高木八尺先生の話から始めます。

東大にアメリカ研究の講座である「米国憲法・歴史及外交」（通称・ヘボン講座）が設けられるのが1918年です。東大に正式な科目として講座が設けら

座談会

れたこの時期は、欧米と比較しても非常に早い。むしろ、日本が最初だったという指摘がなされております。

このヘボン講座は、ニューヨークのチェースナショナル銀行（Chase National Bank of the City of New York）総裁だったバートン・ヘボン（A. Barton Hepburn）の財政支援によって開設されます。日露戦争以降、日米関係が緊張し、ぎくしゃくしてくるなかで、ヘボンは、日本でアメリカ研究を開始して日米の相互理解にそれが役立つことを期待していた。こういうかなり明確な意図をもって、このヘボン講座というのは開始されるわけです。

そういうわけで、高木先生も、いかにして日米の相互理解というものに役立つことができるのかという目的と使命感を持って、初代の講座担当者に就任したと思います。彼は基本的に、アメリカ民主主義の経験に学ぶということが、日本にとっても有益だという考え方を持っていました。

日本におけるアメリカへの関心というのは、結構、浮き沈みがあります。明治政府はプロシアというか、ドイツとかヨーロッパに関心をもつわけですよね。そうしたなかで高木先生は、このヘボン講座の担当者として、アメリカのデモクラシーというものが、どのように発達してきて、どういう意味でそれがアメリカで定着したかということに、深い関心をもって講義を行ったと理解しています。

ただ、一方で時代が時代であります。ヘボン講座創設が1918年で、1923年開設。講座を担当する為の準備という意味もあり、彼はすぐアメリカに派遣されていろいろ研究をして、1923年に帰ってくるわけですね。1924年に開講するが、1924年というのは、「排日移民法」がアメリカで成立していて、日本における対米感情が非常に悪化し、人種差別への反感が日本に出て来ている時期で、そういうなかで授業を開始している。

アメリカとの戦争が近づくなかでも、また戦争突入後も、彼はヘボン講座の講義をやめなかったし、戦中の限られた時間のなかで、たとえば、東大から学徒出陣で出征する若者に向かって、アメリカという国がどういう国であるのかということを講義し続けました。強い使命感をもってこの講座を担当したという印象です。

また、彼は、当時の日本の政策決定の中枢にいた人たちとの交流が非常に深かった。例えば、近衛文麿ときわめて親しかった木戸幸一とは学習院時代で同級であり、近衛は高木や木戸の1年後輩で、その後近衛も一高に進みます。そ

ういうことで、宮中で昭和天皇の助言的な立場にいた人達との交流もあった。日米関係が悪化していくなかで、どうやって日米関係を良くしていくかということに助言も求められていました。

　その意味で、彼自身は東大でアメリカ政治外交史の講義をするだけではなくて、その時局の影響を受けて、いろんなアドバイスを求められた。あるいは、1938年にプリンストンで開催された太平洋問題調査会（IPR）会議に参加したときには、近衛から依頼を受けて、当時の近衛首相は中国問題を軍事力で解決しようとしているのではなく、蒋介石との交渉によって解決しようとしているのだと考え、アメリカ人に向かって日本政府の立場を説明したりするという風な、そういう役割も担った人であります。ただ、有賀貞先生の高木評によると、彼の国際人としての顔は英米の方を向いており、「中国や朝鮮の思いを測ったうえで日本の取るべき政策を考えるということが少なかった」ということであります。

**《戦後の時代状況と思想状況について》**

　**初瀬**　私の世代というのは戦前の国際関係研究のことにほとんど関心のない世代で。こういう風に整理していただけると、びっくりすることがいろいろと出てくるんですね。年代的に戦前と戦後のつながりを実感されているのは平井さんだと思うので、少しこの点から、日本の国際関係などについてお話し下さい。戦中の戦争経験というのも、人によって、軍隊経験もあるし、戦争経験もあるし、空襲で逃げた経験もあるし、銃後もあるし、戦後もあるという、大変いろんなものを含んでいましたね。

　**平井**　いま言われたように、戦争経験というのは、いつ、どこに住んでいたかというのが決定的なんです。だから、「戦争のときはこうだった」という風に一色に塗りつぶしてしまうような見方というのは、明らかに間違っていると思う。いま言った「時と場所」ですね。これのもつ意味というのは非常に大事だと思うんです。

　僕は昭和5（1930）年の生まれで、岡山県の北の方にある農村で大きくなりまして、小学校2年生が日中戦争、6年生が太平洋戦争、中学校の4年生が敗戦ですから、まさに、戦争の子なんですが、その割に戦争の記憶というものが物凄く漠然としています。空襲を受けた人達は別として、僕の年代で田舎にいた人は、戦争の影響をそれほどシビアには受けてないはずです。僕は中学3年

のときに動員で、田舎の町の繊維工場が軍事工場に変えられたところで飛行機の部品を作っていたんですが、頭の上を B29 が飛んだという記憶もない。米の強制供出や配給制もあり、動員もありましたけども、戦争中だから酷い目に遭っただろうと思われるのが何か面映ゆいような感じなんですね。

　戦後の改革というのは、僕らにとっては、価値観の大変動としか考えられない。実生活はそのまま続いているんです、変わりなく。戦前も、戦中も、戦後もね。ただ価値観だけが変わるでしょう。そこから出てくるのが、ある種の「価値ニヒリズム」なんです。もう、民主主義も信用できないという受け取り方ですね。だから、ある意味では不幸かもしれない。拠り所となるものをもっていないんです。だから平和憲法といっても、やれこれで助かったというようなものは全然感じなかったですね。負けて口惜しかったということはありますけどね。

　僕らより年下の世代はもう初めから新しい価値観のもとで教育を受けていますし、僕らのすぐ上は、予科練とか兵隊に行っているんです。

　**毛里**　兵隊に行っている方は違いますね。

　**初瀬**　たしかに、国際関係論の川田先生とか、政治学の石田雄さんとか、兵隊経験がありますよね。坂本先生は、1 回目の上海事件を見ているでしょう、子どものときに。

　**中村**　坂本はロサンゼルスで生まれて半年いました。福島県からロサンゼルスに移民していた坂本の祖母が病弱になり、上海に住んでいた坂本の母が手助けに行って、坂本がロサンゼルスで生まれる。半年後にそこから上海に移り、約 9 年間いましたから、日中戦争以降ずっと戦争経験者ですね。

　**初瀬**　松澤弘陽さんという日本政治思想史の先生は、1945 年 4 月に、鹿児島の中学校 4 年生で、佐世保海軍工廠に学徒動員で行っているんです。

　**中村**　松澤先生は坂本より 2 歳半若いですね。

　**初瀬**　そのときの軍の工場で軍隊式の殴るなどの暴力行為や食事のピンはねが進んでいたことを手記に書いています。だから、時と場所で違うから、戦争体験が戦後の国際平和主義に結びつくとしても、いろいろバリエーションがあるということを考えなきゃいけないですよね。

　**毛里**　今おっしゃった「価値ニヒリズム」というのはね、私は、日本の戦後の知的状況、それ自身じゃないだろうかという感じがしますね。たしかに、民主主義に変わったとか、戦争が否定されたとかいうのがありますけど、確信を

もって、じゃあこれで行こうというのがない。もしそういうのがあれば、たとえば、戦争の責任の取り方も、もう少しちゃんとしていたと思います。相当の人々が、「価値ニヒリズム」という病に罹っていたのではないのだろうかという感じが、今、しましたね。

**初瀬** 平和憲法も一種の価値ニヒリズムの中で受け入れた。

**平井** だから、その意味であれば、「大日本帝国の「実在」よりも戦後民主主義の「虚妄」の方に賭ける」という丸山眞男さんの意気込みは、もし、平和憲法を信じなかったら、それこそ価値ニヒリズムの泥沼のなかにはまって、どうにもならないではないか、譲れない普遍的原理を踏み外してはならない、という信念の表れということを感じますね。

**初瀬** なるほどね。

**中村** 坂本義和は1945年に旧制一高の2年生で、寮の友人が学徒出陣するのを寮歌を歌って送っている。当時の彼は、天皇は信仰の対象ではなくても、信仰すべきだということは信じていた。やがて19歳になれば徴兵され、敵の戦車に体当たりして自爆する覚悟をし、死刑執行を待つ囚人の気分でいる。どう死ぬかだけで頭がいっぱいで、なぜ死ななければならないのかを考える手前で思考停止している。すると、突然に戦争が終わった、と言われる。そして混乱のなか誰も助けないので自力で生きるしかない状態に放り出される。では、あの死ぬ覚悟は何だったのか、まったく無意味ではなかったのか、と思う。裏をかえすと、国家もナショナリズムも、それから坂本の場合キリスト教信仰も、何もかも信用できない。そういう自分も信用できない。コアそのものの崩壊感のなかに放り出されている。これは、「次はあなたが死ぬ番です」と言われて、死ぬ覚悟をしたら、「死の行進は無意味でした」という体験ですが、それは、ちょっとした世代の差でもって現象形態が違う。戦争に行って殺す殺されるの対峙をした人、軍隊に入って殴られていた人、それぞれ違うと思います。

**平井** そうだよね。

**中村** 一番の極限は斎藤眞で、ニューギニアの地獄図のなか、凄まじい体験をされて、生きて復員された。帰った斎藤に足があるのをよろこんで、「本当に足ですか」と触ったという伝説が研究室の後輩の間にあった。

**菅** 高木八尺と価値ニヒリズムを考えますと、彼の場合には、アメリカ民主主義の良さをずっと研究してきているわけですから、日本がファシズムとか軍国主義体制に移行していくなかで、自分が研究対象にしているアメリカと、い

ま自分が住んでいる日本の政治・社会の動向というものに相当なギャップを感じたのではないかと思います。

　戦後の知的真空のなかで、アメリカの民主主義、アメリカというものをもう一度研究しなきゃいけないという雰囲気がばあっと出てきます。そういう状況のなかで、高木先生などは、1947 年にアメリカ学会をスタートさせ、アメリカ研究に力を入れなきゃいけない、と思いを新たにする。ですので、アメリカ研究の面でいうと、彼の場合は、価値ニヒリズムみたいな大きなギャップはなかったのではないかという感じもするんです。しかし一方で、近衛が新憲法の草案の作成に取り組む際には、彼を補佐するわけですが、その際、天皇の地位をどう扱うかというときに、人民主権を前面に出すという考えには反対をしており、その点では急激な時代の変化についていけていません。その意味では、やっぱり個人差がある。

　**毛里**　そうですね。それとやっぱり、クリスチャンは違うでしょうね。

　**中村**　南原繁の歌集『形相』の 1941 年 12 月 8 日の項に「人間の常識を超え学識を超えておこれり日本世界と戦う」という和歌があります。そしてこの 12 月の研究会で、「このまま枢軸が勝ったら世界の文化はお終いです」と発言して、丸山ら若い同僚をはげましています。そのため敗戦が明瞭になった時点で「終戦工作」と「戦後の文化再建」に着手する。

　南原より一世代若い丸山は、1946 年 2〜3 月に「超国家主義の論理と心理」を執筆しますが、「敗戦後、半年も思い悩んだ揚句、私は天皇制が日本人の自由な人格形成にとって致命的な障害をなしている、という帰結にようやく到達した……天皇制の「呪力からの解放」はそれほど私にとって容易ならぬ課題であった」と言う。丸山にしてそうなのですから、坂本や平井先生ら若い世代の人間にとって価値意識が「全部飛んじゃう」というのは、当然だったんじゃないかと思います。高畠通敏からも、自分は皇国少年だったが、生徒を軍国主義に駆り立てていた学校体系が上から急に民主主義者に乗り換えていった。その体験が「転向研究」の淵源になった、という話を聞きました。

　**初瀬**　中村さんのお話の中で、南原さんが、ナチスが負けている話に喜んでいたということですが、私の先生だと、江口朴郎さんというのは姫路高校の先生で、そのときに「日本、負ける」と言っていた。

　日本の思想状況に、マルキストというのがいる。これは価値ニヒリズムじゃなくて、マルクス主義信奉者。どっちかというと、さっき最初に平井先生が言っ

たところの問題になると思うんですけど、そこまでは価値が続いているんじゃないですか。

　**初瀬**　私の世代ではニヒリズムになる前の段階がないですね。ニヒリズムなしにすぐに戦後民主主義が始まってしまう。

## 《冷戦と日本の国際関係研究について》

　**初瀬**　冷戦と絡んで日本の中国研究、ソ連研究の特徴、それと日米関係の問題ですね。イデオロギーの問題も入ってきます。中国研究からお願いします。

　**毛里**　1960年代の日本の中国研究において、戦前の日本の中国研究というのがきちんと総括されていない、あるいはきちんと継承されていない、あるいは批判的に克服されていないという状況があります。他方、冷戦という状況は一種の思考停止を生みました。それで幸せだったという面もありますが、知的には、貧しい状態が出ていますね。つまり、すべてをイデオロギーで切ってしまうということによって、その裏にある、もう少し深い、或いはもう少し長期的なもの、価値といったようなものに目が届かなかったのです。そういう意味では、二重の問題を抱えていたというのが冷戦期、1950年代後半から1960年代の日本の中国研究だったと思います。

　ただ、この冷戦期の日本の中国研究の良い点というのは、中国の社会や文化を基本的に理解できることだと思います。そういう常識を、日本の知識人は一応もっている。これは前の世代から引き継いだものです。とくに明示的にどこかで教えてもらったということじゃなくて、日本の文化そのものがアメリカとは違った中国観、あるいは中国への基本的な知識をもたらしたという意味で、決して、日本の中国研究が遅れているというようなことをいう必要はないと思いますね。

　ただし、日本の中国研究が理論から隔絶されていたというところは、大きな問題かも知れない。逆にいうと、国際政治とか、政治学とか、国際関係論とか、こういう一種の理論思考のなかで、中国へのアプローチがもう少しされていたら、もう少し客観的な中国認識が出てきたかもしれない。この「理論のなさ」によって、評論ものに終わってしまうということですね、中国研究では。この問題を今日もやっぱり引きずっているように思います。

　日本の中国研究の優れた点というのは、戦前から続けている満鉄の調査なんかの蓄積ですね。それから、福武直さんの仕事なんかを考えると、世界に類の

ない実態調査という意味では良いものを持っている。それは誇って良いものだと思うし、それをこれから育てて行くということが必要なのでしょう。

よく言うんですが、中国研究も地域研究も、たかが理論されど理論なんですね。理論との苦闘なしに、ある一国の社会現象、政治現象、経済現象をより客観的に理解するということは、多分難しい。その意味では、一旦理論をくぐらせるという作業を、やっぱりやる必要があるように思います。

アメリカの中国研究は理論偏重の気味で、現実がもつ豊かさが消えてしまっていますが、日本はその逆の現象があるように思います。これが1960年代から続いている。そういう意味では、冷戦とは関わりがないかも知れませんが。

**初瀬** 質問ですが。大躍進とか、文化大革命とか、そういうものに何かみんなが引かれている時期、とくに大躍進まではそうですね。文革になると、どうもどこか変だと思いはじめる。それと中ソ対立も目立ってくる。これらとの関係はどうでしょうか。

**毛里** 大躍進評価も文革評価も、根底にあるのは、やっぱり日本でうまくいかないイデオロギー闘争を、中国に投影して行うようなところが多分あったと思います。中国そのものを解明するというよりも、日本がおかれていた、あるいは世界がおかれていた思想的混迷の土台で中国を見つめました。1960年代後半からは思想的大混迷の時代に入りますでしょう、世界全体が。だから、それを中国に投影させて、その色眼鏡で中国を見た場合に、自分の考えていた色眼鏡どおりに中国が動いて、「これは素晴らしい」というのが多分あったと思います。

それから、背景には、日中戦争をめぐる日本の研究者にある「贖罪の気持ち」というのがあって、中国のことを悪く言うのは、かつてやった中国侵略に加担するものだという感覚につながってくる。その歴史に対する贖罪の意識というのは、現実の中国認識を曇らせるということが多分あったと思いますね。

救いは、アメリカのような非常に帰納的な中国研究をやっていると、何とか分かったような気になるわけですね。1970年代は *China Quarterly* などにいろんな良い論文が載るので、「ああ、こういうことか、こういう認識ができるのか」と思いました。日本にいるとそういうことが分からないし、『人民日報』を読めばますます分からなくなるが、アメリカの中国研究の論文を読むと多少は開けてくるという、そういう時代だったように思います。

**平井** 今の毛里さんの言われた贖罪意識ね、それは本当に重要だと思うんで

す。たとえば、ソ連研究というのは、中国研究ほどは、あれほど大きくは揺れ動かなかったですね。右と左はありましたけど、毛沢東派と反毛沢東派みたいな分裂というのがなかったというのは、やっぱり贖罪意識の問題でしょうね。日本人は、ソ連に対しては、贖罪意識はほとんどもっていないでしょう。

　**毛里**　そうですね。被害者意識の方が強いかも知れないですね。

　**平井**　だから、ある意味では客観的になれたということはあるんじゃないでしょうかね。それは重要だと思いますね。

　**毛里**　中国研究の一種の宿命でしょうが、あんなに近い関係の相手の地域研究をするにあたって、純粋、客観的な研究というのはできるのだろうかということを感じますね。そういう純客観的な研究なんていうのは、実はまぼろしなのかも知れない。

　**初瀬**　それは冷戦とはあんまり関係ない？

　**毛里**　どうでしょうね。冷戦状況というのは関係しますね。つまり、イデオロギーの対立ですべて黒白を付けるというところから来る。だけど、中国をめぐっての問題というのは、冷戦をさらに越えているでしょう？

　中ソ対立というのは、冷戦から脱冷戦、次の新冷戦に向かうという感じの、新しいモーメンタムといえましょうか。つまり、冷戦だけでは1960年代後半以降の状況というのは理解できないということじゃないでしょうか。世界は二極に分かれているわけではなく、二極に収まらない大事な事象がたくさんありました。中ソの対立も第三世界の登場も、脱冷戦、次の時代への序曲でした。

　**初瀬**　1960年は安保闘争の年ですが、ここで、アメリカのファクター、日米関係を考えておきたいと思います。

　**菅**　アメリカ研究は、戦前と戦後、かなり連続性があると思います。理由の一つは、高木八尺先生がずっと指導者として後進を育てていくからです。1947年に、高木先生を中心に、過去の反省に立ってアメリカ研究をもう一回やらなくてはいけない、そして、日本の民主化に対しても貢献をしなければならないという新しい思いをもって、アメリカ学会を立ち上げるわけです。

　その第一次のアメリカ学会を立ち上げたメンバーというのは、高木先生の薫陶を受けた方たちです。具体的には、松本重治や藤原守胤さん。藤原先生は、慶応大学の出身ですが、高木先生から博士論文の指導を受けている。中屋健弌先生は、東大の文学部の出身ですが、やはり高木先生の指導を受けている。清水博先生は立教大学のアメリカ研究所にいるのですが、東大の文学部出身で、

高木先生の講義を聴講して、個人的にも指導を受けている。

それから、戦後、関西でアメリカ研究の中心的な担い手になる今津晃先生は、京都大学ですよね。この方も、高木先生の影響をかなり受けていて、「高木に自分は私淑した」と言っている。高木先生自身も、関西のアメリカ研究が立ち上がるときに、今津先生に協力している。この今津門下から、その後、関西アメリカ史研究会の中心メンバーが輩出してきます。

このように、1947年の第一次のアメリカ学会の立ち上げは、高木先生の薫陶を受けていた人達が中心になっている。そして学会の活動として『原典アメリカ史』の編纂をするための勉強会をやるわけです。そうした活動を通して、戦後日本におけるアメリカ研究の方法論やアメリカ史像みたいなものが作り上げられていったということがいえるかと思います。

『原典アメリカ史』というのは、原典資料にもとづく、非常に基礎的な作業の確認ということですから、ある種、実証的な、原典資料中心にアメリカを研究していくという方法論を確立するうえで、このグループが果たした役割は大きい。そういう伝統をその後、斎藤眞先生が引き継いでいきます。ですから、戦前と戦後とのギャップという点でいえば、この第一次のアメリカ学会のメンバーとの間には、連続性の方が強かったといえます。

ただ、一方で、冷戦が日本に持ち込まれて国内冷戦の状況が出現しますから、当然、左右といいますか、マルクス主義的な立場からアメリカ研究やアメリカ資本主義制度の研究を批判的にやっていた人たちとの間には、対立の構図みたいなのが出てきます。アメリカ史解釈が非常に違っていて、マルクス主義史学の立場に立っている人は、アメリカ資本主義を抑圧的で帝国主義的な文脈で捉えるし、アメリカ先住民族の問題とか、奴隷制度といったような差別の構造にも目を向けていきます。ところが、高木八尺先生のラインというのは、アメリカ民主主義の良いところ、ある意味では、明るい面をずっと強調していく。そこから日本が何か戦後学ぶべきことがあるのではないかという観点から研究していく。

この二つのラインが1950年代にはあって、かなり激しく対立していたという印象があります。松田武が『対米依存の起源』(2015年) で、1950年代と1960年代の日本のアメリカ研究を整理していますが、マルクス主義史学の立場に立ったアメリカ研究と、リベラルといいますか、非マルクス主義的な立場に立った研究というのは、全然、対話が成り立たなかったという評価をしています。

個人差があるので、一概にいえないところもありますが、この時期のアメリカ研究というのは、その二つの大きな流れが対立していたようです。

**平井** 高木さんの影響力が強すぎたんじゃないですか。マルクス主義が食い込めなかったという感じだけどね。

**菅** どちらかというと、1950年代から60年代にかけては、高木先生のラインがアメリカ研究を主導してきたんだと思います。高木先生は1950年に定年退官されますが、その後ヘボン講座を1959年に斎藤眞先生が引き継ぐわけです。ヘボン講座は1965年4月に「アメリカ政治外交史講座」と改称されます。齋藤先生が1981年に東大を定年退官されると、今度はそれを五十嵐武士さんが引き継ぐわけです。

鈴木圭介という人も、基本的にはマルクス主義の立場から経済史を研究された方ですが、有賀先生によると、彼のアメリカ経済史の解釈には、アメリカ批判とアメリカへの敬意の双方があり、「アメリカの資本主義の抑圧性と民主的な面」への理解が示されていたという評価です。きわめて先鋭なアメリカ批判を展開した清水知久先生についても、有賀先生は、マルクス主義者が重視する階級にもとづく分析枠組みが、「意味を失いつつあることを認識しはじめていた」ことや、アメリカ研究における人種や民族の要素を強調した点を評価していますね。そういう意味で、マルクス主義者や左派的な立場の研究者との対話が全然ないという感じではなかったようです。

**初瀬** アメリカ研究は、日本の場合、アメリカそのものだけなく、日米安保とか、日米関係の問題を取り上げることも出てきますね。

**菅** それは、冷戦期、なかでも1950年代末から1960年代にかけての日米関係をめぐるアメリカ研究者の立場ということになりますが、アメリカ研究者のなかで、高木八尺から斎藤眞のラインというのは、研究対象をアメリカに限定していて、あんまり日米関係そのものを学術的に研究するということはしていません。最近は、アメリカ政治外交の研究者でない人が、専門家として発言したり、執筆したりする例が目立ちますが、その点、斎藤先生はかなり禁欲的だったと思います。また、国内で起きている左右両派のイデオロギー的な対立から距離をおき、アメリカに的を絞って研究してきたという印象です。とくに、独立革命の研究にエネルギーを注がれたと思います。

**初瀬** 冷戦関係の研究で、冷戦時代の日米関係あるいは日米安保について発言するのは、アメリカ研究者以外の人、いわゆる国際政治あるいは日本外交史

の研究者が多いですね。

**菅** おっしゃる通り、日米関係に関しては、日本外交史や国際政治の研究者の活動が目立ちますね。しかし、斎藤眞先生のあとになると、有賀貞先生のように、アメリカ研究者の立場から日米関係を研究する人も現れました。有賀先生の場合、どこかで書いておられましたが、70年代以降日米経済摩擦が激化しアメリカの対日批判が激しさを増すなか、日本のアメリカ研究者は日米相互理解の促進に十分な貢献をしていないという反省があったようです。それを一つのまとまった研究書として上梓したのは五十嵐武士さんですね。彼は、平和国家日本の外交のあるべき姿という観点から書いた論文集『日米関係と東アジア』を刊行しています。

では、斎藤眞先生が日米関係について何も発信していないかというと、そうではありません。『中央公論』とか『世界』とかにすぐれた評論を執筆しています。それを読むと、当時の時代風潮を反映して、とくに1960年の改定安保については批判的です。

1952年の時点では占領期だったので、日米安保条約の締結は、「ある程度はやむをえない」面があった。しかし、1960年の改定安保というのは、独立をした後に、自ら進んで冷戦の一方に加担するという選択を積極的にしたのであるから、日本としての責任はあるというのが斎藤先生の考えです。

しかも、1960年安保改定の中心人物は岸信介です。戦争責任を問われる立場の人が日本の首相になり、しかも日米安保改定の当事者になってアメリカにコミットする。こういうのは、「どう見てもおかしいという論理か心理かがある」ということを言ってます。ですから、斎藤先生は、日米安保についての考え方を明確にお持ちで、『中央公論』とか『世界』などでは、そういう見解を表明しておられるが、日米関係を学術的な研究対象とするというのではなかったようです。

1970年代になってくると、ベトナム戦争の時代ですので、民主主義の国アメリカという単純な見方ではなくて、アメリカの歴史にはこれまで論じられなかった系譜というのがあるのだという観点から、清水知久先生のように、アメリカ史を帝国の歴史として描く研究者が出てきます。『アメリカ帝国主義成立史の研究』を著した高橋章先生もそうした流れに位置づけられると思います。彼らのアメリカ批判は、国内で抑圧されてきたマイノリティや弱者のおかれている状況にも向けられることになり、富田虎男先生は先住民族の研究、本田創

造先生は黒人研究に力を入れられる。清水、高橋、富田による共著『アメリカ史研究入門』(1974年) は、そうした時代の影響を反映している。本書は、「書斎における所産というよりは、一種のポリティカル・スカラーシップの所産」だと述べています。著者たちは、「アメリカ史を帝国の歴史として捉え、差別の全体系としての帝国に反対するという立場」を共有するとし、アメリカのベトナム侵略と日米安保への反対を表明している。

　清水先生は『ベトナム戦争の時代』(1985年) や『米国先住民の歴史』(1986年) といった著書もあり、リベラル左派的な立場の人で、マルクス主義者ではないのですけれども、アメリカでいうと、ニューレフトといわれている人たちとか、ウィスコンシン大学のウィスコンシン学派ですね、ウィリアム・A・ウィリアムズ (William A. Williams) の「門戸開放帝国主義論」の影響を受けた人です。清水先生は、ウィスコンシン大学でウィリアムズの授業を受講しており、高橋先生は同大学で在外研究をしている。

　**初瀬**　清水知久の後ろというのは、どんな風につながるんですか。

　**菅**　清水先生の直接のお弟子さんの話はあまり聞きませんが、当時、ベ平連などで活動して、『アメリカの戦争と日米安保体制』という本を書いている島川雅史 (立教女学院短期大学) さんは、清水さんのアメリカ観に近いのではないかと思います。

　あとは、1974年にアメリカ史研究会 (現日本アメリカ史学会) を立ち上げた、比較的若手の研究者たちは、ベトナム反戦運動など時代の影響を受けており、それまでのアメリカ史像では捉えきれていなかったアメリカ像を描くという面が強い。『ベトナム戦争のアメリカ』を著した白井洋子さんは、学部時代に清水さんの授業を受けています。

　**初瀬**　だから、日米安保研究者のなかに、アメリカをよく知らない人たちがたくさん混じり込んで入っちゃった。日本外交史の人が多いですよね。

　**菅**　そうですね。日本外交史が専門なのだけれども、日米関係をやるというので、アメリカ学会に入っている人も結構いますね。

　**初瀬**　その人達は、まあ、戦後世代ですから、アメリカン・デモクラシーをそのまま受け入れちゃっているんですかね。

　**菅**　アメリカン・デモクラシーに対する批判的な視点は希薄化している感じですね。それにともない、日米安保批判も薄れてきている。

座談会

## 《日本国際政治学会設立の前後について》

**初瀬** 次に、日本国際政治学会の設立とその後の発展を見ておきたいと思います。設立は1956年で、第1回研究総会は翌1957年でした。

**平井** 国際政治学会が誕生した当時ですが、私は、国際政治学会の初代の副理事長であり事実上学会を作ったといってもいい田中直吉先生の助手をやっていました。だからこの学会が出来るころは、田中先生や神川彦松先生が話をしている会合にもよく出ていました。

初代の理事の名簿では、理事全体が39人いるなかで、外交史が16人、国際法が5人、国際政治学と強いていえばいえるのが2人、あとは新聞社の関係とか外務省の人とか。圧倒的に歴史関係が多いというのが、目立つ点です。

2点目は、東大法学部の現役の先生が誰も入っていないことです。驚くべき出発なんですね。東大出身者はもちろんいるのですが、法学部で講義をしたりあるいは研究したりしている人がいない。大学院の学生も入れることになったんですが、東大法学部の大学院生は誰も入っていないんです。

初代理事長の神川先生が、戦後の公職追放に引っ掛かって、東大の審査ではパスしたが、法学部で駄目だと言われて東大を去ったといわれています。この確執があるというのが一説です。田中先生は東大を入れなくては格好がつかないと言ったにもかかわらず、神川先生の方がネガティブだった。それから東大の方も、おそらく田中先生からは話があったと思うんです。それに対して、（大東亜共栄圏論者の）神川が作るような学会にはというような否定的な空気があったのではないでしょうか。

東大系で入ったのは教養学部の江口朴郎教授や東文研の植田捷雄教授などで、その門下生も入ってきて、この人たちからは、将来的に学会を支える人も出てきます。

**中村** 戦時中に何をやったのかについて、確執があったと推測しています。神川もそのことを意識して、それに対するカウンターとして学会を作ったと公言されておられる。

私は1974年に法学部の助手になります。そのころ、植田捷雄門下である関寛治は東洋文化研究所所属で会員でしたが、私は1974年に、坂本義和から「君の世代は君の世代だ、当然自由である。自分は何をしたかで共に学ぶかどうか判断する」と言われました。

**平井** 国際政治学会は神川先生の存在が薄れてから、東大の人たちが段々と

協力するようになった。まず有力な人物としては永井陽之助さん。その前に、東大から外れた一橋大の細谷千博さんは最初からの理事です。清濁を併せ飲む戦中派の細谷さんが理事長になる（1976年）前後から、東大系の人が段々と入るようになってきた。

　規模の大きな学会になって行くんですがね、理論的な香りを持ち込んだのは関さんかな。武者小路さんと関さん、あの二人が理論を持ってきたようなものです。学会のいつも名物になっていた永井・関論争をご存知ですか。関さんがちょっと社会工学めいたことを言うと、永井さんがすぐに立って、「あんた、そんなことを言うから駄目だ。国際政治、外交というのは橋を造るのとは違うんだ」と反論する。皆も面白がって聞いていたんですよ。ああいうおおっぴらで論争的な空気というのはなくなったね。学会としては寂しいですね。

　初期の学会で理論面が弱かった理由は、外交史畑の会員が多かったことに加えて、東大系の人があまり入っていないことが決定的でしたね。僕が東京に移って間もなく、篠原一さんに薦められたのは、スナイダーの *Decision Making Process*。やっぱり東大は凄いなと思った。アメリカのランド研究所から出たばかりのパンフレットみたいなやつなんですよ。どこであんなのを手に入れたのかな。びっくりしてね。理論の空白を埋めてくれたのは、東大の勢力だというのが僕の印象です。

　国際政治学会は最初から修士課程の院生も会員になれた。だから数がすぐに増えた。『現実主義者の平和論』（1963年）で非武装中立論を正面から批判し一躍脚光を浴びるようになった京都大学の高坂正堯さんは、学会のメンバーではあったものの大会には一度も顔を出していません。

　設立趣意書に面白いことが書かれているんです。International Relations というのは、非常に新しい学問である、だから我々と欧米が出発点において差がない学問だということを謳っているんですが、その内容として何を考えていたかというと、国際政治学、国際政治史、それから国際経済。この三つを束ねる全体としての領域が国際関係という風に最初は捉えていたんですね。そのなかでも国際政治史の研究者が突出して多かった。

　**初瀬**　対外政策決定過程のスナイダー・モデルは、画期的でした。関さんは、スナイダー・モデルを使って論文を書かれましたね。

　**中村**　関はほとんどご自分がスナイダーかグレン・ペイジになったような雰囲気でお話しされました。ここで、少し話を戦後の学術状況にもどしてみます

が、高橋進と二人で、戦後の国際政治認識の発生がどこにあるのかを調べたことがあります(「戦後日本の平和論」『世界』1978年6月号)。先ほどのお話でいうと、「知的ニヒリズム」をどうやって先達たちが巻き戻そうとしたかという点に焦点を当てて考えました。

　1948年7月13日に発表された「戦争をひきおこす緊迫の原因に関して、ユネスコの8人の社会科学者によってなされた声明」(『世界』1985年7月臨時増刊号に収録)に呼応して、平和問題談話会*というのが作られる。そこで議論されたことが多分最初ではないか。

\* 『世界』編集長の吉野源三郎と哲学者の久野収が呼び掛け、1948年11月から東京では安倍能成と和辻哲郎を中心に、京都では恒藤恭と末川博を中心に討論が行われ、12月12日に東西連合総会(後述の平和問題討議会)が開かれ、翌1949年1月の「戦争と平和に関する日本の科学者の声明」には55名の学者が署名した(『世界』1949年3月号掲載。前掲『世界』臨時増刊号に掲載)。この声明に加わった学者によって、平和問題談話会が組織された。

　『世界』(1985年7月臨時増刊)の「戦後平和論の源流——平和問題談話会を中心に」特集に掲載されている資料を、高橋進が発掘した。そこに1948年12月12日の「平和問題討議会議事録」が掲載されていますが、「知識人の戦争の責任というのは何だ」という議論で紛糾し、メンバーのなかで一番若い丸山眞男が「侵略戦争を防止することが出来なかったということについて、特に日本の社会科学者の責任がある」と自己反省すると一番最初に謳っておくことが必要、と言って議論を収めています。

　丸山の『後衛の位置から』には「悔恨の共同体」という言い方が出てきます。自分自身の責任を反省する議論からスタートした。48年12月の議論の出発点は凄まじいです。羽仁五郎が、出席していた特定の人物を念頭に、「このメンバーに戦争責任を取るべき人間がおるぞ」という趣旨の発言をする。それはヒートした。これは当然分裂するだろうなと思っていたら、自らにも戦争責任があることを引き受けつつ何とかもたせていったのは、オールド・リベラルたち、安倍能成や和辻哲郎たちの良心でしょう。

　戦争責任論をどう引き受けて議論するか、その後の教育と研究をどうするかという議論がスタートだったのではないかというのが、戦後の前と後で非常にシャープに切れているところだろうと思います。

平和問題談話会のメンバーは物凄く多様で、安倍能成が議長をやり、和辻哲郎や仁科芳雄や鈴木大拙が発言している。そこに朝鮮戦争が起きる。朝鮮戦争が起きたところで、また紛糾した議論をする。1950年9月に「平和問題談話会」が発表した「三たび平和について」(1950年12月『世界』掲載)では、清水幾太郎が前文を書いて、丸山が第一章と第二章を書き、鵜飼信成が第三章、都留重人が第四章を書く。その丸山の書いた二つの章が、戦後の国際政治学の出発点ではないか。

　そのころ大学生だった坂本はもちろんそれをよく知っていて、1970年代半ばに英文に訳します。冷戦のはてに朝鮮で戦争が起き、第三次世界大戦になると世界中が思っているときに、短期的には平和共存が崩れるが、長期的には平和共存できるという認識を丸山が出す。それは世界的に見ても新しい認識だったということを、同時代的に坂本が、そしてのちに高橋が発見していく。

**平井**　そういう流れが、学会のなかでどのように取り込まれたのかという検討は一つあると思うんです。つまり神川先生は、学会誌の第3号『日本外交史研究　明治時代』のなかの「近代国際政治史における日本」という論稿で、「大東亜共栄圏」という言葉を使い、「アジア諸民族を解放しようと念願して」決起したのだとはっきり書いているんですよ。われわれがそれに影響されたということはないにしても、その見方というのは、ずっとあるわけでしょう。このことが学会のなかで正面から取り上げられたこともない。外交「史」で行くからね。つまり、現実の国際政治と切り結ぶというところが非常に弱いわけ。

　外交史で、たとえば、対華二十一カ条要求の研究とか、第一次世界大戦における青島占領の影響とか、実証主義に沈潜してしまって、「大東亜戦争」の評価をめぐる論議にはなってこない。現実の国際政治の生きた動態を扱わないで、史実の確証が学会の大勢であった。このことが初期の国際政治学会の大きな限界ではなかったかと僕は思うんです。もちろんその評価はさまざまでしょうが。

**毛里**　それももちろんあるでしょうけど、歴史認識に対する違い以上に深刻な問題は、多分日米関係を含め、日本がどのような道を歩むかについての対立を一種覆い隠したことでしょう。そういうことができたということは、逆にいうと日本が、アメリカに依存した「選ばなくてもいい」国際関係のなかにいた。アメリカ依存は所与のものであり、これに対抗する事項を選ぶわけにはいかない。社会党的な、要するに反対論のための反対はやるけれども、それは、もう一つのオプションとして出てくるわけではないというようなものが、学会に正

直に反映しているということなんでしょうね、凄く客観的にいうと。
　**平井**　そうそう。日米安保は取り上げられているけれど、冷戦そのものを取り上げたのはかなり後になってからです。
　**毛里**　そうですよね。当時は取り上げていないですよね。
　**中村**　先程の平和問題談話会が創基されたのは、1948年の段階で、同会が応答しようとしたユネスコの8人の社会科学者には「鉄のカーテン」を超えてハンガリーのアレキサンドル・サライが参加していましたので、冷戦がそんなにまだ酷くない。1950年の「三たび平和について」の前に2回宣言文が出ています。その目的を1968年に坂本が丸山に質問していますが、その段階での平和問題談話会は、「冷戦の克服」よりも、朝鮮戦争が日本を巻き込んだ第三次世界大戦になるかもしれない状況下で、今度こそ壊滅的な世界戦争をもう一度繰り返すのかという問題の方が主旋律だった。たとえば坂本は、第一高等学校の1944年の入学式のときに安倍能成校長から「君たちは長くは勉強できないだろう」と言われている。安倍と学徒出陣世代の坂本の世代間の緊張は、強かったんだろうと思います。先ほどの話に戻ると、国際政治の主題である戦争と帝国統治について自分が何をしたかを自己肯定するグループ（神川彦松等）に対して、坂本が「共に学問をする意味がない」と思ったのは、私は理解できました。
　**平井**　日本の学問的な風土を感じますね。一つは蛸壺文化。丸山さんが批判してもなくならず、依然として蛸壺なんですよ。「大東亜戦争」論がまだ通っている国際政治学会と平和問題談話会とが丁々発止と議論するというようなことがない。それからもう一つ、蓄積としてずっと引き継がれない。みんな単発的でしょう。あるときはいいことをやるんだけれど、後が続かない。こういう日本の学問的風土というのは、国際政治学会でもあるのではないか。一つのことを丹念に執念深くやるという土壌というのはないね。
　**中村**　戦前の理解の仕方ですが、1937年から47年の10年間が一固まりで、日本は国際的孤立し、思想的抑圧は強い。しかし、それより前は、日本もワシントン体制的な国際化の時代、思想的にはリベラリズムの時代だった。
　私の経験談ですが、1974年に助手になったとき、坂野正高先生から最初に言われたのが「坂本君はロサンゼルス生まれで上海育ちだよ、僕はニューヨーク生まれだ。衛藤瀋吉君は瀋陽だ。武者小路君はブリュッセルで生まれている。中村君、君はどこで生まれたの」でした。国際体験抜きで国際政治を勉強する

のは君らがはじめてで、覚悟はあるのかという恐ろしい問いかけでした。今でも心に残っています。日本にも1920年代には外国生まれが普通だったし、イギリス帝国とのパラレルでもあった。

　平井　関さんはソウルだしね。

《研究データ・資料・方法の開拓について》
　中村　戦後、坂本、川田侃、高畠通敏らは、アメリカへ留学しているが、そのインパクトが大きかったのか、それほどでもなかったのかという、この判断は結構難しいし、人によって多様である。

　坂本は大学で丸山ゼミに入って、ヘーゲルとマンハイムを読み、エドマンド・バークの論文を書いて、アメリカに行きます。アメリカでモーゲンソーを師として学んで、プリンストンとヨーロッパを周って帰ってくる。その坂本に「何が一番シカゴ大でカルチャーショックでしたか」と聞いたら、「Q・ライトの国際法の判例評釈」という答えで、びっくりしました。川田著『国際関係概論』の書評のなかで、坂本はモーゲンソーについて「非常に複雑な世界政治を power politics という一つの切り口を持って体系化した」と評しています。学の水準として、物凄く高いものをアメリカで体験したという意識はない。坂本は、ケナンとモーゲンソーの権力政治的視点を「ヨーロッパの常識」と米国留学当時に感じている。

　ですから、さっきからの連続説、断絶説でいうと、思想史から入る日本の理論研究は、相当の水準に達していて、その面でのアメリカは後進国であった。坂本は、メリアムから始まるアメリカ政治学の概念を、工具としてまったく普通に活用している。1960年代に坂本は数学の家庭教師をつけたほど行動科学に一時は本気だった。1964年にゲッコウ（Harold Guetzkow）とラパポート（Anatol Rapoport）に会っている。ですが、アメリカ政治学の「科学」としてのインパクトは両義的で、大きいとは思えない。これが坂本です。

　他方、関寛治はゲッコウとラパポートから受けたインパクトが非常に大きかった。関の1960年代の論文が日本で行動科学的といわれる最初の国際政治だったのではないか。彼のやろうとしたことは二つあって、一つはデータです。社会科学は実験できないが、シミュレーションをやればデータを取れると、彼は確信していた。もう一つは手法としてのゲーム論で、あるシチュエーションを心理状況的に表現する言語として日本に定着させた最も早いものだと思いま

す。関はそれを早く取り入れた。けれども、前者のシミュレーションのデータが成果になって出せたかどうかについては、私には分からない。

自分がやってきたことを言いますと、私は戦争データができないかと思って、人生の３分の１ぐらいは、データづくりをやっている。でも、やっていけばやっていくだけ障害に当り、歴史研究、ドキュメンテーションの研究に近づいていった。

**初瀬** 定量的なデータとは別に、普通の実証的な歴史研究上のデータを使っての研究の発展というのは、たとえば、ソ連研究とか、あるいはアメリカ研究で、どういう風な流れで展開してきたのでしょうか。

**平井** 日本のソ連研究は、冷戦イデオロギーのバイアスのかかったアメリカの「ソビエト・スタディーズ」の影響をそれほど受けなかったように思います。ただし、日本のソ連研究が「スターリン主義」のトータルで客観的な分析を避けてきたことも関係があったのかも知れません。もちろん渓内謙さんのような例外的な研究もありましたが。

それと資料上の制約ですね。情報統制が徹底していたソ連では、ナマの資料がなかなか外に出てこない。したがって、資料が比較的整っている革命史とか、ソ連が「普通の国」の顔を見せる外交の分野での研究に、研究の重点がおかれやすかったといえるのではないでしょうか。

資料の壁が破られるのは、1980年代後半以降のいわゆる「アーカイヴ革命」のお陰です。日本でも、下斗米伸夫さんや富田武さんはじめ多くの若い方が新史料の発掘に挑戦していきます。帝国として、あるいは一つの文明としてソ連を見直す研究も出てきました。

それともう一つ良かったのは、ソ連研究には、高木さんのような巨峰がいなかった。誰がやっても小さな峰にはなれるというのは、ある意味では活性化の源であったと思うんです。

ところが今の若い人はあまりソ連研究に関心をもたないせいか、新しい人が育たない。僕たちから少し若い世代までは、冷戦でロシアを悪者にすることもまったくなくて、かなりみんな伸び伸びとやってきたし、それなりの仕事をしたと思っています。

**毛里** ロシアはとても面白いのに。

**平井** なぜでしょうね。それがよく分かりません。

**菅** データのお話ですが、斎藤眞先生のオーラル・ヒストリーでの発言を中

心にちょっと話をします。

　高木八尺先生がアメリカ研究の開拓期の指導者と位置づけられるとすれば、発展期の指導者は斎藤先生だと思います。有賀貞先生はそういう評価ですが、私自身もほぼ同様な見方をしています。

　今のわれわれは、ワシントンDCに行って、アメリカ国立公文書館や大統領図書館で資料をコピーしてきて、それを読むなかでアメリカの特徴とかパターンとか問題点みたいなものを摘出していくというやり方をとっていますが、斎藤先生の時代は、資料へのアクセスが十分ではありませんでした。

　ではどうするかというと、『原典アメリカ史』の編纂だとか、Federalist Papersなどのアメリカの原典資料に依拠して研究するというスタイルです。また、後進の研究者のために原典資料を翻訳する仕事に多くの時間を割いています。斎藤先生の場合、その原典資料を徹底的に読み込むという形で、アメリカの全体像に迫ろうとした。われわれの世代のアメリカ外交史の研究者と比べると、はるかに厳しい研究環境条件で研究されたにもかかわらず、非常に魅力的なアメリカ理解の枠組みというのを作り上げられた。逆にいうと、一次史料が入手できれば、すぐれた研究ができるというものでもないということでもあろうかと思います。

　斎藤先生は1950年から1953年まで、ロックフェラー財団の資金を貰ってアメリカで在外研究に従事します。そのときはマッカーシズムの時代で、高木八尺が描いたアメリカ像とは非常に違うアメリカ社会のあり様を目の当たりにして、なぜマッカーシズムのような現象が、自由や多様性を尊重するような社会で出現するのかと考え、その解明をめざした。『アメリカ自由主義の伝統』という本を書いたルイス・ハーツなどの授業に出たりしているなかで、アメリカを理解するための独自の認識枠みを作り上げていくわけです。

　彼は、アメリカ史の文脈のなかでアメリカを理解する必要があると言っています。1950年代半ばぐらいまでのアメリカ史像とは違うアメリカ社会が出現したことをどう説明するかということについて、アメリカ社会のなかに「自由」と「統合」という二つの力学が働いているという点に着目し、アメリカ理解の枠組みを考え出したという意味で、やはり独自性を感じます。

　研究以外にも、斎藤先生は、アメリカ研究者の全国的なネットワークの形成に非常に努められた。東京を中心に1947年に発足したアメリカ学会は一旦立ち消えて、1966年に再スタートする。そのときに、斎藤先生は関西や沖縄に

何度も足を運んで、関西のアメリカ史研究者や、琉球大学の宮里政玄さんたちとの間のネットワークを作った。全国的なアメリカ研究のネットワークの形成に尽力されたという点で大きな貢献をされた。

もう一つは、アメリカの資金を導入して、たとえばフルブライト委員会や新渡戸フェローの選考委員なども務めておられて、若手研究者をアメリカに留学させ、アメリカの研究者との間のネットワークを作っていくという貢献をされています。有賀貞先生などもそうした努力を続けられた方ですね。

また、斎藤先生のオーラル・ヒストリーのなかで印象に残っているのは、外国研究としてのアメリカ研究という立ち位置の問題について次のように述べている点です。日本人がアメリカ研究をする意味は何であるか。アメリカ人研究者がアメリカ社会にいるがゆえに容易に気づかないアメリカ社会の特徴とか問題点みたいなのがあるのではないか。外国研究としてのアメリカ研究という立場にこだわりすぎるのも問題かもしれませんが、そういうことも念頭におきながら、アメリカと一定の距離を置き研究するという心構えも必要ではないかと思いますね。

**平井** 個人的に菅さんに聞きたいんだけどね。菅さんが最近書いているものというのは、物凄くアメリカ批判が鋭角的になった感じがするんですよ。そういうきっかけになるような事件や研究があったんですか？

**菅** 内外の外交史研究者からいろいろと影響を受けていますが、私がアメリカの大学に留学をしたのが1965年9月で、ちょうど1965年の春からベトナム戦争がエスカレートしてきて、アメリカのベトナム戦争介入の賛否をめぐってキャンパスは騒然としていました。そういう雰囲気のなかで、ベトナム戦争賛成派の教授の授業を受講したり、あるいは反対の立場の研究者の本を読んだりしたということが、一つは出発点になっているかも知れません。その後のアメリカは、戦争をしょっちゅう繰り返しています。9・11後の対アフガニスタン、イラク戦争もそうです。アメリカはなぜこんなに繰り返し戦争をしていくのか、一つには、そういう問題関心があります。留学中に冷戦史の分野でも冷戦の起源論をめぐる白熱した論争がアメリカ学会でも展開されており、そうしたなかで、先に触れましたニューレフトの外交史研究やウィスコンシン学派のアメリカ帝国批判が現れ、そのようなアメリカ外交史研究のアプローチに魅力を感じたということもあります。

もう一つは、日米安保体制下で自立外交の基盤をなかなか構築できない戦後

日本外交のあり方に対する不満の裏返しという面もあります。この問題は、基本的には日本人自身の問題ですが、他方で日米安保体制を巧みに利用しながら親米政権の担い手をコラボレーターとして育成し、アメリカの世界戦略の補完的役割を担わせるために身勝手な要求をしてくる国益優先の論理と、独自の秩序構想を提示するでもなくそれに追随している日本外交の不甲斐なさ、その結果として、唯一世界に誇ることのできる平和国家日本という戦後の遺産を台無しにしてしまうような政治の現状と日米関係のあり様に対する苛立ちのようなものが背景にあるのかもしれません。

　**毛里**　戦争をしないと生きていられない国になっているのでしょう、多分。

　**菅**　いつ、どこでアメリカ社会の変化、変質みたいなのが起きたのかというところに関心があって、そうした変化は第二次世界大戦中から冷戦期にかけて生じたと考えているので、冷戦史を研究している面もある。そういうことから見ていくと、何か批判的になってしまうところがあります。

　**毛里**　マッカーシズムもあったことだし。やっぱりいくつもの顔をもっているのではないでしょうか、アメリカ自身がね。

　**初瀬**　今日のこれまでの議論で、従属論の話がないですよね。また、従属論とは直接関係ないけれど、内発的発展論とか相互依存論について、何かご意見があればお願いします。

　**毛里**　内発的発展って、私駄目なんです。鶴見和子先生、宇野重昭先生、中国の費孝通さんとかと研究会は３年くらいやって非常に面白かったのですが、鶴見・宇野派は内発的発展論で、「西欧的近代化、ショックとしてのウェスタン・インパクトとか、そういうものはもう捨てなさい。後発国の持っている自然のエネルギーというか、そこに発展契機があった」と言う。たとえば中国における農村の都市化についても、都市化をしてスラムになるというのが近代西洋社会の歩んできた道ですよね。私が、絶対にそうなる、農村で大量の労働力が余って都市にいっぱい溢れてきて、そうしたらやっぱり中国も同じ道を歩む、という話をしたら、いやそうではない、農村と都市の間の中間的な道を通って、内発的な発展ができると主張なさるのです。私は、それは口で言っているだけで実際の可能性というのは少ないのではないかと反論しました。

　やっぱり一つの考え方、もっといえば「思想」ですよね。けれども、希望をそれに託したけれど、今までの経験からいうと、東南アジアも含めて内発的発展は実現しているのでしょうか。

座談会

　**初瀬**　マルキシズムに行くのも希望を託すわけだよね。でも国際的相互依存論とか国際統合論に希望を託したら、一時期は時期尚早だったけれど、時代状況が後から追いついてきて現実化した。主流の国際政治学以外のところで、別なものを探してくるというのがあるのかも知れない。

《若い研究者へのメッセージ》
　**初瀬**　最後に若い研究者へのメッセージをお願いします。
　**毛里**　国際関係と地域研究の緊張についてお話をしたいと思います。第一のポイントは、地域研究というのは、ある地域をトータルに理解する、要するに普通のディシプリンとは違う土俵にある学問の仕方だと思うんです。いくつかのディシプリンを運用することによって、別の地平を開こうという風に考えているのだろうと思うんです。うまくいくかどうかは分からないですね。なかなかうまくいかない。

　地域研究者は、そうしたディシプリンを非常に注意深く横目に見ながら、そして利用しながら、そしてそれの検証に自分の地域研究が耐えられるかどうかをいつも見ていかなければいけない。自分の地域研究を採点していかなければいけないというのが、今の私の立場なんです。そういう方向でやっていきたいし、中国という地域研究を若い人々にやって欲しいと思います。それが一つ目のポイントです。

　もう一つのポイントは、違う出自の国際関係論。国際関係論というのは、実は国籍はアメリカではないのか、と私は思います。アメリカ国籍の理論が世界籍、グローバルな所属を名乗っていると思うことが多いです。ですから、国際関係の理論のなかにアメリカの国益が実は反映してしまっていることには要注意ですが、最近では英国学派が出てきて、違う系列の国際関係理論の登場があったことは、大変良いことだと思います。アメリカ型のディシプリン先行型の国際関係理論に対する一つのアンチテーゼとして。

　最後に、日本の国際政治研究者に少し野心的になってもらいたいと思います。研究が蛸壺化して、そして没価値的になってきているように感じます。ある意味非常に危険。価値に対してニュートラルであることの意味が非常に強調される時代に入って、国際政治あるいは国際関係論が何か非常に些末というか、細かいところに行きつつある。

　そういうなかで、日本の研究者がもう少し世界を見ながら、東アジアの国際

秩序がどういう国際政治のフレームワークを使えば平和的になり、あるいは和解ができるだろうかというぐらいの問題意識をもちながら、日本発の国際関係論というものに挑戦するような人が出てきてもいいのではないかなと私は思います。アメリカの国際政治学に期待はできないし、中国の学界にもちょっと期待できない。日本の知的土壌というものは豊かなものがあるし、また何よりも、戦後日本の経験は大変ユニークだと思いますので、そこから新理論が出てくるのではないか、そういう期待をもっています。

**平井** ときどき研究会なんかに顔を出して感じるのは、何か研究者が浮き足立っているということです。どっしりと落ち着いて、食いついたら離れないというような形で論文を書くのではなくて、ちょっと読んだらすぐにそれを活字にしたがるという傾向がある。

これはやっぱり指導教授、先導者の責任というのが非常に大きい。もし、先達なしに自分で研究をしてたどり着いた結論であっても、それが、本当に通用力があるかどうかを検討するためには謙虚であるべきだ。非常に独断的な論文で、書きっぱなし出しっぱなしということを一番恐れます。国際関係をやっても職がないとか業績主義とかの所為かも知れないが、食いついたら離れないという粘り強さが若い人には欠けているのではないかということをまず言いたいですね。

それから、今まで皆さんが言われたことですが、もうちょっと大きな骨太のスキームでやってみる。論理的に綺麗に成功しているかも知れないが、全体から見ればそれはどうなんだというような反省をふまえないで、とにかく細かなところを一生懸命、顕微鏡的な研究をしている。これもあまり良くはないのではないか。そういう点では、僕らの時代とは大分変わったなという印象を受けますね。

**菅** 同感です。最近のアメリカ研究は専門性が要求されるものだから、逆に総合性というか、アメリカ史の全体像を骨太に掴みとってアメリカという国家の核心とか本質に迫ろうとする問題意識が弱くなっていて、知識が断片化している。あまりにも実証主義に走りすぎるのでアメリカの全体像が見えなくなっていくという傾向があると私も思います。研究の細分化と全体像の把握というのは、なかなか難しい問題です。

平井先生と比較的近い年代の斎藤眞先生も同じことを言っています。「資料の入手も非常に容易になっていて、アメリカにも簡単に出かけられる。そのた

め、あまりにも専門化しすぎて、何のためにそこをやっているのか、それがアメリカ理解とどうつながっているのかということが分からなくなっている。それは困る」といった趣旨のことを仰っている。また、若い研究者のテーマの選び方についても、他の研究者がここをやっていないからやるとか、資料があるからやるとか、そういう選び方で良いのかと批判しています。「やられていないことは大して重要でないかもしれない」からです。

　それから、もう一つ、アメリカ外交史に関していえば、アメリカ人の研究成果は引用するが、日本人の研究成果を批判的に摂取して書いていくという研究姿勢に欠け、そうした状況は依然として続いているのではないかという印象をもっています。

　斎藤先生も「外国研究というと、日本の中の研究を無視して、外国の研究を引用し、参照する。それが何か研究らしい研究と思われていることなきにしもあらず」という風におっしゃっている。そういう意味では、今回の初瀬科研のように、これまで日本のなかで先達が残してきた国際関係の研究成果というのをきちっと検証し直して、そこから自分の研究テーマを生み出していくという姿勢が、日本におけるアメリカ外交史研究者の場合も求められているのではないかと思っています。

　もう一つ付け加えさせていただくならば、一次資料にアクセスできるようになったがゆえに、publish or perish（「発表せよ、さもなくば滅びよ」）みたいな競争の激しい研究環境のなかで、就職ポストを探すために、とにかく何か書かなくてはいけない、博論を出版しないといけないという状況になってきている。そうしたなかで、十分練り上げないで論文を書くという人も出てきているような感じがしないでもないわけです。

　そういう点でいうと、斎藤先生の場合は、個々の論文をそれまでたくさん書いておられるんだけれども、かの有名な『アメリカ政治外交史』が出たのは1975年ですから、随分あとになってからですね。つまり論文をたくさん書いていって、その積み重ねのなかで自分なりの、これまで作り上げてきた枠組みを、そこで一挙に出していくという風な本の出し方をしておられる。そういう意味で、急いで資料にアクセスして、何か論文らしいものができあがったから出すというのは、以前とは少し考え方が違ってきているのかなと思います。

　**毛里**　それはドクター論文に原因があるのではないでしょうか。きちんとしたもの、体系的なものでしっかりしたもの、学術レベルの高い完璧なものを若

いうちに書かなくてはいけないと考えられている。私は、博士論文はあまり大げさなものでなく、試論的で野心的なものであればよい、と言うのですけれども、それではいけないって。高いレベルの、（実は面白くない）あるべきドクター論文が眼前にあるがゆえに、今の日本の人材育成には本末転倒の状況があるように思えます。ドクター論文の為に物凄くすり減らすわりには、いい人材がなかなか育たない。

　平井　それに多少関係するのは、悪しき資料主義がはびこっているということ。要するに原資料に当たれば良い論文ができると思い込んでいるんです。これはまた指導に当たる人たちの問題だと思うんですがね。

　菅　アメリカ外交史研究に限定していうならば、注を見ると英語で書かれた論文とか本が数冊挙げられているだけの場合が見かけられる。日本の研究者がこれまで書いてきたものをどう消化したかというところが見えないような論文が増えている印象です。それもちょっと問題だなと思います。

　平井　外交史の分野でも、既存の欧米の外交文書集にみんな出ているにもかかわらず、原資料に当たったからいかにも新しい研究でしょうというような論文がありますよ。あんなのは怠慢というより無駄ですね。無駄なことをやっている。

　初瀬　それでは中村さん、締めを。

　中村　日本の国際政治学は、第一次大戦以降の国際連盟とともに生まれ、その後比喩的にいえば歴史と並走してきた。そして、その時々の日本の最高の知性が、苦闘した結果を論考に残している。南原が書いた「カントにおける国際政治の理念」1927年（のちに「カントにおける世界秩序の理念」と改題され『国家と宗教』1942年に収録）が最も早い。高い水準の知的遺産で90年たった今も、読むと感動的であるが、若い世代は読んでいない。戦前からの研究蓄積の成果である岡義武『国際政治史』1955年も、理論枠組が堅牢でこれほどコンパクトな作品は内外にあまりない。しかし、なぜか読まれない。

　先達を尊重しないのは最近の現象かというと、近代日本の一貫した欠陥らしく、日本政治史の坂野潤治先生は『日本政治「失敗」の研究』のなかで、徳富蘇峰は6年前に福沢諭吉が主張したこととまったく同じことを主張してもあえて福沢への言及を避け、吉野作造は先に立って同じことを主張した蘇峰の言論活動に無知であったと言っている。先達が非常に似たことをすでに言っているにもかかわらず、それを無視するか、無知なのだ。外国の新しい動向は微細に

知っているのに、である。そのために、ポツンポツンと出てくるすぐれた個人がある高さまでの認識に達しては忘れられていく。積み上げては忘れられ、また積み上げては忘れられるのが、近代日本の大きな知的世界の欠陥であって、これでは知的トラディションが生まれようがない、というのが坂野先生の見立てで、共感するところが多い。国内でも外国でも同時代的な横ばかり見て、今は流行しても5年後には無意味になる意匠、格好が良いとされる引用にふりまわされる。横ではなく、先達の歴史を見なければ、トラディションも再解釈も出てきようがない。その点で本書は、その欠陥を修正する一歩となるようにと念じている。

2番目に、認識者である以上、自分の認識にどういう意味があるかということを考えるべきであるし、自分の認識に意味があるということが分からないのでは無責任であると、私は考える。南原が「国際政治学」講座の設置は「時期尚早」としたのは、勇気ある決断だったし、同時に自身の「政治学史」を専担する認識については確信をもった決断だった。

自分の認識に対する確信がないというのでは、認識する自分の存在理由を規範的に説明できない。自己定義できないのだ。新渡戸であれ、南原であれ、坂本であれ、認識する自分について考え抜いて自己定義している。そういうものがなければ、先達や他人の言ったことを批判できるわけがない。

**平井**　若い人の反論を是非聞きたいね。

# あとがき

　本書は、「日本における国際関係論の内発性・土着性・自立性の基礎的研究」（2012 年度 − 2014 年度科研費・基盤研究 C 研究代表者：初瀬龍平）（研究課題番号：24530185）による 3 年間の共同研究をまとめたものである。本研究では、多くの方々にご協力・ご支援いただいた。

　8 回開催した定例研究会では、主に研究分担者と研究協力者が報告したが、特定課題の専門家の方々、小田英郎先生（慶應義塾大学名誉教授）、佐々木寛先生、石田淳先生（東京大学教授）、定形衛先生、三上貴教先生（広島修道大学教授）を招き、それぞれのご専門分野の先達について知見を提供頂いた。さらに、最終年度に開催した座談会では、本書で紹介した先達の方々を実際に知る平井友義先生、毛里和子先生、菅英輝先生、中村研一先生に興味深いお話をお伺いすることができた。記して謝意を表したい。

　また、日本国際政治学会 2014 年度研究大会では、部会と分科会で報告の機会を得た。討論者として貴重なコメントをくださった林忠行先生、土佐弘之先生（神戸大学）、遠藤誠治先生（成蹊大学）および会場で真摯な議論に参加くださった方々に感謝申し上げたい。

　残念ながら本書には、先達として女性研究者は一人しか取り上げることができなかった。執筆者のうち女性は七名であることを、今後への期待を込めて喜びたいと思う。

　出版にあたっては、2016 年度京都女子大学出版助成を受けた。

　最後に、本書の出版を引き受けてくださったナカニシヤ出版と丁寧なアドバイスをくださった酒井敏行氏に心よりお礼申し上げます。

2016 年 11 月 14 日
雨のスーパームーンの日に。

編者一同

# 人名索引

## あ

アイゼンハワー Dwight David Eisenhower 273
青木昌彦 285
アチャリア Amitav Achrya 286, 287
アデナウアー Konrad Adenauer 124, 139
安倍能成 364-366
アリソン Graham T. Allison 271
有賀貞 351, 359, 360
アレント Hannah Arendt 51, 229, 327
イーストン David Easton 48
五十嵐武士 360
石田雄 27, 202, 352
猪木正道 56, 349
イブラーヒーム Abdürreşid İbrahim 307
今津晃 358
入江昭 56
岩崎育夫 285
ヴァンス Cyrus Roberts Vance 84
ウィトゲンシュタイン Ludwig Wittgenstein 329
ウィリアムズ William Appleman Williams 361
植田捷雄 362
ウォルダー Andrew G. Walder 282
ウォルツ Kenneth Neal Waltz 85, 221, 223, 226
鵜飼信成 365
内村鑑三 39, 346, 349
内山正熊 6, 15, 18
宇野弘蔵 259
宇野重昭 371
江口朴郎 6, 10-14, 309, 354, 362
衛藤瀋吉 366
榎一雄 315
大川周明 308, 317
大久保幸次 317
岡部達味 9
岡義武 45-47, 51, 137, 139, 375
奥田央 133
小田英郎 300, 301
小野塚喜平次 346, 347

## か

カー Edward Hallett Carr 46, 49, 60, 94, 100, 128, 157, 327, 343
カーン Herman Kahn 196
カプラン Morton Kaplan 9
神川彦松 6, 28, 87-96, 102, 362, 365
神谷不二 67
鴨武彦 6, 26, 75-85, 228
ガルトゥング Johan Galtung 196, 199, 220, 223, 224
カルドア Mary Kaldor 226
河合栄治郎 349
川田侃 6, 10, 26-28, 151-163, 197, 199, 344, 345, 347, 352, 367
川端正久 300
カン David C. Kang 286
ガンジー Mohandas Karamchand Gandhi 286
カント Immanuel Kant 41, 346, 375
岸信介 83, 360
木戸幸一 350
木戸蓊 6, 26, 28, 165-176
京極純一 211
具島兼三郎 6, 15
黒沼ユリ子 25
桑原隲蔵 316
ギアーツ Clifford Geertz 284

# 人名索引

クレーギー　Robert Craigie　*108*
ゲッコウ　Harold Guetzkow　*9, 195, 367*
ケナン　George F. Kennan　*47, 84, 101, 277, 367*
高坂正堯　*6, 20, 21, 28, 54-63, 195, 349, 363*
コックス　Robert W. Cox　*81, 143*
近衛文麿　*350, 351, 354*
小林元　*317*
コバン　Alfred Coban　*46*
コヘイン　Robert Keohane　*78*

## さ

斎藤眞　*6, 27, 28, 111-124, 345, 353, 359, 360, 369, 373, 374*
酒井哲哉　*66, 154*
坂本義和　*6, 9, 20, 26-28, 37-51, 54, 57, 59, 75, 141, 197, 200, 203, 228, 345, 347, 352-354, 362, 365-367, 376*
佐藤尚武　*108*
サンソム　George Sansom　*108*
シェリング　Friedrich Wilhelm Joseph Schelling　*9*
塩川伸明　*133*
篠原一　*139, 140*
清水幾太郎　*365*
清水知久　*359-361*
下斗米伸夫　*368*
ジャービス　Rovert Jervis　*139*
シューマン　Frederick Lewis Schuman　*48, 155, 344, 345*
蒋介石　*351*
白鳥庫吉　*316*
秦亜青　*287, 288*
末川博　*17*
スカルノ　Sukarno　*286*
鈴木大拙　*365*
スターリン　Joseph Stalin　*128, 165, 169, 172*

スナイダー　Richard Snyder　*9, 363*
関寛治　*6, 9, 26-28, 193-204, 224, 228, 345, 363, 367*
ゼンクハース　Dieter Senghaas　*141*

## た

ダール　Robert A. Dahl　*206*
田岡良一　*56*
高木八尺　*111, 349, 350, 357, 358, 368, 369*
高橋進　*6, 26-28, 137-144, 345, 364, 365*
高畠通敏　*6, 9, 26, 28, 206-217, 345, 354, 367*
高柳先男　*6, 9, 26, 28, 219-230, 345*
田中直吉　*344, 362*
ダニーロフ　Viktor P. Danilov　*128*
渓内謙　*6, 26-28, 126-135, 345, 368*
田畑茂二郎　*6, 26, 186*
田畑忍　*17, 186*
玉野井芳郎　*6, 26, 28, 257-268*
ダレス　John Foster Dulles　*273*
辻清明　*126*
都留重人　*365*
鶴見和子　*6, 26, 28, 232-242, 265, 371*
鶴見俊輔　*207, 233*
鶴見良行　*25, 267*
デカルト　René Descartes　*41, 49*
ドイッチュ　Karl Wolfgang Deutsch　*77*
東畑精一　*347*
徳富蘇峰　*375*
富田虎男　*360*
トンプソン　Kenneth W. Thompson　*51*

## な

ナイ　Joseph Nye　*78*
永井陽之助　*6, 9, 20-22, 28, 65-73, 195, 196, 345, 363*
中屋健弌　*357*
南原繁　*10, 346, 347, 349, 354, 375,*

## 人名索引

ニクソン Richard M. Nixon　*278*
西川潤　*158, 199*
西田幾多郎　*6, 29, 328*
西野照太郎　*300*
新渡戸稲造　*38, 152, 346, 349, 376*
ニミッツ Chester W. Nimitz　*276*
ネルー Jawaharlal Nehru　*5, 286*

### は

バーク Edmund Burke　*42, 45, 47, 367*
ハーツ John H. Herz　*221*
ハーツ Louis Hartz　*113*
パスカル Blaise Pascal　*41*
バック Pearl Buck　*237*
羽仁五郎　*364*
馬場伸也　*6, 26, 28, 178–190*
坂野正高　*366*
費考通（ひこうつう）　*371*
フォーク Richard A. Falk　*200, 203*
福沢諭吉　*375*
福島安正　*316*
福田歓一　*45*
福武直　*355*
ブザン Barry Buzan　*286, 287*
藤原帰一　*284*
藤原守胤　*357*
ブートゥール Gaston Bouthoul　*224*
ブラッハー Karl Dietrich Bracher　*138*
フルシチョフ Nikita Khrushchev　*128*
ペイジ Glenn D. Paige　*363*
ヘーゲル Georg Wilhelm Friedrich Hegel　*42*
ベーコン Francis Bacon　*49*
ヘボン Barton Hepburn　*112, 350*
ベル Daniel Bell　*47*
ボートン Hugh Borton　*275*
ボールディング Kenneth Boulding　*9, 194, 197, 224*
細谷千博　*6, 27, 28, 98–109, 197, 198, 363*
ホフマン Stanley Hoffmann　*78, 221*
ポランニー Karl Polanyi　*261*
堀豊彦　*66, 211*
本田創造　*360*

### ま

前芝確三　*6, 15, 17, 18*
牧野伸顕　*108*
松岡洋右　*108*
マッカーサー Douglas MacArthur　*276*
松田武　*358*
松田壽男　*6, 29*
松本重治　*357*
マルクス Karl Marx　*257*
丸山眞男　*42–44, 47, 51, 56, 66, 81, 126, 195, 212, 353, 354, 364–366*
マンハイム Karl Mannheim　*42*
ミアシャイマー John J. Mearsheimer　*226*
満川亀太郎　*297, 298*
南方熊楠　*232*
宮里政玄　*28, 269–279, 370*
武者小路公秀　*9, 27, 197–200, 228, 345, 363, 366*
村井吉敬　*6, 25, 26, 28, 245–255*
メッテルニヒ Klemens von Metternich　*47*
メリアム Charles Edward Merriam　*367*
毛沢東　*286*
モーゲンソー Hans Joachim Morgenthau　*21, 24, 47–51, 59, 84, 94, 100, 155, 183, 184, 187, 196, 219–223, 228, 345, 367*
護雅夫　*315*

### や

安井郁　*99*
安江良介　*43*
安田信之　*284*

*381*

矢内原忠雄　10, 11, 151, 309, 346, 347, 349
柳田国男　232
ヤルゼルスキ Wojciech Jaruzelski　171
吉田茂　108, 348
吉野作造　212, 375

## ら
ライト Quincy Wright　48, 367
ラセット Bruce Martin Russett　75
ラティモア Owen Lattimore　280

ラパポート Anatol Rapoport　9, 194, 367
リチャードソン Lewis Fry Richardson　9
ルカーチ György Lukács　42
レーガン Ronald Reagan　70, 129
蝋山政道　126
蝋山道雄　6, 20, 22

## わ
ワイト Martin Wight　49, 51
和辻哲郎　364, 365

# 事項索引

## あ
アイデンティティ　13, 26, 39, 179, 180, 184, 185, 188-190, 310
　——理論　179, 180, 182-184, 189, 190
アジア
　——経済研究所　282, 348
　——的生産様式論　282
　——の国際関係理論　285-287
亜細亜モンロー主義　88
ASEAN学派　287
アフガニスタン　82, 141, 370
　——侵攻　→ ソ連
アフリカ植民地分割　296
「アフリカの年」　300
アメリカ
　——学会　112, 354, 357, 358, 361, 369
　——史研究会　361
　——史の原罪　123
　——史の文脈　113
アリソン・モデル　271, 275, 278
安保闘争　43, 197, 208
EC　141, 143
EU　143
　——学会　99

イスラーム主義　311, 315
イラク戦争　370
ウィスコンシン学派　361, 370
上からの革命　134
宇宙船地球号　241
英国学派　54, 288, 372
ABM制限条約　71
A級戦犯　308
NGO　26, 31, 178, 179, 182, 186
MAD（相互確証破壊）　22, 71, 72
エントロピー　257
欧州統合　105
オーストリア・ハンガリー　174
ODA　250
オーラル・ヒストリー　368, 370
オスマン帝国　167, 173

## か
改革開放　281
回教圏研究所　308
開発経済学　283
開発体制　284
開発独裁　139, 144
外務省調査部　348
核

——時代　　45
　　——戦争　　16, 18, 24, 55, 57
　　——武装　　22
　　——兵器　　19, 21, 57, 60, 61, 227
　　——抑止　　65, 71, 72, 194, 195
学徒　　41, 43, 51, 352, 366
過剰開発　　162
語りえない「瞬間」　　330
価値ニヒリズム　　352-354
韓国併合　　307
官僚政治モデル　　105
棄教　　40, 41
棄民　　40, 41
キューバ危機　　68, 194, 195
境界の流動性　　242
共通の安全保障　　78
京都学派　　55, 326
京都大学東南アジア研究センター　　282, 348
恐怖の均衡　　19
極東モンロー主義　　88
近代化論　　234
グローバリゼーション　　143, 289, 290
軍事的リアリスト　　23
軍用地問題　　274
計量政治学　　206, 215
ゲーム理論　　194, 367
権威主義　　138, 139, 144, 285, 286
現実主義　　20, 21, 24, 54, 58, 59, 62, 63, 65, 66, 70, 72, 73, 87, 100, 157, 195, 202, 288, 363（→リアリズム）
原子力の平和利用　　16, 19
『原爆の子』　　44
権力政治　　13, 28, 30, 31, 50, 76, 155, 367
構成主義　　288
構造的暴力　　199, 201
行動科学　　8, 9, 194, 201, 367
合理的行為者モデル　　278
講和問題　　17

声なき声の会　　206, 209, 213
国際関係論講座　　10
国際システム論　　9, 194
国際社会学　　180, 181
国際人権　　26
国際政治学の出発点　　365
国際統合論　　75, 372
国際平和研究学会（IPRA）　　45, 196-200
国際連盟　　87, 346, 375
国連大学　　198, 199
国境なき医師団（MSF）　　226
コーポラティズム　　285
コミンフォルム　　169
米騒動　　107
コモンズ　　267
孤立主義　　115
コンストラクティヴィズム（構成主義）　　179, 288

さ
サイクス・ピコ条約　　309
自主管理　　169
ジェンダー　　29, 335-341
自主憲法　　89
自主防衛　　89
思想の科学　　207, 209
シベリア出兵　　100
島ぐるみ闘争　　272
シミュレーション　　9, 195, 203, 367
市民運動　　206-213, 216
市民政治学　　207, 213-215
市民社会　　224
社会主義　　165, 166, 169-176
　　——的国際主義　　167
　　アラブ——　　309, 310
上海事変　　17, 21
自由と統合　　113
囚人のジレンマ　　78, 194
周辺　　225, 226
従属論　　371

383

事項索引

儒教　332
小日本主義　26
贖罪意識　356
植民学　349
植民政策　346, 349
　——学　151
　——講座　10
植民地
　——支配　296
　——政策　296, 300
　——分割　299
新古典派経済学　283
信条外交　115
新東亜秩序　88
新民主主義　19
人道の介入　226
人類益　179, 185, 186
新冷戦　222, 224, 357
萃点　235, 239, 242
数量的アプローチ　194, 201, 202
スターリン主義　127, 368
スターリンのテロル　128, 348
スターリン批判　16, 128, 344
スホード（農村の集会）　130
政治的ヘゲモニー　5, 8, 21, 31
政府党体制　284, 285
政府内政治モデル　275, 278
勢力均衡　12, 13, 20, 56, 60, 79, 141
世界政治　50, 367
世界内政政治　142, 143
世界平和主義　87
世界連帯主義　87
石油危機　311
積極的平和　199, 200
絶対矛盾的自己同一　330
戦術核兵器　20, 24
戦争経験・戦争体験　3, 5, 11, 224, 351
戦争責任論　364
全体主義　127, 285
全面講和　107

戦略爆撃　228
戦略防衛構想（SDI）　22, 65, 66, 70-73, 81
相互依存　26, 60, 61
　——論　75, 371
祖国復帰運動　272
組織過程モデル　278
ソビエト史研究会　133
ソ連　27, 127-130, 131-133, 171, 174, 343
　——研究　26, 355, 368
　——のアフガニスタン侵攻　82, 141
　——の崩壊　281

た
大亜細亜連合　88
対外政策決定論　104
第三世界　286, 357
大東亜会議　89
大東亜共栄圏　365
大東亜戦争　160, 365, 366
対日講和条約　89
第二回国連軍縮総会　45
大日本回教協会　308
太平洋戦争　98, 101
太平洋問題調査会　38, 349, 351
大躍進　344, 356
台湾　307
多極共存型デモクラシー　139
脱物質主義　139
脱冷戦　357
地域研究　28, 30, 223, 281-287, 289, 348, 356, 357, 372
地域主義　26, 257
小さな民　246, 248, 249, 254, 255
チェコ事件　166, 169
治外法権　306
力の均衡　23
知的ニヒリズム　364
China Quarterly　356

中央アジア研究　29
中国　25, 55, 58, 61
　　——学派　287-289, 331
　　——研究　28, 344, 348, 355-357
　　——代表権問題　25
中ソ対立　357
中ソ論争　166
中立国家日本　20
中立主義　270
中立論　56, 57
朝貢体制　288, 326
朝鮮戦争　24, 100, 366
超党派外交の構造　122
帝国　115
　　——主義　16, 102, 141, 144, 309
デタント　203
テロとの戦い　179, 189
天下理論　326
転向　207, 208, 212, 216, 217
　　——研究　207-209, 212, 354
天皇制　354
ドイツ
　　——社会民主党（SPD）　139, 140
　　ヒットラー・——　17
東亜協同体　89
東亜大陸主義（東亜連帯主義）　88
東亜同文書院　295
東亜保全主義（東亜モンロー主義）　88
東亜連盟　88, 89
東欧　165-167, 169, 172-176
　　——研究　26
東京裁判　102, 308
東京大空襲　3
党＝国家体制論　134
東南アジア研究　26
東方政策　140
東方問題　167
東洋学　282, 305, 311, 348
トランスナショナル　26, 31, 37, 51, 75, 178, 182

な
内発的発展論　26, 28, 162, 232, 234, 235, 247, 248, 253-255, 371
内陸アジア学会　319
ナショナリズム　215, 270, 300
南北問題　141, 161
日米安全保障条約（日米安保）　8, 25, 55, 65, 89, 359, 366
日米安保体制　21, 82, 370
日米関係　24, 120, 350, 359, 365
日米行政協定　89
日露戦争　307
日清戦争　307
日中国交回復　25
日中戦争　308, 356
日本イスラム協会　319
日本国憲法　90
日本国際政治学会　87, 98, 306, 344, 362
日本国際問題研究所　87, 344, 348
日本社会党　140
日本平和学会　26, 163, 198-200, 224
日本平和研究懇談会　11, 27, 163
ニューギニア　353
ネオ・リアリズム　226
農業集団化　127

は
排日移民法　350
覇権安定論　80
覇権主義　169
パターナリズム　271, 272
バルカン　165-169, 173, 174
パルチザン闘争　169
パワー・ポリティクス　75, 179, 183, 186, 220, 221, 223-225, 229
パン・アフリカニズム　300, 301
ハンガリー事件　13, 14, 165, 166, 169
反戦論者　15
比較政治学　280

385

事項索引

東アジア地域主義　288
非市場経済　260
非西洋型国際関係理論　29, 325
非同盟　168, 169, 286
被爆国日本　19
批判理論　331
非武装中立　23, 363
ピープルズ・プラン 21 世紀　252
非暴力主義　286
ヒロシマ　44
ファシズム　308
フェアトレード　255
フェミニズム　331
福祉国際社会　179, 185, 190
普通の国家　142
不平等条約　306
プラグマティズム　237
プラハの春　170
ブレトン・ウッズ体制　158
文化大革命　356
米国国際関係学会　306
平和運動　224
平和学　161
平和共存　365
平和研究　9, 11, 27, 28, 30, 137, 140, 151, 178, 219, 220, 223
平和国家　19
平和問題談話会　17, 364-366
ベトナム戦争　8, 21, 23, 24, 84, 194, 195, 360, 361, 370
ベ平連　27, 206, 210, 213
ヘボン講座　111, 349, 350, 359
ペレストロイカ　130
ボーア戦争　296, 297
北爆　23, 25
ポスト西洋型国際関係理論　332
ポストコロニアリズム　331
ポストモダニズム　331
ポズナニ暴動　169
ポツダム宣言　17
ポーランド危機　169, 171

ま
マッカーシズム　112, 369, 371
マルクス主義、マルキシズム　8, 17, 31, 102, 128, 237, 288, 343, 354, 358, 372
曼荼羅　232, 239
満鉄
　——調査部　15, 282, 295, 296, 348, 355
　——東亜経済調査局　308
満州国　307
満洲事変　87
「三たび平和について」　42, 43, 365, 366
ミドル・パワー　26, 178, 182
水俣宣言　252
未来構想　43
民際外交　143
民族主義　165, 166, 172, 174, 176
民族問題　166, 173, 176
メシアニズム　273
モンロー主義　88

や
ユーゴスラヴィア　165, 166, 168-170, 174
ユートピアニズム　46, 156
遊牧国家　321
遊牧民　317
ユネスコ　196, 203, 364, 366
吉田ドクトリン　22, 25
ヨーロッパ市民権　141

ら
リアリスト　21, 25, 31, 116
リアリズム　43, 44, 46, 59, 75, 159, 222, 224-227（→現実主義）
陸軍参謀本部　348
理想主義　21, 65, 72, 73, 87, 224

リベラリズム　*25*
ルーマニア　*168*
ルサンチマン　*175*
冷戦　*55, 100, 355, 357, 359, 366*
レーニン主義　*132*
歴史認識　*365*

連帯　*171, 225*
ロシア革命　*129*

**わ**
ワイマール共和国　*138*

【執筆者紹介】（執筆順、＊は編者）

＊初瀬龍平（はつせ　りゅうへい）
1937 年生まれ。東京大学大学院社会学研究科博士後期課程単位取得退学。法学博士。現在、京都女子大学法学部客員教授。国際関係論専攻。『国際関係論――日常性で考える』（法律文化社、2011 年）、『国際関係のなかの子どもたち』（編著、晃洋書房、2015 年）、ほか。

中村研一（なかむら　けんいち）
1948 年生まれ。東京大学理学部物理・同法学部卒。北海道大学法学部教授・同理事・副学長を経て、現在同名誉教授。国際政治・平和研究専攻。『地球的問題の政治学』（岩波書店、2010 年）、『ことばと暴力』（北海道大学出版会、2017 年）、「テロリズムのアイロニー」（『思想』2009 年 4 月号）、ほか。

岸野浩一（きしの　こういち）
1986 年生まれ。関西学院大学大学院法学研究科博士課程後期課程修了。博士（法学）。現在、関西学院大学ほか非常勤講師。国際政治学・政治哲学専攻。『政治概念の歴史的展開　第七巻』（分担執筆、晃洋書房、2015 年）、「英国学派の国際政治理論におけるパワーと経済――E・H・カーとヒュームからの考察」（『法と政治』63 巻 2 号、関西学院大学法政学会、2012 年）、ほか。

佐藤史郎（さとう　しろう）
1975 年生まれ。立命館大学大学院国際関係研究科博士後期課程修了。博士（国際関係学）。現在、大阪国際大学国際教養学部准教授。国際関係論・安全保障論・平和研究専攻。『国際政治のモラル・アポリア――戦争／平和と揺らぐ倫理』（分担執筆、ナカニシヤ出版、2014 年）、『英国学派の国際関係論』（分担執筆、日本経済評論社、2013 年）、ほか。

宮下　豊（みやした　ゆたか）
1972 年生まれ。神戸大学大学院法学研究科博士後期課程単位得退学。博士（政治学）。現在、早稲田大学政治経済学術院非常勤講師。国際政治学専攻。『ハンス・J・モーゲンソーの国際政治思想』（大学教育出版、2012 年）、「リアリズムにおける慎慮（プルーデンス）の意味内容に関する一考察」（『年報政治学』2016-Ⅱ号、2016 年）、『歴史のなかの国際秩序観』（分担執筆、晃洋書房、2017 年）、ほか。

上野友也（かみの　ともや）
1975 年生まれ。東北大学大学院法学研究科博士課程修了。博士（法学）。現在、岐阜大学教育学部准教授。国際政治学専攻。『戦争と人道支援――戦争の被災をめぐる人道の政治』（東北大学出版会、2012 年）、ほか。

**林　忠行**（はやし　ただゆき）
1950 年生まれ。一橋大学法学研究科博士後期課程単位取得退学。政治学修士。現在、京都女子大学学長。国際政治学・国際政治史・東欧地域研究専攻。『ポスト社会主義期の政治と経済――旧ソ連・中東欧の比較』（共編著、北海道大学出版会、2011 年）、『ヨーロッパがつくる国際秩序』（分担執筆、ミネルヴァ書房、2014 年）、ほか。

**菅　英輝**（かん　ひでき）
1942 年生まれ。コネチカット大学（米国）大学院史学研究科博士課程単位取得退学。博士（法学）。現在、京都外国語大学客員教授。アメリカ政治外交史専攻。『冷戦と「アメリカの世紀」』（岩波書店、2016 年）、『冷戦変容と歴史認識』（編著、晃洋書房、2017 年）、『冷戦と同盟』（編著、松籟社、2014 年）、『東アジアの歴史摩擦と和解可能性』（編著、凱風社、2011 年）、ほか。

**野田岳人**（のだ　たけひと）
1960 年生まれ。神戸大学大学院法学研究科博士課程後期課程単位取得退学。政治学修士。現在、群馬大学国際教育・研究センター准教授。国際関係論専攻。『20 世紀ロシアの農民世界』（分担執筆、日本経済評論社、2012 年）、『地域紛争の構図』（分担執筆、晃洋書房、2013 年）、ほか。

**妹尾哲志**（せのお　てつじ）
1976 年生まれ。ドイツ・ボン大学哲学部政治学科博士課程修了。Dr. phil.（Politische Wissenschaft）。現在、専修大学法学部准教授。ドイツ外交史専攻。『戦後西ドイツ外交の分水嶺――東方政策と分断克服の戦略、1963〜1975 年』（晃洋書房、2011 年）、『冷戦史を問いなおす――「冷戦」と「非冷戦」の境界』（共著、ミネルヴァ書房、2015 年）、ほか。

\***松田　哲**（まつだ　さとる）
1968 年生まれ。神戸大学大学院法学研究科博士課程後期課程単位取得退学。政治学修士。現在、京都女子大学現代社会学部教授。国際関係論専攻。『人間存在の国際関係論――グローバル化の中で考える』（共編著、法政大学出版局、2015 年）、『地域紛争の構図』（分担執筆、晃洋書房、2013 年）、『国際関係論入門――思考の作法』（分担執筆、法律文化社、2012 年）、ほか。

**定形　衛**（さだかた　まもる）
1953 年生まれ。神戸大学大学院法学研究科博士後期課程単位取得退学。政治学修士。現在、名古屋大学大学院法学研究科教授。国際政治史専攻。『人間存在の国際関係論――グローバル化の中で考える』（分担執筆、法政大学出版局、2015 年）、ほか。

\***戸田真紀子**（とだ　まきこ）
1963 年生まれ。大阪大学大学院法学研究科博士課程後期単位取得退学。博士（法学）。

現在、京都女子大学現代社会学部教授。比較政治学（アフリカ地域研究）専攻。『貧困、紛争、ジェンダー』（晃洋書房、2015 年）、『アフリカと政治　改訂版』（御茶の水書房、2013 年）、ほか。

杉浦功一（すぎうら　こういち）
1973 年生まれ。神戸大学大学院国際協力研究科博士課程後期課程修了。博士（政治学）。現在、和洋女子大学人文学群（人文社会科学系）准教授。国際関係論・政治学専攻。『国際連合と民主化』（法律文化社、2004 年）、『民主化支援』（法律文化社、2010 年）、ほか。

＊市川ひろみ（いちかわ　ひろみ）
1964 年生まれ。神戸大学大学院法学研究科博士後期課程単位取得退学。政治学修士。現在、京都女子大学法学部教授。国際関係論・平和研究専攻。『兵役拒否の思想――市民的不服従の理念と展開』（明石書店、2007 年）、『人間存在の国際関係論――グローバル化の中で考える』（分担執筆、法政大学出版局、2015 年）、ほか。

佐々木寛（ささき　ひろし）
1966 年生まれ。中央大学大学院法学研究科博士後期課程単位取得退学。法学修士。現在、新潟国際情報大学国際学部教授。現代政治理論専攻。『「3・11」後の平和学』（共編著、早稲田大学出版部、2013 年）、『平和を考えるための 100 冊＋α』（共編著、法律文化社、2014 年）、ほか。

柄谷利恵子（からたに　りえこ）
1999 年、オックスフォード大学大学院博士課程修了。D.Phil.（国際関係論）、現在、関西大学政策創造学部教授。国際関係論・国際政治学専攻。Defining British Citizenship: Empire, Commonwealth and Modern Britain（Routledge, 2003）、『移動と生存――国境を越える人々の政治学』（岩波書店、2016 年）、ほか。

堀　芳枝（ほり　よしえ）
1968 年生まれ。上智大学外国語学研究科博士後期課程単位取得退学。博士（国際関係論）。現在、恵泉女学園大学人間社会学部准教授。国際関係論・東南アジア地域研究専攻。『学生のためのピースノート 2』（編著、コモンズ、2015 年）、「フィリピンにおけるビジネス・プロセス・アウトソーシング（BPO）の成長とジェンダー」（『経済社会とジェンダー』日本フェミニスト経済学会誌、第 1 巻、2016 年）、ほか。

山口治男（やまぐち　はるお）
1982 年生まれ。神戸大学大学院国際協力研究科博士後期課程単位取得退学。修士（国際学）。現在、龍谷大学ほか非常勤講師。地球環境政治専攻。『グローバル政治理論』（分担執筆、人文書院、2011 年）、『国際政治モノ語り』（分担執筆、法律文化社、2011 年）、ほか。

**池尾靖志**（いけお　やすし）
1968年生まれ。立命館大学大学院国債関係研究科後期課程単位取得退学。修士（国際関係学）。現在、立命館大学ほか非常勤講師。国際関係論・平和研究専攻。『自治体の平和力』（岩波ブックレット、2012年）、『第2版　平和学をつくる』（編著、晃洋書房、2014年）、ほか。

**毛里和子**（もうり　かずこ）
1940年生まれ。東京都立大学人文科学研究科修士課程修了。博士（政治学）。現在、早稲田大学栄誉フェロー・名誉教授。中国政治・中国外交・東アジア国際関係専攻。『中国政治・習近平時代を読み解く』（山川出版社、2016年）、『現代中国政治第三版・グローバル大国の肖像』（名古屋大学出版会、2012年）、『日中関係』（岩波書店、2006年）、ほか。

**杉木明子**（すぎき　あきこ）
エセックス大学大学院政治学研究科博士課程修了。Ph.D（政治学）。現在、神戸学院大学法学部教授。国際関係論・現代アフリカ政治専攻。"Problems and Prospects for "Regional Prosecution Model": Impunity of Maritime Piracy and Piracy Trials in Kenya" (Journal of Maritime Researches, Vol.6, 2016)、『難民・強制移動研究のフロンティア』（共編著、現代人文社、2014年）、『地域紛争の構図』（共著、晃洋書房、2012年）、ほか。

**森田豊子**（もりた　とよこ）
1965年生まれ。神戸大学大学院法学研究科博士課程後期課程単位取得退学。政治学修士。現在、鹿児島大学グローバルセンター特任准教授。イラン地域研究。『国際関係のなかの子どもたち』（分担執筆、晃洋書房、2015年）、『現代アジアの女性たち——グローバル化社会を生きる』（分担執筆、新水社、2014年）、ほか。

**中村友一**（なかむら　ゆういち）
1969年生まれ。神戸大学大学院法学研究科博士課程後期単位取得退学。政治学修士。現在、中部大学人文学部非常勤講師。国際関係論専攻。『国際関係論のパラダイム』（分担執筆、有信堂高文社、2001年）、『地域紛争の構図』（分担執筆、晃洋書房、2013年）、ほか。

**清水耕介**（しみず　こうすけ）
1965年生まれ。ニュージーランド国立ビクトリア大学ウェリントン校政治学・国際関係学大学院博士課程修了。Ph.D. (International Relations)。国際関係理論専攻。現在、龍谷大学国際学部グローバル・スタディーズ学科教授。Multiculturalism and Reconciliation（共編著、Plagrave Macmillan、2014年）、『寛容と暴力』（ナカニシヤ出版、2013年）、ほか。

**和田賢治**(わだ　けんじ)
1972年生まれ。神戸大学大学院国際協力研究科博士後期課程修了。博士（学術）。現在、武蔵野学院大学国際コミュニケーション学部准教授。国際関係論専攻。『世界政治を思想するⅡ』（分担執筆、国際書院、2010年）、『グローバル政治理論のための30冊』（分担執筆、人文書院、2011年）。

**平井友義**(ひらい　ともよし)
1930年生まれ。京都大学大学院法学研究科博士課程中退。博士（法学）。大阪市立大学・広島市立大学名誉教授。ロシア（ソ連）軍事・外交史専攻。『スターリンの赤軍粛清』(東洋書店　2012年)、『30年代ソビエト外交の研究』（有斐閣　1993年）、ほか。

国際関係論の生成と展開
日本の先達との対話

2017 年 3 月 31 日　初版第 1 刷発行　（定価はカヴァーに表示してあります）

| | |
|---|---|
| 編　者 | 初瀬龍平　戸田真紀子 |
| | 松田　哲　市川ひろみ |
| 発行者 | 中西健夫 |
| 発行所 | 株式会社ナカニシヤ出版 |

〒606-8161 京都市左京区一乗寺木ノ本町 15 番地
TEL 075-723-0111　FAX 075-723-0095
http://www.nakanishiya.co.jp/

装幀＝白沢　正
印刷・製本＝亜細亜印刷
Ⓒ R. Hatsuse, M. Toda, S. Matsuda, H. Ichikawa, et al. 2017　Printed in Japan.
＊落丁・乱丁本はお取替え致します。
ISBN978-4-7795-1147-9　C3031

本書のコピー、スキャン、デジタル化等の無断複製は著作権法上での例外を除き禁じられています。本書を代行業者等の第三者に依頼してスキャンやデジタル化することはたとえ個人や家庭内での利用であっても著作権法上認められておりません。

## ヨーロッパのデモクラシー 改訂第2版
### 網谷龍介・伊藤武・成廣孝 編

移民とポピュリズム、政党不信と大連立——民主主義をめぐるさまざまな困難に立ち向かうヨーロッパ政治のいまを各国別に紹介。新たにEU加盟を果たしたクロアチアを加えるなど、最新の政治状況を反映。　三六〇〇円

## ポスト代表制の政治学
### デモクラシーの危機に抗して
### 山崎望・山本圭 編

代表制はその役割を終えたのか？　世界中で代表制への不信、代表制の機能不全が指摘されるなか、代表とデモクラシーをめぐる九つのアポリア（難題）に気鋭の政治学者たちが挑む。　三五〇〇円

## 国際政治哲学
### 小田川大典・五野井郁夫・高橋良輔 編

戦争と平和、グローバルな貧困、国境を越える政治——。国際的・国境横断的な諸問題について、哲学的に考えるための概念装置を網羅した最新かつ最強のテキストブック。国境を越える政治哲学の試み。　三二〇〇円

## ウェストファリア史観を脱構築する
### 歴史記述としての国際関係論
### 山下範久・安高啓朗・芝崎厚士 編

ウェストファリアの講和に国際システムの起源をみるウェストファリア史観は、国際関係論にどのような認知バイアスをもたらしてきたのか。オルタナティブな国際関係論の構築をめざす知のインタープレイ。　三五〇〇円

＊表示は本体価格です。